湿陷性黄土区高速铁路地基路基沉降控制技术研究

王小军 著

机械工业出版社

本书以科技部科研院所技术开发研究专项资金项目"湿陷性黄土区高速铁路地基路基沉降控制技术"等课题研究成果为依托，论述了郑西高速铁路黄土重大工程地质问题、黄土区域工程地质环境及黄土场地的工程地质特性；系统介绍了黄土场地浸水试验设计、试验结果分析，黄土场地湿陷敏感性研究，黄土场地湿陷性的定量评价与预测；提出了郑西高速铁路沿线黄土的湿陷性评价科学结论和地基处理措施建议，湿陷性黄土地基处理及路基填筑压实质量的检测标准，并结合试验工程进行了沉降观测和评价分析。

本书结合时速 350km 高速铁路开展的大规模黄土地基现场浸水试验、原型地基处理及沉降变形监测与沉降控制技术试验等科研成果，不仅对湿陷性黄土区首次修建的郑西高速铁路具有重要的理论意义和应用价值，也对黄土地区后续新建和通车运营的高速铁路或其他类似重大工程的设计、施工和维护提供了可靠的理论参考和实践指导。

本书可供从事黄土区铁路工程、公路工程及其他重大工程设计、施工和科研人员使用，也可作为大专院校师生的参考书。

图书在版编目（CIP）数据

湿陷性黄土区高速铁路地基路基沉降控制技术研究/王小军著.
—北京：机械工业出版社，2019.11
ISBN 978-7-111-64068-4

Ⅰ.①湿… Ⅱ.①王… Ⅲ.①湿陷性黄土-黄土区-高速铁路-铁路路基-路基沉降-研究 Ⅳ.①U213.1

中国版本图书馆 CIP 数据核字（2019）第 230358 号

机械工业出版社（北京市百万庄大街 22 号　邮政编码 100037）
策划编辑：马军平　　责任编辑：马军平
责任校对：王　欣　　封面设计：张　静
责任印制：孙　炜
北京玥实印刷有限公司印刷
2020 年 1 月第 1 版第 1 次印刷
169mm×239mm・17 印张・350 千字
标准书号：ISBN 978-7-111-64068-4
定价：89.00 元

电话服务　　　　　　　　　　网络服务
客服电话：010-88361066　　　机　工　官　网：www.cmpbook.com
　　　　　010-88379833　　　机　工　官　博：weibo.com/cmp1952
　　　　　010-68326294　　　金　书　网：www.golden-book.com
封底无防伪标均为盗版　　　　机工教育服务网：www.cmpedu.com

前　言

2005 年 9 月开工建设，2010 年 2 月开通运营的郑州至西安高速铁路（简称"郑西高速铁路"），全长 505km，设计时速 350km，是我国也是世界上在湿陷性黄土地区成功建设并运营的第一条高速铁路。沿线黄土分布广泛，约占全线总长度的 80％，其中湿陷性黄土区段占全线总长度的 65％，自重湿陷性黄土占线路总长度的 27％，湿陷程度从轻微（Ⅰ级）到很严重（Ⅳ级）在整个专线路段均有分布，涵盖了我国湿陷性黄土的全部类型，工程性质非常复杂。由于郑西高速铁路的工后沉降不允许超过 15mm，因此黄土的湿陷性及其地基路基沉降控制问题，是急需解决的关键技术难题。本书系统论述了郑西高速铁路沿线黄土的区域工程地质环境及其工程地质性质，全面研究了湿陷性黄土地基的现场浸水试验特性与发展变化规律，提出了黄土地基的湿陷敏感性判定指标，科学评价了郑西高速铁路沿线黄土的湿陷性，总结提出了黄土湿陷性地基处理和防排水措施的设计参数和建议，为地基处理方案的优化设计提供了技术支撑。研究提出了湿陷性黄土地基处理及路基填筑压实质量的检测标准，并结合试验工程进行了评价分析，通过孔内强夯、挤密桩及强夯三种地基处理方式下厚重湿陷性黄土地基上黄土改良实体路基工程沉降变形试验观测研究，揭示了路基沉降变形规律，预测分析了路基工后沉降情况，提出了铺设轨道的合理时间，为完善路基沉降计算和预测理论提供了科学依据。

本书共分 10 章。第 1 章论述了国内外黄土工程地质研究进展，郑西高速铁路黄土重大工程地质问题，试验研究目标及主要研究内容，技术路线、关键技术与创新点；第 2 章阐述了郑西高速铁路黄土区域的自然地理概况、地层岩性、地质构造、水文地质特征、区域工程地质环境特征；第 3 章全面阐述了郑西高速铁路黄土的分布特征、物质成分、结构特征，各试验场地工程地质条件分析及黄土物理力学性质指标综合研究与湿陷性初步评价；第 4 章系统介绍了试坑设计和测点布设、观测项目与现场测试、浸水试验实施与结果、浸水试验专利技术；第 5 章系统研究了地表沉降变形特征与分析、深部沉降变形特征与分析、地表裂缝的发展变化特征及浸水影响范围分析；第 6 章详细介绍了黄土场地湿陷敏感性的定性评价、用 K' 值法评价黄土场地的湿陷敏感性、用 K_0 值法评价黄土场地的湿陷敏感性、用"视湿陷速率"法评价黄土场地的湿陷敏感性；第 7 章阐述了黄土湿陷性影响因素及分析、湿陷性评价及黄土湿陷评价与预测；第 8 章总结提出了郑西高速铁路沿线黄土的湿陷性评价、湿陷性黄土地基处理措施建议；第 9 章系统研究了湿陷性黄土地基处理与黄土改良路基试验工程设计、黄土地基质量检测与评价、黄土改良路基质量检测与评价、湿陷性黄土试验路基工程沉降观测与分析、湿陷性黄土试验路基沉降预测；第 10 章对全书的主要内容进行了归纳总结。

本书以郑西高速铁路新建工程为依托，在先后开展的"高速铁路湿陷性黄土地基工程特性及设计参数研究""湿陷性黄土地基处理措施与沉降观测试验研究""湿陷性黄土区高速铁路地基路基沉降控制技术研究"三项课题研究成果的基础上总结凝练编著而成，参加这些课题研究的单位有中铁西北科学研究院有限公司、郑西铁路客运专线有限责任公司、机械工业勘察设计研究院、中国铁道科学研究院集团有限公司、中铁第一勘察设计院集团有限公司、中国中铁二院工程集团有限责任公司和中铁第四勘察设计院集团有限公司等。非常感谢熊治文、达益正、蒋富强、韩龙武、屈耀辉、米维军、武小鹏、魏永梁、杨印海、薛春晓、楚华栋、杨永鹏、徐兵魁、杨晓明、刘保升、张炜、张继文、程岩、钱征宇等同志对本书的重要贡献。

限于作者水平，书中难免存在不足之处，敬请读者批评指正。

王小军

于浙江大学宁波理工学院

目 录

前 言
第1章 绪论 ·· 1
1.1 国内外黄土工程地质研究进展 ·· 3
　1.1.1 黄土的地质特征 ·· 3
　1.1.2 黄土的工程性质 ·· 6
　1.1.3 黄土湿陷性的有关研究 ·· 8
　1.1.4 黄土湿陷性评价 ·· 12
　1.1.5 黄土浸水试验研究 ··· 14
　1.1.6 黄土地基工程 ··· 15
　1.1.7 黄土路基工程 ··· 16
1.2 郑西高速铁路黄土重大工程地质问题 ··· 17
　1.2.1 湿陷性黄土对郑西高速铁路路基工程的影响 ···························· 17
　1.2.2 国家规范对甲类建筑的有关要求 ·· 18
　1.2.3 有关修正系数β_0的区域代表性问题 ······································· 18
　1.2.4 目前勘探资料与已有认识的差别问题 ······································ 19
　1.2.5 湿陷性黄土地基处理问题 ··· 20
　1.2.6 黄土填料的改良与压实问题 ·· 20
　1.2.7 黄土路基工后沉降评估问题 ·· 20
1.3 试验研究目标和主要研究内容 ·· 21
　1.3.1 试验研究目标 ··· 21
　1.3.2 主要研究内容 ··· 22
1.4 技术路线、关键技术与创新点 ·· 23
　1.4.1 技术路线 ··· 23
　1.4.2 关键技术 ··· 23
　1.4.3 创新点 ·· 25

第2章 郑西高速铁路黄土区域工程地质环境 ··· 27
2.1 自然地理概况 ·· 27
　2.1.1 地理位置 ··· 27
　2.1.2 地形地貌 ··· 27
　2.1.3 气候与水文 ·· 35

2.1.4 地震 ·· 35
2.2 地层岩性 ·· 36
　2.2.1 郑州—渑池段 ·· 38
　2.2.2 渑池—灵宝段 ·· 39
　2.2.3 灵宝—西安段 ·· 40
2.3 地质构造 ·· 41
　2.3.1 郑州—渑池段 ·· 41
　2.3.2 渑池—灵宝段 ·· 44
　2.3.3 灵宝—西安段 ·· 45
2.4 水文地质特征 ·· 46
　2.4.1 郑州—渑池段 ·· 46
　2.4.2 渑池—灵宝段 ·· 47
　2.4.3 灵宝—西安段 ·· 48
2.5 区域工程地质环境特征综述 ·· 48

第3章 郑西高速铁路黄土工程地质特性研究
3.1 郑西高速铁路黄土的分布特征 ·· 50
3.2 黄土的物质成分 ·· 51
3.3 黄土的结构特征 ·· 53
3.4 试验场地工程地质条件分析 ·· 56
　3.4.1 DK58+320 试验场地 ·· 56
　3.4.2 DK92+200 试验场地 ·· 61
　3.4.3 DK246+500 试验场地 ·· 66
　3.4.4 DK287+000 试验场地 ·· 71
　3.4.5 DK300+800 试验场地 ·· 77
　3.4.6 DK315+650 试验场地 ·· 81
　3.4.7 DK346+950 试验场地 ·· 87
　3.4.8 DK354+150 试验场地 ·· 91
3.5 试验场地黄土物理力学性质指标综合研究 ·· 96
3.6 试验场地黄土湿陷性初步评价 ·· 101
　3.6.1 黄土湿陷系数 ·· 101
　3.6.2 湿陷量计算及湿陷性初步评价 ··· 110
3.7 小结 ··· 113

第4章 湿陷性黄土场地浸水试验设计
4.1 试坑设计和测点布设 ··· 115
　4.1.1 试坑设计和测点布设原则 ·· 115
　4.1.2 各试验场地试坑设计与测点布设 ··· 116
4.2 观测项目与现场测试 ··· 122
　4.2.1 沉降观测情况 ·· 122
　4.2.2 注水量观测 ··· 124

4.2.3 土层含水率对比测试 ································ 125
4.2.4 裂缝观测方法 ··································· 125
4.2.5 试验终止条件 ··································· 125
4.3 浸水试验实施与结果 ································· 125
4.4 浸水试验专利技术 ··································· 127
4.4.1 专利内容 ······································ 127
4.4.2 附图说明 ······································ 128
4.4.3 具体实施方式 ··································· 132
4.5 小结 ··· 132

第5章 湿陷性黄土场地浸水试验分析研究 ················· 134
5.1 地表沉降变形特征与分析 ····························· 134
5.1.1 地表单天沉降变形特征与分析 ······················ 134
5.1.2 地表累计沉降变形特征与分析 ······················ 142
5.1.3 停水后地表沉降特征 ······························ 150
5.1.4 自重湿陷量大于15mm的平面范围与时间特征 ········· 151
5.1.5 自重湿陷量完成进度对比分析 ······················ 151
5.1.6 地表累计沉降变形随时间变化规律的函数拟合分析 ····· 153
5.1.7 因地区土质而异的修正系数β_0的实测值 ············· 159
5.1.8 试验场地黄土的湿陷性评价 ························ 160
5.1.9 小结 ·· 174
5.2 深部沉降变形特征与分析 ····························· 175
5.2.1 单天深部沉降变形特征与分析 ······················ 175
5.2.2 深部累计沉降变形特征与分析 ······················ 178
5.2.3 小结 ·· 184
5.3 地表裂缝的发展变化特征 ····························· 185
5.3.1 典型试验场地的地表裂缝发生发展规律和形态特征 ····· 185
5.3.2 地表裂缝的发生发展规律和形态特征综合对比分析 ····· 186
5.4 浸水影响范围分析 ··································· 190
5.4.1 含水率变化范围分析 ······························ 190
5.4.2 土中水的消散过程分析 ···························· 195
5.4.3 浸水影响范围分析 ································ 195
5.4.4 试坑浸水在径向的优势渗流方向分析 ················· 196
5.4.5 小结 ·· 198

第6章 黄土场地的湿陷敏感性研究 ······················· 199
6.1 黄土场地湿陷敏感性的定性评价 ······················· 200
6.2 用K'值法评价黄土场地的湿陷敏感性 ················· 200
6.3 用K_0值法评价黄土场地的湿陷敏感性 ················ 202
6.4 用"视湿陷速率"法评价黄土场地的湿陷敏感性 ·········· 203
6.5 小结 ··· 204

第7章　黄土湿陷性定量评价与预测 206
7.1　黄土湿陷性影响因素及分析 207
7.1.1　因子分析 207
7.1.2　相关性分析 207
7.2　湿陷性评价 209
7.2.1　黄土湿陷性相关分析 209
7.2.2　神经网络BP模型 210
7.2.3　黄土湿陷性定量评价 211
7.3　黄土湿陷评价与预测 213

第8章　郑西高速铁路沿线黄土的湿陷性评价及地基处理措施建议 216
8.1　郑西高速铁路沿线黄土的湿陷性评价 216
8.2　湿陷性黄土地基处理措施建议 219

第9章　湿陷性黄土地基处理与黄土改良路基试验工程 223
9.1　湿陷性黄土地基处理与黄土改良路基试验工程设计 223
9.1.1　试验场地工程地质条件 224
9.1.2　湿陷性黄土地基处理与黄土改良路基试验工程设计概况 226
9.2　黄土地基质量检测与评价 227
9.2.1　黄土复合地基质量检测指标和标准 228
9.2.2　黄土复合地基质量检测结果评价 228
9.2.3　小结 236
9.3　黄土改良路基质量检测与评价 236
9.3.1　黄土改良路基质量检测指标和标准 236
9.3.2　黄土改良路基质量检测结果评价 237
9.4　湿陷性黄土试验路基工程沉降观测与分析 240
9.4.1　路基沉降观测 240
9.4.2　路基沉降观测数据分析 244
9.5　湿陷性黄土试验路基沉降预测 250
9.5.1　路基沉降预测方法 250
9.5.2　路基沉降预测分析 251

第10章　结语 253

参考文献 260

第1章 绪 论

我国黄土面积 $63.53×10^4 km^2$，约占全国陆地总面积的 6.63%，占世界黄土分布面积的 4.9%，其中湿陷性黄土约占 3/4。我国黄土主要分布于北纬 33°~47°、东经 75°~127°之间[1]。在黄河中游的陕西、甘肃、青海及山西、河南等省，地表几乎完全被黄土覆盖，连续分布面积达 $44×10^4 km^2$，形成了地层连续、厚度大、面积广的黄土高原地貌景观。我国黄土以覆盖广、厚度大、发育好、地层全、特征典型、古土壤清晰而著称于世。由于我国各地的地理、地质和气候条件的差别，湿陷性黄土的组成成分、分布地带、沉积厚度、湿陷特征和物理力学性质也因地而异，其湿陷性由西北向东南逐渐减弱，厚度逐渐变薄，详见《湿陷性黄土地区建筑规范》（GB 50025—2004）[2] 的附录 A：中国湿陷性黄土工程地质分区略图。

黄土是第四纪干旱和半干旱气候条件下形成的一种特殊沉积物。颜色多呈黄色、淡灰黄色或褐黄色；质地均匀，颗粒组成以粉土粒（0.05~0.01mm）为主，质量分数约为 60%~70%，黏粒含量较少；含碳酸盐、硫酸盐及少量易溶盐；含水率小，一般仅为 8%~20%，遇水易崩解、剥蚀；孔隙比大，一般在 1.0 左右，且具有肉眼可见的大孔隙；具有垂直节理，常呈现直立的天然边坡[3]。黄土按其成因可分为原生黄土和次生黄土。一般认为，具有前述典型特征，没有层理的风成黄土为原生黄土。原生黄土经过水流冲刷、搬运和重新沉积而形成的为次生黄土。次生黄土有坡积、洪积、冲积、坡积—洪积、冲积—洪积及冰水沉积等类型，它一般不完全具备上述黄土特征，具有层理并含有较多的砂粒~细砾，称为黄土状土。典型黄土和黄土状土统称为"黄土类土"，简称为"黄土"。

黄土在天然含水率时一般呈坚硬或硬塑状态，具有较高的强度和低的或中等偏低的压缩性，但遇水浸湿后，有的黄土即使在其自重作用下也会发生剧烈而大量的沉陷（称为湿陷性），强度也随之迅速降低；而有的黄土却并不发生湿陷。凡天然黄土在上覆土的自重压力作用下，或在上覆土的自重压力与附加压力共同作用下，受水浸湿后土的结构迅速破坏而发生显著附加下沉的，称为湿陷性黄土，否则，称为非湿陷性黄土。而非湿陷性黄土的工程性质接近一般黏性土。湿陷性黄土又分为自重湿陷性黄土和非自重湿陷性黄土。因此，当黄土作为建筑物地基时，为了恰当考虑湿陷对建筑物的影响，从而采取相应的措施，分析、判别黄土是否属于湿陷性，以及其湿陷性强弱程度、地基湿陷类型和湿陷等级，是黄土地区工程勘察与评价的核心问题和工程设计的基础。

由于黄土特殊的工程性质（水敏性、大孔性、结构性），黄土地区的路基工程常常会出现地基浸水湿陷下沉及承载力低、边坡坍塌，黄土路堤沉降量大、路基稳定性差等工程病害，给铁路运营和养护带来了较大的危害[4]。

2005年9月25日开工建设，2010年2月6日开通运营的郑州至西安高速铁路，全长505km，设有10个客运站，设计时速350km，是我国也是世界上在湿陷性黄土地区成功建设并运营的第一条高速铁路。沿线黄土分布广泛，工程性质非常复杂，约占全线总长度的80%，其中湿陷性黄土区段占全线总长度的65%，自重湿陷性黄土占线路总长度的27%，湿陷程度从轻微（Ⅰ级）到很严重（Ⅳ级）在整个高铁路段均有分布，涵盖了我国湿陷性黄土的全部类型[5]。由于沿线湿陷性黄土的特殊性和复杂性、高速铁路对黄土地基路基的特殊要求以及当时可供借鉴的研究成果及工程经验不多，而且高速铁路基础工程建设是一个涵盖勘测、设计、施工、研究、质量检测、沉降观测及动态设计、动态补强的系统工程，所以，郑西高速铁路的技术水平要求高、建设难度大。因此，只有进行必要的科学研究，解决湿陷性黄土区郑西高速铁路的关键技术难题，才能达到建设安全可靠、经济合理的高速铁路目标。

为此，本书作者先后主持完成了原铁道部科技研究开发计划重大课题"2005K001-B-1郑西客运专线湿陷性黄土路基关键技术研究——湿陷性黄土地基工程特性及设计参数研究"（中铁西北科学研究院有限公司为主持单位，郑西铁路客运专线有限责任公司、机械工业勘察设计研究院及铁道第一、二、三、四设计院为参加单位）、原铁道部科技研究开发计划重大课题子项目"2005K001-B-2-1郑西客运专线湿陷性黄土路基关键技术——湿陷性黄土地基处理措施与沉降观测试验研究"（中铁西北科学研究院有限公司为主持单位）和科技部科研院所技术开发研究专项资金项目"NCSTE-2006-JKZX-215湿陷性黄土区高速铁路地基路基沉降控制技术"（中铁西北科学研究院有限公司为主持单位），以期解决以下两方面的关键技术问题：

1）通过湿陷性黄土代表性场地浸水试验开展湿陷性黄土地基工程特性及设计参数试验研究，以便对郑西高速铁路湿陷性黄土场地的湿陷性做出判决性的评价结论，掌握郑西高速铁路沿线黄土湿陷性的工程特性，合理提出黄土湿陷性地基处理和防排水措施的设计参数和建议，为地基处理方案的优化设计提供依据。

2）郑西高速铁路对路基变形要求严格，容许的路基工后沉降量为15mm，这是国内首次对路基工程提出的最高标准。

湿陷性黄土路基改良与地基处理是郑西高速铁路的重点控制工程，路基修筑后其各项技术指标是否能够满足高速列车运行的要求，设计和施工均缺乏工程实践经验。因此，选择代表性地段进行湿陷性黄土地基处理措施与改良路基试验研究，一方面验证设计方案的合理性，另一方面研究确定地基处理和黄土改良路基的施工工艺、关键施工技术参数、过程质量控制手段及检验方法，使地基处理和改性黄土路基的质量在每个环节都能得到有效控制，为郑西高速铁路湿陷性黄土路基和地基沉降控制技术和设计理论的完善和提升提供技术支撑。

本书内容正是在上述三项课题研究成果的基础上总结凝练编撰而成。结合时速350km高速铁路开展的大规模黄土地基现场浸水试验、原型地基处理及沉降变形监测与沉降控制技术试验等科研成果，不仅对湿陷性黄土区先行建设的郑西高速铁路具有重要的理论意义和应用价值，而且对黄土地区后续修建和通车运营的大同至西安、西安至宝鸡至兰州、西安至成都高速铁路，以及正在建设的银川至西安高速铁路的设计、施工和维护都提供了可靠的理论参考和实践指导意义。

1.1 国内外黄土工程地质研究进展

对黄土的工程性质研究，苏联、东欧和美国等起步较早，但偏重于黄土湿陷特性、水土流失规律的研究，对黄土其他工程性质研究成果较少。就规范、标准而言，颁布有专门的湿陷性黄土地区建筑规范的国家主要有中国、苏联和罗马尼亚等。美国、新西兰等国的一些学者对黄土湿陷性的评价仅提出了一些个人看法，但还未形成国家标准。国际土力学及基础工程学会于1986年设立了湿陷性土专门委员会，该委员会为此已经召开了几次国际学术会议。我国自20世纪50年代以来，一直持续深入进行黄土工程性质的研究，先后在黄土成因、结构特性、湿陷特性、力学特性、黄土地基处理和黄土边坡的稳定性及黄土路基等方面取得过重要成果。

1.1.1 黄土的地质特征

1. 黄土的成因与地貌

黄土是一个复杂而巨大的地质系统，因此，关于黄土成因的研究，已有百余年的历史，中外学者先后提出了十多种不同成因的假说，其中主要有风成说、水成说和多成因说三大类型。一般认为，典型的或原生的黄土主要是风成黄土；黄土状土或次生黄土多为其他成因的黄土（如冲积、洪积、坡积、湖泊沉积、冰水沉积、洪积—坡积、洪积—冲积、残积—坡积、冲积—坡积等）或经过其他营力改造过的风成黄土。以我国著名学者刘东生为代表的黄土风积说的根据是：黄土土粒自西北向东南方向由粗到细变化的趋势；西北部黄土的矿物、化学成分多，东南部少；同一地区的高处、低处都有黄土；迎风面处的黄土较厚；黄土覆盖随古地形而起伏，而矿物成分与下伏地形无关，且与下伏基岩为不整合接触。

截至目前，关于中国黄土地貌研究尚未形成共识的分类体系，但《铁路工程特殊岩土勘察规程》（TB 10038—2012）[6] 中关于黄土地貌类型的分类有一定的代表意义（见表1-1）。

表1-1 黄土的地貌类型划分[6]

地貌类型	亚类	地形地貌基本特征
堆积地貌	黄土高原 黄土塬	黄土高原受现代沟谷切割后保存下来的大型平坦地面，周边为沟谷环绕
	黄土高原 黄土梁	两侧为深切冲沟，中部为顶面平坦的长条状侵蚀黄土山脊。沟长数百米到上万米，梁顶宽数十米到上百米
	黄土高原 黄土峁	孤立的黄土丘陵，馒头状山丘顶面平坦或微有起伏，大多数是由黄土梁进一步切割而成
	黄土平原	由黄土堆积形成的平原，分布于山前或山间等新构造运动下降区
	黄土阶地	河谷及大型沟谷两岸，表层全部由风积、冲洪积黄土堆积的阶地
侵蚀地貌	黄土河谷	黄土分布区的侵蚀河谷，其形成和发展过程中伴随有新的黄土堆积
	黄土冲沟	因黄土土质疏松，水流下切速度快，常伴有重力崩塌、潜蚀作用，其特征是沟深、壁陡、向源侵蚀作用显著
潜蚀地貌	碟形洼地	阶地或塬边流水聚集引起黄土地层发生自重湿陷或潜蚀，地面下沉后形成直径数米至数十米的浅平凹地，它是陷穴和冲沟发育的初期标志
	黄土陷穴	陡坡边缘附近的地表水沿黄土孔隙和裂隙，垂直下渗潜蚀后形成的坑洞。下陷坑洞沿沟成串分布时称为串珠状陷穴
	黄土井	黄土陷穴垂直向下发展，形成深度大于宽度若干倍的井状坑洞
	黄土桥	两个黄土陷穴的底部被水流串通，崩塌剥蚀后残存的拱桥状洞穴土体
	黄土柱	黄土陡崖、坎边沿垂直节理崩塌后残存的土柱
重力地貌	崩塌堆积体	由于黄土冲沟深切，岸坡高陡，上部土体向下崩落滑塌，在坡脚堆积形成的裙状地貌形态
	黄土滑坡	黄土斜坡土体，在重力或地下水作用下产生下滑变形后的簸箕状地貌形态

2. 黄土的分类[7]

目前，以黄土地质特征为基础的分类体系和以黄土湿陷特性为基础的分类体系都有广泛的应用，而以颗粒组成特性为基础的分类体系也引起了研究者的重视。

（1）以地质特征为基础的黄土分类体系 以地质特征（地层、年代、成因）为基础的黄土分类体系，将黄土分为老黄土、新黄土和新近堆积黄土 Q_4^2。不同的名称传达给人们不同的特性信息：形成时代越早，地层位置越深，黄土的密实度越高，工程性质越好。

1）老黄土。一般没有湿陷性，土的承载力较高，其中早更新世黄土 Q_1（午城黄土）主要分布在陕甘高原，覆盖在第三纪红土层或基岩上；而中更新世黄土 Q_2（离石黄土）主要分布在甘肃、陕西、山西、河南西部等地，厚度大，形成黄土高原的主体。

2）新黄土。广泛覆盖在老黄土之上，由晚更新世黄土 Q_3（马兰黄土）和全新

世早期黄土 Q_4^1 构成，遍及黄土的主要分布地区，是建筑工程中遇到的主要湿陷性土。

3）新近堆积黄土 Q_4^2。分布在局部地方，仅数米厚，成岩作用很差，土质疏松，压缩性高，承载力较低，湿陷性差别较大，在工程设计时必须引起足够重视。

（2）以黄土的湿陷性为基础的分类体系　以黄土湿陷特性为基础的分类体系为我国历代湿陷性黄土地基规范所采用。它将黄土分为非湿陷性黄土和湿陷性黄土（包括自重湿陷性黄土和非自重湿陷性黄土），能够提供关于黄土在侧限低压力压缩下饱和浸水时湿陷变形特性方面的重要信息。但由于它与工程上通常遇到的非侧限（一般为有限侧胀）、非饱和（一般为不同增湿）和非低压（较大的建筑物）的条件有较大的出入，大大减弱了它的应用价值。

（3）以颗粒组成特性为基础的分类体系　以颗粒组成特性为基础的分类体系，按黄土的颗粒组成特性将黄土分为砂黄土、粉黄土、黏黄土以及砂质粉黄土、黏质粉黄土、粉质黏黄土等。它体现了将黏粒含量视为土的粒径组成中影响土性最活跃的因素这一规律。既有研究表明，可以取塑性指数为 4~6、6~17 和大于 17 将黄土划分为砂黄土、粉黄土和黏黄土。将粉黄土再划分为砂质粉黄土（塑性指数为 6~9）、粉黄土（塑性指数为 9~15）和黏质粉黄土（塑性指数为 15~17）三个亚类；将黏黄土再分为粉质黏黄土（塑性指数为 17~20）和黏黄土（塑性指数为大于 20）两个亚类。从黄土力学的需要出发，对这种分类体系进行具体划分的指标和界限值有待深入研究。

3. 黄土的地域分区

我国黄土的特性和区域变化明显，因此，按其基本特征进行适当的地域分区将有利于研究不同区域黄土的基本工程特性。《湿陷性黄土地区建筑规范》（BJG 20—1966）[8] 根据我国黄土的特征，从工程地质角度出发，提出了《中国湿陷性黄土工程地质分区略图》和《中国湿陷性黄土工程地质分区参考表》，将中国湿陷性黄土的分布划分为五个大区。在大量土工试验和丰富工程经验的基础上，《湿陷性黄土地区建筑规范》（TJB 25—1978[9]、GBJ 25—1990[10] 和 GB 50025—2004[2]）先后又对工程地质分区略图和参考表进行了修订和补充，形成了现在的《中国湿陷性黄土工程地质分区略图—1》、《中国湿陷性黄土工程地质分区略图—2》和《湿陷性黄土的物理力学性质指标》，将中国湿陷性黄土的分布划分为七个大区，即陇西地区、陇东—陕北—晋西地区、关中地区、山西—冀北地区、河南地区、冀鲁地区及边缘地区，并对每个分区黄土的主要特点和湿陷性黄土的物理力学性质指标进行了描述，具有重要的参考应用价值。由于《中国湿陷性黄土工程地质分区略图》标明的湿陷性黄土层厚度和高、低阶地湿陷系数平均值，大多数资料的收集和整理来源于建筑物集中的城镇区，而对于该区的台塬、大的冲积扇、河漫滩等地貌单元的资料，以及湿陷性黄土层厚度与湿陷系数值，由于缺乏资料还没有收集进去，因此，其应用范围和参考价值受到一定的限制。

此外，铁路系统根据自身要求和经验将黄土地区分为东南带、西北带和北部边缘带，并根据静力触探比贯入阻力 p_s 和黄土地区由西北向东南砂性减弱的规律，提出并分区研究了新黄土地基的承载力。

1.1.2 黄土的工程性质

我国黄土工程性质的系统研究开始于中华人民共和国成立初期，20 世纪 50 年代初至 60 年代中期的十几年间，为了适应大规模经济建设的需要，我国学者在全面学习苏联经验的基础上，对黄土的基本性质及湿陷性黄土地基的评价和处理方法，展开了大规模的勘察和室内外试验研究，取得了以下几方面的成果：

1）对黄土地层进行了初步划分，查清了黄土在我国的分布，掌握了我国黄土的基本性质与区域变化。

2）获得了我国黄土湿陷性在地域分布总体上的变化规律，提出了《中国湿陷性黄土工程地质分区略图》和《中国湿陷性黄土工程地质分区参考表》。

3）研究了黄土湿陷性与地貌、压力的关系，提出按现场试坑浸水试验实测自重湿陷量，或按室内试验所得指标计算自重湿陷量，来判定场地的湿陷类型，根据分级湿陷量划分湿陷等级，这些规定在《湿陷性黄土地区建筑规范》（GB 50025—2004）[2] 中仍得以沿用。

4）提出根据地基土湿陷类型和等级、建筑类别等确定湿陷性黄土的地基处理方法，当时常用的地基处理方法有重锤表面夯实、土（灰土）垫层、土桩（或爆扩桩）等。

作为这一阶段黄土工程性质的研究成果及工程建设经验的总结，1966 年 4 月建筑工业部正式颁布的《湿陷性黄土地区建筑规范》（BJG 20—1966）[8] 对当时及后期十多年黄土地区的工程建设发挥了重要作用。

20 世纪 60 年代中期至 70 年代末，我国学者主要进行了以下几个方面的研究：

1）新近堆积黄土的研究。在进行山前、河谷区工程勘察及工程事故处理中，发现了一种特殊的黄土——新近堆积黄土，虽然沉积年代很近，其物理性质指标却与 Q_3 黄土相近，但压缩性高，变形敏感，均匀性差，湿陷性变化大，承载能力低。通过试验研究，初步弄清了其工程特性，提出了野外鉴别及承载力确定方法。

2）在地基湿陷性评价方面，对湿陷性的判别标准，浸水压力值，自重湿陷性场地的湿陷评价等认识程度更接近客观实际。

3）通过大量的载荷试验及建筑物观测，对湿陷性黄土地基的容许承载力进行了较深入的研究，得到了容许承载力与含水率、液限及孔隙比的数量关系。

这段时间的研究成果[11]-[13]主要反映在 1978 年 6 月国家建委颁布的《湿陷性黄土地区建筑规范》（TJB 25—1978）[9] 中，其中的一些内容至今仍在使用。

20 世纪 70 年代末到 90 年代初，我国在黄土工程性质方面的研究进入了一个新的发展时期，取得了多方面的研究成果，主要有：

1) 现代化设备的出现使得黄土的微结构研究取得了突破性进展。王永焱[14]、雷祥义[15]、高国瑞[16] 等先后采用电子显微技术、压汞法测试技术研究了我国各地区黄土的微观结构特征、孔隙结构特征，认为骨架颗粒形态（矿物颗粒接触）、连接形式（胶结程度）、排列方式（孔隙特征）是决定黄土工程性质的主要结构特征，将这三种主要结构特征相互组合，对黄土的微观结构进一步分类，得出了微观结构类型、孔隙特征与黄土湿陷性等工程性质的内在关系。这些研究成果把黄土的宏观工程性质与微观结构特征有机地结合起来，为研究黄土工程性质的本质特征开辟了新的途径，引起了国际土力学及地学界的极大关注。

2) 黄土的应力—应变关系及本构模型研究取得重大进展[17][18]。刘祖典等先后提出了六种不同情况下黄土（即黄土湿陷变形及原状黄土、饱和黄土、挤密黄土、击实黄土、高围压下黄土）的应力—应变关系曲线。分析了原状黄土（Q_2、Q_3）随沉积年代及侧压力不同而表现出的不同类型和形式，分别得到了黄土的非线性弹性模型及弹塑性模型的本构方程，并应用在黄土边坡稳定性分析及考虑上部结构与地基共同作用的饱和黄土地基变形—强度分析中。另外，还有学者提出了凝聚切线模量、弦线模量为基础的非线性本构关系。

3) 随着部分地区浅层地下水位的升高和工程建设规模的扩大，那些地下水位以下及其变化带内，饱和度大于70%的不具湿陷性的晚更新世（Q_3）和全新世（Q_4）黄土（称为饱和黄土和高湿度黄土）的强度及变形特性逐渐成为部分地区黄土地基的主要问题。通过研究[19][20]，对饱和黄土按其特性进行了分类，得出了各自强度和变形的规律性，评价了饱和黄土地基承载力的各种确定方法。

4) 湿陷性黄土地基处理方法有新的突破。通过现场试验取得了强夯法在处理湿陷性黄土地基中的有关参数，并证明是处理湿陷性黄土地基的一种有效方法。灰土挤密桩处理湿陷性黄土地基的加固原理及设计、施工方法的研究日趋完善，提出了"挤密系数"等一些重要概念[21][22]。这些方法在湿陷性黄土地区广泛采用。另外，化学加固法、振冲法也在黄土地区推广应用。

这十余年的研究成果是丰富的，它使我国的黄土工程性质研究向前迈进了一大步，某些方面还处在领先的位置。1990年5月颁布的国家标准《湿陷性黄土地区建筑规范》（GBJ 25—1990）[10] 反映了这阶段的部分研究成果。以地基处理为主的综合措施的原则成为这本规范的一大特色。

近年来，我国在黄土的动力学特性和非饱和土力学理论研究方面取得了重要进展。

在黄土动力特性方面取得了相当多的研究成果[23]-[26]，主要围绕两条主线展开研究工作。第一条主线，是根据场地地震动小区划的需要，开展对黄土弹性模量、阻尼比、本构模型、剪切波速和地面脉动的研究。采用振动三轴仪对黄土在等幅正弦循环荷载作用下的应力—应变关系、强度、弹性模量和阻尼比做了大量的研究；通过室内模拟强夯试验研究了黄土在动力荷载作用下强度的变化规律等。第二条主线，是针对黄土地震滑坡、震陷和液化等地震岩土灾害开展的工作。研究了黄土场地的地震工程问题，并提出了相应的评估方法，以及原状黄土增湿和浸水时的震陷特性等。

湿陷性黄土作为一种非饱和土，有许多理论问题尚未解决。杨代泉[27]、沈珠江[28]等在双应力变量理论的基础上，通过深入研究建立了非饱和土广义非线性本构理论，该理论能够描述非饱和土的五个最基本的特性，即非线性、剪胀剪缩性、湿陷湿胀性、流变性和温度效应，在此基础上，把饱和土的比奥固结理论外推于非饱和土，建立了非饱和土的广义固结理论。陈正汉[29][31]、谢定义[30]根据理论力学、物理学及土力学的有关原理建立了非饱和土的土骨架变形与有效应力间的本构关系，水、气受到扩散阻力与水、气相对于固相的渗透速度间的本构关系以及饱和度、密度、吸力间的本构关系，并以现代连续系统物理混合物理论为基础建立了非饱和土固结的混合物理论，开展了非饱和土与特殊土力学的基本理论研究。

2004年8月建设部和国家质检总局联合颁布了《湿陷性黄土地区建筑规范》（GB 50025—2004）[2]，体现了20世纪90年代以来对湿陷性黄土研究的最新成果。

此外，我国铁路和公路研究部门在黄土边坡的稳定性及黄土路基方面取得了如下主要成果：

1）通过大量黄土边坡的调查和研究，总结了黄土堑坡稳定性的影响因素，建立了黄土边坡稳定性力学模型及计算方法，提出了黄土路堑边坡稳定性计算图，以工程地质比拟法为基础建立了黄土路堑边坡坡率表。黄土路堑边坡设计要考虑边坡的稳定性、耐久性和挖方断面的经济性，并兼顾施工和养护方便。

2）总结提出了黄土地区铁路路堤的病害类型，研究了黄土路基的变形机理及沉降规律，提出了黄土路基稳定性及其沉降的理论计算方法，从消除湿陷和防渗漏两方面考虑，给出了夯实后黄土干重度不得小于 15.5kN/m^3 的规定。

以上的研究成果已被铁路、公路路基设计手册和《铁路特殊土路基设计规范》（TB 10035—2006）[32]所采纳。

1.1.3 黄土湿陷性的有关研究

1. 黄土湿陷原因与机理[1]

关于黄土湿陷原因与机理，各国学者有不同的见解。

国外对黄土湿陷原因与机理的假说主要有：

1）大孔隙、多孔性假说。主张此说的苏联学者认为，黄土的湿陷性是黄土的大孔隙特性造成的。所谓大孔隙是指肉眼可见的孔隙，主要是一些根孔和虫孔。经实验证明，即使将巨大压力（0.8MPa）作用在湿陷后的土样上，这类孔隙依然如故，显然大孔隙并不是湿陷形成的真正原因。

2）毛细力假说。阿别列夫运用太沙基关于毛细力的学说，认为在颗粒接触点处有不连续分布的水分，在相邻颗粒孔隙中水气界面上有表面张力存在，当黄土浸水后，孔隙全被水分占据，毛细力消失，从而产生湿陷。但实际上黄土在干燥条件下根本没有毛细力，浸水后才可能有毛细力。如果毛细力起作用的话，毛细力是与湿陷同时发生的，所以认为毛细力消失是湿陷的原因，也很难自圆其说。

3）可溶盐假说。该假说认为黄土湿陷是黄土粒间可溶性胶结被水溶解破坏的结果。因为：大多数情况下黄土中可溶盐含量不高，有些非湿陷性黄土含盐量比湿陷性黄土的含盐量还高；黄土湿陷性与水溶盐含量之间没有明显的关系。

4）胶体不足假说。安德鲁欣等认为，湿陷性是小于 0.05mm 颗粒含量小于 10% 的黄土固有的特性，如果黏土含量增多，则膨胀可以防止湿陷的发生。当蒙脱石类型矿物占优势时不发生湿陷，高岭石类型矿物占优势时则趋向于湿陷。

以上的研究都具有很高的科学价值，但黄土湿陷产生的原因是综合的，不是单一的。

我国学者对黄土湿陷原因与机理进行了大量研究，并提出了诸多见解。主要有以下四种：

1）毛细管力丧失说。认为黄土被浸湿时，毛细管力丧失，土失去联结而发生湿陷。

2）水膜加厚说。认为黄土被浸湿时，水膜加厚，土体结构解体而发生湿陷。

3）海绵骨架结构破坏说。认为黄土湿陷是其海绵骨架结构破坏的结果。

4）盐类溶解说。认为黄土湿陷是所含盐类遇水溶解后的结果。

以上各类假说，都存在一些难以解释的问题，因此，相关研究和探讨，既在争论中，也在继续着。但是，我国大多数学者对以下两点的认识基本相同，即黄土要发生湿陷必须具备两个条件：黄土具有多孔性和疏松的结构；黄土粒间联结是不抗水的。这是因为：如果没有多孔性，黄土就与一般黏性土一样，只能压缩和膨胀而不会湿陷；如果黄土粒间联结完全是抗水的，即使结构十分疏松，富有孔隙，也不会发生湿陷。因此认为：黄土被水浸湿后，水分子渗入到颗粒之间，破坏吸附的水膜并溶解胶结物质，并且使水膜变厚，黏结力降低，原有结构解体；黄土颗粒重新排列后，使黄土密度加大，孔隙度减小，造成黄土的体积缩小，进而发生沉陷，即黄土的湿陷。

2. 黄土湿陷性与压力的关系

我国学者对兰州、西安、太原、洛阳等地的湿陷性黄土的力学性质开展了从室内到现场的大量试验研究工作，取得了重大成果，主要有以下几个方面[33-37]：

1）湿陷性黄土的湿陷变形是压力的函数。随着压力的增大，其变形由小变大，再由大变小，最大值出现的位置规律为：随地理区域的由西向东、同一区域地貌单元的由高到低、同一地点地层位置的由浅到深而逐渐变小。

2）湿陷性黄土只有当上覆压力达到一定数值时，湿陷变形才会显著，这个压力称为湿陷起始压力。其数值与地理区域、地貌单元、所处深度有关。湿陷起始压力的测定方法有野外浸水载荷试验（单线法、双线法），室内浸水压缩试验（单线法、双线法）。

3）根据湿陷性黄土在饱和自重压力作用下能否产生显著的湿陷变形，分为自重湿陷性黄土和非自重湿陷性黄土两种类型。对前者整个湿陷性黄土层都可能发生湿陷，而后者湿陷仅可能发生地基受压层范围以内。自重湿陷性黄土的判别以现场试坑浸水试验结果为准，也可以根据室内浸水压缩试验，结合场地地貌、地质条件、建筑经验等综合判别。

这些成果是对黄土湿陷性最根本的认识，为黄土湿陷性的研究奠定了基础。

3. 湿陷敏感性的研究

通过对不同区域自重湿陷性黄土在浸水湿陷过程中的变化规律的研究，发现它们在产生自重湿陷的敏感程度方面差异较大，并根据敏感性系数及浸水时的自重湿陷发展情况，将自重湿陷性黄土地基按敏感性分为很敏感、不很敏感、不敏感三类，建议对湿陷量（等级）相同但敏感性不同的自重湿陷性黄土应区别对待[38]。

4. 湿陷性黄土增湿与减湿特性及结构强度特性的研究

20 世纪 90 年代前，浸水饱和时的湿陷性被当作湿陷性黄土的核心问题来研究。20 世纪 90 年代，机械部勘察研究院张苏民等对湿陷性黄土在增湿（并非一定达到饱和）和减湿时强度和变形性质进行了深入研究，对黄土的结构特性进行了探讨，认识如下：

1）增湿时的强度特性[39]。不同含水率的三轴试验结果表明，湿陷性黄土的极限强度是围压和含水率的二元函数，可用 $(\sigma_1-\sigma_3)$—σ_3—w 三维空间中的一个曲面（强度曲面）表示。强度指标 c、φ 可表达为含水率 w 的函数，随含水率增加到某值，强度线降低而达极限平衡，此含水率可称为湿陷性黄土的临界含水率 w_{cx}，它与强度曲面上的应力水平是一一对应的。

2）增湿变形特性[40]。增湿变形是指黄土在压力作用下变形达稳定后因含水率增加产生的附加变形。通常所说的湿陷变形是其饱和浸水的特例。湿陷性黄土的变形 ε 可以表示为应力水平 σ 和含水率 w 的函数，即 $\varepsilon=f(\sigma,w)$，把力与水的作用及相应的变形发展过程用空间曲线来描述，这种曲线称为应力增湿路径。力和水作用次序的各种不同组合，可得出不同的应力增湿路径，它们在 σ—ε—w 空间组成了一个集合曲面，称为应力增湿变形曲面。从中可以得出湿陷性黄土变形势和湿陷势的概念，从而更加全面地认识湿陷起始压力、湿陷起始含水率及增湿起始压力的理论意义和工程意义。增湿变形特性（即变形的非线性和遇水软化性）可以用增湿变形模型（ZSM 体）描述，通过试验可得出其增湿软化非线性本构关系。

3）增湿和减湿时黄土的湿陷性[41]。对天然含水率的黄土经不同程度的增湿和减湿得到的一组湿陷系数 δ_s 与压力 p 曲线族，结果表明不同压力下的 δ_s-p 曲线有一峰值，相应有峰值湿陷系数和峰值湿陷压力，它们均随增湿而降低，随减湿而增大。湿陷性黄土除有湿陷起始压力外，还有湿陷终止压力，只有当压力超过湿陷起始压力而又不大于湿陷终止压力时，饱和浸水才能产生显著的湿陷变形，此压力区间段称为湿陷压力区间。当初始含水率超过湿陷极限含水率时，不论在多大压力下饱和浸水都不可能产生 $\delta_s \geq 0.015$ 的湿陷变形。

4）黄土的结构强度[42]。在应力—应变关系中有一个特征点，可用结构屈服极限 ε_y 表示，结构强度的发挥过程受结构屈服限控制，可用结构强度发挥度来描述。由于结构强度的影响，黄土的抗剪强度不服从莫尔—库仑定律，需要用分段线性表示，后勤工程学院郑颖人等的研究也得出类似的结论[43]。

谢定义等[44]之后也就黄土在增湿（减湿）条件下的湿陷特性进行了试验研究。

5. 厚层 Q_2 黄土的湿陷特性研究

长期以来，人们对黄土湿陷性的研究主要集中在 Q_3、Q_4 地层中（新黄土），对 Q_2 黄土涉及较少，大多认为其不具湿陷性。20 世纪 90 年代初，西北电力设计院、中国建筑科学院地基所等单位结合蒲城电厂的地基评价，对渭北黄土台源的厚层 Q_2 黄土（厚度为 60m）进行了大规模的室内及现场试验研究[45][46]，得出了如下几点认识：

1）室内试验结果表明，厚层 Q_2 黄土埋深为 32~35m，按是否具有湿陷性可分为上、下两层。上层 Q_2 黄土在常规压力、自重压力及更大的压力下均可显示湿陷性，但湿陷特性不同于新黄土，区别表现在：①峰值湿陷系数随深度增加而逐渐后延、变小，深部土层要在相当高的压力下（如 400kPa）才显示湿陷性；②同一深度的湿陷系数通常随压力增大而增大，并在一定压力时显示峰值（即低压力下不湿陷，高压力下可能湿陷；低压下湿陷，高压力下湿陷更强），因此，大型工程要用实际压力评价湿陷性是必要的；③湿陷土层与非湿陷土层的分布错综复杂，湿陷性极不均匀。

2）现场 40m 直径试坑浸水试验结果显示：①试坑浸水期间大部分观测点出现上升"回弹"现象，停水一段时间后，各点才普遍下沉，室内试验在压力小于自重时，也出现类似情况，通常认为是浮力及黏土矿物膨胀所致，可见 Q_2 黄土地基中有抑制湿陷的因素存在；②自重湿陷的土层仅分布在 14~27m，实测的自重湿陷量小于 7cm，场地属非自重湿陷性，湿陷的敏感性很低；③现场试验结果与室内试验结果差别很大，实测自重湿陷量仅为室内计算自重湿陷量（按 90 规范）的 1/7。

3）由于厚层 Q_2 黄土地基具多层组合结构，湿陷效应远比新黄土复杂，室内理想的湿陷条件与实际地基状况相差甚远，对厚层 Q_2 黄土湿陷性的评价，应考虑以下方面：①地基湿陷性的全面分析和整体评价，即要作出天然和饱水的 e-$\lg p$ 曲线及 δ_s-p 曲线，确定湿陷起始压力、峰值湿陷系数、峰值湿陷压力随深度的变化规律，并用一个建筑地段的平均指标来评价湿陷性；②考虑多层结构黄土的湿陷效应，对其中的非湿陷性土层进行必要的处理；③如湿陷指标处于某方面临界状态波动时，宜通过现场大面积试坑浸水试验及浸水载荷试验等进一步加以校验，取得可靠的评价。

1.1.4 黄土湿陷性评价

1. 国内对黄土湿陷性的评价

我国《湿陷性黄土地区建筑规范》（GB 50025—2004）[2]中评价黄土湿陷性的内容主要有四个层次：黄土的湿陷性、湿陷性黄土的湿陷程度、湿陷性黄土场地的湿陷类型，以及湿陷性黄土地基的湿陷等级。

（1）黄土湿陷性评价标准　黄土的湿陷性按室内浸水（饱和）压缩试验在一定压力下测定的湿陷系数 δ_s 值进行判定，当 $\delta_s < 0.015$ 时，定为非湿陷性黄土；当 $\delta_s \geq 0.015$ 时，定为湿陷性黄土。

（2）湿陷性黄土的湿陷程度　根据湿陷系数 δ_s 值的大小分为三种：当 $0.015 \leq \delta_s \leq 0.03$ 时，湿陷性轻微；当 $0.03 < \delta_s \leq 0.07$ 时，湿陷性中等；当 $\delta_s > 0.07$ 时，湿陷性强烈。

（3）湿陷性黄土场地的湿陷类型　按自重湿陷量的实测值 Δ'_{zs} 或计算值 Δ_{zs} 判定，当 Δ'_{zs} 或 $\Delta_{zs} \leq 70\text{mm}$ 时，应定为非自重湿陷性黄土场地；当 Δ'_{zs} 或 $\Delta_{zs} > 70\text{mm}$ 时，应定为自重湿陷性黄土场地；当自重湿陷量的实测值和计算值出现矛盾时，应按自重湿陷量的实测值判定。湿陷性黄土场地自重湿陷量的计算值 Δ_{zs} 按下式计算

$$\Delta_{zs} = \beta_0 \sum_{i=1}^{n} \delta_{zsi} h_i \tag{1-1}$$

式中　δ_{zsi}——第 i 层土的自重湿陷系数；

　　　h_i——第 i 层土的厚度，mm；

　　　β_0——因地区土质而异的修正系数，在缺乏实测资料时，可按下列规定取值：陇西地区取 1.50；陇东—陕北—晋西地区取 1.20；关中地区取 0.90；其他地区取 0.50。

自重湿陷量的计算值 Δ_{zs}，从天然地面（当挖、填方的厚度和面积较大时，应自设计地面）算起，至其下非湿陷性黄土层的顶面止，其中自重湿陷系数 δ_{zs} 值小于 0.015 的土层不累计。

（4）湿陷性黄土地基的湿陷等级　根据自重湿陷量的计算值 Δ_{zs} 和湿陷量的计算值 Δ_s 等因素，按表 1-2 判定。湿陷性黄土地基受水浸湿饱和，其湿陷量的计算值 Δ_s 按下式计算

$$\Delta_s = \sum \beta \delta_{si} h_i \tag{1-2}$$

式中　δ_{si}——第 i 层土的湿陷系数；

　　　h_i——第 i 层土的厚度，mm；

　　　β——考虑基底下地基土的受水浸湿可能性和侧向挤出等因素的修正系数，在缺乏实测资料时，可按下列规定取值：基底下 0~5m 深度内，取 $\beta = 1.50$；基底下 5~10m 深度内，取 $\beta = 1$；基底下 10m 以下至非湿陷性黄土层顶面，在自重湿陷性黄土场地，可取工程所在地区的 β_0 值。

湿陷量的计算值 Δ_s 的计算深度自基础底面算起,在非自重湿陷性黄土场地,累计至基底下 10m 深度;在自重湿陷性黄土场地,累计至非湿陷黄土层的顶面。其中湿陷系数 δ_s(10m 以下为 δ_{zs})小于 0.015 的土层不累计。

表 1-2　湿陷性黄土地基的湿陷等级

Δ_s/mm	湿陷类型		
	非自重湿陷性场地	自重湿陷性场地	
	Δ_{zs}/mm		
	$\Delta_{zs} \leq 70$	$70 < \Delta_{zs} \leq 350$	$\Delta_{zs} > 350$
$\Delta_s \leq 300$	Ⅰ(轻微)	Ⅱ(中等)	—
$300 < \Delta_s \leq 700$	Ⅱ(中等)	*Ⅱ(中等)或Ⅲ(严重)	Ⅲ(严重)
$\Delta_s > 700$	Ⅱ(中等)	Ⅲ(严重)	Ⅳ(很严重)

*注:当湿陷量的计算值 $\Delta_s > 600$mm、自重湿陷量的计算值 $\Delta_{zs} > 300$mm 时,可判为Ⅲ级,其他情况为Ⅱ级。

2. 国外对黄土湿陷性的评价

国外对黄土湿陷性的评价方法总的来说大同小异,大多是以反映紧密度(e、γ_d)和表示含水性(w、S_r)两个指标为自变量,只是采取了不同表达方式和技巧,各具特色[1]。

(1)罗马尼亚对湿陷性黄土的评价　罗马尼亚把湿陷性黄土分为两类,即 A 类为非自重湿陷性黄土;B 类为自重湿陷性黄土。

湿陷类型划分按试坑浸水实测的自重湿陷量(I_{mg}^{ef})确定,当 $I_{mg}^{ef} \leq 5$cm 时,定为 A 类;当 $I_{mg}^{ef} > 5$cm 时,定为 B 类。对于轻型建筑和中等规模建筑,当缺少试坑浸水试验数据时,可根据湿陷土层厚度(h)和室内浸水压缩试验得出的计算自重湿陷量(I_{mg}^c)确定,当 $h \leq 5$m 时,均属 A 类;当 $h > 10$m 时,均属 B 类;当 $5 < h \leq 10$m 时,根据室内饱和自重压力下的浸水压缩试验计算自重湿陷量(I_{mg}^c)确定,当 $I_{mg}^c \leq 20$cm 时,属 A 类;当 $I_{mg}^c > 20$cm 时,属 B 类。

湿陷性评价按下述三个标准进行。凡满足以下任一标准者,均认为属于湿陷性土。标准一:在 300kPa 压力下土样浸水引起的相对湿陷大于或等于 2cm/m;标准二:用 1.0m×1.0m 载荷板,在 300kPa 压力下,饱和土的下沉量为 S_i',相同条件下,保持天然湿度土的下沉量为 S_n,$S_i'/S_n \geq 5$ 和 $S_i' - S_n \geq 3$cm 者;标准三:$I \geq -0.10$ 和 $S_r \leq 0.6$,其中 $I = (e_0 - e_r)/(1 + e_0)$,$e_0$ 为保持天然结构状态时土的孔隙比,e_r 为含水率等于液限时的孔隙比,S_r 为原状土的饱和度。

湿陷性土的总湿陷量为附加湿陷量与自重湿陷量之和。

(2)苏联对湿陷性黄土的评价　1962 年苏联颁布的规范把相对湿陷系数 δ_{np} 的 0.02 降为 0.01,不再计算湿陷等级,改为地基可能湿陷量 S,计算如下

$$S = \sum_{i=1}^{n} \delta_{npi} H_i M \qquad (1-3)$$

式中 δ_{npi}——第 i 层黄土按实际压力在 p-δ_s 关系曲线上求得的相对湿陷系数;

H_i——基底下第 i 层黄土厚度,自基底起至 $\delta_{np}<0.01$ 层止;

M——地基工作条件系数(在 $1.5B$ 范围内,当 $B>1.0\mathrm{m}$ 时,$M=2$;$B<1.0\mathrm{m}$ 时,$M=2.5$。在 $1.5B$ 以下,$M=1.5$)。

1974 年重新颁布的规范计算地基可能湿陷量 S 的公式没有改变,但对 M 规定按下式计算

$$M=0.5+1.5(p-\sigma_H) \tag{1-4}$$

式中 p、σ_H——基底平均压力、湿陷起始压力。

(3) 阿根廷对湿陷性黄土的评价 1973 年提出在双线法的基础上,用下式计算湿陷系数 C

$$C=(p_{cs}-p_0)/(p_{cr}-p_0) \tag{1-5}$$

式中 p_0——土的自重压力;

p_{cs}——饱和土样结构破坏的应力;

p_{cr}——土样在天然状态下结构破坏的应力。

评价标准为:当 $p_{cs}<p_0$ 时为自重湿陷性黄土;$p_{cr}>p_0$ 时为非自重湿陷性黄土。

(4) 美国对湿陷性黄土的评价 在美国评价黄土湿陷性的方法有:用干重度 γ_d 预测评价湿陷性;用湿陷比评价湿陷性;用天然干重度 γ_d 和液限 W_L 两项参数预测湿陷性。

用干重度 γ_d 预测评价湿陷性:当 $\gamma_d<12.8\mathrm{kN/m^3}$ 时湿陷高度敏感;当 $12.8\mathrm{kN/m^3} \leqslant \gamma_d \leqslant 14.4\mathrm{kN/m^3}$ 时湿陷中度敏感,$\gamma_d=13.6\mathrm{kN/m^3}$ 时处于湿陷敏感强弱之间;当 $\gamma_d>14.4\mathrm{kN/m^3}$ 时无严重湿陷。

用湿陷比 R 评价黄土湿陷性,主要是通过 200 多个实验结果建立的回归方程式进行的。

(5) 匈牙利对湿陷性黄土的评价 匈牙利依吉利(Egri)1978 年用孔隙比和饱和度建立了湿陷系数回归方程,并根据方程绘制了诺谟图,可直接查出湿陷系数。

1.1.5 黄土浸水试验研究

试坑浸水试验是研究、评价黄土自重湿陷性的一种主要手段,在国内已有多家单位开展浸水试验的研究工作。

西安建筑科技大学曾和有关单位合作,先后在富平、耀县、蒲城等关中地区的 5 个湿陷性黄土场地上进行了 10 个试坑浸水试验和 21 个浸水载荷试验,从而讨论了黄土地基自重湿陷变形和外荷湿陷变形的规律及有关场地湿陷类型的判别[47]。

为研究"依山造居"的黄土沉陷问题,西北大学在兰州市皋兰山进行现场试坑浸水试验,求得了黄土山坡的自重湿陷量,两试坑获得的累计自重湿陷量分别为 26.2cm 和 47.39cm,按《湿陷性黄土地区建筑规范》(GBJ 25—1990)[10]的规定,

判定兰州市皋兰山三台阁建筑场地为Ⅲ级自重湿陷性黄土[48]。

甘肃省建筑科学研究院在宁夏固海扩灌十一泵站场地进行预浸水的试验研究，历时近一年，研究了湿陷量与浸水时间关系、耗水量与浸水时间关系、场地变形量及处理效果的检测与评价等[49]。

宁夏扶贫扬黄灌溉工程是国家重点建设项目，有大量区段位于大厚度自重湿陷性黄土区，宁夏大学主持了对该工程的部分泵站采用预浸水法进行地基处理及试验研究工作。

西北电力设计院、中国建筑科学院地基所等单位针对Q_2黄土的湿陷性在陕西蒲城等地进行了大面积现场试坑浸水试验[45][46]，彻底纠正了之前普遍认为Q_2黄土不具湿陷性的看法。

长安大学主持完成的西部交通建设科技项目"黄土的浸水特性研究"，在对主要黄土分布地区高等级公路现场调查的基础上，针对典型湿陷性黄土，开展了大规模的原位浸水试验和系统的室内试验，试验中引入了基于介电常数法原理的 TDR 与 HHZ 测量土的含水率，解决了含水率原位量测技术的难题，实现了含水率原位无损连续快速测量，并通过试验研究和理论分析，建立了非饱和黄土浸水入渗计算模型，得出了浸水入渗场中含水率与饱和度的时间与空间变化分布特征及临空面对浸水渗流场的影响性状[44]。

结合郑西高速铁路的建设，2005 年 3 月，铁道第二勘察设计院委托中铁西北科学研究院，在郑西高速铁路 DK283+583 处开展现场试坑浸水试验（试坑直径 20m），对该场地进行了自重湿陷性评价，提出：最大自重湿陷深度为 15m；计算自重湿陷量的修正系数 $\beta_0 = 0.95$；地基湿陷等级为Ⅱ级（中等）自重湿陷。并依据现场含水率、地表沉降、地表变形等资料，得出该场地在大面积浸水条件下，径向影响范围达 10m。

综上所述，有关湿陷性黄土现场试坑浸水试验，国内已有较多的文献报道，但场地地质条件、浸水试坑的形状和尺寸及试验目的不尽相同。前述的大多数试验研究仅讨论了黄土地基自重湿陷变形和外荷作用下湿陷变形的规律、场地湿陷类型的判别及浸水入渗场中含水率与饱和度的变化特征等，试验观测主要针对总湿陷量，对自重湿陷土层下限深度、分层湿陷量等一般不作为主要研究内容。而在郑西高速铁路 DK283+583 现场试坑浸水试验中却增加了自重湿陷土层下限深度、自重湿陷量修正系数的计算等，这是值得借鉴的。

1.1.6 黄土地基工程

当黄土地基的湿陷变形、压缩变形或承载力不能满足设计要求时，要针对不同的建筑类别和黄土的湿陷特点，采用经济合理的处理措施。非饱和黄土地基处理的主要目的是消除湿陷性；而饱和黄土地基处理主要是减少压缩性，提高承载力。我国从 20 世纪 50 年代起，通过多年的研究和工程实践，在充分发挥黄土潜力，防止黄土在不利条件下造成湿陷危害方面积累了丰富的经验。改良处理途径和设计施工方法，已经由早期的大开挖逐渐发展到后来的垫层（灰土或砂石）、强夯（表面强夯、深孔强夯、置换强夯）、挤密（灰土桩、水泥土桩、二灰桩、DDC）、沉桩（预制打入桩、钻孔灌注桩、大径扩底灌注桩、水泥搅拌桩）、化学加固（单液法、双液法、碱液法、水泥浆灌注法）和预湿等[50]，这些方法与设计中基本防水、检漏防水和严格防水等不同的等级，以及施工中的施工防水等防水处理措施的结合成了黄土地基设计、施工中的一个重要理念[7]。前述的这些处理方法和研究成果已经体现在《湿陷性黄土地区建筑规范》（GB 50025—2004）[2]、《建筑地基基础设计规范》（GB 50007—2011）[51]、《建筑地基处理技术规范》（JGJ 79—2012）[52]及《高速铁路路基工程施工质量验收标准》（TB 10751—2010）[53] 等规范和标准中。郑西高速铁路路基工后沉降要求不大于 15mm，而普通铁路（160 km/h）路基工后沉降控制标准为 20cm，高速铁路路基工后沉降标准仅为普通铁路的 7.5%，因此，对于类似的、对沉降有很高要求的建筑物，必须从它的地基和基础方面采取有效的处理措施。采用复合地基和多元复合地基的形式，在地基基础的合理结合中寻求最优方案是我们现在需要研究和探索解决的技术问题。现在的地基处理技术已发展到复合地基基础理论，并形成了向复合地基优化理论发展的新趋势。这种新趋势与数值计算方法的结合为地基变形有很高要求的工程建设开辟了新的技术途径。

1.1.7 黄土路基工程

中华人民共和国成立以来，在黄土地区进行了大规模铁路、公路建设，我国铁路、公路等部门也对黄土的相关工程问题展开了试验研究。通过多年的研究试验和工程实践，在黄土边坡的稳定性及黄土路基方面取得了如下主要成果[54]：

1）通过大量黄土边坡的调查和研究，总结了黄土路堑边坡稳定性的影响因素，建立了黄土路堑边坡稳定性力学模型及计算方法，提出了黄土路堑边坡稳定性计算图，以工程地质比拟法为基础建立了黄土路堑边坡坡率表。黄土路堑边坡设计要考虑边坡的稳定性、耐久性和挖方断面的经济性，并兼顾施工和养护方便。

2）总结提出了黄土地区铁路路堤的病害类型，研究了黄土路基的变形机理及沉降规律，提出了黄土路基稳定性及其沉降的理论计算方法，从消除湿陷和防渗漏两方面考虑，给出了夯实后黄土干重度不得小于 $15.5kN/m^3$ 的规定。

以上的研究成果已被铁路、公路路基设计手册和《铁路特殊土路基设计规范》（TB 10035—2006）[32] 采纳。

黄土一般为粉质黏土或粉土，在以往沉降量较大的常规铁路上常用作路堤填料；但对于沉降要求非常严格的高等级铁路特别是高速铁路，用黄土直接作填料其压实性质、稳定性和水稳性均较难达到路基工程的要求，因此，近期提出了对黄土进行改良后填筑路堤的技术问题。可行的黄土改良方法是掺加水泥、石灰等掺和料，这样改良后黄土的强度、变形特征、水稳性都会有大的改善和提高。目前，关于不同配比、不同龄期强度、变形性质及水稳性室内试验研究有相当的资料,如公路、建筑系统已对此做过不少研究工作。但作为铁路路堤填料,其沉降变形资料还比较少见。改良黄土路基工程沉降变形量与时间的关系,及对路基工后沉降的影响等还需进一步研究。

1.2 郑西高速铁路黄土重大工程地质问题

1.2.1 湿陷性黄土对郑西高速铁路路基工程的影响

郑西高速铁路是国家中长期铁路网规划中"四纵四横"之一的徐州至兰州高速铁路的重要组成部分,建设郑西高速铁路,既可缓解陇海铁路运输状况,又能大大缩短西北、川渝地区与中南、华东地区各大城市间的时空距离,进一步密切东、中、西部地区的经济联系,对推动西部大开发和实施中部崛起战略具有重要意义。

郑西高速铁路全长458.8km,设计时速350km/h,是铁道部在"十一五"期间建设的四大高速铁路中第一个获得国家批准的项目,也是我国在湿陷性黄土地区建设的第一条高速铁路。全线控制工程主要是路基、长大隧道和重点桥梁。对于郑西高速铁路,必须要有一个强度高、刚度大的路基基床,沉降很小或没有沉降的地基,才能满足铺设无砟轨道的要求,因此,容许的路基工后沉降量为15mm,这是国内首次对路基工程提出的最高标准。线路穿越豫西山地和渭河冲积平原,南倚秦岭,北临黄河,沿线黄土分布广泛,工程性质非常复杂,约占全线总长度的80%,其中湿陷性黄土区段占全线总长度的65%,自重湿陷性黄土约占线路总长度的27%,湿陷程度从轻微(Ⅰ级)到很严重(Ⅳ级)在整个专线路段均有分布,涵盖了我国湿陷性黄土的全部类型。

我国以往的研究重点多集中在关中以西,如陇西黄土、关中黄土等性质典型的地域。对郑西高速铁路,尤其是陕西华县以东的台塬和河流阶地地区黄土研究资料比较欠缺,从有关资料看,在这一区域很少进行过现场试坑浸水试验。当地建筑及前期修建高速公路等工程中对黄土设计的一些参数大都根据经验取用。因此,对郑西高速铁路经过的湿陷性黄土地区的研究是不充分的,在勘察工作中对黄土湿陷等级的判定也有不少不确定因素,尤其是浸水后的变形性质更是缺乏现场试验研究资料,而湿陷性黄土场地的湿陷类型和湿陷等级,是湿陷性黄土最基本的工程属性,它决定了地基处理方案的合理选择和设计,影响着工程投资与施工进度。所以,鉴于沿线湿陷性黄土的特殊性和复杂性,高速铁路对地基的特殊要求,可供借鉴的研究成果及工程经验不多,在郑西高速铁路进行现场浸水试验,研究湿陷性黄土场地对浸水的响应规律,客观判定沿线黄土场地湿陷类型,是郑西高速铁路湿陷性黄土地基处理前必须要准确查明的关键技术问题,在此基础上提出湿陷性黄土地基处理措施建议,为设计参数的优化提供技术支持。

1.2.2 国家规范对甲类建筑的有关要求

由于黄土本身的区域性、特殊性、复杂性等,采用室内试验结果判定场地湿陷类型时往往与实际存在差异。表1-3是部分试验场地实测自重湿陷量与计算自重湿陷量的对比结果,从表中可以看出,黄土室内外自重湿陷量一般并不成等值关系,说明采用"取样试验计算法"来认识和评价沿线黄土湿陷性还存在着相当的局限性。

表1-3 黄土实测自重湿陷量与计算自重湿陷量对比

序号	试验场地	自重湿陷量/mm		$K = \dfrac{实测值}{计算值}$
		野外实测值	室内计算值	
1	西安交大	8.1	81.2	0.10
2	西安冶院	5.0	17.0	0.29
3	山西翼城	19.0	42.0	0.45
4	陕西富平	61.0	125.0	0.49
5	陕西蒲城电厂	65.0	650.1	0.10
6	山西运城	53.0	192.0	0.28
7	陕西张桥	207.0	212.0	0.98
8	兰州安宁堡	119.0	57.7	2.06
9	延安丝绸厂	356.5	229.0	1.56
10	兰州龚家湾	567.0	360.0	1.58
11	兰州钢厂	870.0	500.9	1.74
12	甘肃永登	1352.0	436.5	3.10

由于现场试坑浸水试验能准确反映真实情况,用以测定自重湿陷量的实测值能比较准确可靠地判定场地湿陷类型,因此,《湿陷性黄土地区建筑规范》(GB 50025—2004)[2]第4.2.3条及4.4.3条规定:对新建地区的甲类建筑和乙类中的重要建筑,应按规定进行现场试坑浸水试验,并应按自重湿陷量的实测值判定场地湿陷类型。当自重湿陷量的实测值和计算值出现矛盾时,应以实测值为准。对于郑西专线这样一个重大工程,用黄土地基现场试坑浸水试验得到的自重湿陷量的实测值来判定黄土场地湿陷类型是必然选择。现场浸水试验的开展将为湿陷性黄土地基处理方案的优化设计提供依据和可靠参数。

1.2.3 有关修正系数 β_0 的区域代表性问题

根据《湿陷性黄土地区建筑规范》(GB 50025—2004)[2],在计算自重湿陷量和湿陷量时,分别引入了修正系数 β_0 和 β 值,使得计算值和实测值差别显著减小,从而提高湿陷性黄土评价的准确性与可靠性。然而，修正系数 β_0 和 β 值是建立在实测资料基础之上的，因此，该规范规定，当自重湿陷量的实测值和计算值出现矛盾时，应按自重湿陷量的实测值判定。规范也在不断完善之中，如《湿陷性黄土地区建筑规范》（GB 50025—2004）[2]将陕西关中地区的修正系数 β_0 由《湿陷性黄土地区建筑规范》（GBJ 25—1990）[10]中的 0.7 修正为 0.9。因此，仅根据规范规定的分区进行修正系数取值必然会产生黄土湿陷性判定上的偏差，而且规范中的修正系数 β_0 和 β 值在该段的区域代表性主要以豫、陕地区低阶地地貌单元的工业与民用建筑工程经验获得，缺乏对丘陵山区台地及大厚度黄土地基及铁路建设的适用性。郑西高速铁路通过的区域，湿陷性黄土的工程性质非常复杂，修正系数按规范分区取值仅具有指导性意义，并不能完全准确地判定湿陷性黄土场地的类型。

1.2.4　目前勘探资料与已有认识的差别问题

1)《湿陷性黄土地区建筑规范》（GB 50025—2004）[2]的"附录 A：中国湿陷性黄土工程地质分区略图"中的"表 A 湿陷性黄土的物理力学性质指标"表明：①河南地区，一般为非自重湿陷性黄土，湿陷性黄土层厚度一般为 4~8m，土的结构较密实，压缩性较低。该区浅部分布新近堆积黄土，压缩性较高；②关中地区，湿陷性黄土层厚度在低阶地为 4~10m，高阶地为 6~23m，在渭北高原一般大于 10m，在渭河流域两岸多为 4~10m，秦岭北麓地带有的小于 4m。关于地区黄土地基湿陷等级一般为Ⅱ~Ⅲ级，自重湿陷性黄土层一般埋藏较深，湿陷发生较迟缓。低阶地多属非自重湿陷性黄土，高阶地和黄土塬多属自重湿陷性黄土。

2)《铁路工程地质勘察规范》（TB 10012—2007）[55]的条文说明 6.1.6~6.1.8（1）：黄土地区勘探取样的地区要求，根据铁路建设在豫西三门峡和晋南侯月线遇到的自重湿陷土层深达 13~16m 的情况，规定了该两地区一般建筑物自重湿陷性场地勘探取样深度至基础底面下不小于 15m 的要求。《铁路工程地质勘察规范》（TB 10012—2007）[55]的 6.1.6 中第 2 条规定：在自重湿陷性场地，一般建筑场地在陇西、陇东、陕北、晋南、豫西勘探深度应至基础底面下不小于 15m，其他地区不小于 10m。

3) 如前所述，有关设计院的勘探资料表明：①郑州至渑池段，湿陷土层厚度一般在 10~15m，最厚达 20m 左右，湿陷等级多为Ⅱ~Ⅲ级，局部达Ⅳ级；②渑池至灵宝段，湿陷土层厚度达 10~35m，湿陷等级多为Ⅱ~Ⅲ级，局部达Ⅳ级；③灵宝至西安段，湿陷等级主要为Ⅰ~Ⅲ级，部分为Ⅳ级，湿陷土层厚度一般为 10~25m，部分地段为 30m，最厚达 38m。

4) 对比 1)~3)中所述的内容可知，沿线黄土的湿陷性与以往的规范及工程经验和研究资料相比有一定的差异，尤其是在湿陷性黄土的厚度和湿陷等级的认识上差异性明显，该问题客观、合理的解决对地基处理、桩基负摩擦力确定等极其重要。

5)《湿陷性黄土地区建筑规范》（GB 50025—2004）[2] 主要是以工业与民用建筑的发展而进一步深入认识黄土的，就某一种工业与民用建筑而言，附加恒载大，变形控制不十分严格，场地地质条件和地基处理工程措施单一。而郑西高速铁路路基附加恒载小，沿线路纵向地基的地质变化复杂，变形控制严格，地基处理工程措施多样性。因此，《湿陷性黄土地区建筑规范》（GB 50025—2004）[2] 不能完全满足于郑西高速铁路建设的需要。

综上所述，结合郑西高速铁路建设的需要开展相应的现场浸水试验研究是非常必要的。

1.2.5　湿陷性黄土地基处理问题

郑西高速铁路路基工后沉降量按无砟轨道扣件允许的沉降调高量15mm控制，沉降比较均匀、长度大于20m的路基，允许的最大工后沉降量为30mm。因此，对湿陷性黄土地基采取合理的处理措施和方法，消除湿陷性黄土地基的沉降变形是郑西高速铁路基础工程的关键技术问题。黄土的湿陷性对工程的危害主要是浸水后使建筑物产生不均匀沉降或突然沉陷，湿陷性黄土存在湿陷和压缩两种不同性质的变形，以湿陷性变形为主，地基处理的原则是首先消除地基的湿陷变形，其次是将压缩变形控制在允许变形范围以内[50][56—57]。郑西高速铁路地基处理工程措施需根据土层物理力学指标、湿陷等级、湿陷土层厚度等因素经工后沉降检算后，结合工程设置情况选择换填、灰土挤密桩、强夯、柱锤冲扩桩、CFG桩和钢筋混凝土桩网结构等措施进行处理，并加强防排水措施，保证湿陷性黄土地基处理措施的质量和效果。

1.2.6　黄土填料的改良与压实问题

路基填料涉及路堤本体的沉降变形、稳定性及水稳性。用填料修筑的路堤是人工构筑物，相对于高速铁路工后沉降的严格要求，应设法减少其沉降变形，使其工后部分的沉降趋于零，同时具有良好的稳定性和水稳性。从郑西高速铁路沿线的填料情况来看，多为第四系上更新统冲洪积、风积（Q_3）砂质黄土、黏质黄土和中更新统坡洪积（Q_2）黏质黄土，都属C组细粒土填料。天然状态下的黄土不易被压实，而且黄土虽然经过碾压改变了土体结构，消除了部分湿陷性，但仍存在水稳性差、浸水软化等问题[56][58—59]，因此，不宜直接用黄土作为路基填料，而需在黄土中掺入一定比例的水泥、石灰等掺加剂改良后才可填筑路基。由于不同地段的黄土工程性质有较大差异，不同的改良方法和掺加剂比例及现场填筑压实工艺对改良土的性质和压实度有很大影响，因此，黄土填料改良方法、施工工艺及质量检验方法是黄土填料改良与压实的关键技术问题。

1.2.7　黄土路基工后沉降评估问题

路基的变形一般可分为路基的工后沉降和路基的弹塑性变形两类。工后沉降为路基竣工铺轨后产生的沉降，它由路基本体的压密变形和地基的沉降变形两部分组成。实测资料表明，当填料及压实度满足要求时，路基填筑部分的压密沉降仅占填土高度的 0.1%~0.5%，且一般在一年左右即可完成[60][61—63]，所以，路基工后沉降主要是由地基沉降引起的沉降量。工后沉降的控制是路基上铺设无砟轨道的关键，在铺设无砟轨道之前，为保证路基的工后沉降和变形符合设计要求，必须对路基变形做系统的评估。

勘察设计阶段，可根据地质条件、土层物理力学参数、填土高度、地基加固措施、工期等计算总沉降量及工后沉降量，以便选择合理的地基加固措施。由于受地层的不均匀性、参数选取的精度、计算方法的局限性及施工过程等因素的影响，设计阶段的沉降计算只能是一种估算，其精度难以满足高速铁路标准要求。因此，高速铁路沉降控制必须根据施工期间和路基填筑完成或施加预压荷载后不少于 6 个月的观测期和调整期的实测沉降数据，采用数学方法对最终沉降量、沉降速率、工后沉降量进行推算，借此确定铺轨时间。所以，路基的沉降观测及利用观测资料进行沉降评估，是确保建造在湿陷性黄土复合地基上的郑西高速铁路黄土改良路基工后沉降得到有效控制的必要措施和手段。

1.3 试验研究目标和主要研究内容

1.3.1 试验研究目标

通过自重湿陷性较严重的代表地段进行黄土地基现场试坑浸水试验，达到如下目的：

1）准确查明试验场地的湿陷类型，确定自重湿陷性土层的下限深度、自重湿陷敏感性及变化规律。

2）通过对比分析不同试验场地自重湿陷量的实测值与取样试验计算值，找出郑西专线不同路段的自重湿陷量的修正系数 β_0。

3）查明大面积浸水的影响范围，为地基处理和防排水设计提供试验资料。

4）利用现场试验取得的结果，对沿线代表性黄土湿陷性做出进一步评价。

5）为沿线湿陷性黄土地基处理和防排水设计优化提供依据。

通过黄土地基处理与路基试验工程研究达到如下目标：

1）针对郑西高速铁路沿线大厚度湿陷性黄土的特点，取得水泥土挤密桩、柱锤冲扩桩和强夯三种地基处理方法条件下，地基、路堤不同部位的沉降变形值及其与时间的关系规律，评定路基工后沉降；同时分析路基工后沉降的构成、工后沉降发生的部位，为优化设计提供试验依据。

2）通过路基总沉降变形、沉降与时间的关系资料分析，提出铺设上部轨道结构的合理时间。

3）为完善路基、地基处理施工质量的检测手段、方法与标准提供技术资料。

1.3.2 主要研究内容

在认真分析既有的勘察资料并紧密结合设计要求和现场实际情况的前提下，确定了浸水试验场地的选择原则如下：

1）黄土的湿陷程度相对较严重。
2）湿陷性黄土分布连续。
3）地层及地貌单元应在该段具有一定代表性。
4）场地附近应有充足的水源。

按照这个原则，并在试坑浸水试验选址中重点考虑选取具有大厚度湿陷性黄土地层、湿陷性较强烈、地貌单元有一定代表性的场地为试验场地，经过建设、勘察设计、试验研究单位的联合现场踏勘，完成了郑西高速铁路8个浸水试验场地的选点工作，浸水试验场地基本情况如表1-4所示。

表1-4 试坑浸水试验场地基本情况一览表

序号	路段	里程	试验场地黄土概况	试坑直径	具体位置	线路情况	试验内容
1	郑州—渑池	DK58+320	黄土丘陵地貌，Q_3砂质黄土厚20m左右	20m	巩义市大峪沟镇	桥梁	试坑浸水
2		DK92+200	伊、洛河二级阶地，Q_3砂质黄土厚20~24m	25m	偃师市顾县镇	顾县特大桥	试坑浸水
3	渑池—灵宝	DK246+500	黄土塬地貌，Q_3砂质黄土厚26m，湿陷性土层厚26m	30m	陕县张湾乡	新三门峡车站	试坑浸水
4		DK287+000	黄河二级阶地，Q_3砂质黄土厚29m，湿陷性土层厚15m	36m	灵宝市西闫乡	桥梁	试坑+桩基浸水
5		DK300+800	黄河二级阶地，Q_3砂质黄土厚度大于80m，湿陷性土层厚30m	35m	灵宝市故县镇	路堑	试坑浸水
6		DK315+650	黄河二级阶地，Q_3砂质黄土厚40m，湿陷性土层厚20m	20m	灵宝市豫灵镇	路堤	试坑浸水
7	灵宝—西安	DK346+950	黄河二级阶地，湿陷性土层厚38m左右	45m	潼关县高桥乡	路堤	试坑+桩基浸水
8		DK354+150	渭河二级阶地，湿陷性土层厚度25m	25m	华阴市卫峪乡	桥梁	桩基浸水

注：表中黄土概况及线路情况依据铁道第一、二、四勘察设计院提供资料确定。

为此，湿陷性黄土地基现场试坑浸水试验的主要内容包括：

1）测定浸水坑内不同位置的湿陷变形。
2）测定场地湿陷性土层分层湿陷变形。
3）对浸水坑外因地层湿陷引起的地面变形进行观测。
4）对浸水量、浸水范围及土层含水量变化情况进行观测。
5）采用探井取样，进行室内试验，对比研究"取样试验计算法"与"现场实测法"的内在联系及规律。

黄土地基处理与路基试验工程研究是在郑西高速铁路工程试验段范围内 DK355+200 左侧离高铁约 200m 处的试验场地完成的。该试验场地的地貌单元为渭河Ⅱ级阶地，勘探深度内地基土由砂质黄土、黑垆土、古土壤、粉质黏土及砂层组成，属自重湿陷性黄土，地基湿陷等级为Ⅳ级（很严重）。主要开展了如下研究内容：

1）湿陷性黄土地基处理及路基填筑压实质量的检测与评价。

2）孔内强夯、挤密桩及强夯三种地基处理方式下厚重湿陷性黄土地基上改良黄土实体路基工程沉降变形试验观测研究。

3）湿陷性黄土处理地基和改良黄土路基的工后沉降预测分析。

1.4 技术路线、关键技术与创新点

1.4.1 技术路线

从郑西高速铁路建设急需解决的黄土地基的湿陷性难题出发，分析了湿陷性黄土对郑西高速铁路路基工程的影响及存在的主要问题，在沿线选择了 8 个分别代表黄土丘陵地貌、伊河和洛河二级阶地、黄土塬地貌、黄河二级阶地、渭河二级阶地等不同地貌单元的典型场地，进行湿陷性黄土的现场试坑浸水试验。并结合黄土学科的相关知识和理论，在室内试验、现场试验和理论研究的基础上，对郑西高速铁路黄土区域工程地质环境、工程地质特性、黄土场地浸水湿陷特性、湿陷敏感性、黄土湿陷性定量评价与预测等方面进行了系统研究，对沿线黄土的湿陷性进行了科学评价，确定了地基设计参数，提出了黄土湿陷性地基处理措施建议。

在此基础上，选取地基湿陷等级为Ⅳ级的自重湿陷性典型黄土场地，开展湿陷性黄土地基处理措施与改良土路基工程沉降观测试验研究，验证郑西高速铁路湿陷性黄土地基处理措施、填料改良技术的合理性和有效性，揭示湿陷性黄土区复合地基及黄土改良路基的沉降规律，按照 15mm 的标准要求，对路基工后沉降进行分析评价和预测，提出路基施工的合理周期和铺设上部轨道结构的时间，优化设计参数。

技术路线如图 1-1 所示。

1.4.2 关键技术

1）湿陷性黄土场地的精细勘察与代表性浸水试验工点的合理确定。

2）湿陷性黄土场地浸水试验设计的科学性与沉降变形参数的高精度测试。

3）湿陷性黄土场地浸水试验的地表沉降与深部沉降、浸水影响范围与湿陷敏感性、黄土湿陷性定量评价与预测等关键技术问题的逐步研究解决，为郑西高速铁路沿线黄土的湿陷性评价及地基处理措施建议提供了科学依据。

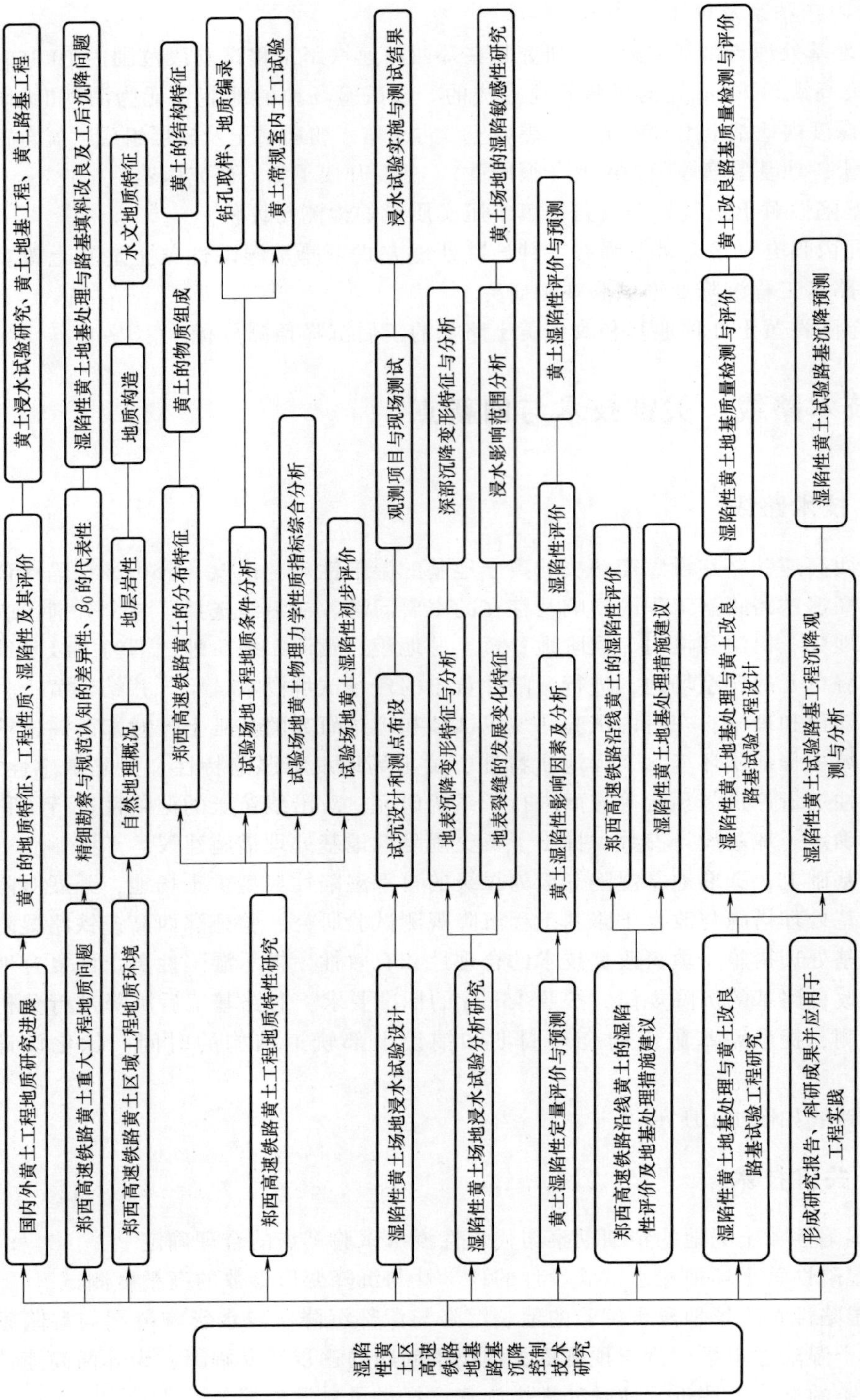

湿陷性黄土区高速铁路地基路基沉降控制技术研究
国内外黄土工程地质研究进展
黄土的地质特征、工程性质、湿陷性及其评价
黄土浸水试验研究、黄土地基工程、黄土路基工程
郑西高速铁路黄土重大工程地质问题
精细勘察与规范认知的差异性、β_0的代表性
湿陷性黄土地基处理与路基填料改良及工后沉降问题
郑西高速铁路黄土区域工程地质环境
自然地理概况
地层岩性
地质构造
水文地质特征
郑西高速铁路黄土工程地质特性研究
郑西高速铁路黄土的分布特征
黄土的物质组成
黄土的结构特征
试验场地工程地质条件分析
钻孔取样、地质编录
黄土常规室内土工试验
试验场地黄土物理力学性质指标综合分析
试验场地黄土湿陷性初步评价
湿陷性黄土场地浸水试验设计
试坑设计和测点布设
观测项目与现场测试
浸水试验实施与测试结果
湿陷性黄土场地浸水试验分析研究
地表沉降变形特征与分析
深部沉降变形特征与分析
地表裂缝的发展变化特征
浸水影响范围分析
黄土场地的湿陷敏感性研究
黄土湿陷性定量评价与预测
黄土湿陷性影响因素及分析
湿陷性评价
黄土湿陷性评价与预测
郑西高速铁路沿线黄土的湿陷性评价及地基处理措施建议
郑西高速铁路沿线黄土的湿陷性评价
湿陷性黄土地基处理措施建议
湿陷性黄土地基处理与黄土改良路基试验工程研究
湿陷性黄土地基处理与黄土改良路基试验工程设计
湿陷性黄土地基质量检测与评价
黄土改良路基质量检测与评价
形成研究报告、科研成果并应用于工程实践
湿陷性黄土试验路基工程沉降观测与分析
湿陷性黄土试验路基沉降预测

图 1-1 技术路线

4）根据湿陷性黄土地基与路基沉降观测试验，不断反馈修正设计参数，完善湿陷性黄土复合地基和改良黄土路基的沉降变形计算理论，优化设计文件。

5）建立湿陷性黄土复合地基施工质量和黄土改良路基填筑质量的检测标准。

6）针对郑西高速铁路黄土工程地质性质及整体式道床特点，提出适合高速铁路建设标准的路基本体及地基处理的优化措施。

1.4.3 创新点

1）测定的黄土分层湿陷量、自重湿陷土层下限深度值，地基处理深度优化原则建议，可作为郑西高速铁路自重湿陷性黄土区黄土地基处理和桩基负摩擦力设计深度的依据。

2）根据浸湿影响范围、地表湿陷变形范围、裂缝范围及试坑外自重湿陷量不小于15mm的范围综合确定的路基防排水宽度建议值，可作为铁路防排水设计的重要参考。

3）根据 β_0 实测值，建议在郑西铁路客运沿线 β_0 按下述分段取值：①DK250以东 β_0 为 0.5；②DK250 以西 β_0 按 0.9 取值，这是对黄土规范的重要补充和印证。

4）首次提出了"视湿陷速率法"及判定湿陷敏感性的标准建议值，并用该方法对湿陷性黄土试验场地进行了湿陷敏感性判定。

5）湿陷性黄土地基处理的设计参数确定方法与建议值。

① 地基处理深度建议值可采用探井取样计算值×推荐系数值 η'，适用于路堑和零断面及隧道进出口；对于路堤，在此基础上，适当考虑一定的安全系数，参见表10-7。

② 桩基负摩擦力设计深度建议值取探井取样计算值×推荐系数值 η'，参见表10-7。

③ 未采取竖向隔水设施的防排水措施距路肩的水平距离 d 在 DK233~DK250 段为 $0.2H$，在 DK250~DK321 段为 $0.45H$，在 DK321~DK356 段为 $0.5H$。若根据实际情况减小防排措施距路肩的距离时，需采取竖向隔水处理，其处理深度 h 在 DK233~DK250 段为 $0.34H-1.7a$，在 DK250~DK321 段为 $1.53H-3.4a$，在 DK321~DK356 段为 $0.75H-1.5a$。其中 H 为自重湿陷性黄土下限深度，a 为竖向隔水措施距路肩的水平距离，参见表10-7。

6）定性分析和基于数据挖掘技术的定量分析表明，黄土湿陷是由其特定的物质成分、结构特征和赋存环境共同决定的。基于数据挖掘技术的杨辉三角多项式（10-1）和相关性分析式（10-2），采用分析 e、ρ_d、w、I_P 等综合指标和用湿陷性土层内不同湿陷系数的层厚百分比 P 与湿陷性土层厚度 H 的关系确定了黄土自重湿陷系数和最大自重湿陷量。

7）针对郑西高速铁路大厚度湿陷性黄土，研究了挤密桩、孔内强夯及强夯三种地基处理方法消除黄土湿陷性的试验效果及其适用条件。

8）研究提出了湿陷性黄土地基处理及路基填筑压实质量的检测标准，并结合试验工程进行了评价分析。

9）通过孔内强夯、挤密桩及强夯三种地基处理方式下厚重湿陷性黄土地基上黄土改良实体路基工程沉降变形试验观测研究，揭示了路基沉降变形规律，预测分析了路基工后沉降，提出了铺设上部轨道结构的合理时间，为优化设计和完善路基沉降计算和预测理论提供了科学依据。

第2章　郑西高速铁路黄土区域工程地质环境

依据黄河中游区域工程地质图[64]、中国湿陷性黄土工程地质分区略图[21]和郑西高速铁路工程示意图等相关资料，综合编制了郑西高速铁路区域工程地质图（图2-1）。本章从自然地理概况、地层岩性、地质构造和水文地质特征几方面对郑西高速铁路黄土区域工程地质环境进行研究分析。

2.1　自然地理概况

2.1.1　地理位置

郑州至西安高速铁路东起郑州站，经过洛阳市、三门峡市、渭南市，西至西安枢纽西安北站（图2-1），横跨河南、陕西两省，沿线交通便利，公路发达。东西走向，与陇海铁路、310国道、连霍高速公路走向基本一致，部分地段与上述交通线路相依而行或交叉通过。沿线村镇密集，道路交错，农田广布。

2.1.2　地形地貌

郑州至西安高速铁路主要通过的地貌单元有：黄土台塬区、山前（塬前）洪积扇区、河流冲积平原区、黄土梁洼区、黄土丘陵和低山丘陵等[60]。地势总体西高东低，由南而北呈阶梯状递减，条带状展布，中部略有起伏，如图2-2所示。各试验点的地貌特征见表2-1。

郑州至渑池段位于豫西山地，沿线主要通过的地貌单元有山前平原、冲积平原（黄河及其支流阶地）和黄土丘陵、岩石丘陵[65]（图2-3），地势总体表现为西高东低，南高北低，中部略有起伏。

渑池至观音堂段属于黄土丘陵区（图2-4），地势起伏平缓，由东向西逐渐升高，绝对高程为400~700m，相对高差为10~60m，自然坡度一般为5°~30°，缓坡地带多垦为旱田。黄河支流洛河流域横向黄土冲沟发育，部分深切呈"V"形谷，冲沟深达数十米，岸坡陡峭[66]。

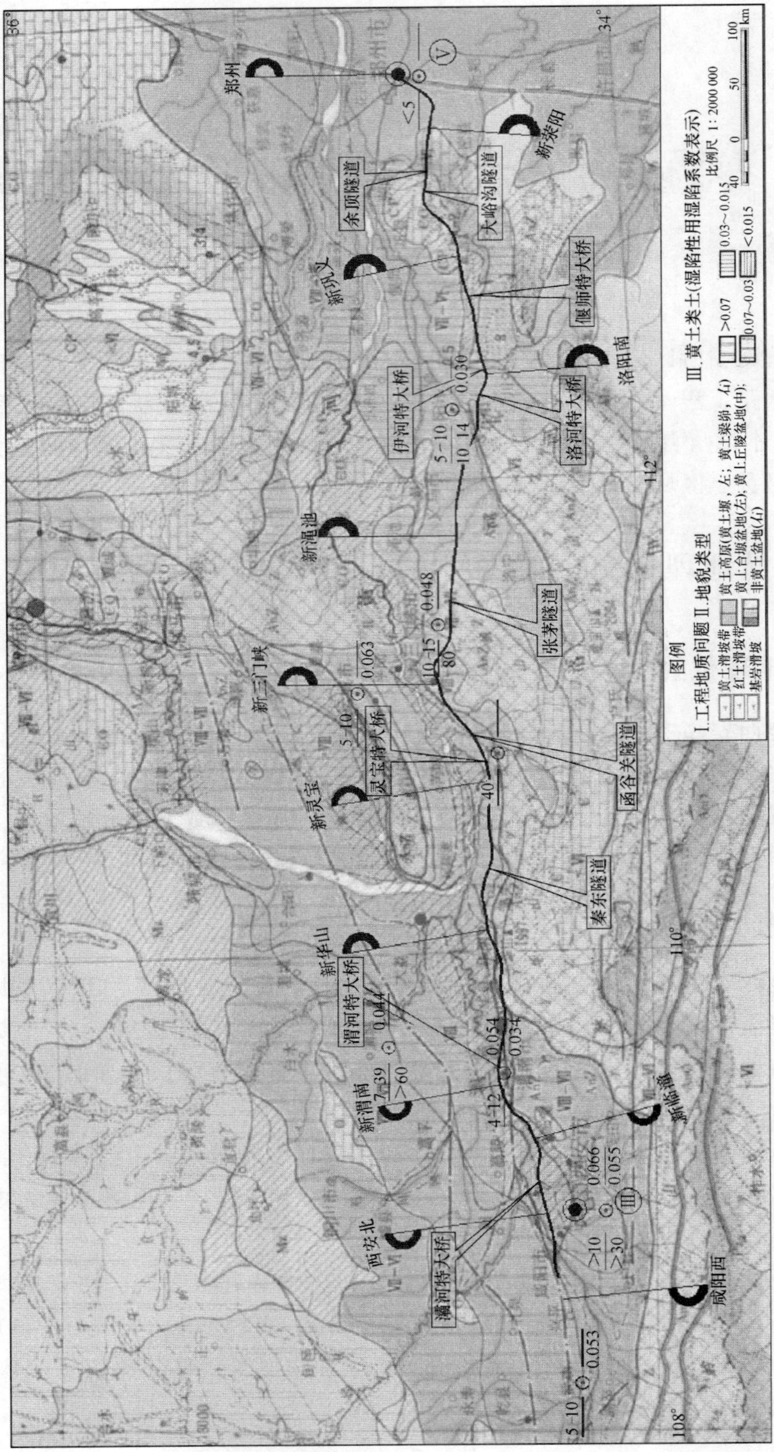

图 2-1 郑西高速铁路区域工程地质

第2章 郑西高速铁路黄土区域工程地质环境

图 2-2 郑西高速铁路黄土地貌景观[64]

表 2-1 各试验点地貌特征汇总表

序号	里程	位置	场地地貌特征	
			地貌单元	特征
1	DK58+320	巩义市大峪沟镇	黄土丘陵	场地为阶梯状的旱地、荒地,陡坎发育。场地地面不平,中心隆起,向四周倾斜,东边陡坎,北边为深约14m的冲沟
2	DK92+200	偃师市顾县镇	伊洛河Ⅱ级阶地	场地平坦,海拔136.8~137.2m,基本为一正方形
3	DK246+500	陕县张湾乡	黄土塬	场地开垦成多级梯状农田,东侧有一宽约100m、深45m的冲沟,黄河位于场地以北10km处
4	DK287+000	灵宝市西闫乡	黄河Ⅱ级阶地	场地地形平坦,原为庄稼地,地面高程约为376m
5	DK300+800	灵宝市故县镇	黄河Ⅱ级阶地	场地地势由北向南、由西向东略有倾斜,高差约1~2m,地形平坦,南侧边缘为高度1m的陡坎
6	DK315+650	灵宝市豫灵镇	黄河Ⅱ级阶地	场地海拔361m,地势平坦,地形开阔
7	DK346+950	潼关县高桥乡	渭河Ⅲ级阶地	场地地形平坦,原为庄稼地,南侧较北侧略高,海拔416m
8	DK354+150	华阴市卫峪乡	渭河Ⅱ级阶地	场地地形平坦,原为庄稼地,海拔367.5m

图 2-3 郑州至渑池段豫西山地主要地貌单元

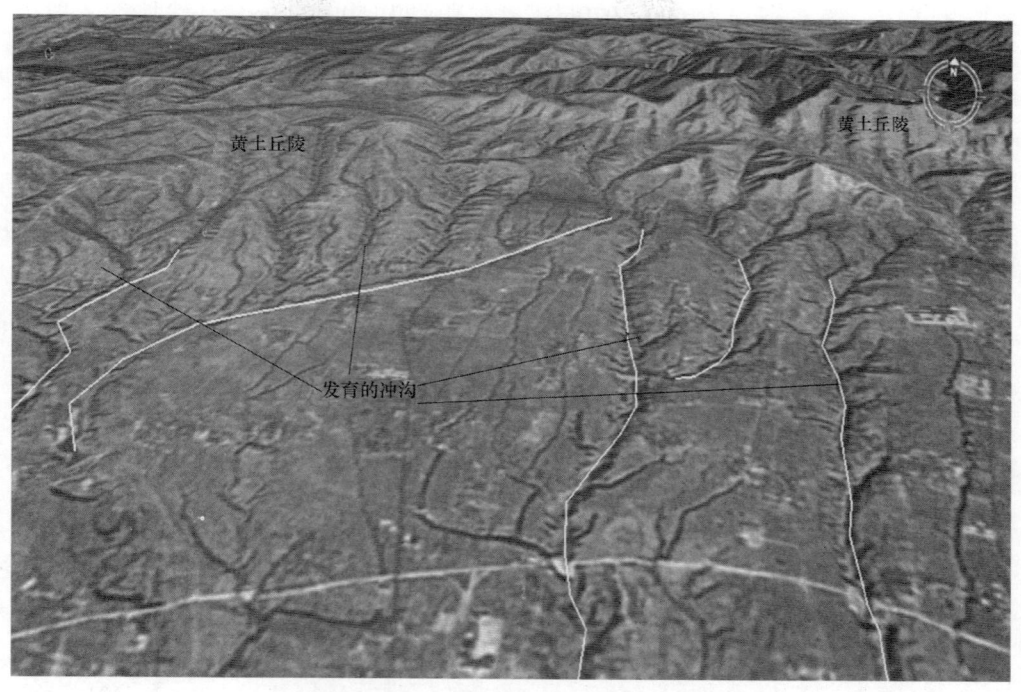

图 2-4　渑池至观音堂段黄土丘陵及冲沟地貌特征

观音堂至张茅段为越岭段，低山侵蚀地貌区（图 2-5），整体地势南高北低，

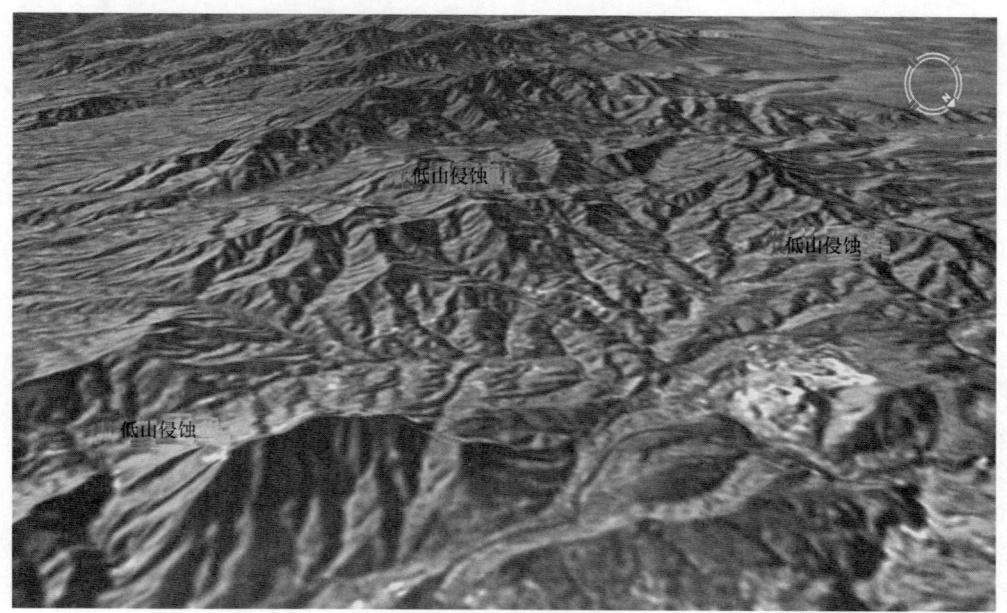

图 2-5　观音堂至张茅段低山侵蚀地貌特征

地形起伏大，绝对高程为600~970m，相对高差为50~370m，自然坡度一般为20°~60°，部分形成陡峻山坡。基岩多裸露，植被较差，以生长荆棘为主，覆土较厚段多垦为旱田。

张茅至三门峡车站段为黄土丘陵、黄土台塬斜坡区，地势总体表现为东高西低，南高北低，绝对高程为360~720m，相对高差为20~100m，自然坡度一般为20°~45°，塬面上地形开阔平缓，斜坡地段横坡较陡，横向黄土冲沟发育，部分深切呈"V"形谷，冲沟深达数十米，岸坡陡峭（图2-6）。

图2-6 张茅至三门峡段黄土台塬地貌特征

三门峡车站至豫陕省界为黄河一、二、三、四级阶地，局部段落经过黄河支流、漫滩（图2-7），函谷关隧道穿越黄土梁区（图2-8）。地势整体南高北低，绝对高程为317~583m，自然坡度一般为10°~45°。阶地面及黄土台塬面地形开阔平缓，斜坡地段横坡较陡，横向黄土冲沟发育，部分深切呈"V"形谷，黄河支流河谷宽阔，岸坡陡峻。

豫陕省界至华阴段，为黄土台塬区，塬面平坦开阔，地势由南向北微倾，绝对高程为400~600m，台塬上一般发育深切沟谷，切深为100~200m，塬边及深切沟谷溯源侵蚀明显（图2-9），沿塬边、冲沟边常见滑坡和坍塌体。

第2章 郑西高速铁路黄土区域工程地质环境

图 2-7 三门峡车站至豫陕省界段黄河阶地、支流、漫滩等地貌特征

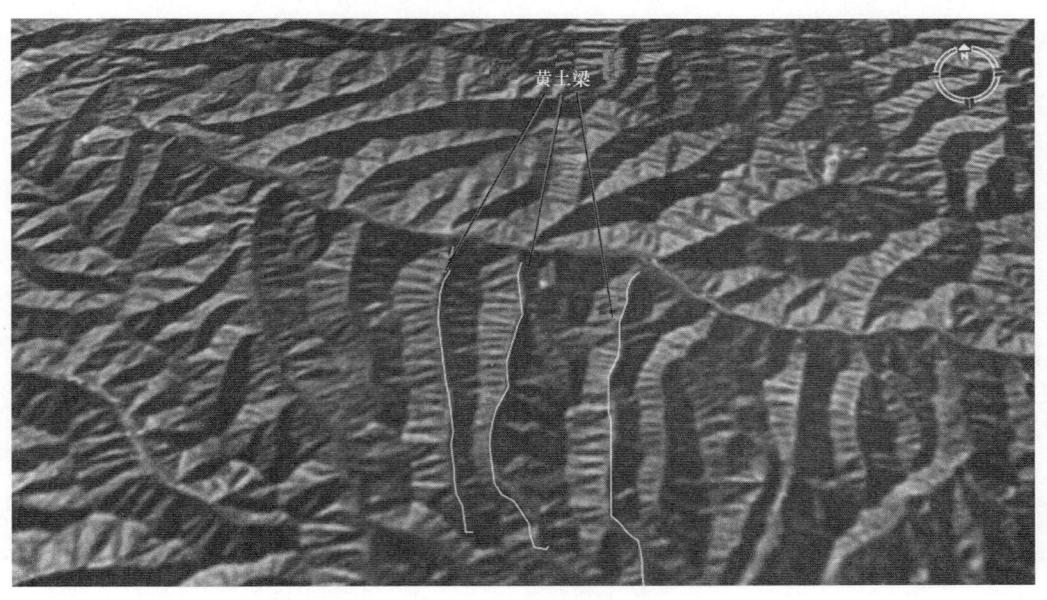

图 2-8 三门峡车站至豫陕省界段黄土梁地貌特征

图 2-9　豫陕省界至华阴段台塬地貌及溯源侵蚀

华阴至西安段，主要为洪积扇、渭河冲积平原和渭河一级和二、三级阶地（图 2-10），绝对高程为 350~400m。区内河流大多数呈南北向展布，河床较宽，以下切为主，个别沟谷有冲、洪积物轻微淤积。

图 2-10　（华阴至西安段）渭河冲积平原、阶地及洪积扇的地貌特征

2.1.3 气候与水文

1. 气候

郑西高速铁路位于黄河中下游地区，该区地处大陆内部，远离海洋，属暖温带大陆性季风气候类型。受到地形等非地带性气候因素的影响，气候在区内表现出较大的差异性。但总的特征是：四季分明，光照充足，春季干燥多风，夏季炎热多雨，秋季温和湿润，冬季雨雪少且冷；光热和水量集中，季节分配不均匀；区内全年日照时间为 2130~2400h，无霜期为 208~220d[60]；各地年平均气温一般为 11.5~15℃，最热月是 7 月，月平均气温 25~28℃，最冷月为 1 月，大部分地区平均气温为 -4~1℃（刘文红，2006）。

2. 降雨

由于区内地形变化较大，因此年降水量地区分布很不均匀，总的分布趋势是由山区向平原河谷递减，降水量呈南多北少的特点。该区年降水量为 300~650mm，年蒸发量为 900~1400 mm[67]，全区平均降水量在 550~1100mm，其中关中地区东部至三门峡一带年平均降水量不足 600mm。

降水量在时间上分配也不均衡，主要表现在年内分布不均。一年中降水主要出现在 6~9 月，占全年降水量的 60% 左右，且雨量大，频次高。主要的旱季出现于每年的 1、2 月和 11、12 月，降水量常不足全年的 7%（刘俊民，2006）。

3. 水文

郑西高速铁路沿线水系发育，主要为黄河及其支流（伊洛河、渭河）。

郑西高速铁路河南境内经过黄河、淮河水系。淮河流域内线路主要跨越山前倾斜平原地段的贾鲁河及其支流金水河、须水河、索河；黄河流域线路主要行进于黄河一级支流洛河的横向冲沟源头地带，沿线小河沟较多，均向南注入洛河或洛河支流；苍龙涧、好阳河、沙河、阳平河、枣乡河、双桥河等黄河支流发育，河漫滩开阔，河床纵坡平缓，多发育于南部秦岭山脉，一般长年有水，流量随季节变化。三门峡水库对潼关至三门峡黄河水位具有较大调节作用，水库原设计蓄水水位 335m，目前实际控制蓄水位 320m 左右，蓄水期间为 2~5 月，水库蓄水时淹没部分河漫滩，黄河支流河水倒灌。

郑西高速铁路陕西境内属渭河水系，线路跨越诸多渭河的南北向支流，沿线由东向西主要有远望沟、潼沟河、列斜沟、长涧河、柳叶河、罗夫河、葱郁河、方山河、沟峪河、罗纹河、石堤河、遇仙河、赤水河、沈河、零河、戏河、灞河、沣河等，以上河流多有常年流水，雨季常有山洪暴发。地表水水质对混凝土无侵蚀性。

2.1.4 地震

在区域地震构造上，郑西高速铁路属于我国华北地震区，其基本烈度为 Ⅵ~Ⅷ 度，地震动峰值加速度为 $0.10g~0.25g$。根据《中国地震动参数区划图》（GB

18306—2015)[68]、《建筑抗震设计规范》(GB 50011—2010)[69]的有关规定,结合本区地形地貌、工程地质和水文地质条件及工程设置情况,沿线地震动参数划分[67]见表2-2。

表2-2 沿线地震动峰值加速度

序号	里程范围	地震动峰值加速度	相当于地震基本烈度
1	DK009+600~DK135+000	0.10g	Ⅶ
2	DK135+000~DK170+800	0.05g	Ⅵ
3	DK170+800~DK220+000	0.05g	Ⅵ
4	DK220+000~DK244+000	0.10g	Ⅶ
5	DK244+000~DK310+000	0.15g	Ⅶ
6	DK310+000~DK330+000	0.20g	Ⅷ
7	DK333+000~DK338+600	0.21g	Ⅷ
8	DK338+600~DK345+120	0.23g	Ⅷ
9	DK345+120~DK359+000	0.25g	Ⅷ
10	DK359+000~DK417+600	0.25g	Ⅷ
11	DK417+600~DK445+500	0.23g	Ⅷ
12	DK445+500~DK494+900	0.20g	Ⅷ
13	DK494+900~K1104+500	0.15g	Ⅶ

2.2 地层岩性

沿线地层以第四系为主,全新统、上、中、下更新统均有出露[60]。全新统(Q_4)主要有冲、洪积黏性土,砂类土,碎石类土,局部有滑体堆积砂质黄土、碎石类土等,大多分布于黄河支流洛河、伊河、伊洛河、涧河、渭河及其支流等河谷一级阶地与河漫滩的广大区域。上更新统马兰黄土(Q_3)主要有风积黄土,冲、洪积黏性土,碎石类土,广泛分布于郑州与西安之间的山前平原、二级阶地地区、黄土台塬和巩义老城以东的黄土丘陵。中更新统离石黄土(Q_2)为风积砂质、黏质黄土夹古土壤(粉质黏土),冲积黏性土、砂类土,主要出露于新安县西南部、宜阳县北部、秦押窑村至海上桥村以及张茅镇至三门峡之间。下更新统午城黄土(Q_1)为风积砂质、黏质黄土夹古土壤(粉质黏土),局部可见黏性土、砂类土、碎石类土,主要出露在渭河支流沟谷边缘和张茅镇至三门峡东的丘陵、低山地段。郑西高速铁路沿线典型黄土地层结构剖面对比图如图2-11所示。

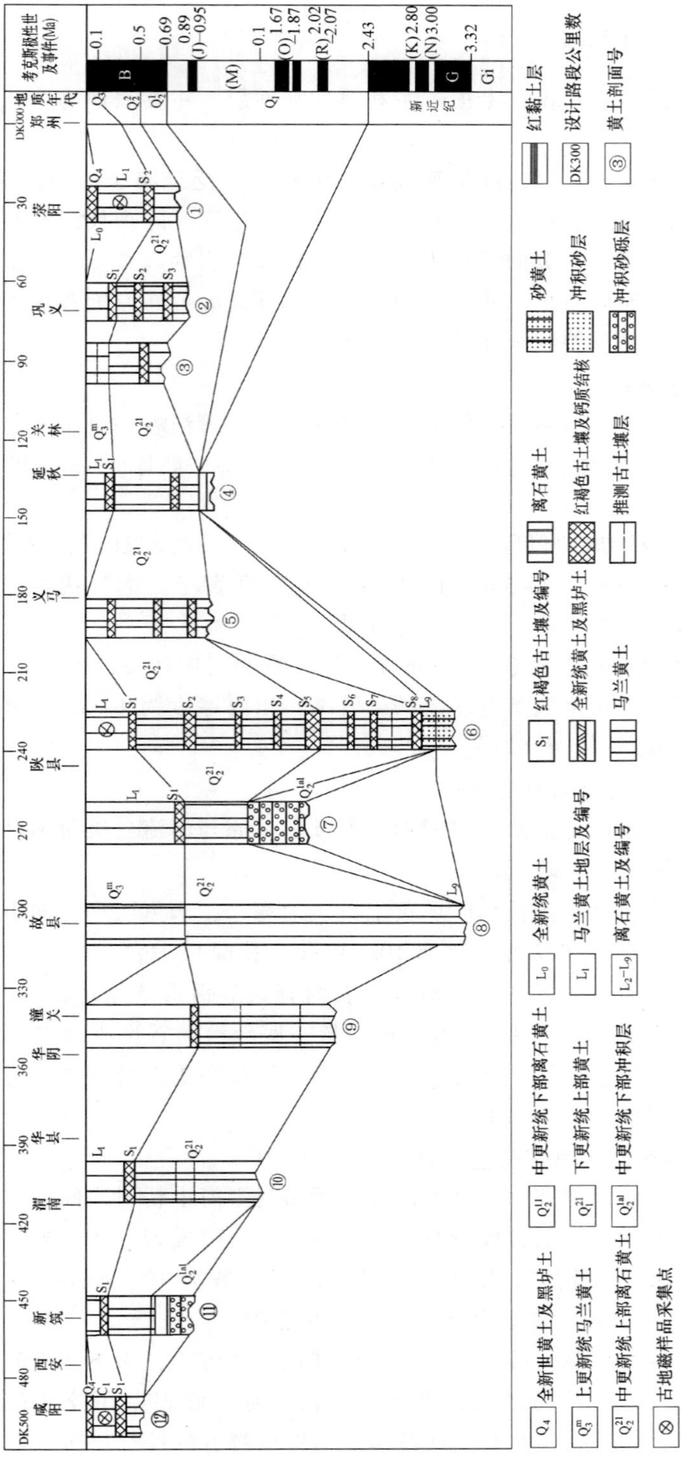

第2章 郑西高速铁路黄土区域工程地质环境

图 2-11 郑西高铁典型黄土地层结构剖面对比

2.2.1 郑州—渑池段

本段沿线出露有二叠系、上第三系和第四系地层。主要表现为第四系地层的深厚覆盖。

第四系地层属陆相成因山间河流或盆地沉积，广泛分布于沿线山前倾斜平原，黄河支流一、二级阶地，黄土与岩石丘陵及丘间谷地区，除现代河流漫滩、小部分一级阶地区外，全区最显著的特点为黄土广泛覆盖。岩性以黄土、次生黄土、粉质黏土、黏土、砂、卵砾石土、碎石土为主，局部低洼处分布有饱和黄土。第四系地层发育较全，从下更新统到全新统均有出露。

1. 第四系全新统（Q_4^{al}）

主要分布于黄河支流洛河、伊河、伊洛河及涧河等河谷一级阶地与河漫滩的广大区域。现代河床和河漫滩冲积的泥砂、砂卵砾石层一般厚 12 m，局部堆积厚度可达 20～30 m。

（1）河流一级阶地冲积层（Q_4^1） 下部为砂砾石层和砂层，青灰至淡黄色，疏松未胶结，出露厚度为 1～5m；上部为黄灰色砂质黄土、饱和状砂质黄土，结构较中上更新统疏松。主要位于一级阶地区域。

（2）现代河流冲积层（Q_4^2） 分布于各河流的河床河漫滩地段。在河流上游主要为砂砾石层，青灰至淡黄色，疏松未胶结，出露厚度为 1～5m；河流下游及伊洛河主要为中细粒砂层、粉砂层，局部夹淤泥。

2. 第四系上更新统马兰黄土（Q_3^{al+pl}）

广泛出露于郑州市至洛阳市之间的山前倾斜平原与河流二级阶地区和巩义老城以东的黄土丘陵和岩石丘陵区。

岩性主要为黄白色、土黄色砂质黄土，质地均一，未见层理，向下黏粒逐渐增加，结构疏松，垂直节理发育，上部 10m 虫孔、孔隙极发育，孔径多为 1～2mm，向下孔隙逐渐减少，孔径多小于 0.5mm。表面有碳酸钙重结晶现象，厚度较稳定，多为 30～40m。局部含大量蜗牛壳及钙质结核，底部沿河谷出露者局部可见透镜状砾石层。本统地表出露广泛，平行不整合覆盖于下伏中更新统地层之上。具轻微湿陷性，湿陷性土层厚度为 3～10m。

3. 第四系中更新统离石黄土（Q_2^{dl+pl} 和 Q_2^{al+pl}）

出露于新安县西南部和宜阳县北部及秦押窑村至海上桥村之间。

下部为结构散状砾石层，成分复杂，由变质岩、喷发岩、石英岩、石英砂岩和石灰岩等组成，分选性较差，磨圆度不等，粒径一般为 10～30cm，个别达 1m 以上，厚 0～25m，具由西向东、由北向南变薄的趋势。

上部地层主要为棕黄、砖红、暗红、褐红色黏质黄土，由下往上颜色变浅，砂质成分增加。无层理，结构密实，垂直节理较发育，坡表虫孔较发育，孔径多为 1～2cm，局部夹有姜石层及卵石层透镜体。本层以特有的棕红—砖红色黏质黄土为特征。其上常为上更新统所覆盖,其下整合或平行不整合于下更新统之上,或直接覆盖于基岩之上,距基岩越远,顶面坡度越缓,且厚度逐渐增大。

4. 第四系下更新统午城黄土（Q_1）

主要出露在宜阳县石陵乡一带沟谷中,为一套棕红色略具水平节理的黏土及亚黏土,夹多层厚 1.5~4m 的钙质结核层。底部有砂砾石层。与下伏洛阳组呈整合或平行不整合接触。

2.2.2 渑池—灵宝段

本段在观音堂以东主要上覆第四系中更新统（Q_2）黏质黄土夹钙质结核,低洼地段被水浸润后多分布松软土,下伏下更新统（Q_1）圆砾土、泥灰岩、第三系砂岩、泥岩、砾岩、泥灰岩;震旦系石英砂岩、辉石安山岩夹砂岩、泥岩。观音堂至张茅段出露寒武系（∈）、震旦系（Z）石英砂岩、砂岩、泥岩、页岩、辉石安山岩等,局部夹灰岩[58]。张茅至三门峡西段表层断续覆盖上更新统（Q_3）砂质黄土,主要为第四系中更新统（Q_2）黏质黄土夹砂卵砾石层透镜体,局部出露上第三系（N）砂岩、泥岩、页岩。三门峡西至潼关段主要为上更新统（Q_3）砂质黄土,局部为黏质黄土,下伏中下更新统黏质黄土、砂卵砾石层;沿河流、冲沟及低洼地带分布第四系全新统（Q_4）堆积层。

1. 第四系全新统（Q_4）

（1）坡崩积层（Q_4^{dl+col}） 黄土冲沟内及黄土陡坡下部多有松散的坡崩积黄土堆积,褐黄、棕黄色、硬塑、稍湿,厚 0~8m;越岭段部分沟槽及陡缓交界地段分布坡崩积块碎石土,褐黄、灰黄、棕黄色、松散~中密,厚 0~8m。

（2）冲洪积层（Q_4^{al+pl}） 主要为黏质黄土、砂质黄土、粉细砂、中粗砂砾砂、圆砾土、卵石土等,局部分布淤泥质土、饱和黄土,褐黄、浅黄、棕黄、褐灰等色,沿沟槽、河谷分布,一般厚 2~10m,部分河谷内厚 20~35m。细粒土多硬塑状,部分软塑状;粗粒土松散~密实,潮湿~饱和状。

（3）坡洪积层（Q_4^{dl+pl}） 主要为粉质黏土、砂质黄土、黏质黄土、中砂、砾砂、碎石土等,浅黄、灰黄、深灰等色,厚 0~6m,局部较厚;软塑~硬塑,松散~中密。

（4）坡残积层（Q_4^{dl+el}） 主要为粉质黏土,棕红、灰黄、褐黄色,硬塑状,含 5~30%的碎石角砾,粒径一般为 2~50mm,分布于观音堂至张茅段地表,一般厚 0~6m,局部厚 4~10m。

2. 第四系上更新统（Q_3）

以砂质黄土为主,淡黄、浅黄色,土质较纯,局部为黏质黄土、粉细砂层、圆砾土层,含少量钙质结核及蜗牛壳化石,具肉眼可见的大孔隙。土质黏聚力低,易挖掘,易被流水掏蚀、潜蚀。张茅隧道出口前零星分布,张茅隧道出口至三门峡西段一般厚0~30m，湿陷性黄土厚0~13m，局部较厚，断续分布；三门峡西至函谷关段厚30~60m，湿陷性黄土厚2~15m，局部较厚；函谷关至省界段Q_3地层未揭穿，一般15~25m，部分厚度大于25m。新灵宝车站一带分布较厚的粉细砂层。

3. 第四系中更新统（Q_2）

黏质黄土、粗细圆砾土为主，部分为砂质黄土及砂层透镜体，含多层古土壤层，棕红、棕黄色，坚硬~硬塑，密实，局部夹钙质结核层（姜石层），厚度10~150m。张茅隧道以东多具弱膨胀性，其中所夹古土壤层一般均具膨胀性。

4. 第四系下更新统（Q_1）

粉质黏土、黏质黄土、粉细砂层、粗细圆砾土、砾石土，以黏质黄土和粉细砂层互层为主，紫红、灰、灰黄等色，稍湿~饱和，密实，坚硬~硬塑，黏性土部分具一定的弱成岩作用。厚度未揭穿。

2.2.3　灵宝—西安段

本段沿线所经地层以第四系为主，厚度大于200m[66]。全新统主要有冲、洪积黏性土、砂类土、碎石类土，局部有滑体堆积砂质黄土、碎石类土等；上更新统主要有风积黄土、冲、洪积黏性土、碎石类土；中更新统为风积砂质、黏质黄土夹古土壤（粉质黏土），冲积黏性土、砂类土；下更新统为风积砂质、黏质黄土夹古土壤（粉质黏土）；局部可见冰水沉积黏性土、砂类土、碎石类土。

1. 第四系全新统（Q_4）

（1）粉质黏土（Q_4^{al1}）　分布于一级阶地下部，与砂类土互层，厚1~10m。棕黄色或棕红色，土质较均，软塑~坚硬。

（2）粉土（Q_4^{al2}）　主要分布于一级阶地下部，与砂类土互层，厚1~10m。棕黄色，土质均一，稍湿~饱和。

（3）砂质、黏质黄土（Q_4^{al3}）　主要分布于一级阶地表层，土层厚度2~18m。浅黄、浅灰黄色，土质均一，以粉粒为主，土体中孔隙较发育，坚硬~软塑。一般具Ⅰ~Ⅱ级非自重湿陷性。

（4）粉、细砂（Q_4^{al4}）　呈层状或透镜体状分布于阶地下部。灰黄色、褐黄色，厚度1~7m，稍密~中密，潮湿~饱和。

（5）砂质、黏质黄土（Q_4^{pl3}）　分布于塬前洪积扇及骊山山前洪积扇区，土层厚2~10m，浅黄、浅灰黄色，土质不均，局部夹薄层砂类土，土体中小孔隙发育，硬塑~软塑，高压缩性~中等压缩性。一般具Ⅱ~Ⅲ级自重湿陷性。

2. 第四系上更新统（Q_3）

（1）黏质黄土（Q_3^{eol3}）　分布在黄土塬和渭河二级阶地上部，土层厚10~40m，土质较均，发育有孔隙及虫孔，具垂直节理，硬塑~坚硬，高~中等压缩性。一般具Ⅱ~Ⅳ级自重湿陷性。

（2）粉质黏土（Q_3^{al1}）　层状分布于河流阶地下部砂土层中，棕黄色或棕红色，土质均一，硬塑~坚硬。

（3）粉土（Q_3^{al2}）　局部分布于渭河阶地下部与砂类土互层。棕黄色，土质较均，稍密~中密，稍湿~饱和。

（4）黏质、砂质黄土（Q_3^{al3}）　层状分布于高阶地表层，棕黄色或棕红色，土质均一，间夹零星钙质结核，硬塑为主。一般具Ⅱ~Ⅳ级自重湿陷性。

3. 第四系中更新统（Q_2）

（1）砂质黄土、黏质黄土（Q_2^{eol3}）　台塬区下伏地层，厚度大于 160m。浅棕黄色，中间夹有数层 1~9m 厚的棕红色古土壤（粉质黏土），上部结构疏松，下部较致密，硬塑状为主。

（2）粉质黏土（Q_2^{al1}）　主要分布于高阶地区下部，层状分布于砂土层中，棕黄色或棕红色，土质均一，间夹零星钙质结核，硬塑。

4. 第四系下更新统（Q_1）

（1）砂质黄土、黏质黄土（Q_1^{eol3}）　台塬区下部地层，厚 20~50m。浅棕黄色，中间夹古土壤层（粉质黏土），结构致密，坚硬~硬塑。

（2）粉质黏土（Q_1^{lgl1}）　主要分布于台塬区下部，层状分布于砂土层中，棕黄色或棕红色，土质均一，硬塑。

2.3　地质构造

依据新的中国区域地质构造单元划分方案（中国地质调查局，2004），郑西高速铁路经过华北板块的华北陆块和中央造山系北部两个二级大地构造单元区（图2-12）。与线路相关的主要构造按郑州—渑池、渑池—灵宝、灵宝—西安分段简述。

2.3.1　郑州—渑池段

1. 褶皱构造

（1）五指岭—白寨背斜北翼　荥阳至巩义段位于五指岭—白寨背斜北翼，由寒武系、奥陶系、石炭系及二叠系和零星出露的上第三系岩层组成单斜构造。岩层总体倾向 N 或 NE，倾角一般为 8°~20°[67]。

（2）渑池向斜　东起赵裕向西经盐镇至渑池，为开阔的正常向斜，两翼地层依次为二叠系和三叠系（含煤地层），褶皱走向近 EW 向，约为 280°，岩层倾角均平缓，倾向 S 或 N；渑池向斜长 45km，宽 30km 以上，为凹陷区，大部地段为第四系地层所覆盖，线路通过该向斜构造的东南角。

（3）架子沟背斜　位于新安县南架子沟，西延至山里，全长 9km，复合于渑池向斜北翼之上。核部地层为震旦系，两翼由寒武系至二叠系组成。背斜向 NW 倾

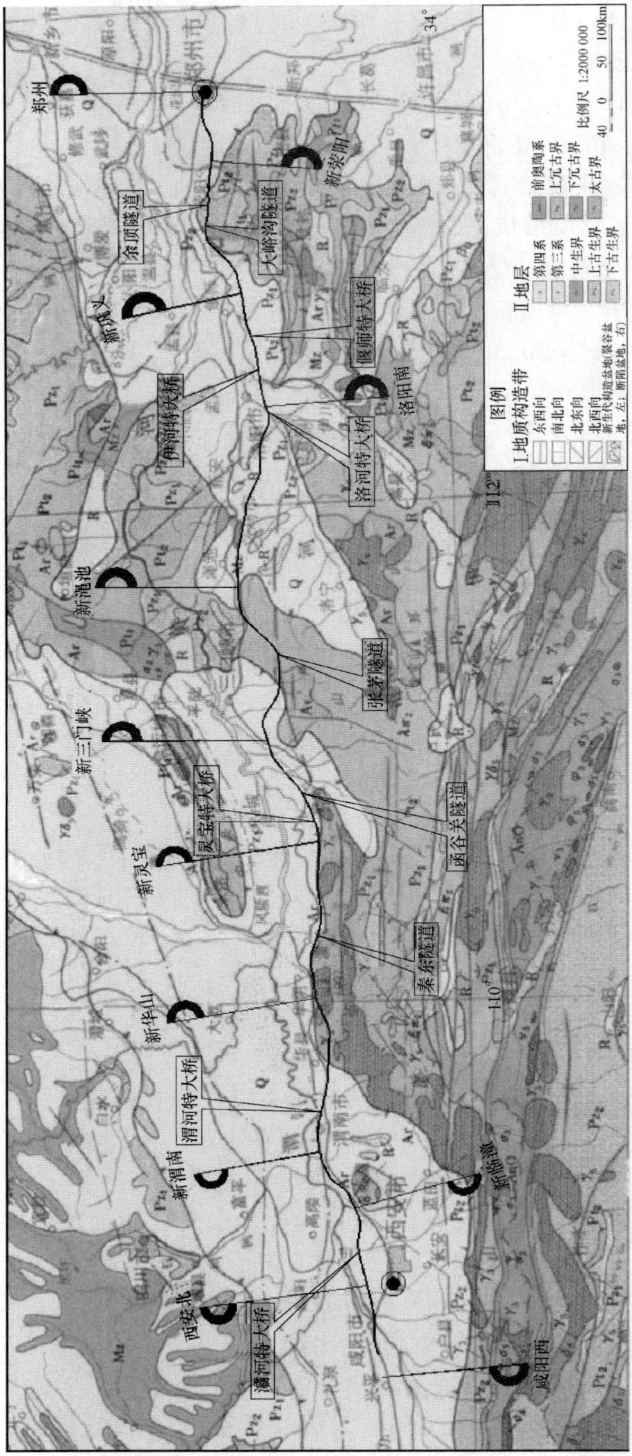

图 2-12 与郑西高速铁路有关的地质构造[64]

伏，北翼倾向 NNW，岩层倾角为 35°~40°，南翼倾向 SW，岩层倾角为 25°。

2. 断裂构造

（1）桥楼—白沙断层　断层西起桥楼，向东经须水南侧、郑州、白沙进入开封地区，长 60.6km，断层总体走向东西，倾向 N。断距大于 1000m，为正断层形态，断层切割三叠系地层。物探重力资料反映为一明显密集带，地震反应也很清楚。该断裂为隐伏断裂，埋深 200m 以下，并与北侧南阳寨—茶庵断层平行，呈梯断层形式出现。既有郑州车站位于该断裂带上，高速铁路联络线与该断裂小角度斜交，因埋藏较深，断裂对高速铁路影响不大。

（2）南阳寨—茶庵断层　断层西起南阳寨，向东经茶庵进入开封地区，长 36.6km，断层总体走向东西，倾向 N，在南阳寨附近断距约 600m，为非全新活动断层，正断层形态。断层切割三叠系地层并为第四系、第三系地层所覆盖。新生界地层厚 800~1800m。高速铁路引入郑州站方案未通过该断裂，该断裂对本工程影响较小。

（3）上街—邢村断层　断层走向为 305°，倾向 SW，全长 30km；断层切割二叠系上统和三叠系中、下统地层，其上为第四系地层覆盖，厚 200m。线路在 DK28+500 附近以浅路堑形式穿越该断层上部覆盖层，对本线路建设影响不大。

（4）大丰—南山口断层　断层北东起东陶，向南西经大丰，过黄河延到南山口，被北西向青龙山断层所切，全长 44km，断层总体走向为 30°，倾向 NW，倾角大于 80°，为压扭性非全新活动断裂。断层大部分没入第四系之下，仅在南山口附近表现清晰。隐伏区断层主要切割二叠系上统、三叠系和侏罗系，在南山口附近，断层引起山区与平原的自然分界。断层面沿走向和倾向成舒缓波状，其上斜擦痕发育，糜棱化明显。断层破碎带宽 50~60m，其内挤压透镜体、构造角砾岩呈明显的定向排列，其透镜体由泥岩围绕，挤压片理极为发育。本高速铁路于 DK61 附近以路堑形式通过该断裂，该断裂埋深大于 65m，与线路小角度斜交，对线路影响不大。

（5）五指岭断层　断层出露于巩义青龙山至许昌五指岭一带并向 NW 方向延伸，隐伏于第四系和第三系地层之下。断层走向为 320°，倾向 SW，倾角为 70°，为压扭性逆断层，并以断层带形式出现，它切割了寒武系、奥陶系和石炭系地层。断层面沿走向和倾向均成舒缓波状，光滑平整，其上斜擦痕发育。断层破碎带约宽 100m，其内次级断裂和揉皱等构造现象异常发育。破碎带内构造透镜体、构造角砾岩、糜棱岩和揉皱带发育，并呈明显定向排列。其中构造角砾岩呈次圆状和次棱角状，泥灰岩发生强烈揉皱。岩石破碎程度已向糜棱岩过渡，方解石矿物具明显拉长现象。线路在 DK69+250 左右以隧道（南山口隧道）形式大角度（大于 70°）穿过该断裂，由于第三系、第四系地层厚大于 300m，该断层对线路稳定性影响较小。

（6）偃师断裂　位于偃师县以北，为隐伏正断层。断层走向为 180°，倾向 S，推测断距大于 500m，延伸长度 20km 左右，为喜山期活动断裂，主要切割第三系及以前地层，第四系地层厚50~100m。线路贯通方案未通过该断裂，对线路影响较小。

（7）方山正断层　位于新安县西北方山北坡，呈北西315°延伸，全长30.0km，断层面倾向NE，倾角为60°~65°。本断裂为燕山期断裂，震旦系白草坪组与寒武系上统呈断层接触，断距大于300m。断层带附近，岩石破碎，岩层倾角很大。线路贯通方案在DK145附近以桥梁形式（潘沟特大桥）呈40°穿越该断层，该断层埋藏较深，对桥基影响较小。

3. 新构造运动

郑州至巩义间，基岩山地强烈上升，黄河谷地长期下沉后回返上升，东部平原长期下沉。高速铁路主要经过黄河谷地长期下沉回返上升区，该区位于京广铁路以西，黄河南北基岩山地之间部分。上更新世晚期以前为大幅度下降，沉积厚度约为500~700m；上更新世晚期本区开始回返上升，原始平展表面被抬高经水流的长期侵蚀冲刷，始成冲沟密布、丘陵起伏的今日地貌。本区每年上升3~5mm，总计上升了100~150m。郑州地区活动断层较多，东西向构造、新华夏系及北西向构造的大断层，均有活动特征，但均被第四系覆盖。活动断层主要表现在第三纪地层被断开，断层带上有地震活动特征。主要活动断层有：东西向构造体系的凤凰岭—获嘉断层、柏山—古固寨断层及南阳寨—茶庵断层、偃师隐伏正断层；新华夏系洪门—广武断层、福宁集—原武断层及大丰—南山口断层；北西向构造合河—古固寨断层、李万—武陟断层。上述断层对线路的直接影响并不大，但由其引发的地震对高速铁路工程有一定影响。

巩义至洛阳区间对线路有影响的新构造主要是洛阳新凹陷和崤山、熊耳山、嵩山继续上升，为北东向联合构造运动。上升区沟谷均为"V"形谷，下切深度可达百余米。断陷盆地第三系以来继续相对下沉，接收了巨厚的新生界沉积，沉积总厚大于3200m；沉降区在下降过程中也曾有几度抬升，形成河流阶地，现在仍在上升中。盆地内发育的北东向、近东西向和北西向断层皆隐伏于第四系之下，如洛河、伊河断层等。

2.3.2　渑池—灵宝段

1. 褶皱构造

（1）渑池向斜　位于观音堂—盐镇一带，轴向近东西，两端翘起，长约40km，宽约30km。轴部多被新生界土层覆盖，仅零星出露侏罗系地层，两翼为三叠系地层，北翼岩层倾向南，倾角为8°~30°，南翼由于白阜镇断裂切割，地层出露不全。

（2）金银山背斜　轴线于DK211+700附近通过线路，DK211+000~DK211+700段轴线位于线路左侧250m之内，DK211+700~DK214+920段轴线位于线路右侧250m范围，走向大部分与线路近于平行，核部岩性为震旦系下统马家河组

(Z_1m）辉石安山岩夹砂页岩，两翼地层为震旦系中统云梦山组（Z_2y）、白草坪组（Z_2b）、北大尖组（Z_2bd）、上统崔庄组（Z_3c）、三家村组（Z_3s）石英砂岩、页岩。核部附近岩体节理裂隙发育，岩体较破碎。

2. 断裂构造

（1）白阜镇断层　断层走向 N70°W，近东西向展布，长度约 25km，断层面倾向南，倾角为 40°~64°，为逆断层，断层上盘为震旦系地层，下盘为寒武系地层，据区域地质资料，断层破碎带宽约 0.3m，为糜棱岩。DK196+000 之前被第四系土层覆盖，DK196+000~DK215+500 线路位于断层附近。断层由于受后期长时间风化改造，地表形态很难辨认。断层两侧地层不连续，断层北侧产状较为平缓，断层南盘产状陡倾，倾角为 70°~80°。受断层影响，附近岩体较破碎。

（2）F_1 断层　该断层与线位斜交于观音堂隧道 DK209+160 附近，交角约为 48°，地表为土覆盖，经分析为逆断层，上盘为震旦系下统马家河组（Z_1m）辉石安山岩夹砂岩、泥岩、页岩、灰岩，下盘为震旦系中统云梦山组（Z_2y）石英砂岩，破碎带宽度约 320m，主要为断层角砾、断层泥夹块状岩体。

（3）F_2 断层　该断层与线位斜交于观音堂隧道 DK209+820 附近，破碎带宽约 240m，破碎带主要为断层角砾夹块状岩体；断层性质为逆断层，上盘为震旦系中统云梦山组（Z_2y）石英砂岩，岩层倾向南，倾角为 60°~78°；下盘为震旦系中统白草坪组（Z_2b）石英砂岩夹页岩，岩层倾向北，倾角约为 40°。

（4）金银山断层　断层于 DK211+300~DK215+000 段位于线路左侧 70~400m，走向大致并行线路，断层破碎带宽 10~70m，为断层角砾夹岩体透镜体，石质以安山岩质为主。金银山断层的次级小断裂与线路呈 31°交于 DK214+540 附近，断层走向 N47°W，断层面近于直立，可见破碎带宽 0.1~0.5m，为断层角砾。

（5）张茅隧道断层　断层位于张茅隧道 DK223+390 处冲沟中，与线路呈 69°斜交通过，断层走向为 N21°~52°W，断层面倾向东，断层上盘出露震旦系下统马家河组（Z_1m）辉石安山岩夹薄层砂页岩，层间小挠曲发育，下盘出露震旦系下统马家河组（Z_1m）灰岩夹层。冲沟内见断层角砾出露，成分为安山岩、砂岩、泥页岩，挤压迹象明显，部分浅变质，出露宽度约为 50m，破碎带为断层角砾夹岩块透镜体。该断层对隧道影响较大。

2.3.3　灵宝—西安段

渭河断陷盆地基底构造复杂，具多发性、继承性，本段与线路有关的主要断裂构造为：

（1）F_3 渭河断裂　顺渭河延伸，长达 320km，走向近东西，草滩以西，倾向 S，草滩以东，倾向 N，倾角为 70°，高角度正断层。形成于震旦纪，是渭河盆地基底的分界断层和西安拗陷的北界断层，断裂在很多地段呈隐伏状，与东北、北西向断层交汇复合部位有地震发生。断层与线路近乎平行，DK355~DK385 段距线路约 150~500m，相交于 DK364+600 附近，工程设置为柳叶河特大桥。

（2）F_5 华山山前断裂　渭河断陷盆地的东南边界断裂，全长 110km，向东延至灵宝盆地，走向北东转东西，倾向 NW 转 N，倾角 60°~80°，正断层。是渭河断陷带东段南缘的主控断层。断裂始于新生代早期，活动强烈。新生代以来断差达 10000m。全新世活动强烈，西段有多组快速错动和华县大震遗迹。东段活动较弱，与渭河断裂交汇处有地震发生。断层与线路近乎平行，最近距离约 2km。

（3）F_4 渭南塬前断裂　西起渭南戏河口，向东过沈河至于华县马峪口，长约 54km，走向近 EW 向，倾向 N，倾角 60°~70°，正断层。断裂地貌明显。据钻孔和物探资料，错断上新统达 1000m，下更新统达 500m，中更新统 200m。晚更新世以来仍有活动，错断了渭河各支流阶地，与华山山前断裂交汇处有中强震发生。断层与线路近乎平行，最近距离约 3.5km。

（4）F_6 潼关塬前断裂　西起华阴市城东侧，向东过磨沟河、列斜沟至于望远沟东，长约 25km，走向近 EW 向，倾向 N，倾角为 60°~70°，正断层。断裂地貌明显，分开了渭南黄土塬与渭河高阶地。据钻孔和物探资料，错断上新统和第四系地层。晚更新世以来仍有活动，与华山山前断裂交汇处有中强震发生。线路在潼关塬上两次跨越该断层。

（5）F_{10} 中条山—潼关塬西侧断裂　北起中条山西侧，跨黄河南至潼关塬西侧，正倾滑断层，走向 NE，倾向 NW，延伸长度约为 50km。断层对渭河盆地的形成和新生代沉积有一定控制作用。中晚更新世活动明显。在陕西境内，以观北断层全新世活动明显，地震活动较弱。线路在潼关塬西侧跨越一次。

（6）F_2 泾阳—渭南断层　西起泾阳，经高陵、零口、渭南，向东止于华县附近。走向近东西，倾向北，倾角为 68°，正断层，隐伏状。通过石油地震方法探测的一条隐伏断层，有关钻孔、地震资料表明，该断层主要错断了中更新世以前地层，在布格重力异常图上也有明显显示。线路在永丰和零口附近跨越两次。

（7）F_{13} 泾河—灞河断裂　根据地貌发育特征推测为一条隐伏断层，断层大体沿泾河—灞河的流向展布，呈 NW 向延伸，倾向 SE，延伸长度约 52km。发现晚更新世小断层，灞河两岸阶地有明显差异。历史上有多次地震发生。斜口至西安线路跨越该断层。

2.4　水文地质特征

按沿线通过的不同地貌区及岩性特征，可将地下水类型分为松散堆积层孔隙潜水和孔隙承压水、冲洪积层孔隙潜水及基岩裂隙水[67]。下面分段进行论述。

2.4.1　郑州—渑池段

地下水主要类型有：松散堆积层孔隙水及基岩裂隙水。

(1) 松散堆积层孔隙水　以孔隙潜水为主，部分地区为承压水。主要分布于河流阶地、河床及漫滩区的冲积、洪积层的砂类土层中，或分布在黄土质高阶地下部及山区斜坡洪积、坡积层中。地下水位埋深一般为 2.0~25m，贮量丰富，主要为重碳酸性低矿化度淡水，pH 值为 6.8~8.6，水质良好，对混凝土无侵蚀性，为沿线居民生活和农业灌溉的主要水源。

(2) 基岩裂隙水　主要赋存于节理、裂隙发育的上第三系砾岩及砂岩地层中，为基岩裂隙水。一般地带水量不大，受地形控制地下水位埋深一般为 10~100m，水质良好，对混凝土无侵蚀性。

地下水动态变化规律与大气降雨、蒸发和人工开采有密切关系。地下水位在正常情况下，年内变化大体是 1~6 月，由于冬春干旱少雨，加上灌溉用水量大，地下水位明显下降。汛期 7~9 月，是全年降雨最集中的月份，地下水位明显处于上升趋势。10~12 月，随着降雨逐渐减少，地下水位又处于缓慢下降状态。

2.4.2　渑池—灵宝段

地下水分为第四系全新统、更新统冲洪积层孔隙潜水及基岩裂隙水。

(1) 第四系全新统冲洪积层孔隙潜水　分布于黄河及黄河较大支流（青龙涧、沙河、双桥河等）的河漫滩和低阶地的砂、卵砾石层中，地下水位埋深 1~20m，水位动态变化大；受大气降水和河水补给，水量较丰富。钻孔单位涌水量为 0.03~3.4L/s，含水层渗透系数为 0.03~5.0m/d。矿化度一般在 350mg/L 以内，对混凝土不具侵蚀性。

(2) 第四系更新统冲洪积层孔隙潜水　主要赋存于第四系冲洪积之砂、卵砾石层中，地下水位埋深较大，深达几十米至数百米不等，一般与黄河或附近河流存在水力联系，水位动态变化较小，水量丰富，水质良好，对混凝土无侵蚀性。居住在高阶地和黄土塬地区的居民多采用深井取该层地下水作为生活饮用水，部分用于农业生产用水。第四系更新统浅层砂卵砾石土层局部含上层滞水，水量相对较少，但对隧道及路基工程有较大影响。第四系更新统黄土在下部遇古土壤、第三系泥岩等弱透水层，会阻断大气降水的下渗通道，地下水位较高，在黄土与弱透水接触带往往富水，弱透水层之上黄土层含少量孔隙潜水。第四系中下更新统黏质黄土夹砂卵砾石层，勘探孔单位涌水量为 0.007~0.158L/s，含水层渗透系数为 1×10^{-8}~1×10^{-6}m/d。

(3) 基岩裂隙水　主要分布于观音堂至张茅段低山丘陵区基岩裂隙中。本段基岩以寒武系及震旦系石英砂岩、砂岩、辉石安山岩等硬质岩为主，构造节理裂隙发育，便于地下水的贮存，为良好的贮水地层；但由于纵横冲沟发育，地形切割严重，大气降水以地表径流为主，地下水位一般埋藏较深。矿化度 300~800mg/L，一般对混凝土无侵蚀性。

第三系泥岩夹砂岩风化裂隙发育，裂隙延伸不远，不利于地下水运移和排泄，接收大气降水后缓慢释放，多形成片状湿地或泉点；地下水位较浅，但水量微弱。

2.4.3 灵宝—西安段

地下水类型主要为松散岩土类孔隙潜水和孔隙承压水，其补给来源主要为大气降水、河水、人工地表水体垂直入渗及基岩裂隙水的侧向补给。

由于所处的地貌单元不同，潜水含水层的水文地质条件也各不相同：

（1）河流一级阶地区　地下水位主要为第四系孔隙潜水，主要赋存于全新统冲积砂类土地层中，地下水位埋深为 3~15m。对混凝土无侵蚀性。

（2）渭河高级阶地区　地下水位主要为第四系孔隙潜水，主要赋存于上更新统冲积砂类土地层中，地下水位埋深一般大于 25m，水质良好，对混凝土无侵蚀性。

（3）洪积扇区　地下水位主要为第四系孔隙潜水，主要赋存于山前冲、洪积碎石类土、砂类土地层中，地下水位埋深一般为 10~35m，水质良好，对混凝土无侵蚀性。

（4）黄土塬及残塬区　地下水位埋深大，主要赋存于中、下更新统冲积、冰湖积砂类土地层中。

渭河冲积平原区承压水含水层主要为下部的第四系中、下更新统的冲洪积的卵砾石层、砂类土层，含水层在冲积平原中部及山前地带较厚，承压水含水层顶板埋深各地不一，冲积平原一般为 50~80m。

2.5 区域工程地质环境特征综述

郑西高速铁路主要通过的地貌单元有黄土台塬区、山前（塬前）洪积扇区、河流冲积平原区、黄土梁洼区、黄土丘陵和低山丘陵等。地势总体西高东低，由南而北呈阶梯状递减，条带状展布，中部略有起伏。地层以第四系为主，全新统，上、中、下更新统均有出露。

全新统（Q_4）主要有冲、洪积黏性土，砂类土，碎石类土，局部有滑体堆积砂质黄土、碎石类土等，主要分布于黄河支流洛河、伊河、伊洛河、涧河、渭河及其支流等河谷一级阶地与河漫滩的广大区域。上更新统马兰黄土（Q_3）主要有风积黄土，冲、洪积黏性土、碎石类土，广泛分布于郑州至西安之间的山前平原、二级阶地地区、黄土台塬和巩义老城以东的黄土丘陵。中更新统离石黄土（Q_2）为风积砂质、黏质黄土夹古土壤（粉质黏土），冲积黏性土、砂类土，主要出露于新安县西南部、宜阳县北部、秦押窑村至海上桥村以及张茅镇至三门峡之间。下更新统午城黄土（Q_1）为风积砂质、黏质黄土夹古土壤（粉质黏土），局部可见黏性土、砂类土、碎石类土，主要出露在渭河支流沟谷边缘和张茅镇至三门峡东的丘陵、低山地段。

郑西高速铁路经过华北板块的华北陆块和中央造山系北部两个二级大地构造单元区。郑州—渑池段的褶皱构造有：五指岭—白寨背斜、渑池向斜和架子沟背斜；断裂构造有：乔楼—白沙断层、南阳寨—茶庵断层、上街—邢村断层、大封—南山口断层；沿线构造大部分被第四系覆盖，断裂均为隐伏断裂，对工程的影响较小。渑池至灵宝段，除低山丘岭区外，大范围被黄土所覆盖。由东向西，线路依次通过华熊台缘坳陷的渑池—确山台陷中西部，三门峡—灵宝断陷盆地，华熊台缘坳陷的崤鲁台拱北缘等三级构造单元。灵宝至西安段断裂构造有：F_3渭河断裂、F_{10}中条山—潼关塬西侧断裂和F_{13}泾河—灞河断裂等。

地下水类型分为松散堆积层孔隙潜水和孔隙承压水、冲洪积层孔隙潜水及基岩裂隙水。在区域地震构造上属于我国华北地震区，沿线地震动参数划分为：①DK009+600～DK135+000、DK220+000～DK310+000、DK494+900～K1104+500，地震动峰值加速度为 $0.10g$～$0.15g$，相当于地震基本烈度Ⅶ；②DK135+000～DK220+000，地震动峰值加速度为 $0.05g$，相当于地震基本烈度Ⅵ；③DK310+000～DK494+900，地震动峰值加速度为 $0.20g$～$0.25g$，相当于地震基本烈度Ⅷ。

第3章　郑西高速铁路黄土工程地质特性研究

本章从黄土的分布特征、物质成分、结构特征、物理力学性质和湿陷性研究等方面对郑西高速铁路黄土工程地质特性进行分析，并做出湿陷性评价。

3.1　郑西高速铁路黄土的分布特征

郑西高速铁路沿线黄土分布广泛，占线路总长的80%左右（图3-1），其中湿陷性黄土区段占全线总长度的65%，自重湿陷性黄土占线路总长度的27%，湿陷程度从轻微（Ⅰ级）到很严重（Ⅳ级）在整个专线路段均有分布，几乎涵盖了我国湿陷性黄土的全部类型[67][70]。

由东向西湿陷性黄土的分布、厚度分段简述如下。

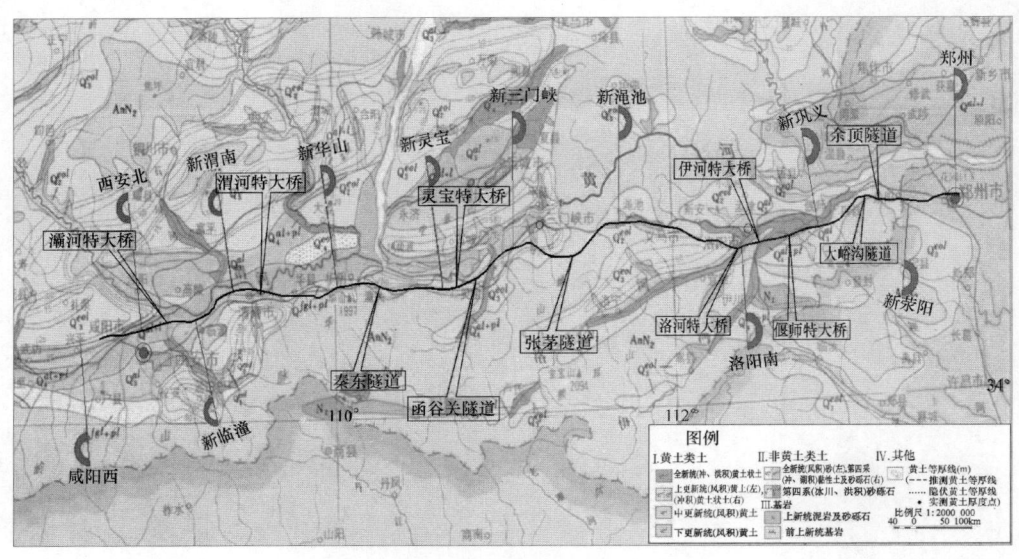

图3-1　郑西高速铁路黄土分布[64]

1. 郑州—渑池段（DK0+000～DK170+800）

湿陷性黄土沿山前平原、河流阶地、黄土丘陵的地表0～20m内呈带状不连续分布，在全段范围内，湿陷性黄土路段约长 97km。DK40~DK128 自重湿陷性黄土的路段比例增多，湿陷等级多为Ⅱ~Ⅲ级，局部达Ⅳ级，湿陷土层厚度一般为 10~15m，最厚达 20m 左右。DK91+000~DK107+000 长达 16km 连续分布有厚 17m 左右的自重Ⅲ~Ⅳ级湿陷性黄土。

2. 渑池—灵宝段（DK170+800~DK333+000）

湿陷性黄土 DK237+600~DK333+000 大部分路段均有分布，湿陷性黄土总长约 63km。DK267+400 以后多以自重湿陷性黄土为主，湿陷等级多为Ⅱ~Ⅲ级，局部达Ⅳ级，湿陷性土层厚度达 10~30m，最厚为 35m。DK278+345~DK292+000 长达 13.6km 连续分布有厚 20~25m 的自重Ⅱ~Ⅲ级湿陷性黄土；DK297+183~DK306+700 长达 9.5km 连续分布有厚 25~35m 的自重Ⅲ~Ⅳ级湿陷性黄土，如图 3-30、图 3-64 所示。

3. 灵宝—西安段（DK333+000~DK498+800）

湿陷性黄土主要沿华山北麓的黄土塬、山前洪积扇及渭河阶地分布，在全段 165.8km 中湿陷性黄土累计分布长度为 138km。其中，从省界 DK330+000~DK358+000 为黄土塬及山前洪积扇区，湿陷性黄土以自重湿陷为主，湿陷等级主要为Ⅱ~Ⅲ级，部分为Ⅳ级，湿陷土层厚度一般为 10~25m，部分地段为 30m，最厚达 38m；从 DK358+000 至终点为渭河阶地区，除局部高阶地区段为自重湿陷性黄土、湿陷等级达到Ⅲ级外，一般均以非自重湿陷性黄土为主，湿陷等级多为Ⅰ~Ⅱ级，湿陷土层厚度大多在 10m 以内，大部分为 3~8m，局部高阶地段湿陷土层厚度为 10~15m，最厚达 20m。

3.2 黄土的物质成分

1. 黄土的粒度成分

由王家鼎在郑西高速铁路沿线所取黄土样品的筛分试验结果[71]（图 3-2）可

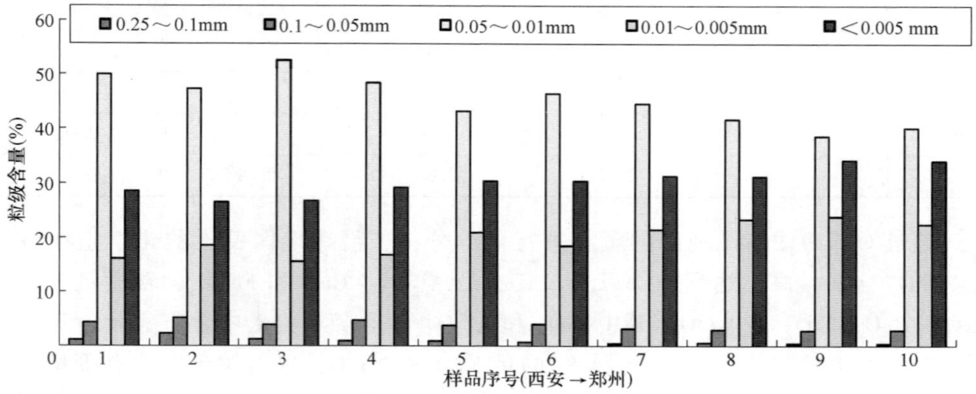

图 3-2 郑西高速铁路沿线黄土的粒度成分

以看出，郑西高速铁路沿线黄土以粉土颗粒（0.05~0.005mm）为主，占62.5%~68.1%。从西安到郑州，黄土的砂粒含量从5.4%减少到3.3%，黏粒含量从28.6%增大到34.1%，总体而言，黄土的粒度自西向东由粗变细，黏粒含量增高。

2. 黄土的矿物成分

郑西高速铁路区域黄土中主要矿物是轻矿物（相对密度<2.9），在总碎屑矿物中占90%以上，主要矿物为石英、正长石、斜长石、微斜长石、白云石、绿帘石、石膏、玉髓等；重矿物（相对密度>2.9）一般占4%~7%，主要集中在微砂和粗粉砂中，主要矿物为黑云母、白云母、方解磁铁矿、褐铁硅灰石、黝帘石、角闪石类矿物等，其中含量最大的是金属矿物。

黏土矿物是黄土黏粒的主要组成部分，也是影响黄土活性的最活跃的部分。通过X衍射和差热等分析测试，黄土细颗粒中黏土矿物有原生的，也有次生的，多以伊利石为主，次为蒙脱石和高岭石，埃洛石、拜来石、绿泥石等矿物也有少量。

研究表明，各地黄土矿物成分基本一致，无明显变化特征，黄土湿陷的区域性规律与矿物成分关系较小[71]。

3. 黄土的化学成分

郑西高速铁路沿线黄土的化学成分特点如下：

1) 黄土中含有 SiO_2、Al_2O_3、CaO、K_2O、Na_2O 等成分，与其矿物以石英、长石和云母为主相一致，沿线黄土中这些化学成分及其含量有一定的变化（表3-1）。

表3-1 黄土的化学成分

分析项目	化学成分含量(%)				
	陕西咸阳（郭睿）	陕西西安（陈晔）	河南孟津（谢封春）	河南渑池（陈晔）	河南郑州（谢封春）
SiO_2	52.64	56.4	57.48	65.99	67.18
Al_2O_3	11.82	15.82	12.27	18.43	10.91
Fe_2O_3	4.20	7.50	3.45	10.85	2.21
MgO	2.21	1.83	2.34	2.14	2.00
CaO	10.51	5.66	8.83	2.23	5.59
Na_2O	1.34		1.60		1.86
K_2O	2.30		2.10		2.03
TiO_2		0.82	0.60	0.81	0.62

通过对郑西线不同地区的黄土进行化学分析，沿线地区黄土的化学组成特征是：SiO_2含量最高，达到50%以上，其次是Al_2O_3、CaO和Fe_2O_3，含量最少的是K_2O、MgO、TiO_2和Na_2O。其中SiO_2和Al_2O_3含量多与黄土中含有大量石英、长石、云母及铝硅酸盐有关，含量最少的是K_2O和Na_2O，这与黄土中含有少量可溶盐、地处干旱和氧化作用不充分有关[72]。

2）黄土中可溶盐的种类和含量与黄土的成岩作用密切相关，马兰黄土（Q_3）中以钙质结核的形式出现，而离石黄土（Q_2）、午城黄土（Q_1）中则以钙质结核、雁尾式石膏、白色盐霜、碱土等形式出现[71]。据不完全统计，黄土中的可溶盐含量较少，且主要以难溶盐为主，中溶盐和易溶盐含量相对较少（表3-2、表3-3）。

表3-2　各地区黄土中可溶盐含量

地区	可溶盐含量（%）			
	易溶盐	中溶盐	难溶盐	总量
陇西	0.025~1.740	0.200~1.040	0.900~12.000	1.125~14.740
陇东、陕北	0.047~0.600	0.100~0.150	12.800~15.120	12.947~15.870
关中	0.032~0.430	0.100~0.200	9.000~12.020	9.132~12.650
山西	0.026~0.032	0.030~0.100	0.290~11.000	0.616~11.132
河南	0.010~0.020	0.010~0.100	8.000~12.000	8.020~12.120
山东、河北	0.031	0.010	0.300~6.000	0.341~6.041

表3-3　湿陷性黄土可溶盐含量

地区	易溶盐（%）	中溶盐（%）	难溶盐（%）	总量
关中地区（郭睿）	0.032~0.43	0.1~0.2	9~10.02	9.132~10.630
河南小浪底（仝允杲）	0.05~0.15	0.002~0.032	2.04~15.7	2.092~15.912

3）黄土中的可溶盐含量的变化与地区降雨量有关，在空间上的变化趋势大致相同，即易溶盐、中溶盐和难溶盐含量自北而南、由西向东逐渐降低（表3-2、表3-3）。关中和陇东、陕北黄土难溶盐含量相对较高，是因为含较多$CaCO_3$结核（淋滤并沉淀）。

3.3　黄土的结构特征

黄土的结构特征是指土颗粒在排列方式（几何特征）和联结方式（力学特征）上的特性[7]。黄土结构中骨架结构单元可分为单粒、集粒和凝块。单粒主要为少量的砂砾和构成黄土的粗粉粒。当其在表面或接触点处黏附有细粉粒、黏粒和腐殖质等胶结物质或有可溶盐对其形成胶结时，就集成大小不同的集粒，或凝成大小不同的凝块，共同形成黄土的骨架系统，即空间结构体系。在这个体系中，骨架结构单元的形态确定了土的传力性能和变形性质，骨架结构单元的连接方式决定了土的结构强度，骨架的排列方式确定了土的稳定性[73]。下面分别以华阴、潼关、灵宝和偃师四处黄土样品的微结构说明郑西高速铁路黄土的结构特征[71]。

华阴土样属砂质黄土，土结构以砂粒点接触为骨架，以细颗粒和粉黏集粒覆盖和充填而成。小颗粒之间具有一定的胶结，但是胶结性不强。直径$20\mu m$以上的大孔隙较多，架空孔隙特征明显。因此，其结构疏松，结构强度较低，湿陷性大（图 3-3）。

图 3-3　华阴土样在 300 倍下的微结构

潼关土样也属砂质黄土，但黏粒含量较华阴土样的高，土中的大孔隙数量相比已经很少。粉黏粒多数相互连接，相当一部分很好地胶结在一起，形成半胶结状态，粉黏粒形成的集粒数量最多，以单粒形式存在的主要是大的砂粒，其数量不是很多。因此，潼关土样的结构稳定性较高，湿陷性比华阴土样的小（图 3-4）。

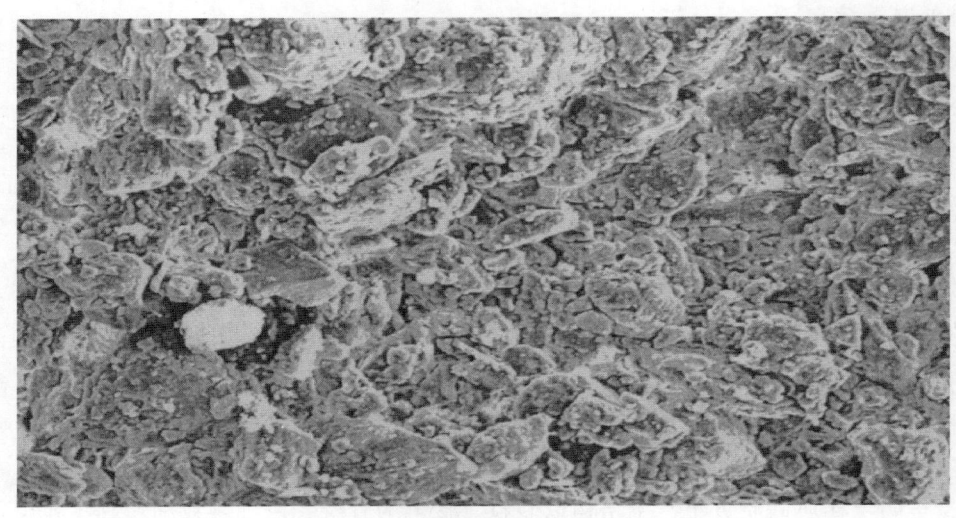

图 3-4　潼关土样在 300 倍下的微结构

灵宝土样也属砂质黄土，砂粒和粗粉粒（20μm 以上）的含量高，并且以无胶结或欠胶结方式接触形成土骨架，微结构胶结特征不明显，颗粒之间的孔隙较大。因此，灵宝土样的结构稳定性相对华阴土样的好，湿陷性较大（图 3-5）。

图 3-5　灵宝土样在 300 倍下的微结构

偃师土样属黏质黄土，其微结构与华阴、潼关、灵宝土样明显不同，土的整体胶结性很强，几乎没有以单粒形式存在的土颗粒，土颗粒之间基本为胶结物所充填。因此，偃师土样的微结构强度很高，基本无湿陷性（图 3-6）。

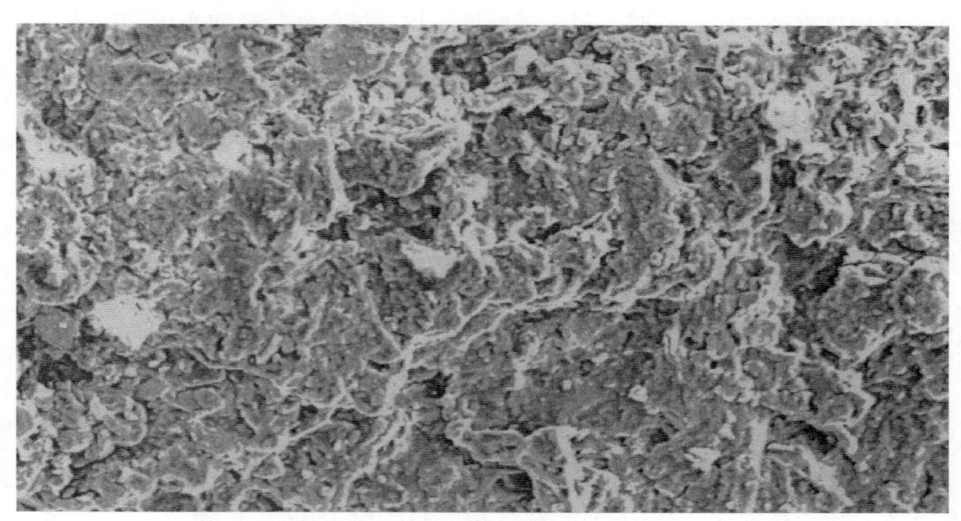

图 3-6　偃师土样在 300 倍下的微结构

由此可见，从西向东，黄土的结构特征由粒状、点接触、架空孔隙占优势、湿陷性大的结构，向由集粒或凝块状、面接触、粒间孔隙占优势、湿陷性小或无湿陷性的结构转变（表 3-4）。

表 3-4　郑西高速铁路黄土微结构特征

试样	骨架颗粒	接触类型	胶结程度	孔隙特征	湿陷性
华阴	粒和粗粉粒为主、存在部分黏粒和粉粒的集粒砂	点接触和半胶结接触	胶结性弱	大孔隙较多，架空孔隙明显	强
潼关	粉黏粒形成的集粒为主，存在少量大的砂粒	半胶结接触	胶结性较强	含少量大孔隙	较弱
灵宝	砂粒和粗粉粒为主	无胶结或欠胶结接触	胶结不明显	大孔隙特征明显	较强
偃师	以集粒为主，以单粒形式的粗颗粒几乎不存在	面胶结接触	胶结性强	土粒间孔隙基本为胶结物充填，含少量形状规则的孔隙	弱

3.4　试验场地工程地质条件分析

为了详细查清场地地层情况和湿陷类型，对场地工程地质条件做出分析评价，各试验场地进行了大量的土工试验和地质验证工作，主要包括：每个试验场地在试坑两侧距离试坑边 1～2 倍试坑直径处各开挖了 1 个探井，每个探井在整米处取 Ⅰ 级试样 4 组，进行室内常规土工试验和湿陷性试验。在试坑内的部分深标点钻孔中整米处取样做含水率试验。同时，每个试验场地均在试坑外沿径向布设若干钻孔，在整米处取样做含水率试验，为测定浸湿线做准备。对探井和取样的钻孔还进行了详细的地质编录。

各试验场地取得的主要工程地质成果资料有：①2 个探井的土工试验结果；②黄土湿陷性试验资料，包括湿陷系数、自重湿陷系数和起始湿陷压力等；③浸水前场地土层含水率资料；④地质编录资料。

以下分别对各试验场地工程地质条件进行分析。

3.4.1　DK58+320 试验场地

1. 场地概况

根据铁道第四勘察设计院的工程地质资料，该试验场地地表为 Q_3 黏质黄土，厚约 20m，为可能的自重湿陷性土层，下伏 Q_2 黏质黄土。试验场地位于黄土丘陵区的峁上，海拔高程为 230m 左右，距线路中心线约 160m，占地 13 亩。场地为阶梯状的旱田，陡坎较发育，运输困难，水源距试坑较远，与试坑落差较大，需要建立二级泵站。场地中心隆起，向四周倾斜，东侧陡坎下有一个深 20 余米的窑洞，南边和西边为坟地，东侧和北侧均有深 10 余米的冲沟。拟建郑西高速铁路在附近以桥梁形式通过。试验场地全貌如图3-7所示。

图3-7 DK58+320试验场地全貌

2．地层情况

依据探井编录资料和钻孔编录资料，绘制出该场地的地质剖面图，如图3-8所示。该试验场地20m深度范围内地层均为黏质黄土（Q_3），浅黄、黄褐色、红棕色，可塑，含钙质结核，占1%~10%，粒径最大达10cm，且含有少量钙质条纹，有根孔、蜗壳分布。20.0m深度范围内夹有3层姜石富集层，厚0.4~0.5m，姜石含量为20%~80%，最大粒径大于20cm。

3．物理力学参数随深度的变化

根据探井土样物理力学性质试验结果，绘制天然含水率、干密度、孔隙比、塑性指数、湿陷系数等指标随深度的变化曲线，如图3-9~图3-17所示。从图中可知，地基土在20m深度范围内具有如下特点：

1）含水率为11.6%~21.6%，饱和度为31%~68%，对比这两个指标随深度的变化曲线，两条曲线的形状是一致的，且大致表现为含水率大，饱和度也大的规律。总体来看，黏粒含量较大的红棕色土层的含水率高，而浅黄色土层的含水率低。

2）土层的湿密度为1.45~1.8g/cm³，干密度为1.25~1.5g/cm³，干密度数值较大的土层基本都为黄褐色或红棕色。

3）该场地天然状态下20m深度范围内，孔隙比较大，其值为0.816~1.164。

4）塑性指数为9.2~12.0，除16m处略小于10外，其余深度处的塑性指数均大于10，说明该场地20m深度范围内均为黏质黄土。

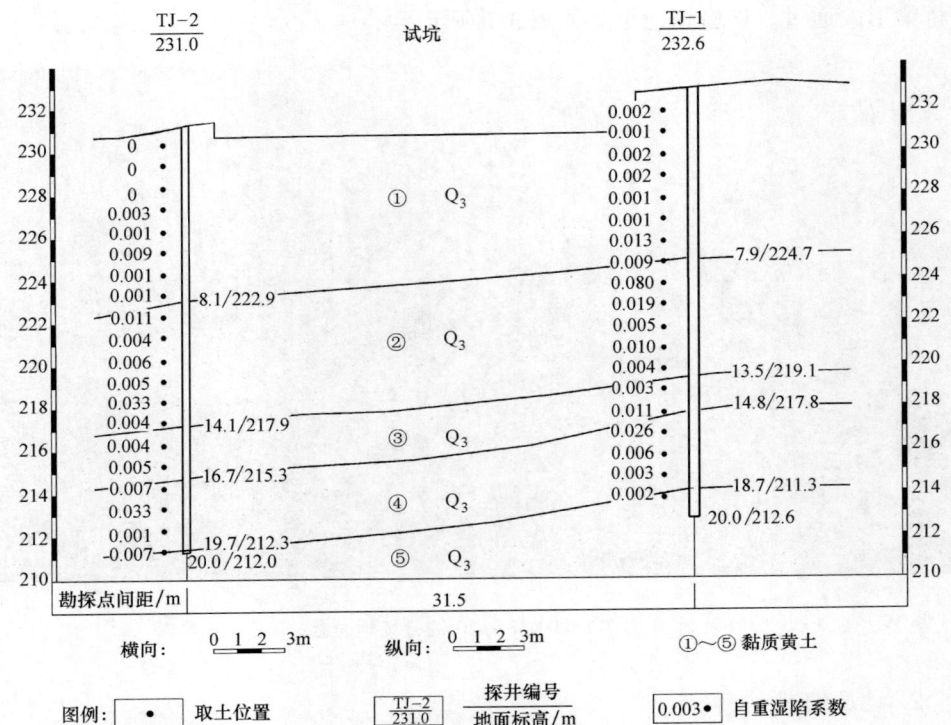

图 3-8 DK58+320 试验场地地质剖面

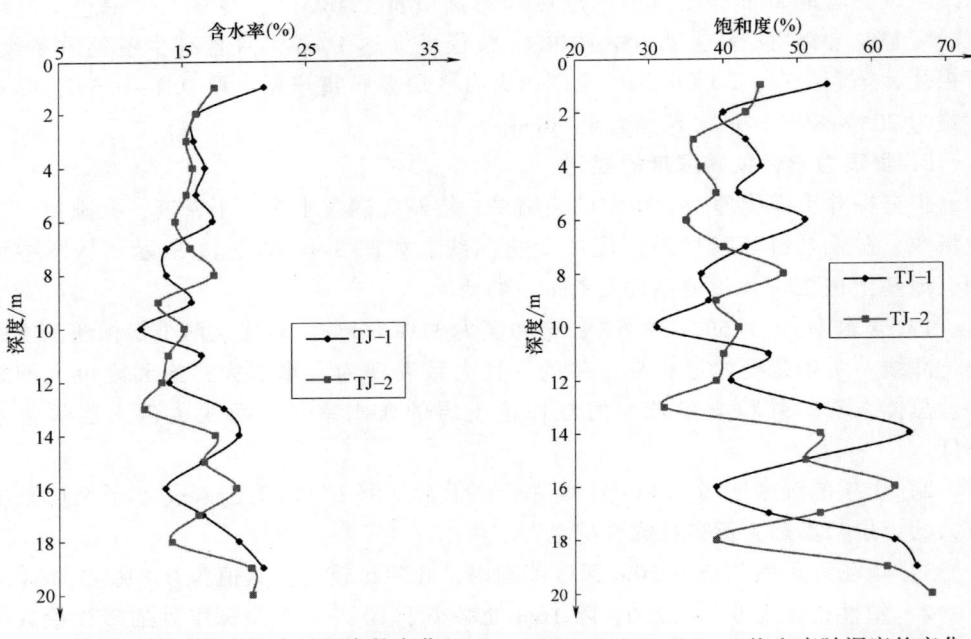

图 3-9 DK58+320 含水率随深度的变化   图 3-10 DK58+320 饱和度随深度的变化

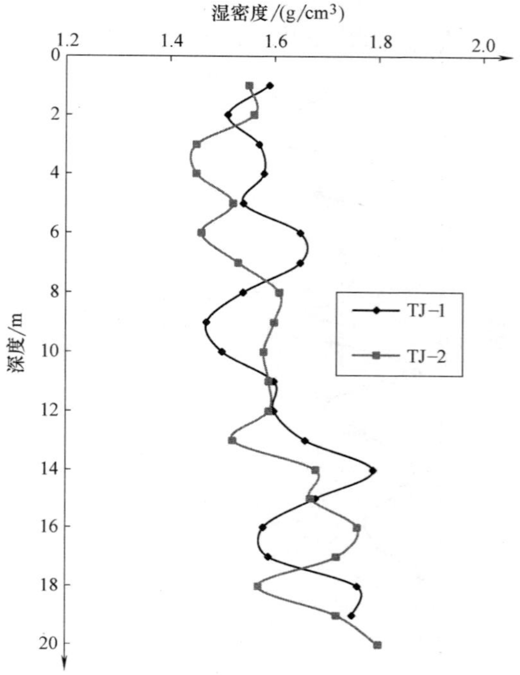

第3章 郑西高速铁路黄土工程地质特性研究

图 3-11　DK58+320 湿密度随深度的变化

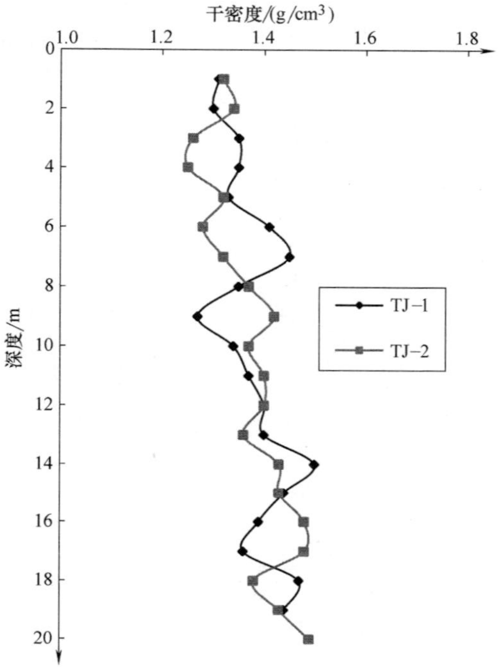

图 3-12　DK58+320 干密度随深度的变化

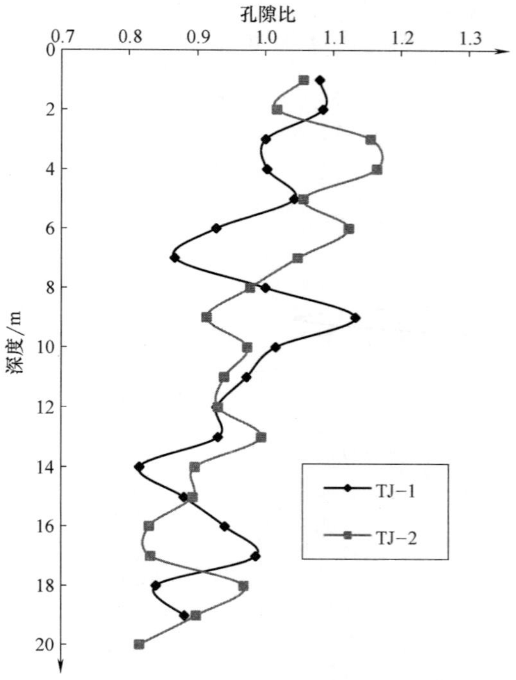

图 3-13　DK58+320 孔隙比随深度的变化

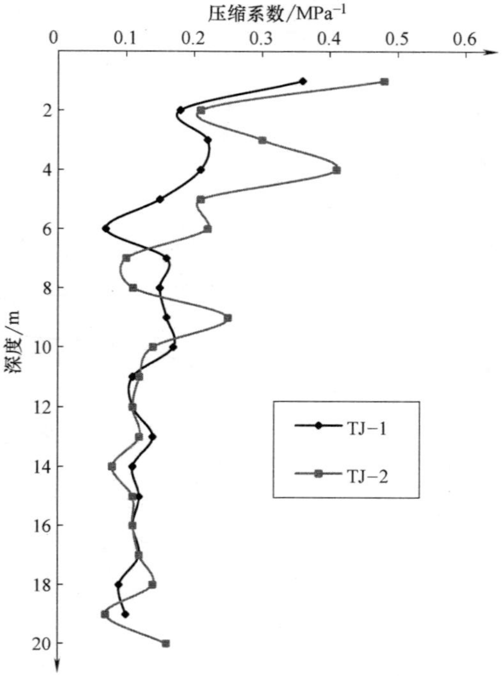

图 3-14　DK58+320 压缩系数随深度的变化

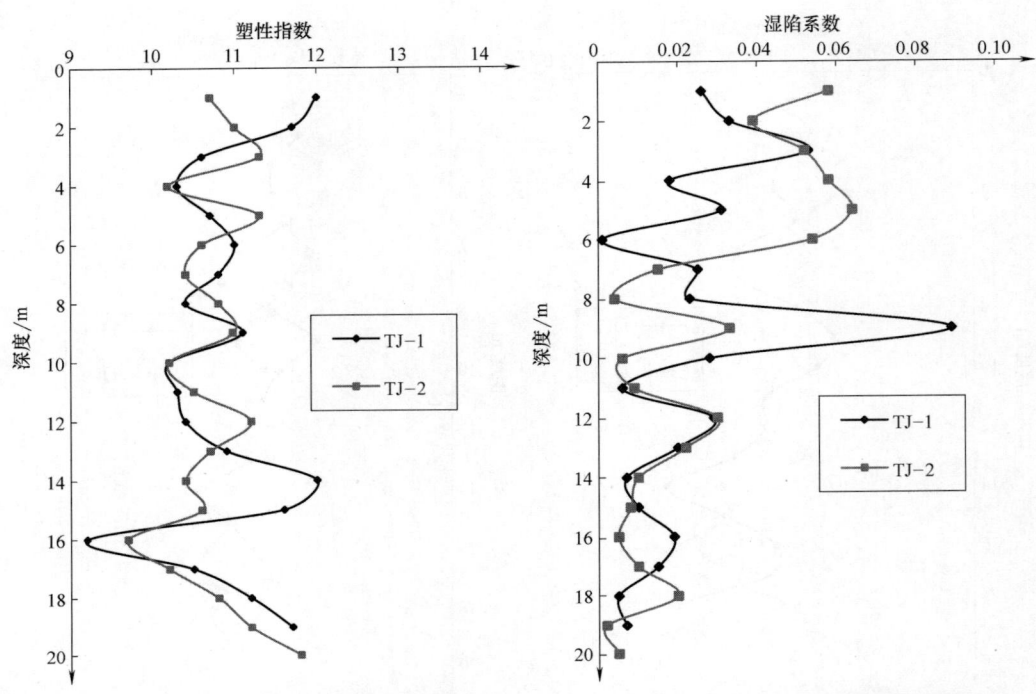

图 3-15　DK58+320 塑性指数随深度的变化　　图 3-16　DK58+320 湿陷系数随深度的变化

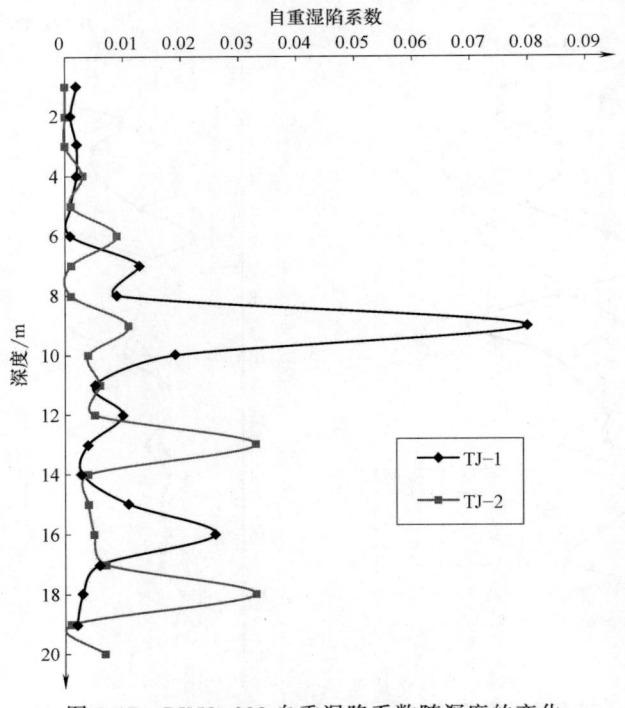

图 3-17　DK58+320 自重湿陷系数随深度的变化

5）压缩系数为 0.07~0.48MPa^{-1}。除 14m、19m 两深度的压缩系数小于 0.1MPa^{-1} 属低压缩性土，其余深度的压缩系数均为 0.1~0.5MPa^{-1}，属于中压缩性土。

6）从分析自重湿陷系数来看，该试验场地内自重湿陷性土层主要分布在 9~10m，在 13~18m 也有一些分布，但不连续。

3.4.2　DK92+200 试验场地

1. 场地概况

试验场地位于伊河、洛河Ⅱ级阶地上，四周均为农田，西南侧 2km 处为陶花店水库，伊河从场地北侧 3km 处流过。该试验场地地势平坦，海拔高程为 136.8~137.2m。拟建郑西高速铁路在附近以特大桥形式通过，线路走向为 NW88°，试验场地位于线路右侧，试坑中心距线路中心线 143.4m。农田灌溉用水井距试坑中心约 100m，场地西侧有一条南北向宽约 5m 的便道，试验条件良好。根据铁道第四勘察设计院关于新建铁路郑州至西安高速铁路郑州至渑池段《试坑浸水试验场地工程地质说明》，DK91+012~DK97+000 段地层主要有 Q_3 冲洪积砂质黄土，厚度为 16~30m，平均厚度为 22m；下伏 Q_2 黏质黄土和冲洪积粗圆砾土；其下为上第三系泥岩。Q_3 冲洪积砂质黄土为可能的湿陷性土层。试验场地全貌如图 3-18 所示。

图 3-18　DK92+200 试验场地

2. 地层情况

根据探井试验资料和地质编录，结合部分钻孔资料，得到该试验场地地质剖面图如图3-19所示。

依据两个探井和现场钻孔的地质资料，该试验场地的地层分布情况如下：

1）耕植土（Q_4），厚0.3m，含植物根茎及砖屑等，湿~饱和。

2）黏质黄土（Q_4），厚1.9m，棕黄，硬塑，质较均，孔隙较发育，稍具块状，含异性土及钙丝，含量约为5%。

3）砂质黄土（Q_4），厚4.7m，褐黄色，硬~可塑，质地均一，孔隙发育，含蜗牛壳，含量约为5%，可见虫孔、虫屎及钙丝。

4）砂质黄土（Q_4），厚0.8m，褐黄色，浅棕黄，可塑~硬塑，土质均匀，孔隙明显，可见块状构造物，含蜗牛壳，含量约为5%，钙丝增多。

5）黏质黄土（Q_3），厚5.0m，棕红~棕黄，土质较均匀，孔隙明显，具块状结构，含零星结核，含量约5%，钙丝富集，含量为5%~10%，12.0m以下钙质结核增多。

6）黏质黄土（Q_3），厚8.6m，褐黄色，可塑~硬塑，质地均一，针状孔隙较发育，姜石含量为10%~15%，最大直径约为30mm，蜗牛壳含量约5%。

7）黏质黄土（Q_3），厚1.7~1.9m，浅棕红，硬塑~软塑，质较均，具黏性，含结核，偶见氧化铁物。

8）23.2m以下为卵石层。

据挖探资料，浸水前该试验工点在23.0~23.2m深处见水，在探井中测定静止水位为22.9m。

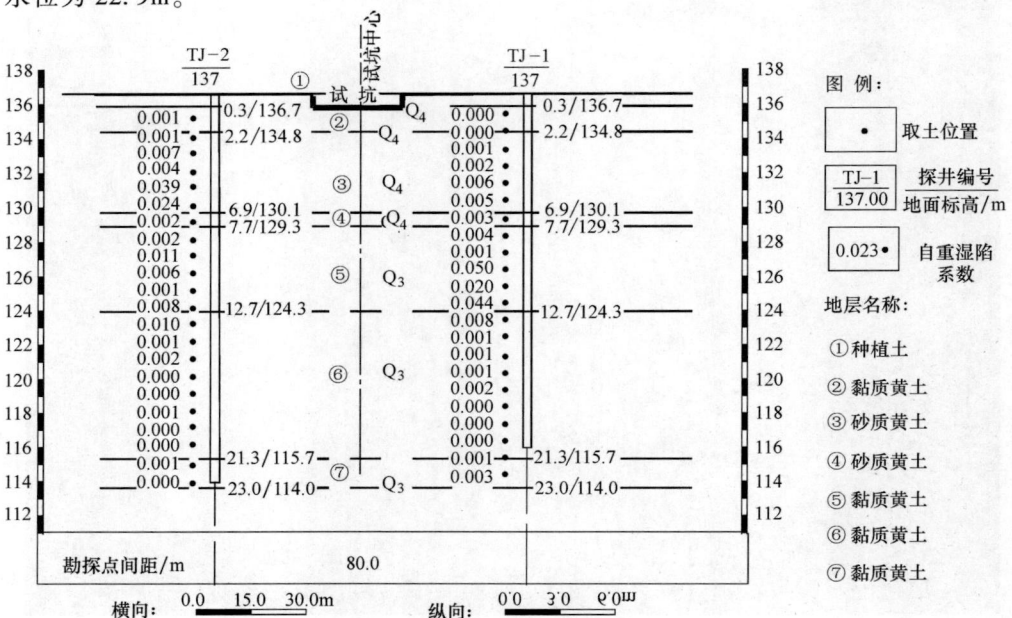

图3-19 DK92+200试验场地地质剖面

3. 物理力学参数随深度的变化

根据探井土样物理力学性质试验结果，绘制了含水率、饱和度、湿密度、干密度、孔隙比、压缩系数、塑性指数、湿陷系数等指标随深度的变化曲线，如图 3-20～图 3-28 所示。从图中可知，试验场地 0～22m 深度范围内，地基土性质有如下特点：

1）含水率为 12.5%～25.5%，地表以下 7m、12～16m 处含水率相对较小，9m 附近由于古土壤的影响含水率相对较大。

2）饱和度为 38%～88%，基本随深度的增加而增大。

3）湿密度为 1.47～1.97g/cm³，4m 以上随深度增加而减小，4m 以下随深度增加而增大。

4）干密度为 1.25%～1.62g/cm³，0.0～5.0m 深度范围内由 1.45g/cm³ 逐渐减小至 1.25g/cm³，在 5.0～22.0m 深度范围内由 1.25g/cm³ 逐渐增大至 1.51g/cm³，10m 以下范围内大多数土层的干密度大于 1.5g/cm³。

5）孔隙比为 0.674～1.167，0.0～22.0m 深度范围内土体孔隙比变化较大，在 0.0～5.0m 深度范围内由 0.870 逐渐增大至 1.167；在 5.0～22.0m 深度范围内由 1.167 逐渐减小至 0.79。

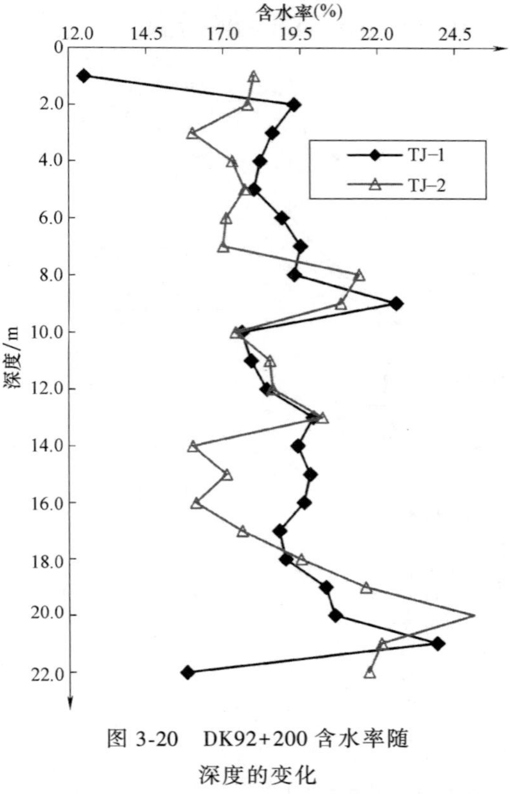

图 3-20　DK92+200 含水率随深度的变化

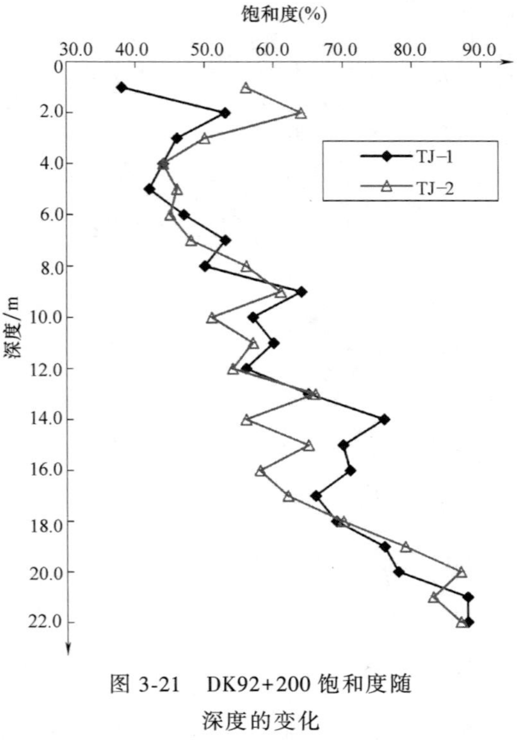

图 3-21　DK92+200 饱和度随深度的变化

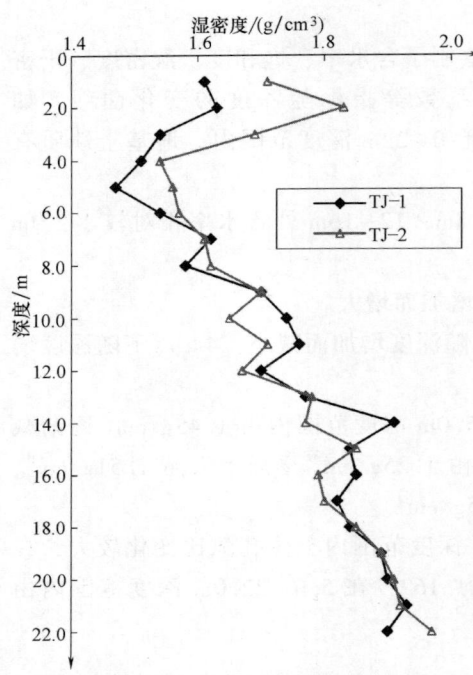

图 3-22 DK92+200 湿密度随深度的变化

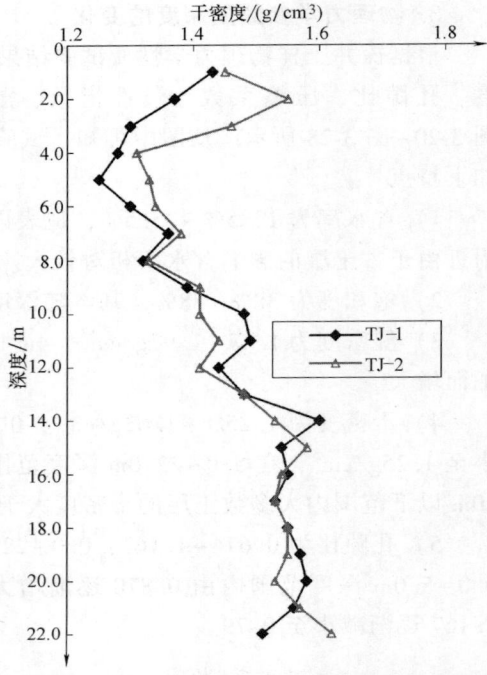

图 3-23 DK92+200 干密度随深度的变化

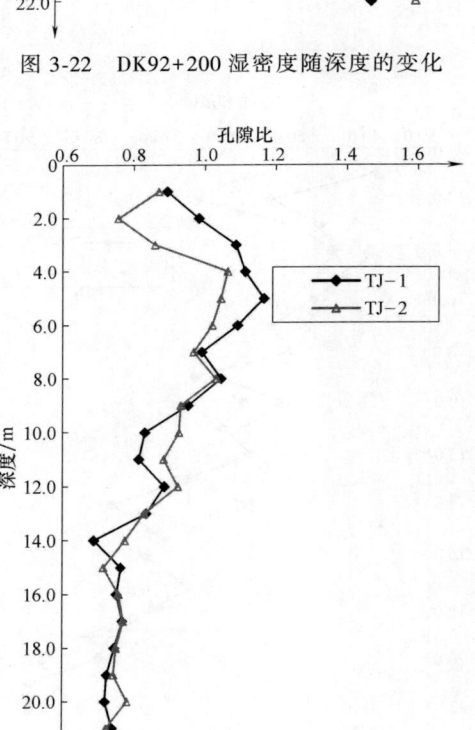

图 3-24 DK92+200 孔隙比随深度的变化

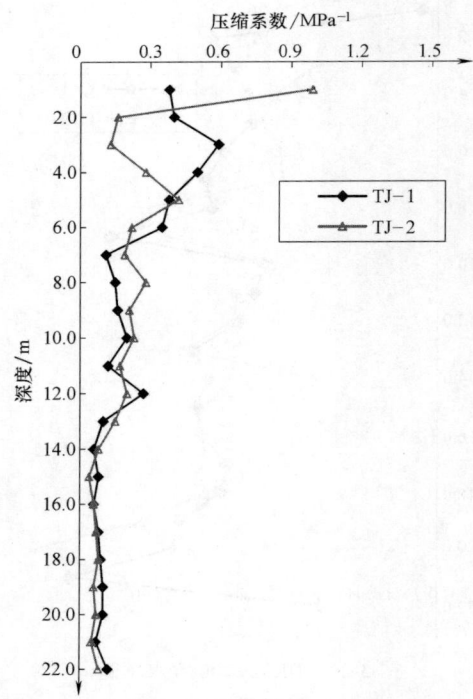

图 3-25 DK92+200 压缩系数随深度的变化

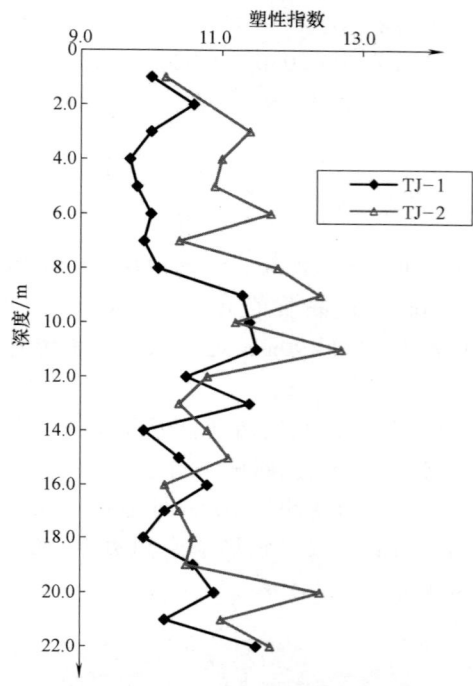

图 3-26 DK92+200 塑性指数随深度的变化

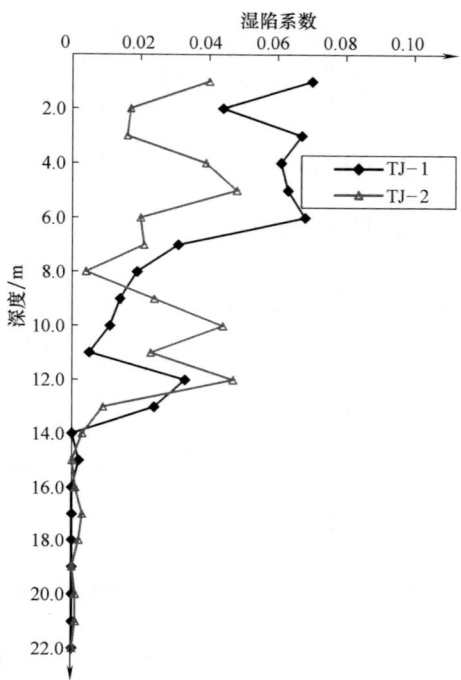

图 3-27 DK92+200 湿陷系数随深度的变化

6) 压缩系数在 6m 以上深度范围内大多大于 $0.5 MPa^{-1}$，地基土基本为高压缩性土，在 6~13m 深度范围内为 $0.1~0.5 MPa^{-1}$，地基土为中压缩性土，13m 以下深度范围内基本小于 $0.1 MPa^{-1}$，地基土基本为低压缩性土。

7) 塑性指数为 9.7~14.7，3.0~7.7m 深度范围内均小于 10.0，其余深度范围内除 14.0m 和 18.0m 处为 9.9 外，均大于 10.0，由此可判定 2.2~7.7m 为砂质黄土，其余土层为黏质黄土。

8) 湿陷系数为 0~0.070，13m 以上湿陷系数为 0.004~0.07，以下均小于 0.009。

9) 探井 TJ-1 的黄土自重湿陷系

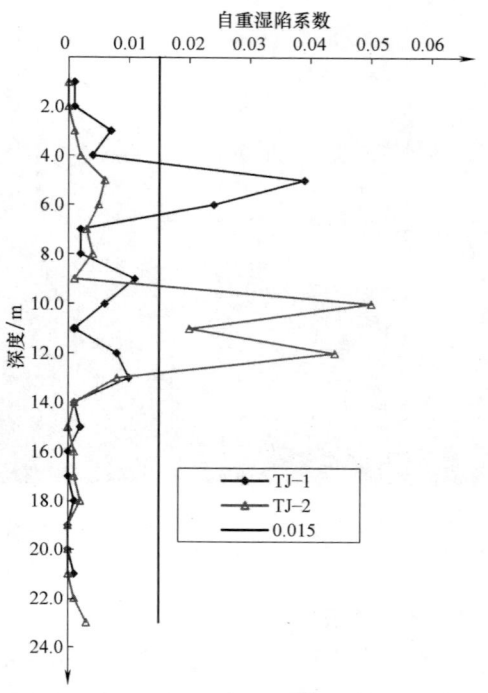

图 3-28 DK92+200 自重湿陷系数随深度的变化

数 δ_{zs} 除 5.0m 和 6.0m 处分别为 0.039、0.024，其余均小于 0.015；探井 TJ-2 的黄土自重湿陷系数 δ_{zs} 除 10.0m、11.0m、12.0m 处分别为 0.050、0.020、0.044，其余均小于 0.015。

3.4.3　DK246+500 试验场地

1. 场地概况

此试验场地位于河南省陕县张湾乡尤湾村，属黄土塬地貌。上部地层为上更新统 Q_3 砂质、黏质黄土，厚度约 26m；下伏中更新统 Q_2 黏质黄土，厚度大于 30m。表层黄土具湿陷性，湿陷性中等到强烈。地下水埋深 80~90m，近年来地下水位有下降趋势。

黄河在试验场地以北约 10km 处，地势南高北低，由北向南开垦成多级梯状农田。场地东侧有一宽约 100m 的天然冲沟，下切深度 45m；西侧与省级公路毗邻。拟建郑西高速铁路以站场形式（新三门峡车站）从场地南侧约 100m 处通过，线路走向近东西向，线路中心比试验场地高 1.75m。灌溉出水口距场地南侧边界 50m，运输和试验用水便利。试验场地全貌如图 3-29 所示。

图 3-29　DK246+500 试验场地全貌

2. 地层情况

根据探井试验资料和地质编录，结合部分钻孔资料，得到该试验场地地质剖面图，如图 3-30 所示。从图可知本场地地层主要为砂质黄土和黏质黄土，由上往下依次为：

1）耕植土，厚 0.3m，含植物根茎及砖屑。

2）砂质黄土（Q_3），厚约 10m，浅黄褐色，硬塑，质均，孔隙较发育，含少量 1~3cm 的姜石。

3）黏质黄土（Q_3），厚 2.5m，棕黄色，硬塑~可塑，质地均一，孔隙发育，富含钙丝及姜石（2~3cm）。

4）砂质黄土（Q_3），厚 7~10m，浅黄色~灰黄色，硬塑，质均，孔隙明显，表层富含钙膜，偶见蜗牛壳及小姜石，夹有细条纹状黏性土。

5）黏质黄土（Q_2），厚度大于 7m，棕黄色，质均，孔隙发育，富含钙膜，有少量蜗牛壳及小姜石。

3. 物理力学参数随深度的变化

根据探井 TJ-1 和探井 TJ-2 地基土的常规物理力学性质指标试验结果，绘制含水率、饱和度、湿密度、干密度、孔隙比、压缩系数、塑性指数、湿陷起始压力、湿陷系数、自重湿陷系数随深度的变化曲线，如图 3-31~图 3-40 所示。

从图中可看出，探井深度范围内地基土具有如下特点：

1）31m 深度范围内，土层含水率为 9.2%~20.4%，其中地表 3m 土层含水率明显低于下伏土体，为气候作用层；在 10~12m、20m 左右及 22~24m 等深度处，土体含水率较高，这些部位基本上是古土壤层及其附近。

2）31m 深度范围内，饱和度为 17%~62%。中部 14~20m 饱和度偏低，为 17%~40%；22~27m 饱和度较高，为 40%~62%，其他位置饱和度居中，为 30%~50%。

3）31m 深度范围内，地表 2m 有一层硬壳，干密度为 1.46~1.53g/cm^3；以下土体干密度基本随深度增大而增大，干密度为 1.26~1.58g/cm^3；黏质黄土对应部位，土体干密度较高。31m 深度范围内，湿密度为 1.4~1.7g/cm^3，随测试的变化规律与干密度相同。

4）31m 深度范围内，孔隙比为 0.8~1.2。表层黄土的孔隙比偏小，其余土层的孔隙比沿深度方向基本上是逐渐减小的。

5）自 3m 深度开始，有一层土的压缩系数显著大于下伏地层，其下界为 5~8m，本层土为砂质黄土，是自重湿陷性发生的主体地层。其他土层压缩系数很接近，在 0.1~0.2 波动。

6）31m 深度范围内，塑性指数在 9.0~11.3 变化，除 12~14m 和 24~26m 两层塑性指数连续大于 10，其余地层也有间断的塑性指数大于 10 的情况，据此可以认为，场地地层主要是砂质黄土和黏质黄土，黏质黄土有两层，每层厚度 2~3m；其余主要为砂质黄土。

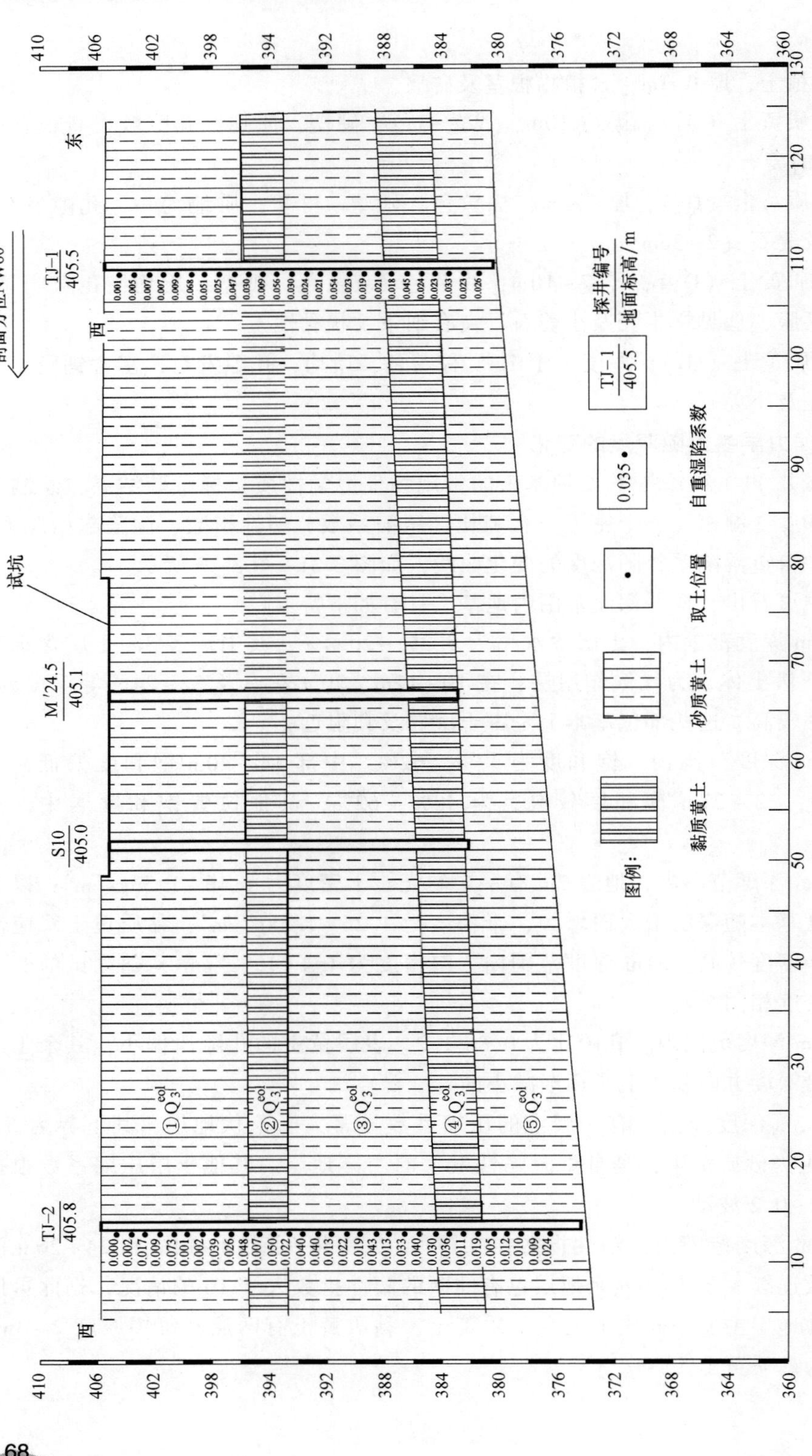

图 3-30 DK246+500 试验场地地质剖面

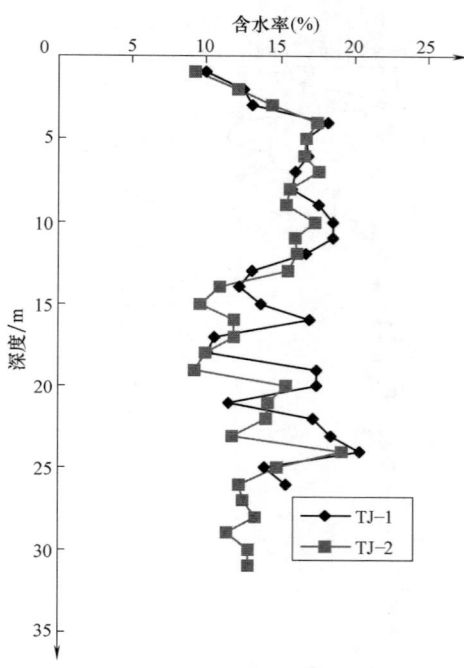

图 3-31　DK246+500 含水率随深度的变化

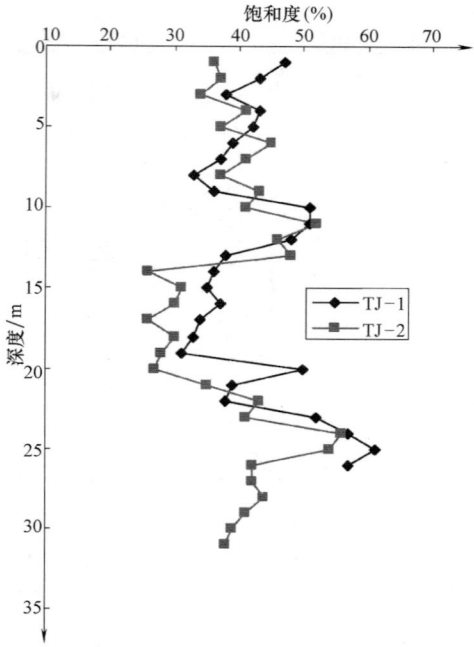

图 3-32　DK246+500 饱和度随深度的变化

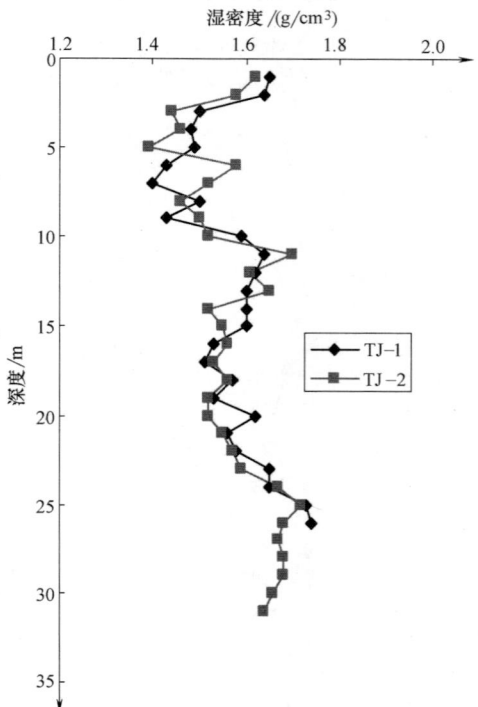

图 3-33　DK246+500 湿密度随深度的变化

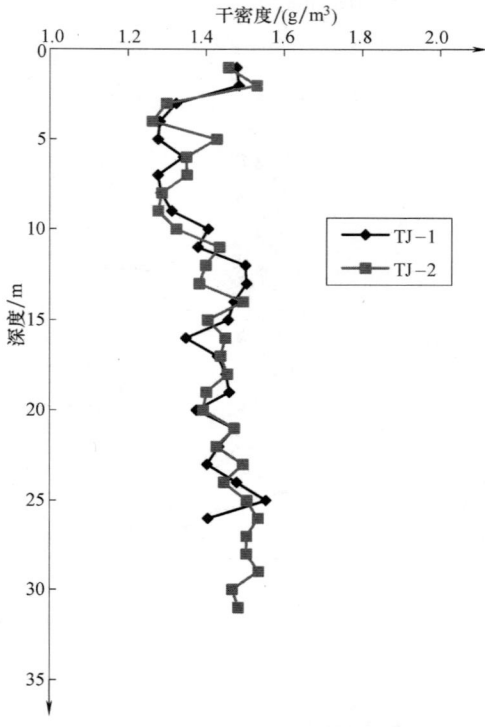

图 3-34　DK246+500 干密度随深度的变化

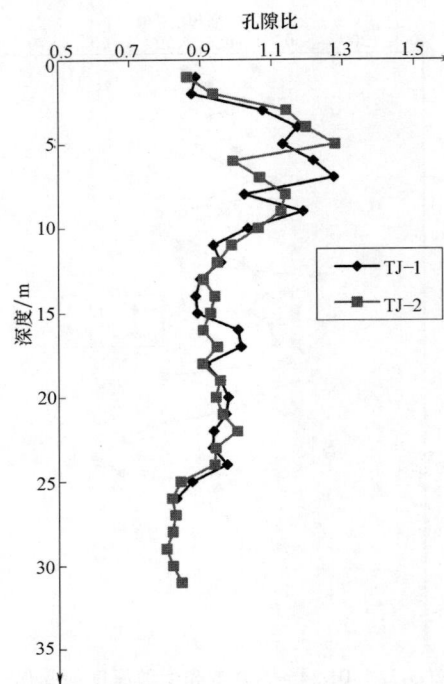

图 3-35　DK246+500 孔隙比随深度的变化

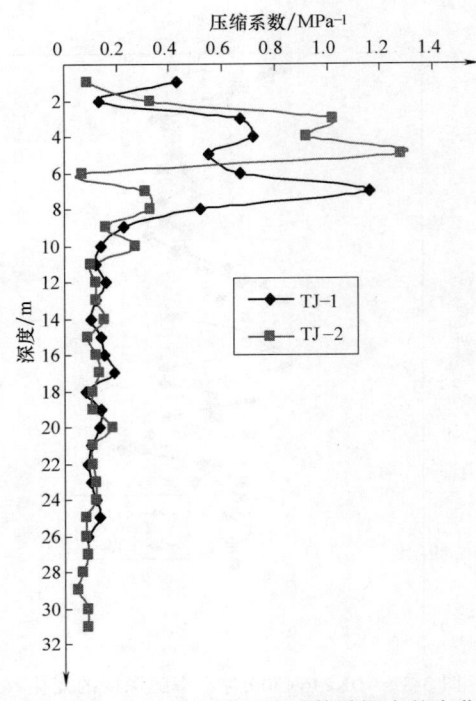

图 3-36　DK246+500 压缩系数随深度的变化

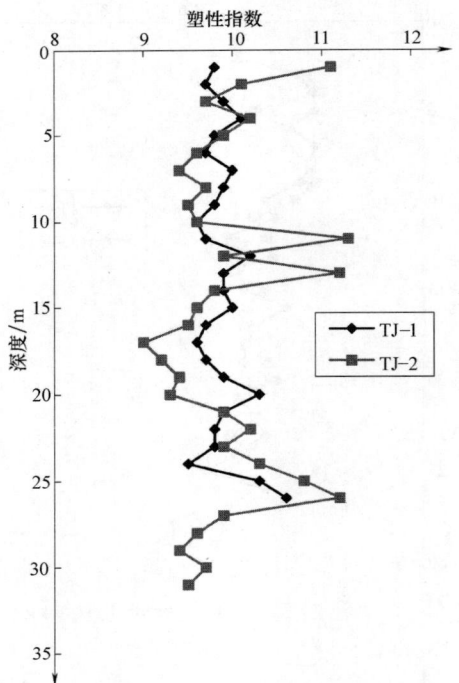

图 3-37　DK246+500 塑性指数随深度的变化

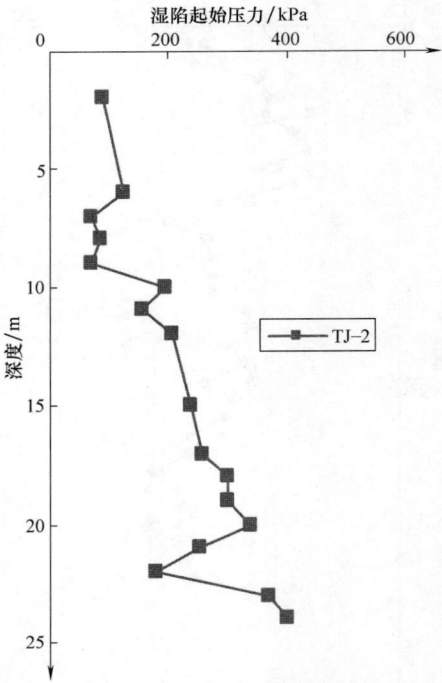

图 3-38　DK246+500 湿陷起始压力随深度的变化

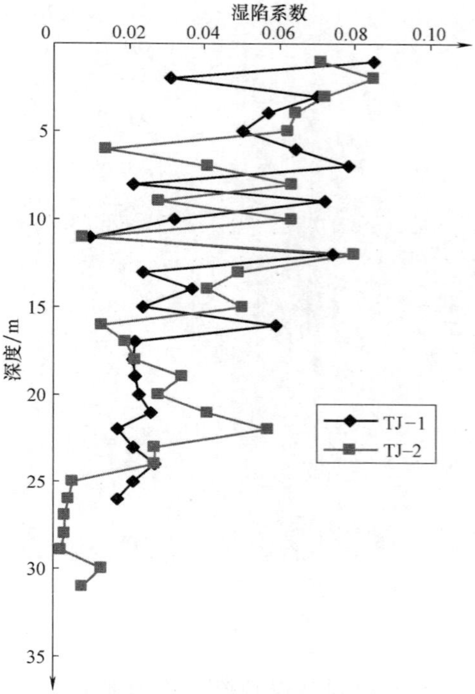

图 3-39 DK246+500 湿陷系数随深度的变化

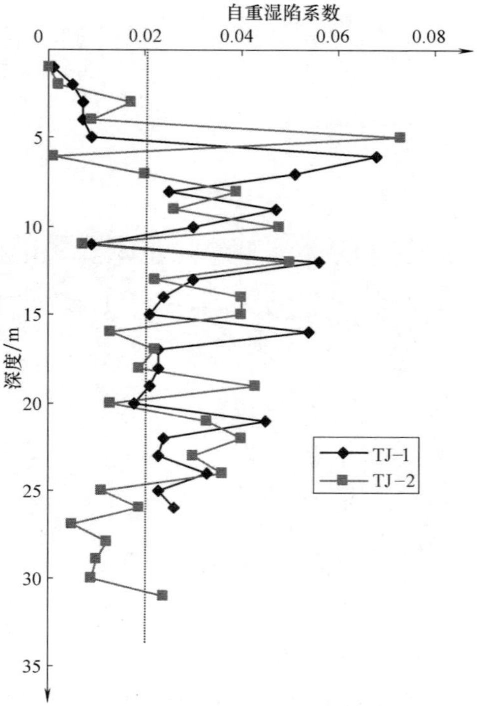

图 3-40 DK246+500 自重湿陷系数随深度的变化

7）31m 深度范围内，湿陷起始压力波动很大，随深度增加而逐渐增大。

8）31m 深度范围内，湿陷系数为 0～0.085，26～31m 湿陷系数小于 0.015，6m、11m、16m 三个深度小于或等于 0.015，其他各深度湿陷系数大于 0.015。其中，10m 以上深度湿陷系数较大，是湿陷性发生的主体地层。

9）31m 深度范围内，自重湿陷系数为 0～0.070，0～5m、25～31m、6m、11m、16m 湿陷系数小于 0.015，其他各深度湿陷系数大于 0.015。总体说来，5～20m 自重湿陷系数较大，在 0.030 左右波动。

3.4.4 DK287+000 试验场地

1. 场地概况

该试验场地位于灵宝市西阎乡大字营村南侧，新建郑西高速铁路北侧约 100m。郑西高速铁路在本段以桥梁形式（灵宝特大桥）通过。试验场地地形平坦，原为庄稼地，地面高程约 376m。根据铁道第二勘察设计院勘察资料，场地上伏第四系上更新统砂质黄土、砂层，厚度大于 30m；下伏第四系中、下更新统砂层、粉质黏土，厚度较大。地下水位埋藏约为 48m。试验场地全貌如图 3-41 所示。

图3-41 DK287+000试验场地全貌

2. 地层情况

根据探井试验资料和地质编录，结合部分钻孔资料，得到该试验场地地质剖面图，如图3-42所示。本场地地层主要为砂质黄土，21m以下夹有两层薄层粉砂。由上往下地层依次为：

1）砂质黄土（Q_3），厚4.5~5m，黄褐色，针状孔隙发育，含较多钙质条纹，松散，偶见蜗牛壳，顶部0.4m为耕土。

2）砂质黄土（Q_3），厚2.5~3m，褐黄色，含少量钙质条纹，土质较均匀，松散。

3）砂质黄土（Q_3），厚7.7~8.6m，褐黄色，土质均匀，具针状孔隙。

4）粉砂，厚0.4~0.6m，褐黄色，中密，以石英长石质为主。

5）砂质黄土（Q_3），厚4.5~6.0m，褐黄色，中密，土质均匀，偶见蜗牛壳。

6）粉砂，厚0.5~0.6m，褐黄色，中密，以石英长石质为主，偶见蜗牛壳。

7）砂质黄土（Q_3），厚大于13m，褐黄色，土质均匀。

3. 物理力学参数随深度的变化

依据两个探井地基土的常规物理力学性质指标试验结果绘制含水率（w）、饱和度（S_r）、湿密度（ρ）、干密度（ρ_d）、孔隙比（e）、压缩系数（a_{v1-2}）、塑性指数（I_p）、湿陷起始压力（p_{sh}）、湿陷系数（δ_s）、自重湿陷系数（δ_{zs}）随深度的变化曲线，如图3-43~图3-51所示。

从图中可看出，探井深度范围内地基土具有如下特点：

1）探井TJ-1各土层含水率为7.4%~12.9%，探井TJ-2各土层含水率为8.6%~

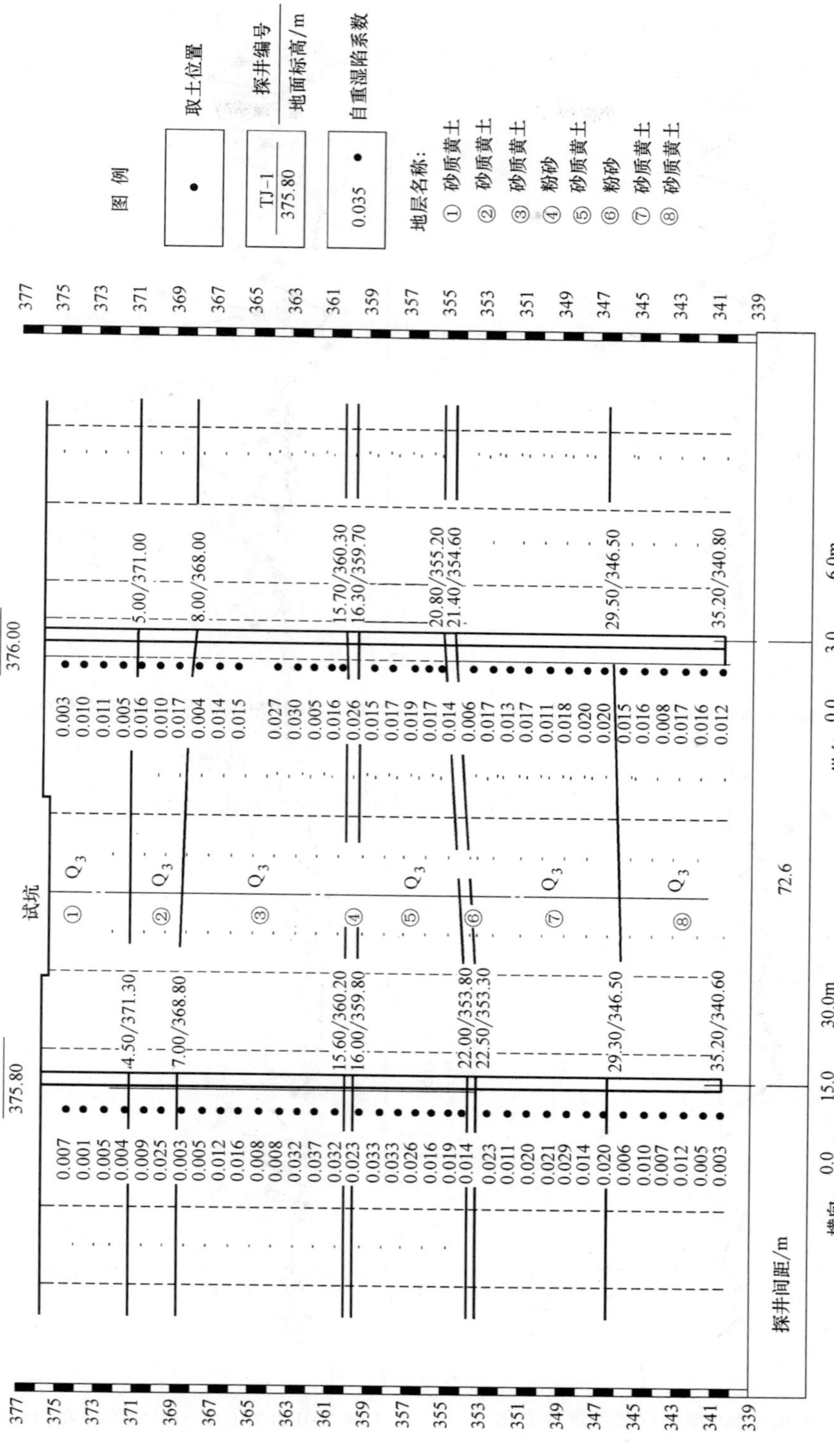

第3章 郑西高速铁路黄土工程地质特性研究

图 3-42 DK287+000 试验场地工程地质剖面

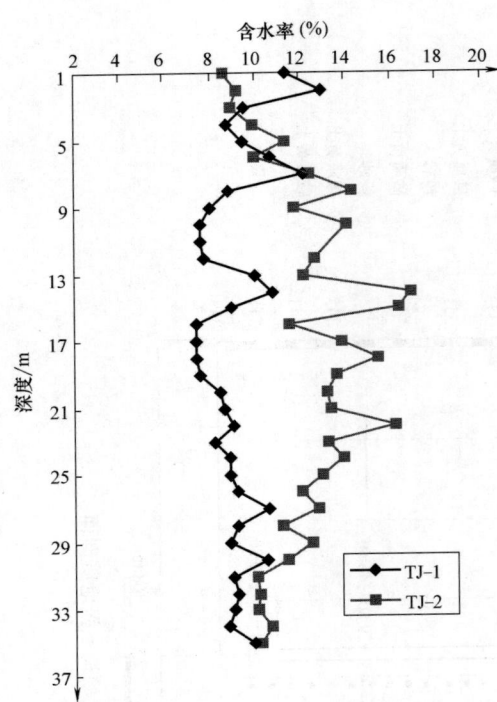

图 3-43 DK287+000 含水率随深度的变化

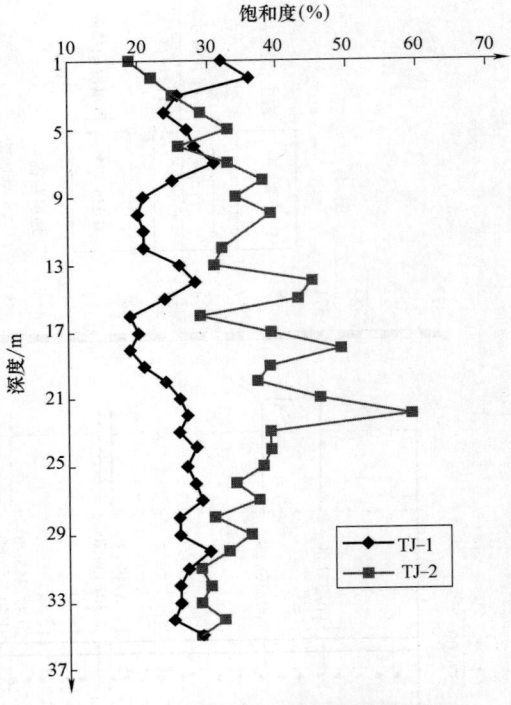

图 3-44 DK287+000 饱和度随深度的变化

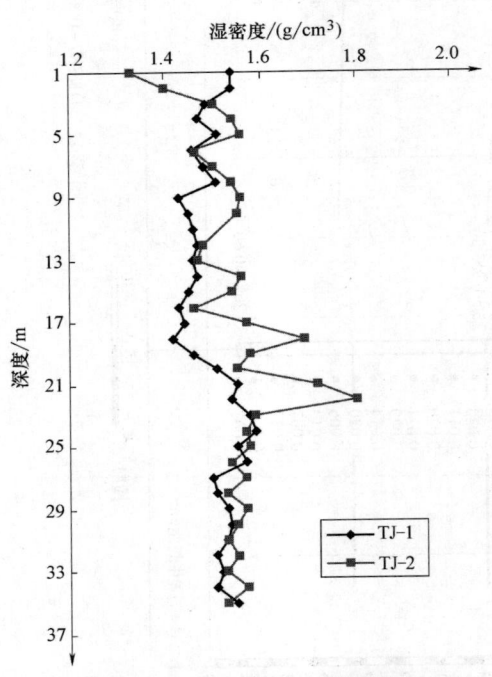

图 3-45 DK287+000 湿密度随深度的变化

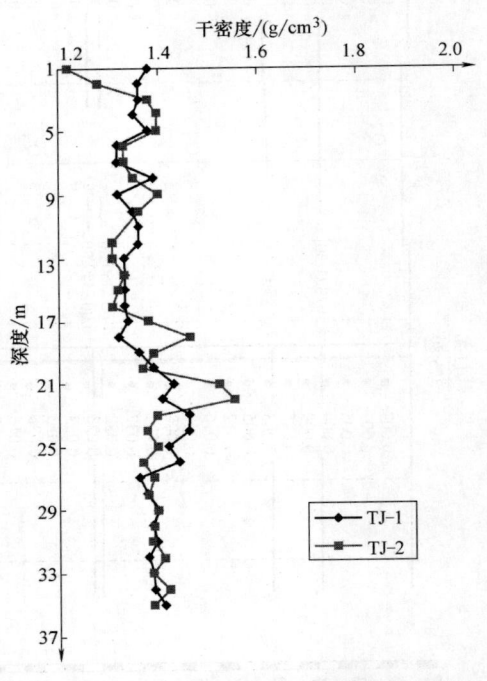

图 3-46 DK287+000 干密度随深度的变化

第3章 郑西高速铁路黄土工程地质特性研究

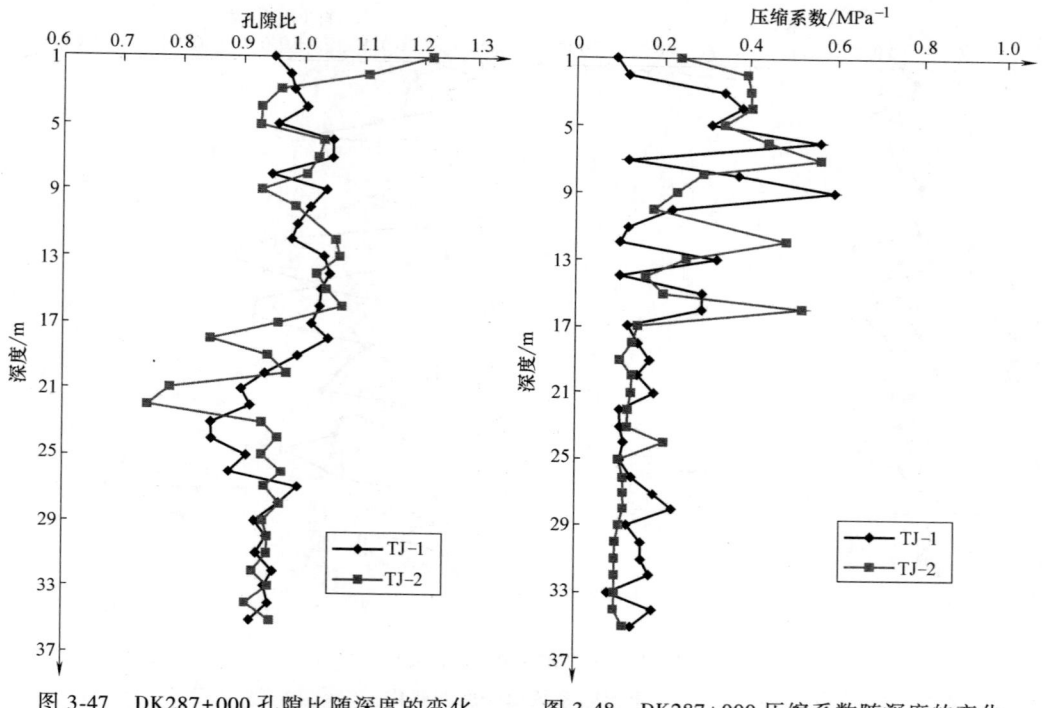

图 3-47　DK287+000 孔隙比随深度的变化　　图 3-48　DK287+000 压缩系数随深度的变化

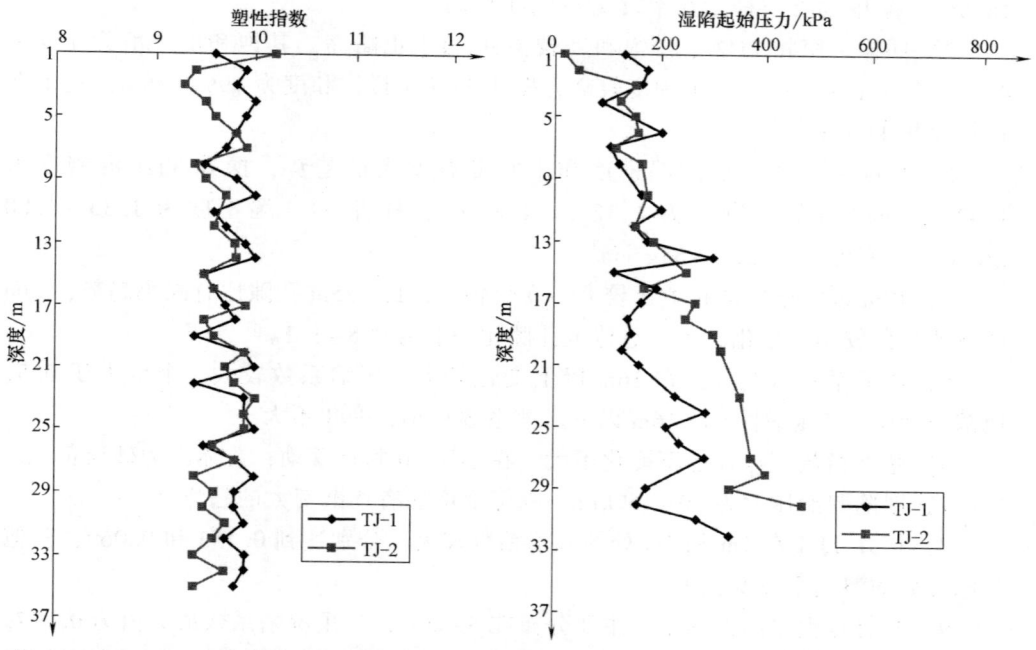

图 3-49　DK287+000 塑性指数随深度的变化　　图 3-50　DK287+000 湿陷起始压力随深度的变化

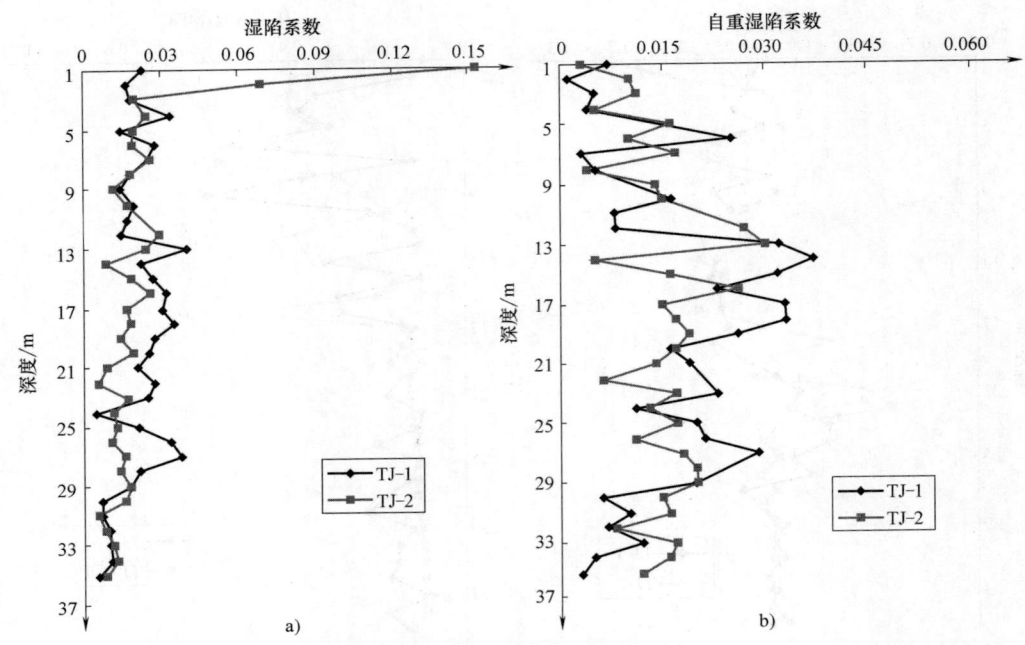

图 3-51 DK287+000 湿陷系数及自
重湿陷系数随深度的变化

16.9%，探井 TJ-2 土样含水率较探井 TJ-1 略高。

2）同样，探井 TJ-2 土样饱和度较探井 TJ-1 也略高，其饱和度一般为 19%～49%，中部 15～22m 土样饱和度较高，探井 TJ-1 土样饱和度为 19%～36%，上下变化较探井 TJ-1 平缓。

3）17m 以下各土层的湿密度和干密度有增大的趋势，探井 TJ-1 湿密度为 1.42～1.59g/cm³，干密度为 1.32～1.46g/cm³；探井 TJ-2 湿密度为 1.33～1.80g/cm³，干密度为 1.22～1.55g/cm³。

4）17m 以上土层的孔隙比较大，变化较小，17～25m 孔隙比有减小趋势，25m 以下孔隙比较小，变化不大。总体上孔隙比一般为 0.8～1.1。

5）压缩系数（a_{v1-2}）在 16m 以上变化较大，压缩系数较大，个别大于 0.5，地基土为中～高压缩性土，16m 以下压缩系数较小，变化不大。

6）塑性指数（I_P）上下变化不大，在小于 10 附近摆动，总体上为砂质黄土。

7）湿陷起始压力为 20～469kPa，随深度增加有逐渐变大的趋势。

8）探井 TJ-1 在 1m 和 2m 处的湿陷系数较大，分别达到 0.153 和 0.069，其他各深度处的湿陷系数变化不大。

9）具有自重湿陷性的土层主要分布在 5～29m，自重湿陷系数最大值为 0.037。探井 TJ-2 土样在 30m 以下仍有个别土样自重湿陷系数大于 0.015，但也仅在界限值附近摆动，最大仅为 0.017。

3.4.5 DK300+800 试验场地

1. 场地概况

该试验场地位于河南省灵宝市阳平镇与故县镇交界处，属于黄河Ⅱ级阶地，郑西高速铁路以路堑形式通过，堑高 3～5m，往东有阌乡隧道（大致里程 DK298+400～DK299+200），往西为高柏特大桥（大致里程 DK301+900～DK302+600）。依据铁二院勘测资料，该路段地层主要为第四系上更新统砂质黄土，厚度大于 80m，自重湿陷性黄土厚度约 30m，湿陷等级Ⅱ级中等～Ⅳ级很严重，地下水埋藏深。

试验场地位于线路的左侧，地势由北向南、由西向东略有倾斜。场地四周均为农田，东北侧有通信光缆经过，场地南侧边缘为 1m 左右高的陡坎。试坑南侧 9m 处有一高压电杆。试验场地全貌如图 3-52 所示。

图 3-52 DK300+800 试验场地

2. 地层情况

依据探井资料和钻孔编录资料，绘制出了该场地的地质剖面图，如图 3-53 所示。该试验场地 0～45m 深度范围内的地层主要为第四系晚更新世砂质黄土（Q_3），呈黄褐色、褐黄色，土质均匀，有少量白色钙膜、钙丝和蜗牛壳存在。上部 0.3m 为种植土，其中有植物根系分布。16.0～17.0m 处有黑色的腐殖质，呈线状和条状。土层中富含大孔隙，多呈管状、圆状，含虫孔，孔内有粉末存在。

3. 物理力学参数随深度的变化

根据两个探井的黄土土工试验结果，绘制了天然含水率、干密度、孔隙比、塑性指数、湿陷系数等指标随深度的变化曲线，如图 3-54～图 3-62 所示。

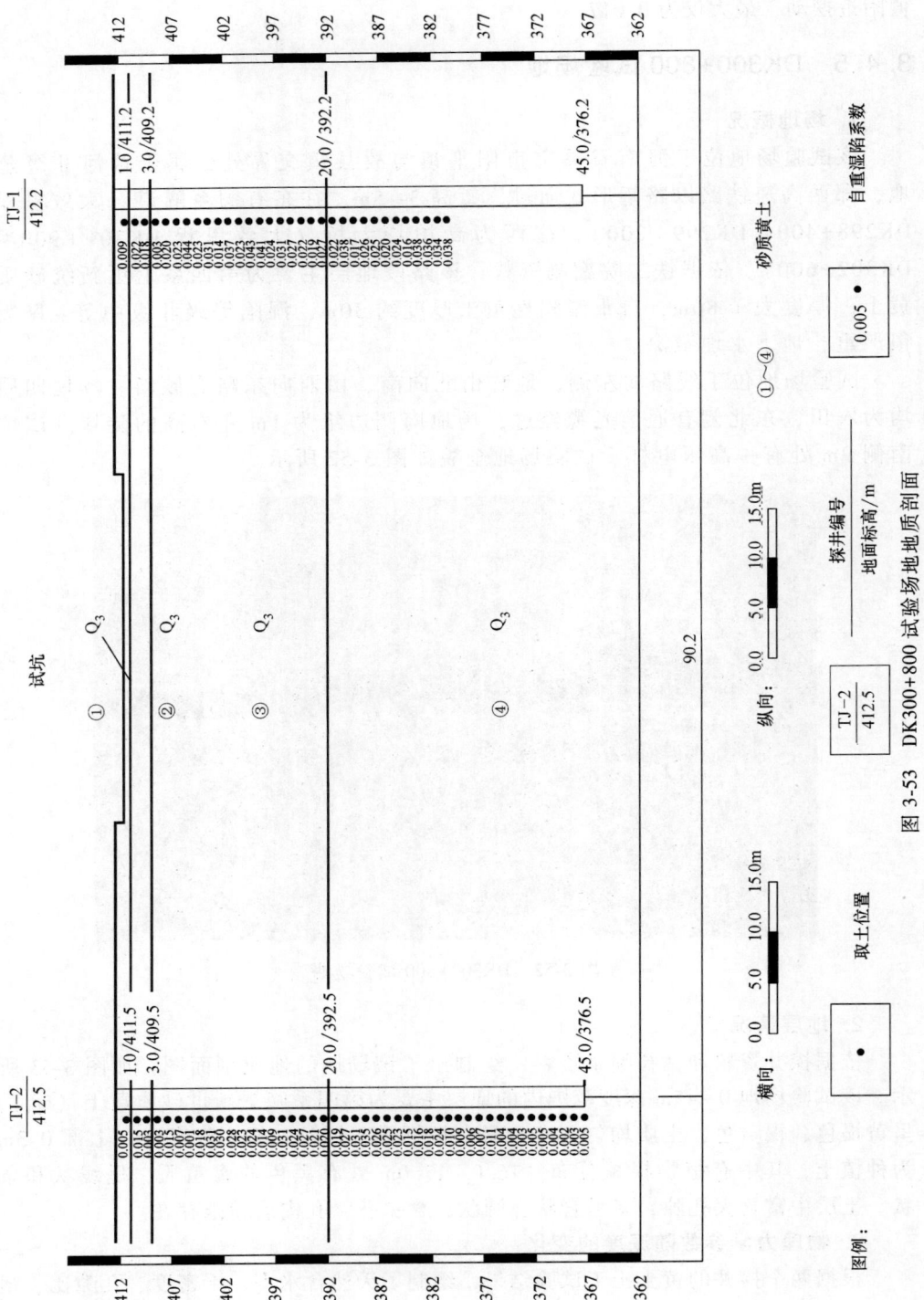

图 3-53 DK300+800 试验场地地质剖面

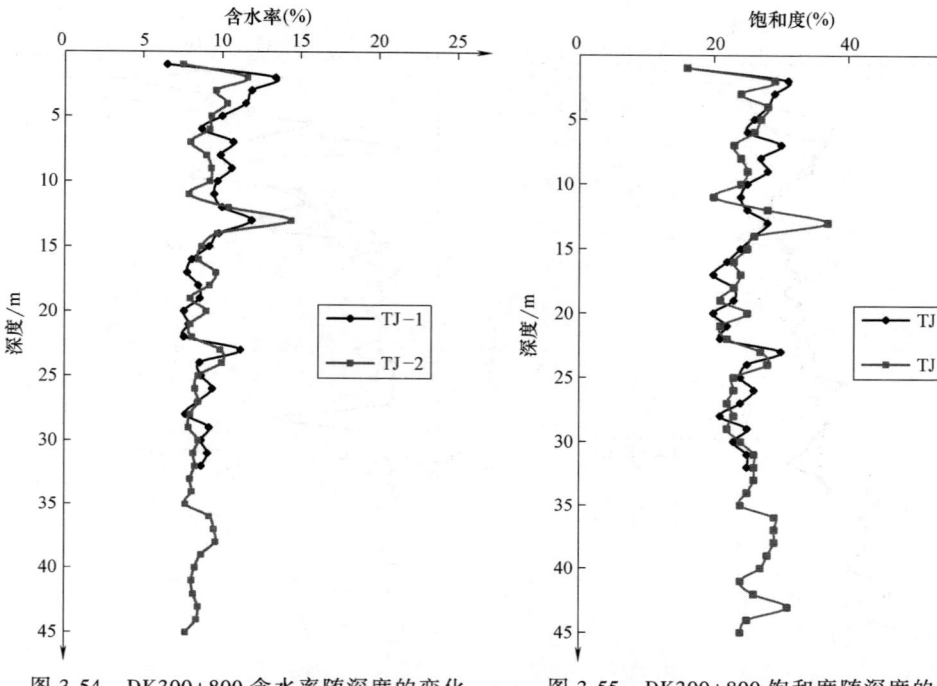

图 3-54　DK300+800 含水率随深度的变化　　图 3-55　DK300+800 饱和度随深度的变化

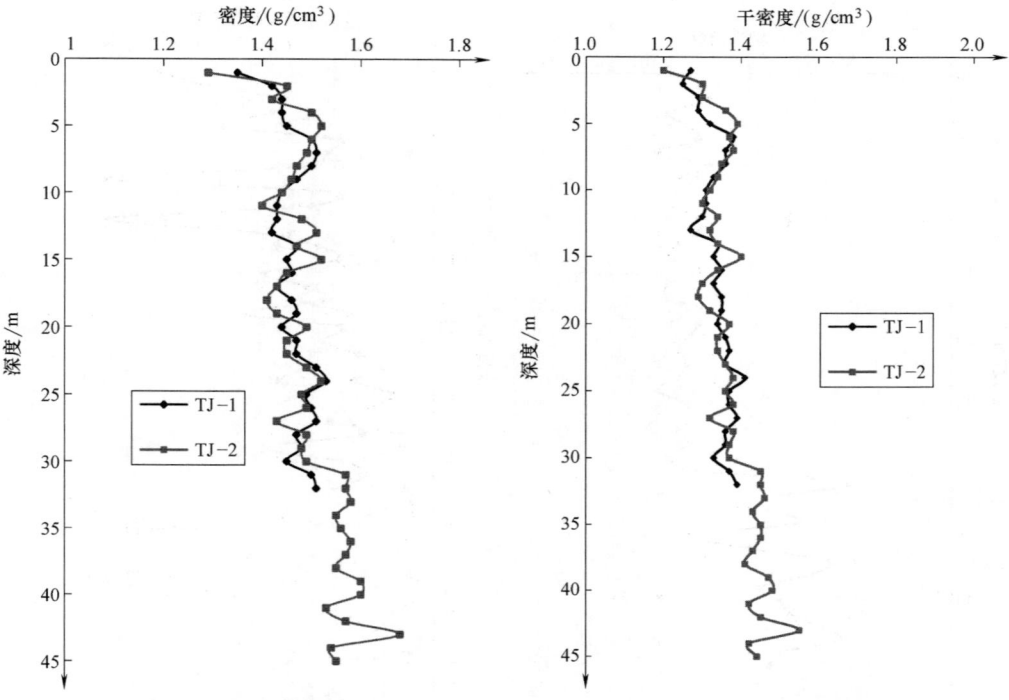

图 3-56　DK300+800 密度随深度的变化　　图 3-57　DK300+800 干密度随深度的变化

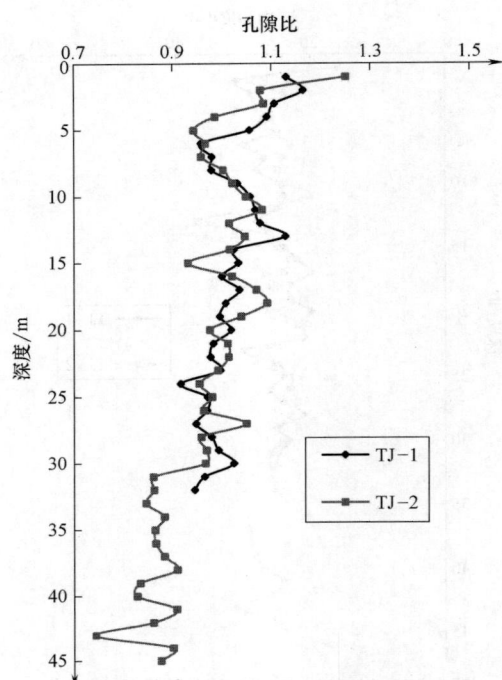

图 3-58　DK300+800 孔隙比随深度的变化

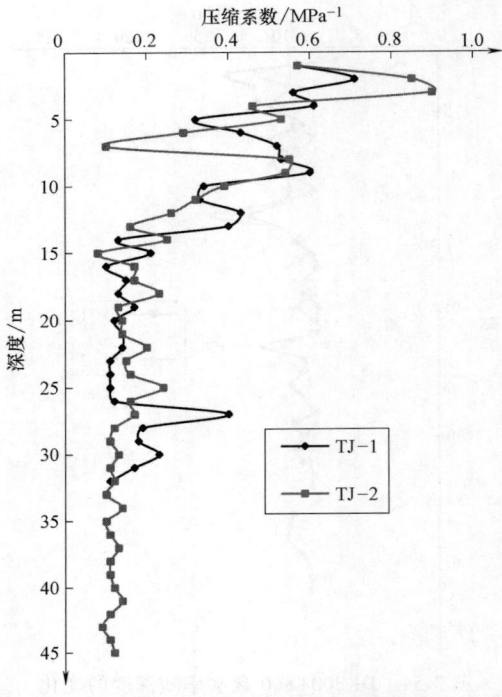

图 3-59　DK300+800 压缩系数随深度的变化

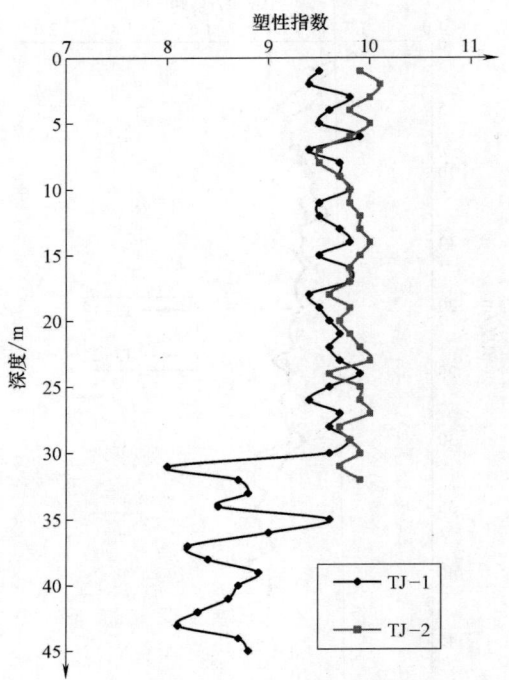

图 3-60　DK300+800 塑性指数随深度的变化

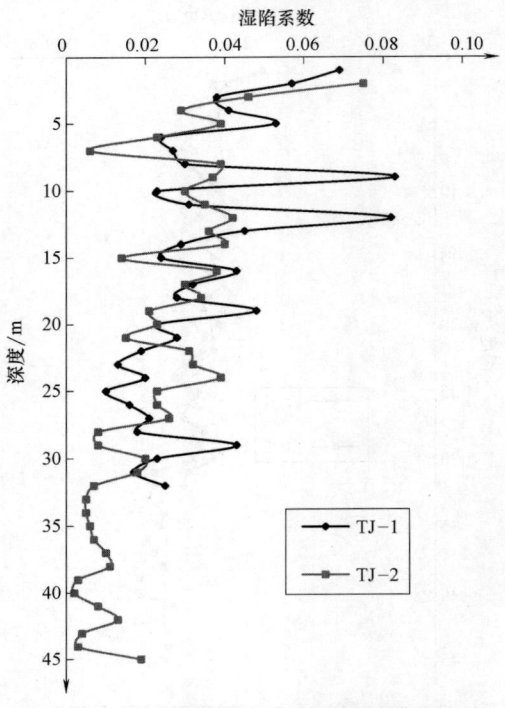

图 3-61　DK300+800 湿陷系数随深度的变化

从图中可知，两次取样试验所得土体的各项物理指标十分接近，该试验场地地基土在 0~45m 深度范围内具有如下特点：

1) 天然含水率为 6.5%~14.4%，多集中在 8%~9%，含水率较低，饱和度为 16%~37%。

2) 湿密度为 1.29~1.68g/cm³，干密度为 1.20~1.55g/cm³，孔隙比为 0.812~1.116，随深度增加，干密度逐渐增大，孔隙比逐渐减小。

3) 压缩系数为 0.09~0.85MPa^{-1}，随着深度增加逐渐减小。9m 以上土体的压缩系数均大于 0.5MPa^{-1}，属高压缩性土，9~45m 土体的压缩系数除 43m 外，其余深度均为 0.1~0.5MPa^{-1}，属于中压缩性土。

4) 塑性指数为 8.0~10.1，除 2m 处略大于 10 外，其余深度处的塑性指

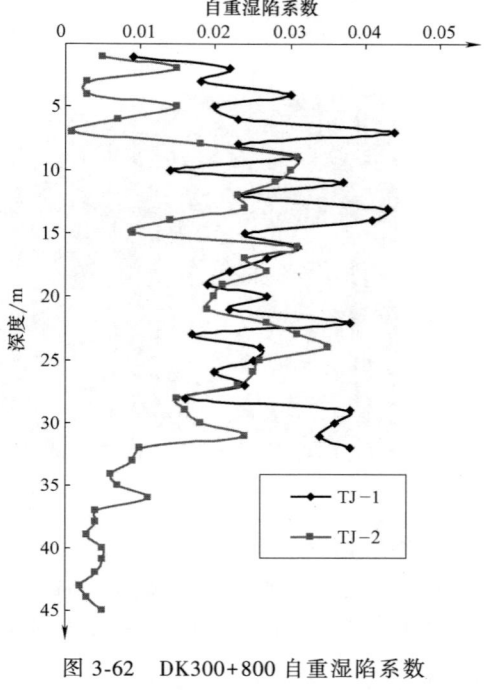

图 3-62 DK300+800 自重湿陷系数随深度的变化

数均小于 10，说明该场地 45m 深度范围内均为砂质黄土。30m 以下塑性指数有减小的趋势，可判断 30m 以下黄土的砂性有所增大。

5) 根据室内试验数据，该试验场地 32m 深度范围内黄土普遍具轻微到中等自重湿陷性。

6) 从湿陷系数 δ_s（取两个探井的平均值）的大小来看，32m 深度范围内 $\delta_s<0.015$ 占 3%，$0.015 \leq \delta_s \leq 0.03$ 占 52%，$0.03<\delta_s \leq 0.07$ 占 45%，这说明该试验场地内湿陷性黄土层厚度较大，其湿陷程度为轻微到中等。

3.4.6 DK315+650 试验场地

1. 场地概况

该试验场地位于河南省灵宝市豫灵镇坡底村，距公路较近，交通和用水便利。郑西高速铁路在本段以路堤形式通过，线路走向近东西向，大里程方向毗邻秦东隧道，试坑位于郑西高速铁路右侧 120m 处。地貌单元属于黄河 II 级阶地，试验场地高程为 361m，地势平坦、地形开阔。根据铁道第二勘察设计院的地质资料，该场地上覆第四系上更新统砂质黄土、砂层厚度大于 30m，下伏第四系中、下更新统砂层、黄土，厚度较大。黄土自重湿陷性厚度 20m 左右，湿陷等级 III 级（严重）~ IV 级（很严重），地下水位埋藏较深。试验场地全貌如图 3-63 所示。

图3-63 DK315+650试验场地全貌

2. 地层情况

试验场地详细地质剖面如图3-64所示，从图中可见，22m深度范围内，地层主要为砂质黄土、14.5m以下夹有1薄层粉砂和1薄层中粗砂，由上往下地层依次为：

1）种植土，厚0.3m，黄褐色，稍湿，松软，富含腐殖物、植物根系发育。

2）砂质黄土（Q_3），厚2.0m，浅黄色，稍湿，稍密，夹有少量植物根系，包含白色钙丝。

3）黏质黄土（Q_3），厚0.6~1.2m，棕红色，稍湿，硬塑。

4）砂质黄土（Q_3），厚11.0~13.0m，浅黄色，稍湿，稍密，针孔结构，粒径均匀，偶见蜗牛壳和白色钙丝。

5）粉砂，厚0.4~0.6m，白色~浅黄色，稍湿，松散，粒径均匀。

6）砂质黄土（Q_3），厚1.0~1.4m，浅黄色，稍湿，稍密，针孔结构，偶见蜗牛壳和白色钙丝。

7）中粗砂，厚0.3~1.2m，浅黄色，稍湿，松散，1~10mm角砾体积含量约为10%。

8）砂质黄土（Q_3），厚度大于5.4m，浅黄色，湿，中密，砂质黄土体积含量约为60%，中粗砂体积含量约为30%，粒径10~50mm角砾体积含量约为10%。

3. 物理力学参数随深度的变化

依据探井的土工常规和湿陷性试验结果绘制了天然含水率、饱和度、湿密度、干密度、孔隙比、压缩系数、塑性指数、湿陷起始压力、湿陷系数、自重湿陷系数等指标随深度的变化曲线，如图3-65~图3-74所示。

从图中可知，试验场地0~22m深度范围内地基土具有如下特点：

1）含水率为10.7%~16.8%，在2m以上相对较大，可能与长期灌溉有关，

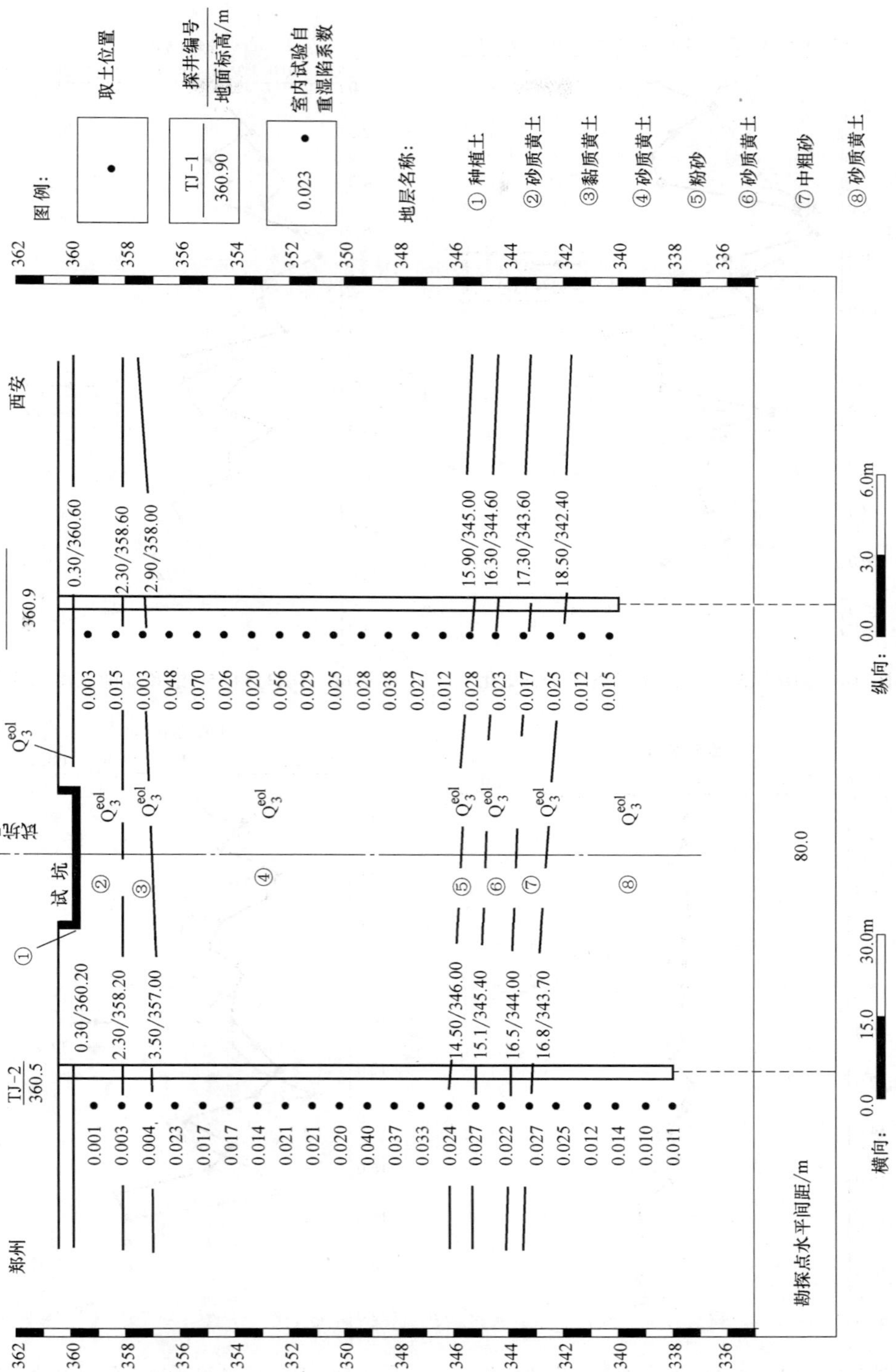

图 3-64 DK315+650 试验场地地质剖面

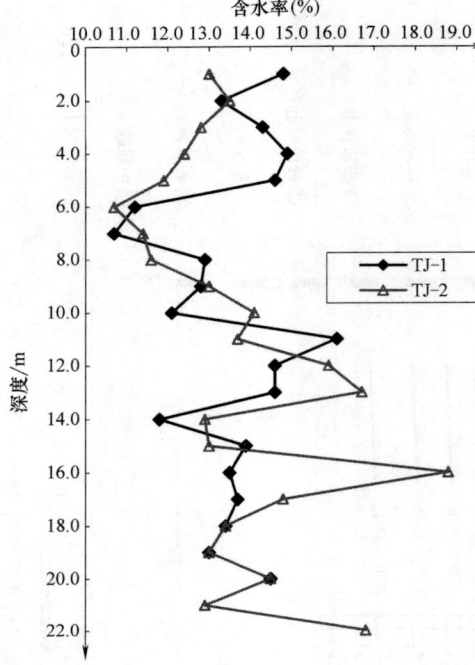

图 3-65　DK315+650 含水率随深度的变化

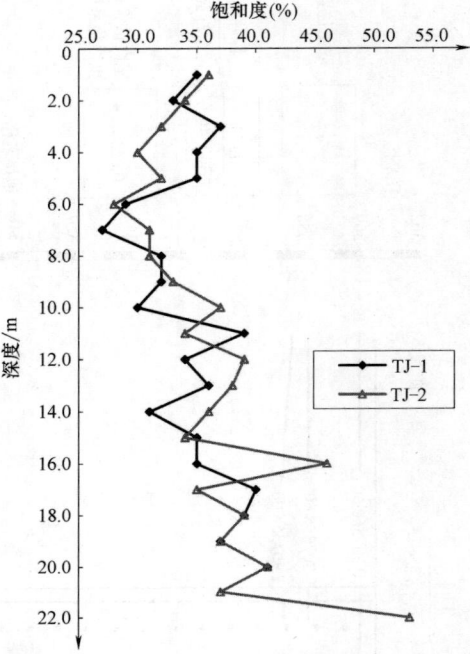

图 3-66　DK315+650 饱和度随深度的变化

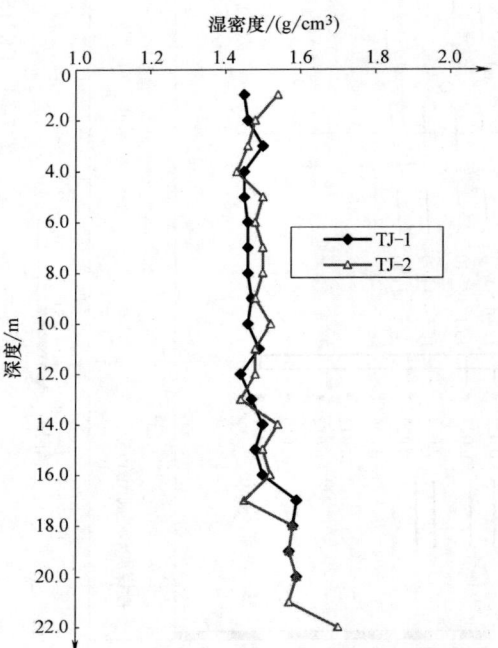

图 3-67　DK315+650 湿密度随深度的变化

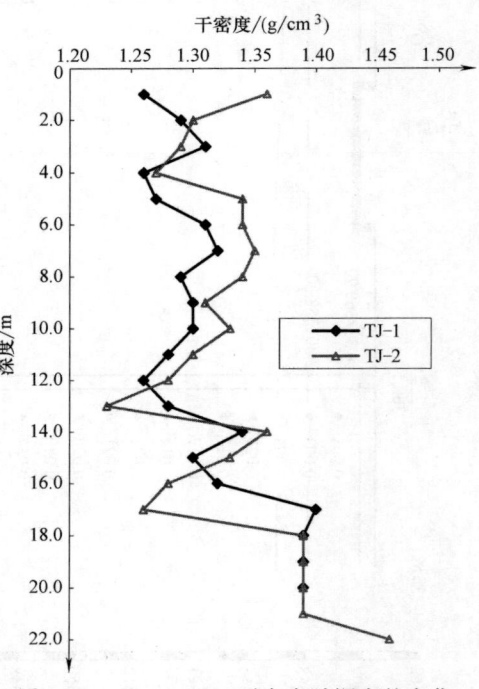

图 3-68　DK315+650 干密度随深度的变化

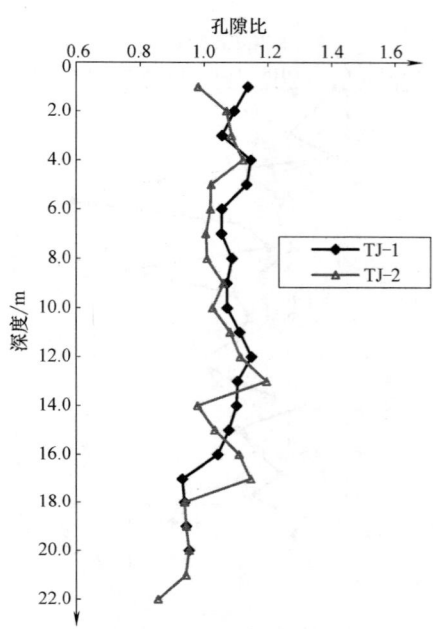

图 3-69 DK315+650 孔隙比随深度的变化

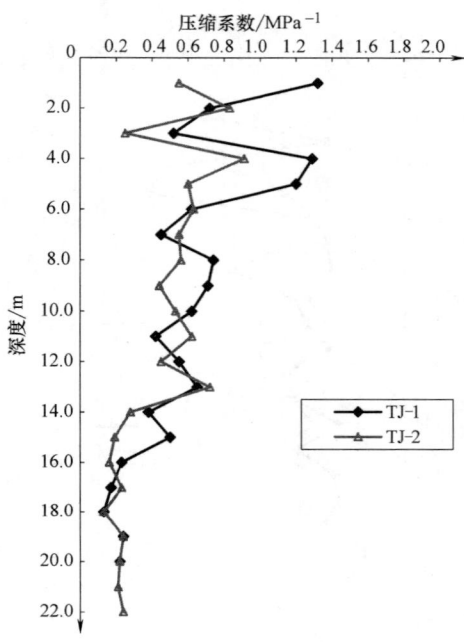

图 3-70 DK315+650 压缩系数随深度的变化

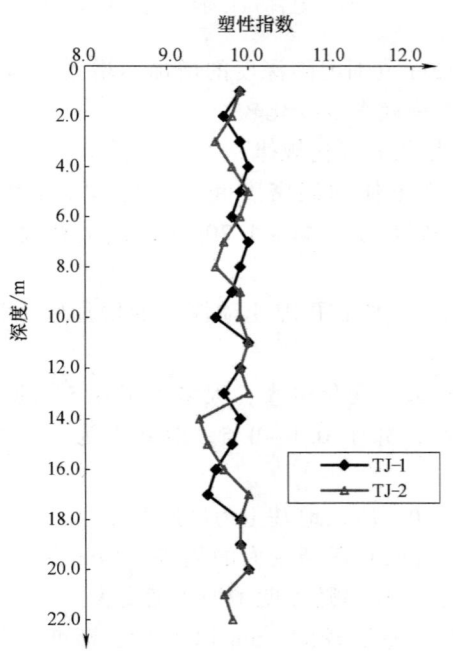

图 3-71 DK315+650 塑性指数曲线

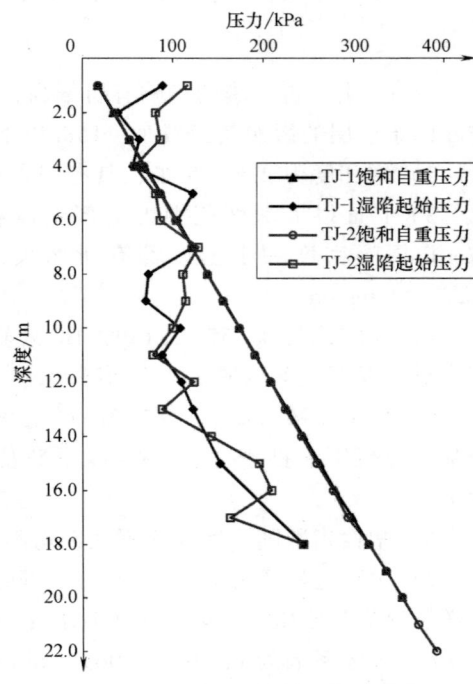

图 3-72 DK315+650 饱和自重压力、湿陷起始压力曲线

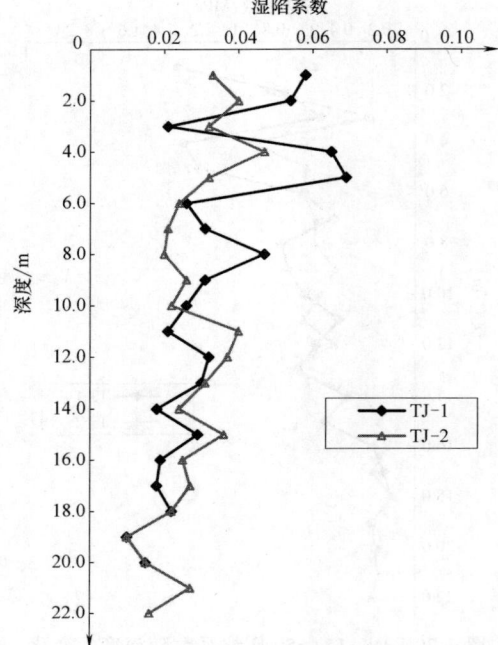

图 3-73 DK315+650 湿陷系数随深度的变化

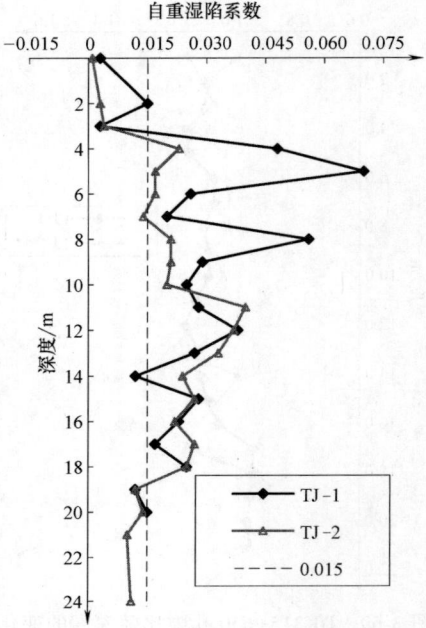

图 3-74 DK315+650 自重湿陷系数随深度的变化

2.5~3.5m 由于古土壤的影响有所偏高，6~13m 范围内随深度的增加而增大，14~15m 由于砂层的影响其值减小，15m 以下含水率随深度变化较小。

2）饱和度为 27%~53%，具有同含水率相似的变化规律。

3）17m 以上深度范围内上部土体和下部土体的湿密度和干密度差别不大，17m 以下湿密度和干密度都有所增大，湿密度为 1.44~1.70g/cm³，干密度为 1.23~1.46g/cm³。

4）孔隙比为 0.855~1.149，1m 处较小，2~17m 孔隙比随深度的增加收敛性不明显，以下随深度的增加有所减小。

5）压缩系数（a_{v1-2}）在 13m 以上数值较大，变化也大，大多大于 0.5，地基土基本为高压缩性土，在 13m 以下数值较小，介于 0.1~0.5，地基土为中压缩性土。

6）塑性指数随深度变化不大，均不大于 10，所以地基土为砂质黄土。

7）湿陷起始压力为 39~244kPa，随深度增加有逐渐变大的趋势，14m 及以上土样的湿陷起始压力一般小于 150kPa；饱和自重压力随深度增加逐渐变大。

8）湿陷系数为 0.010~0.069，在 6m 以上差别较大，6m 以下有逐渐变小的趋势。

9）19m 以上深度黄土地层属自重湿陷性土层。

3.4.7 DK346+950 试验场地

1. 场地概况

该试验场地位于陕西省渭南市潼关县高桥乡四知村，北距潼关县城约 10km，距渭河约 2km，距拟建郑西高速铁路约 140m。试验场地地貌单元属渭河Ⅲ级阶地，地势较平坦，根据铁道第一勘察设计院勘察资料，场地上覆第四系上更新统砂质黄土、黏质黄土及砂层，厚度大于 30m；下伏第四系中、下更新统砂层、黄土，厚度较大。地下水位埋深约为 73m。试验场地全貌如图 3-75 所示。

图 3-75　DK346+950 试验场地全貌

2. 地层情况

根据详细勘察结果，勘察深度（45.2m）范围内的地基土可根据形成地质年代及常规物理力学性质将其分为 5 层，依次为：①砂质黄土（Q_3）、②砂质黄土（Q_3）、③砂质黄土（Q_3）、④黏质黄土（Q_3）、⑤砂质黄土（Q_2）。上述五层中①~③层均为晚更新世黄土（Q_3），①与②层的分界线是依据压缩系数确定的，①层地基土的压缩系数基本大于 0.5MPa^{-1}，属高压缩性土，其下地基土压缩系数基本均小于 0.5MPa^{-1}，为中压缩性土；②与③层的分界线是依据含水率进行划分的，③层地基土含水率较①与②层土明显偏大。按上述分层原则，根据探井描述和室内土工试验结果绘制出的场地工程地质剖面如图 3-76 所示。

3. 物理力学参数随深度的变化

根据探井土样物理力学性质试验结果，绘制含水率（w）、饱和度（S_r）、天然密度（ρ_0）、干密度（ρ_d）、孔隙比（e）、压缩系数（a_{v1-2}）、塑性指数（I_P）、湿陷起始压力（p_{sh}）、湿陷系数（δ_s）、自重湿陷系数（δ_{zs}）随深度的变化曲线，如图 3-77~图 3-84 所示。

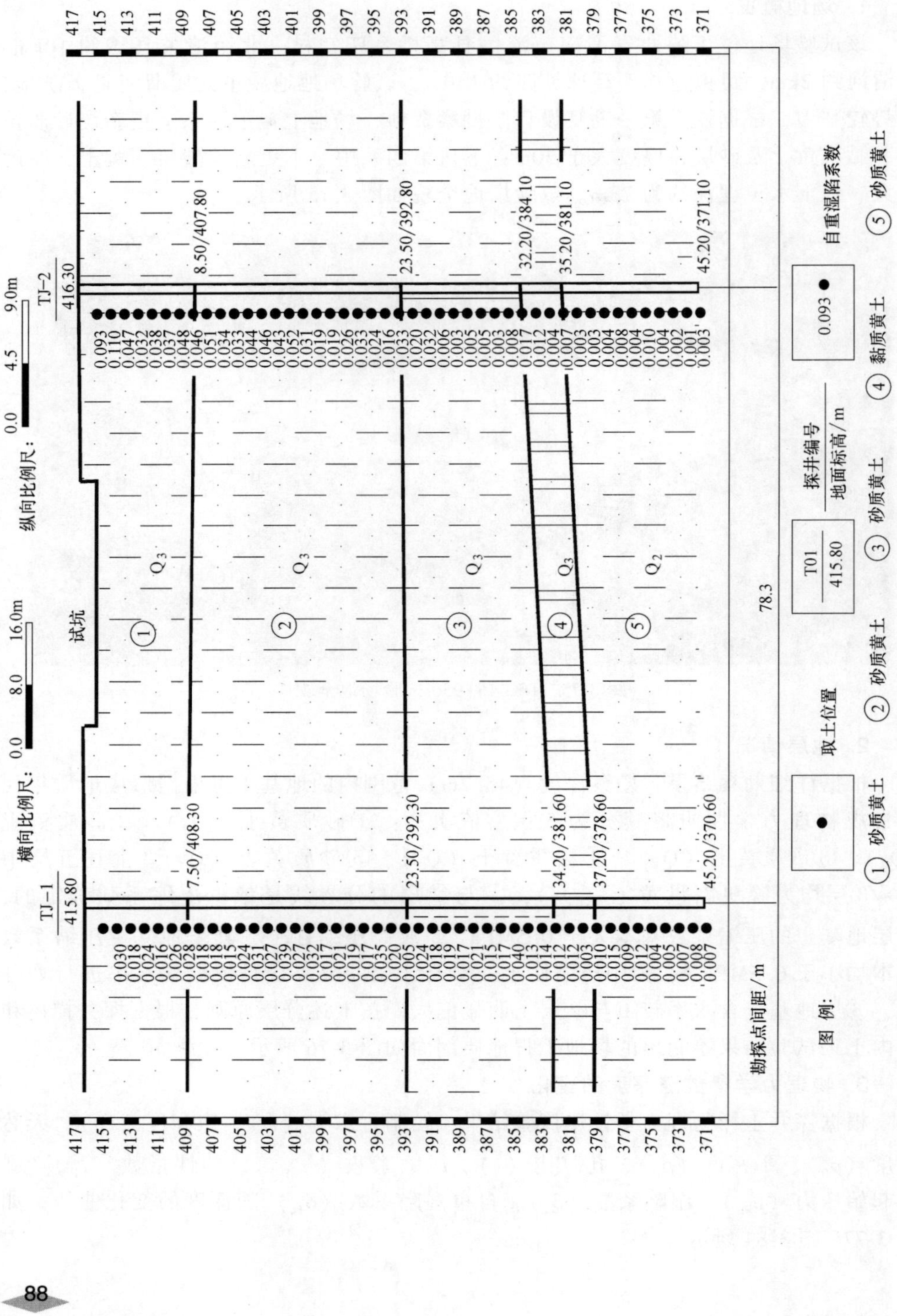

图 3-76 DK346+950 试验场地地质剖面

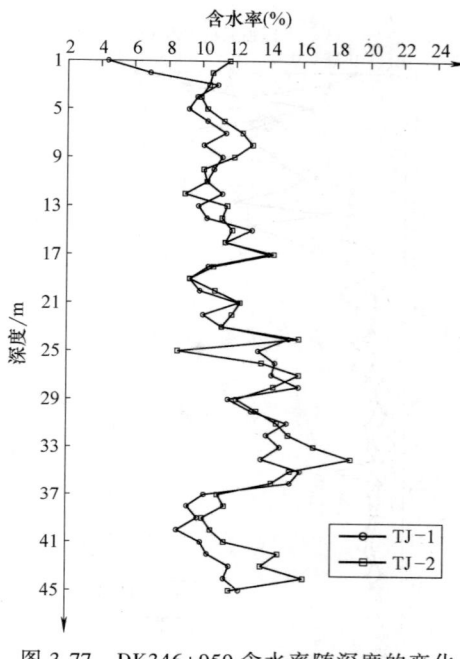

图 3-77　DK346+950 含水率随深度的变化

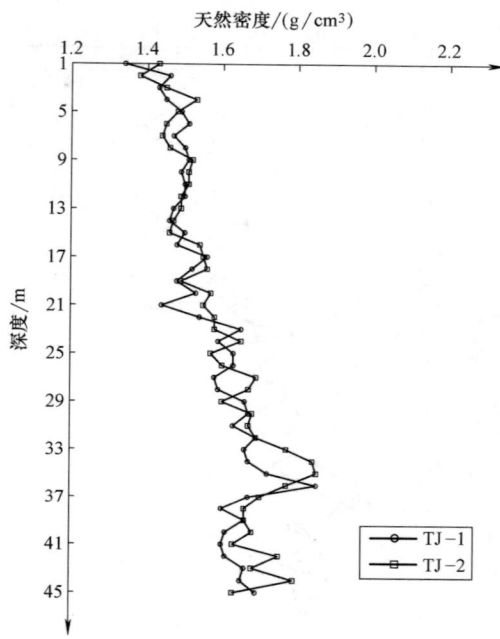

图 3-78　DK346+950 天然密度随深度的变化

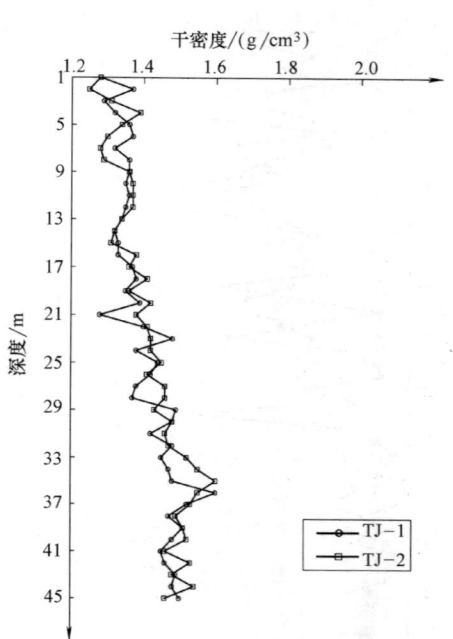

图 3-79　DK346+950 干密度随深度的变化

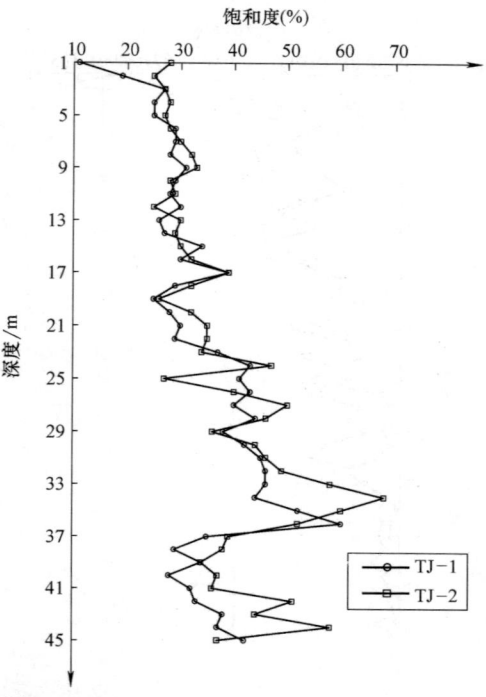

图 3-80　DK346+950 饱和度随深度变化

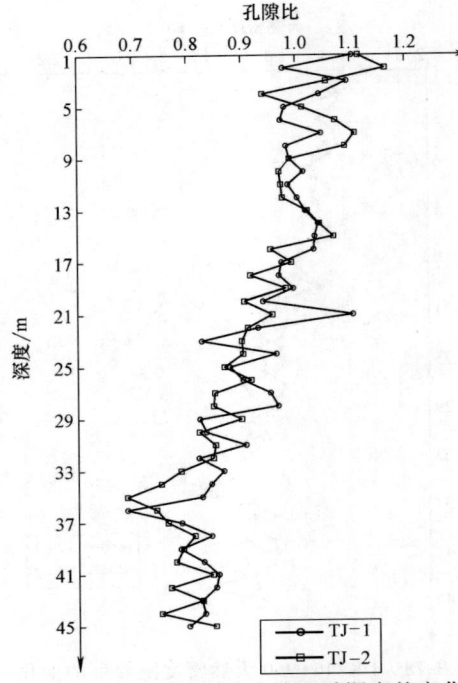

图 3-81　DK346+950 孔隙比随深度的变化

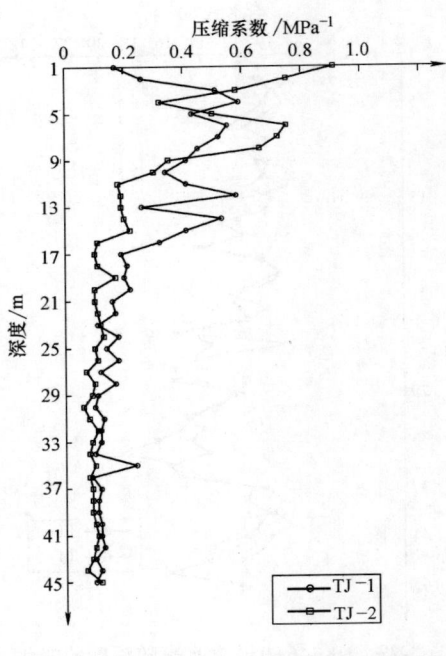

图 3-82　DK346+950 压缩系数随深度的变化

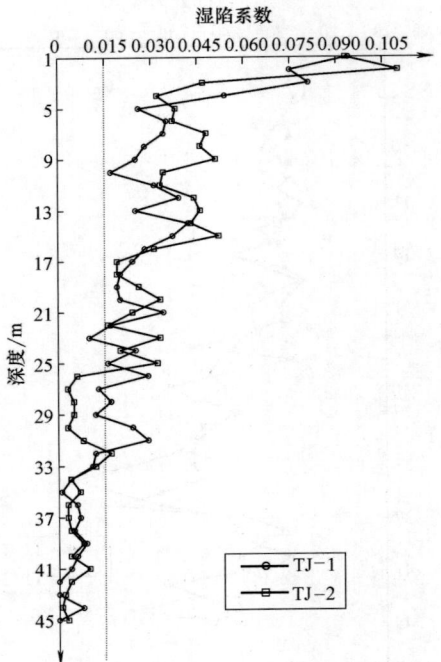

图 3-83　DK346+950 湿陷系数随深度的变化

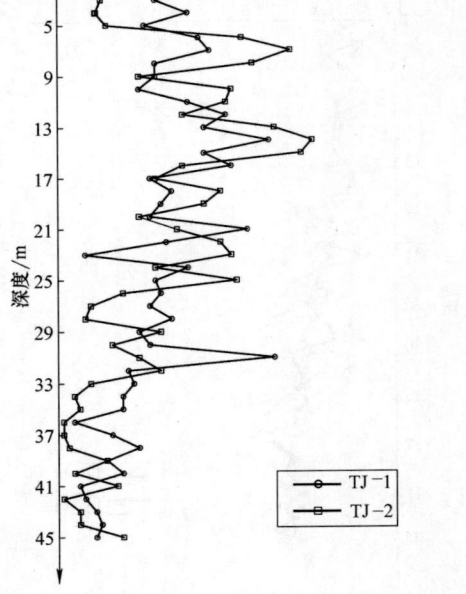

图 3-84　DK346+950 自重湿陷系数随深度的变化

从图中可见，地面下 45m 范围内地基土物理力学性质具有如下特点：

1）含水率。一般为 10%～16%，其中地面下 1～23m 范围内含水率变化幅度较小，一般为 10%～12%。

2）干密度。古土壤层干密度较大，除古土壤层外干密度随深度增加逐渐变大，地面下 33m 范围内土层干密度小于 $1.50\text{g}/\text{m}^3$。

3）饱和度。随深度的变化规律大致同含水率的变化规律，除古土壤层外，饱和度为 25%～50%，地面下 23m 范围内饱和度变化较小，为 30% 左右。

4）孔隙比。33m 以上地基土孔隙比均大于 0.8，随深度的增加逐渐变小，37m 以下地基土孔隙比变化幅度较小。

5）压缩系数。17m 以上变化较大，其中 9m 以上主要为高压缩性土，9～17m 为中压缩性土，17m 以下变化较小，处于低压缩性土和中压缩性土界限附近。

6）湿陷系数。33m 以上土层具湿陷性（这主要和测定湿陷系数的压力有关），其中 17m 以上较大，为 0.03～0.11。

7）自重湿陷系数。自重湿陷性的土样主要集中在 33m 以上（探井 TJ-1 探井的 38m 深度处土样自重湿陷系数等于 0.015），除浅部土层（5m 以内）外，总体上随深度增加有逐渐减小的趋势，但间隔 1m 的相邻土样自重湿陷系数往往差别较大。

综上所述，根据土工试验结果，试验场地自重湿陷系数大于 0.015 的土层主要为地面下 33m 以上的晚更新世黄土（Q_3），该范围内土体含水率一般为 10%～16%，干密度小于 $1.5\text{g}/\text{cm}^3$，饱和度为 25%～50%，孔隙比大于 0.8，属中～高压缩性土；按室内试验结果自重湿陷下限深度可确定为 33m；第④层黏质黄土（Q_3）与第⑤层砂质黄土（Q_2）不具湿陷性。

3.4.8　DK354+150 试验场地

1. 场地概况

该试验场地位于陕西省华阴市卫峪乡延城村西侧，西距华阴市区约 8km，南距郑西高速铁路 110m。

试验场地地貌单元属渭河Ⅱ级阶地，地势较平坦。根据铁道第一勘察设计院勘察资料，场地上覆第四系上更新统砂质黄土、黏质黄土及砂层，厚度大于 30m；下伏第四系中、下更新统砂层、粉质黏土，厚度较大。地下水位埋藏约为 35m。试验场地全貌如图 3-85 所示。

2. 地层情况

根据探井描述整理出的岩芯鉴定表，勘察深度（24.5m）范围内的地基土可根据形成地质年代将其分为四层：①黏质黄土（Q_4）、②黏质黄土（Q_4）、③砂质黄土（Q_3）、④黏质黄土（Q_3）；另根据砂质黄土③层压缩系数，可将其划分为两层（③$_1$ 层和③$_2$ 层），③$_1$ 层属高压缩性土，③$_2$ 层属中压缩性土；按上述分层原则，根据探井描述和室内土工试验结果绘制出的场地工程地质剖面如图 3-86 所示。

图 3-85　DK354+150 试验场地全貌

3. 物理力学参数随深度的变化

根据两个探井的地基土常规物理力学性质指标试验结果，绘制含水率（w）、饱和度（S_r）、天然密度（ρ）、干密度（ρ_d）、孔隙比（e）、压缩系数（a_{v1-2}）、塑性指数（I_p）、湿陷起始压力（p_{sh}）、湿陷系数（δ_s）、自重湿陷系数（δ_{zs}）随深度的变化曲线，如图 3-87～图 3-96 所示。

从图中可看出，湿陷系数和自重湿陷系数大于 0.015 的地基土主要为 23m 以上的土层，即湿陷土层主要为全新世黄土（Q_4）和晚更新世黄土（Q_3），该范围内地基土具有如下特点：

1）含水率在 3m 以上相对较大，可达 20%，可能与长期浇灌农田有关，3～22m 范围内随深度增加有逐渐增大的趋势，一般含水率为 13%～18%。

2）饱和度大体上与含水率有相似的规律，但在砂质黄土③层中饱和度随深度增加的速率较慢，一般为 35%～50%。

3）上部土体和下部土体的天然密度和干密度没有明显变大的趋势，天然密度一般为 1.50～1.70g/cm³，干密度一般为 1.25～1.50g/cm³。

4）孔隙比一般为 0.9～1.1，在 14m 以上范围内变化不大，以下随深度增大逐渐减小。

5）压缩系数（a_{v1-2}）在 11m 以上基本大于 0.5，地基土为高压缩性土，11～18m 逐渐减小，18m 以下变化不大。

6）砂质黄土③层塑性指数在 10 左右的小范围内变化。需指出的是砂质黄土③$_2$ 层平均塑性指数为 10.3，严格来说应为黏质黄土，考虑到试验误差以及与勘察

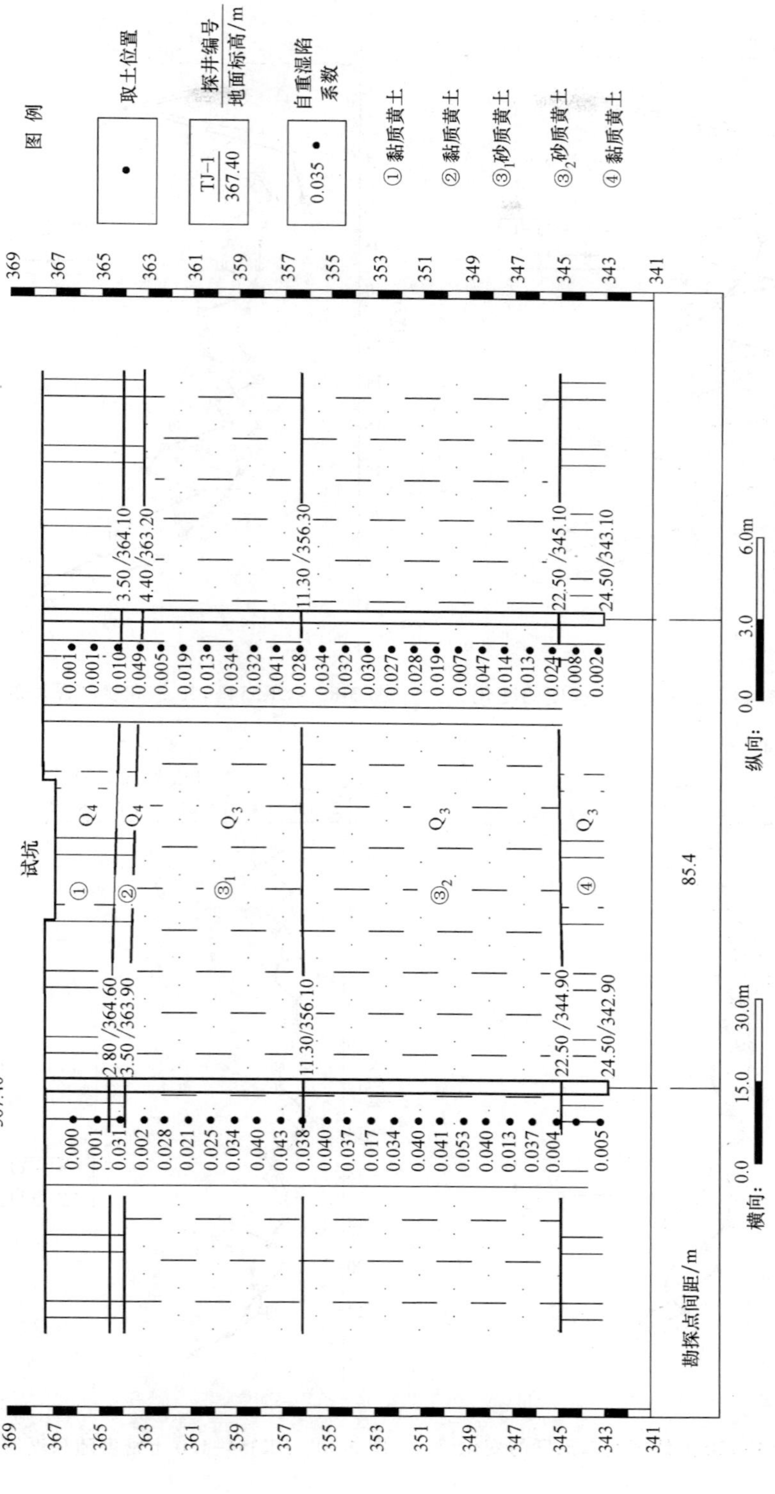

图 3-86 DK354+150 试验场地工程地质剖面

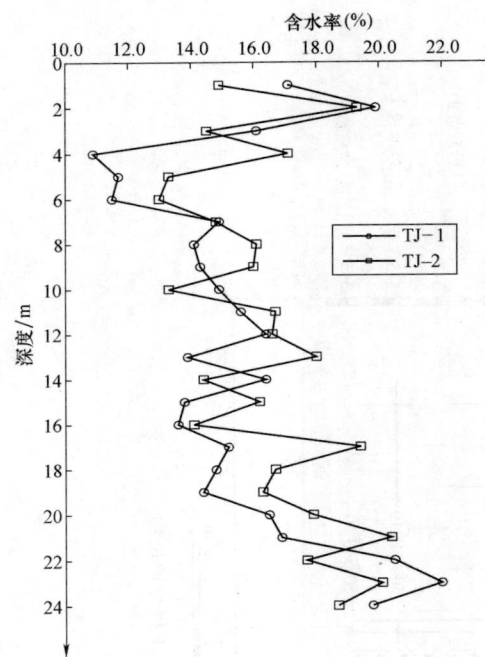

图 3-87　DK354+150 含水率随深度的变化

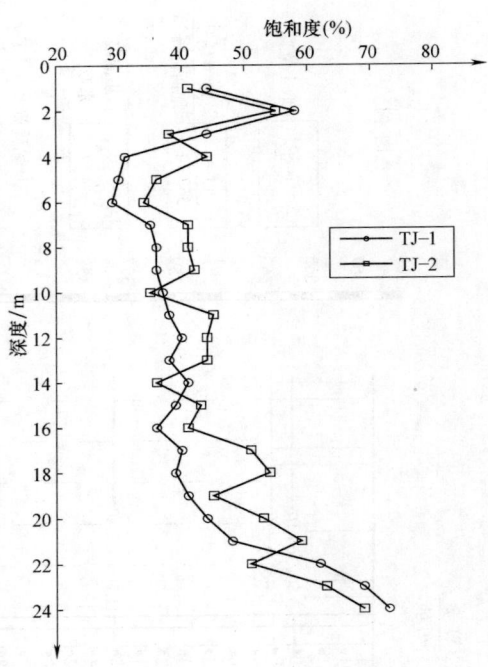

图 3-88　DK354+150 饱和度随深度的变化

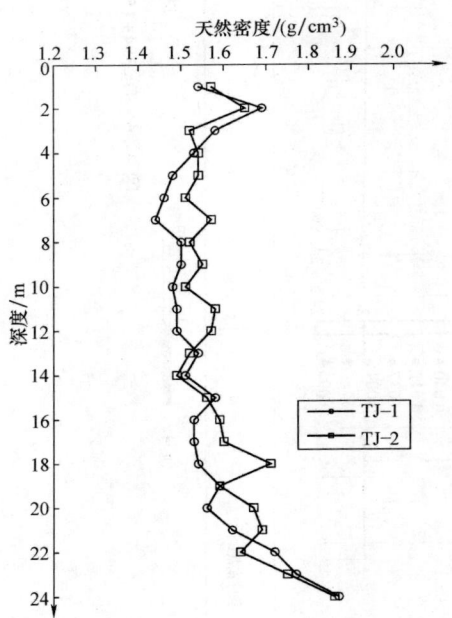

图 3-89　DK354+150 天然密度随深度的变化

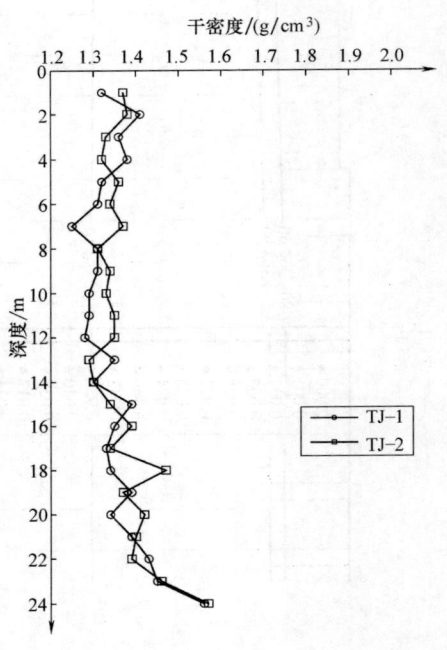

图 3-90　DK354+150 干密度随深度的变化

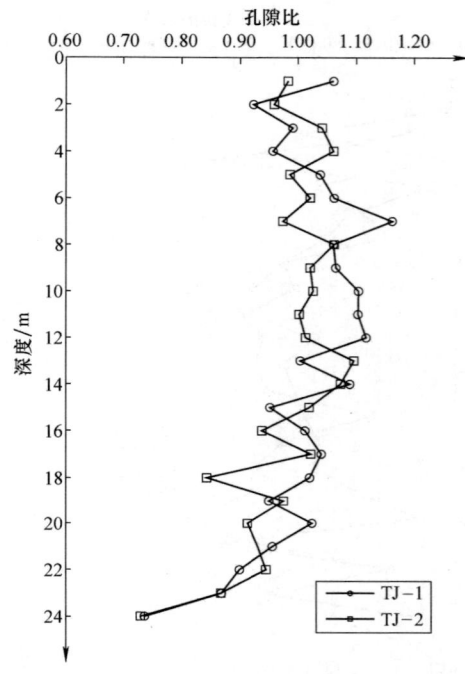

图 3-91　DK354+150 孔隙比随深度的变化

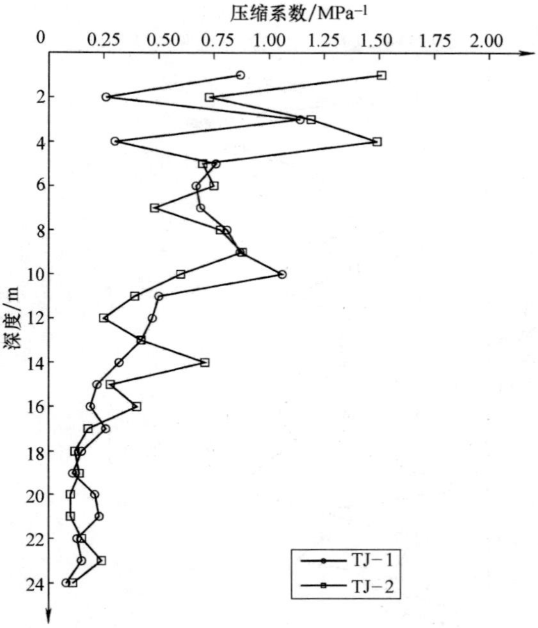

图 3-92　DK354+150 压缩系数随深度的变化

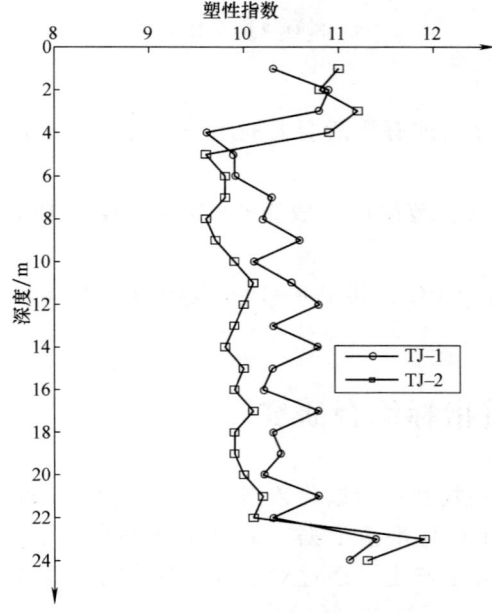

图 3-93　DK354+150 塑性指数随深度的变化

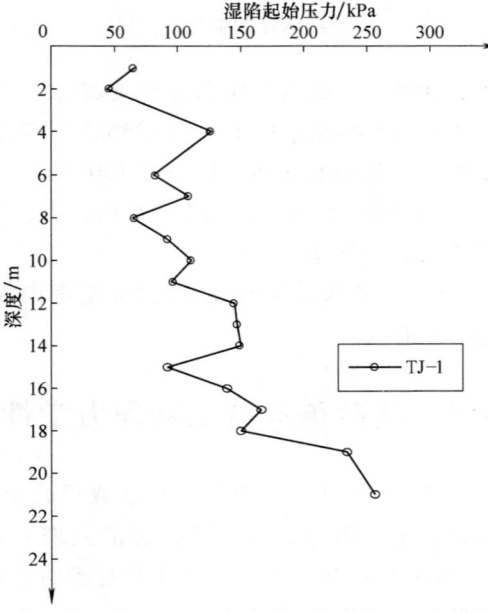

图 3-94　DK354+150 湿陷起始压力随深度的变化

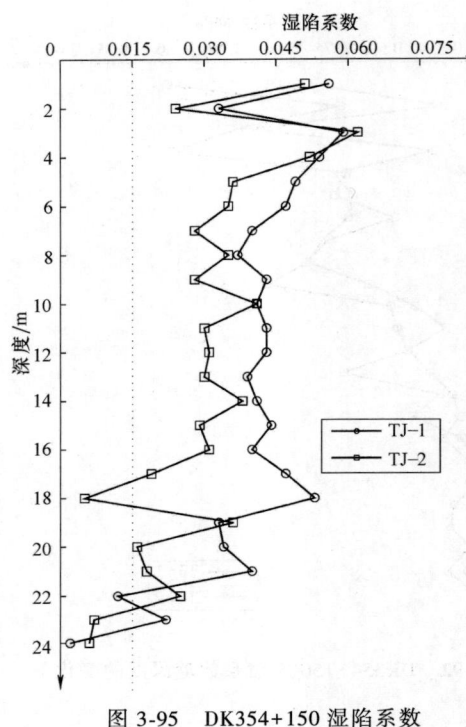

图 3-95 DK354+150 湿陷系数随深度的变化

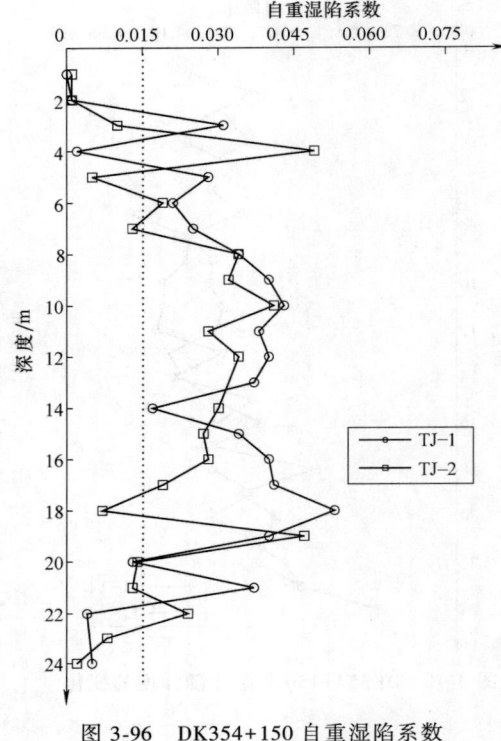

图 3-96 DK354+150 自重湿陷系数随深度的变化

资料相统一，仍将其定名为砂质黄土。

7）湿陷起始压力为 44~256kPa，随深度增加有逐渐变大的趋势，18m 及以上土样的湿陷起始压力一般小于 150kPa。

8）湿陷系数在 5m 以上差别较大，5~18m 范围内一般为 0.030~0.045，18m 以下有逐渐变小的趋势。

9）自重湿陷系数在 3~22m 范围内大于 0.015，其中 8~19m 范围内较大（超过 0.030）。

3.5 试验场地黄土物理力学性质指标综合研究

表 3-5 为根据 8 个试验场地取得的大量现场和室内试验数据统计得到的各试验场地黄土的物理力学性质指标汇总表。表中的标准值依据《岩土工程勘察规范》GB 50021—2001[74] 第 14.2 节所述的分析方法确定。通过对表 3-5 中数据的综合分析可以得出如下结果：

1）DK58+320、DK92+200 两个试验场地地层主要为 Q_3 黏质黄土，厚度大于 20m，其他试验场地地层主要为 Q_3 砂质黄土，厚度为 30~80m。

2）从表 3-5 和图 3-97~图 3-99 可以看出，含水率、饱和度、天然密度、干密度、液限、孔隙比、湿陷系数等指标的标准值分别为 8.8%~18.4%、24.3%~58.3%、1.47~1.71g/cm³、1.31~1.43g/cm³、26.0%~27.9%、0.902~1.067 和 0.025~0.042。除 DK58+320 和 DK92+200 两个试验场地的含水率、饱和度、天然密度、液限均大于其他六个试验场地，自东向西这些指标的整体变化规律不明显。

3）从表 3-5 和图 3-100 可以看出，塑性指数的标准值为 9.4~10.6，其中 DK58+320 和 DK92+200 两个试验场地均为 10.6，大于 10，探井深度范围内的地基土为黏质黄土；DK246+500、DK287+000、DK300+800、DK315+650 和 DK346+950 五个试验场地塑性指数的标准值为 9.4~9.8，小于 10，探井深度范围内的地基土均为砂质黄土；DK354+150 试验场地的塑性指数的标准值为 10.2，探井深度范围内的地基土为砂质黄土和黏质黄土互层，以砂质黄土为主。

4）从表 3-5 和图 3-101 可以看出，压缩系数标准值为 0.21~0.59，由对 3.5 节 8 个试验场地压缩系数沿深度变化曲线的综合统计分析可知，在 4~13m 以上深度范围内压缩系数一般大于 0.5MPa^{-1}，地基土为高压缩性土，除 DK300+800 试验场地中压缩性土层的下限深度达 45m，其他试验场地 13~18m 深度范围内压缩系数均为 0.1~0.5MPa^{-1}，地基土为中压缩性土，其余深度范围压缩系数小于 0.1MPa^{-1}，地基土为低压缩性土。

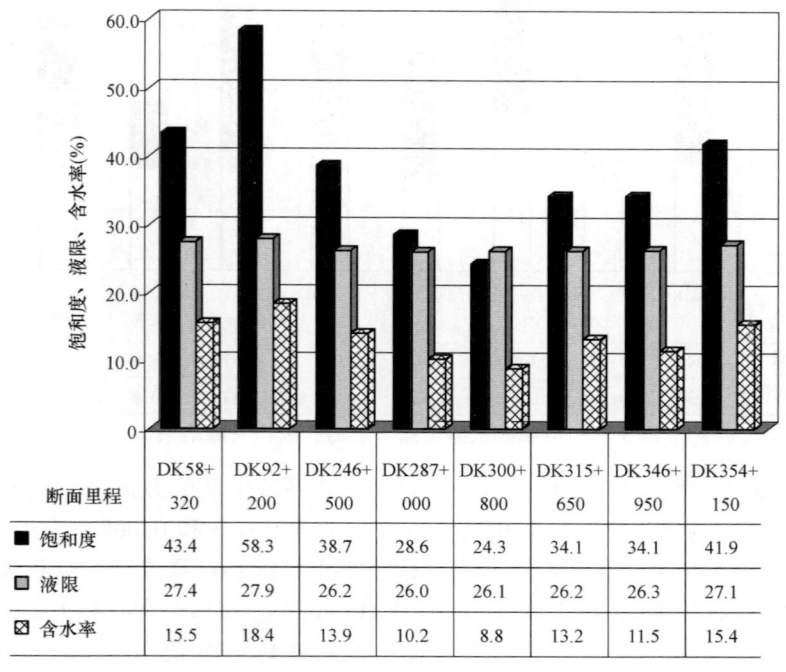

图 3-97　沿线各试验工点土层的饱和度、液限及含水率

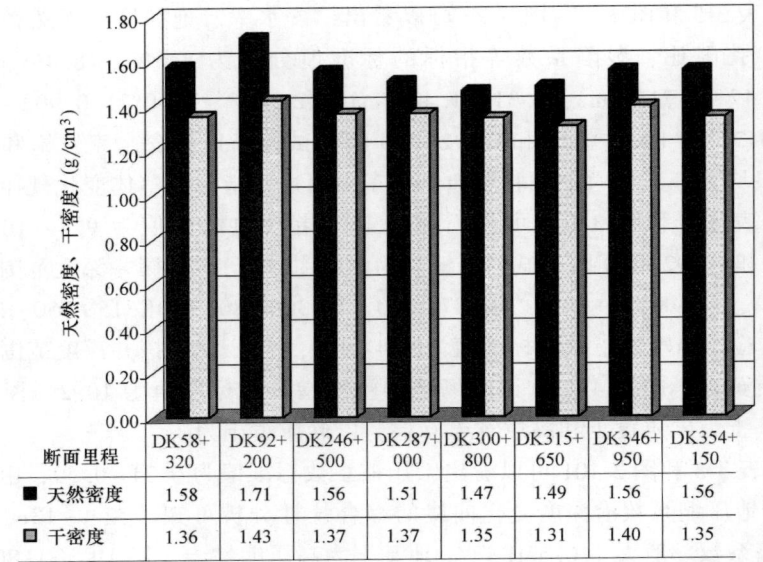

图 3-98 沿线各试验工点土层的天然密度及干密度

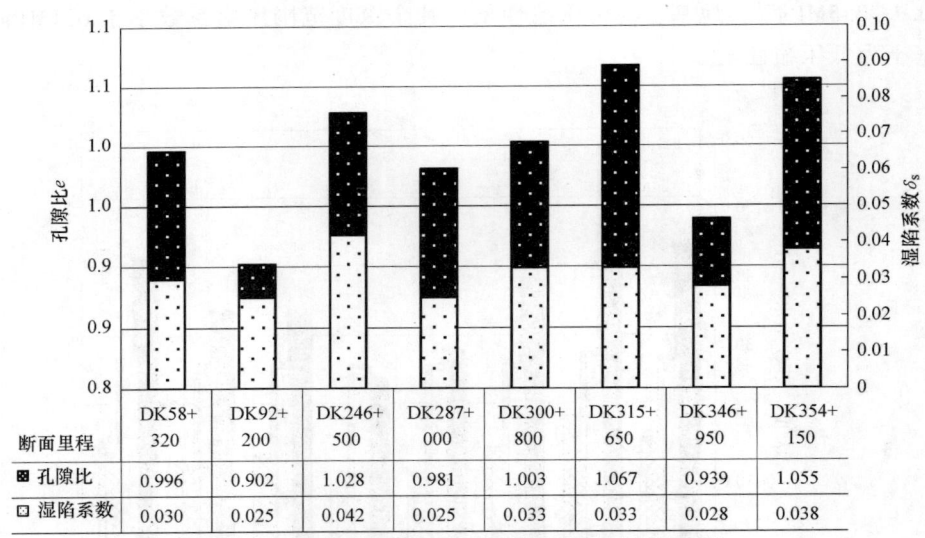

图 3-99 沿线各试验工点土层的孔隙比及湿陷系数

5) 从表3-5和图3-102可以看出，自重湿陷系数标准值为0.009~0.029，其中DK58+320试验场地与DK92+200试验场地分别为0.013和0.009，均小于0.015，为非湿陷性黄土。DK246+500试验场地位于黄土塬区，自重湿陷系数标准值最大，为0.029；DK287+000、DK300+800和DK315+650、DK346+950和DK354+150试验场地均属于河流阶地区，由东往西自重湿陷系数标准值由0.017逐渐增大至0.028，均为自重湿陷性黄土。

第3章 郑西高速铁路黄土工程地质特性研究

表3-5 各试验场地黄土的物理力学性质指标汇总

序号	试验场地里程	地貌	地层	探井深度/m	自重湿陷性黄土层厚度/m	值别	物理力学性质指标									
							含水率 w_0(%)	饱和度 S_r(%)	天然密度 ρ_0/(g/cm³)	干密度 ρ_d/(g/cm³)	液限 ω_L(%)	塑性指数 I_p	孔隙比 e	压缩系数 a_{v1-2}/MPa⁻¹	湿陷系数 δ_s	自重湿陷系数 δ_{zs}
1	DK58+320	黄土丘陵区(卵)	20m 范围内均为 Q_3 黏质黄土	20.0	9~10m, 16m 处断续分布, 累计厚度 3m	范围	11.6~21.6	31~68	1.45~1.80	1.25~1.50	26.2~30.2	9.2~12.0	0.816~1.164	0.07~0.48	0.001~0.064	0~0.08
						标准值	15.5	43.4	1.58	1.36	27.4	10.6	0.996	0.21	0.030	0.013
2	DK92+200	洛河二级阶地	23m 范围内主要为 Q_3 黏质黄土, 夹有古土壤和砂质黄土	23.0~23.2	5~6m, 10~12m 断续分布, 累计厚度 3m	范围	15.8~25.5	38~88	1.47~1.97	1.25~1.62	26.1~31.3	9.7~14.7	0.674~1.167	0.04~0.59	0~0.070	0~0.050
						标准值	18.4	58.3	1.71	1.43	27.9	10.6	0.902	0.24	0.025	0.009
3	DK246+500	黄土塬	Q_3 砂质黄土厚 30m	27.0~33.5	10	范围	9.2~20.4	17~62	1.40~1.70	1.26~1.58	25.1~29.1	9.0~11.3	0.8~1.2	0.05~1.28	0~0.085	0~0.073
						标准值	13.9	38.7	1.56	1.37	26.2	9.8	1.028	0.31	0.042	0.029
4	DK287+000	黄河二级阶地	Q_3 砂质黄土厚大于 30m	25.2	10	范围	7.4~16.9	19~49	1.33~1.80	1.22~1.55	25.3~27.1	9.3~10.2	0.743~1.213	0.08~0.59	0.005~0.040	0.001~0.033
						标准值	10.2	28.6	1.51	1.37	26.0	9.7	0.981	0.24	0.025	0.017
5	DK300+800	黄河二级阶地	Q_3 砂质黄土厚大于 80m	32.0~45.0	19	范围	6.5~14.4	16~37	1.29~1.68	1.20~1.55	25.4~27.2	8.0~10.1	0.812~1.116	0.09~0.85	0.01~0.082	0.009~0.044
						标准值	8.8	24.3	1.47	1.35	26.1	9.4	1.003	0.29	0.033	0.022
6	DK315+650	黄河二级阶地	Q_3 砂质黄土厚大于 30m	20.0~22.2	16	范围	10.7~16.8	27~53	1.44~1.70	1.23~1.46	25.4~26.7	9.4~10.0	0.855~1.149	0.13~1.32	0.010~0.069	0.001~0.070
						标准值	13.2	34.1	1.49	1.31	26.2	9.8	1.067	0.59	0.033	0.026
7	DK346+950	渭河Ⅲ级阶地	Q_3 砂质黄土厚约 33m	45.2	12	范围	10.0~16.0	25~50	1.34~1.77	1.25~1.55	25.5~27.6	9.5~10.5	0.742~1.164	0.06~0.91	0~0.094	0.003~0.043
						标准值	11.5	34.1	1.56	1.40	26.3	9.8	0.939	0.26	0.028	0.028
8	DK354+150	渭河Ⅱ级阶地	砂质黄土和黏质黄土互层, Q_3 砂质黄土厚 30m 左右	24.5	21.5	范围	13.0~18.0	35~50	1.50~1.70	1.25~1.50	25.8~30.4	9.6~11.9	0.9~1.1	0.08~1.51	0~0.002~0.62	0~0.053
						标准值	15.4	41.9	1.56	1.35	27.1	10.2	1.055	0.58	0.038	0.028

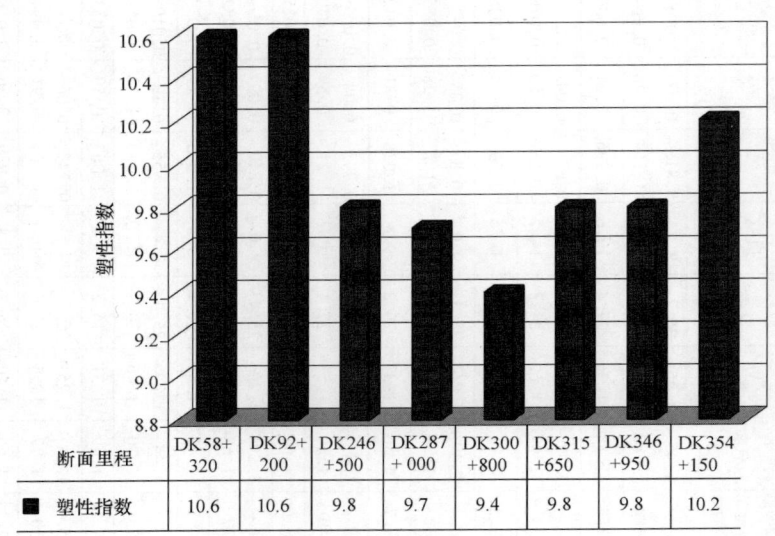

图 3-100　沿线各试验工点土层的塑性指数

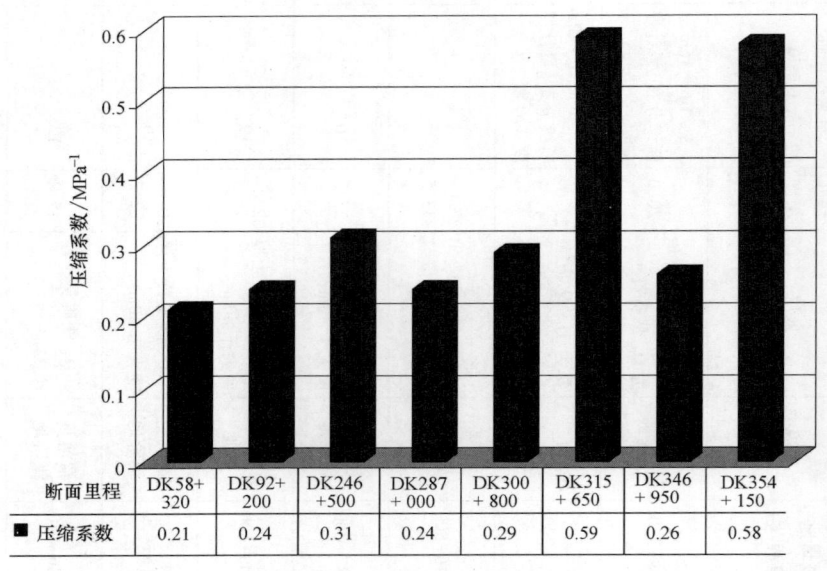

图 3-101　沿线各试验工点土层的压缩系数

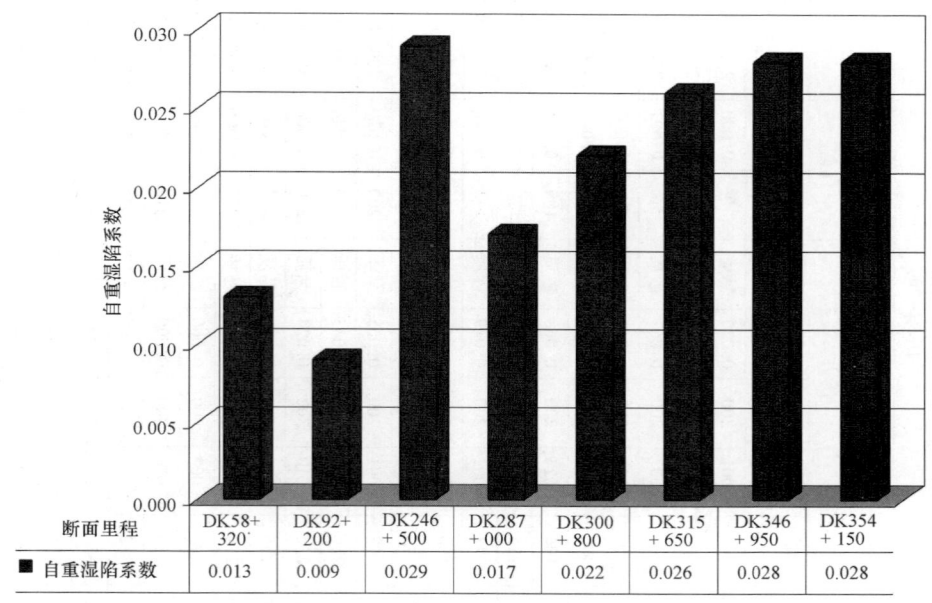

图 3-102 沿线各试验工点土层的自重湿陷系数

3.6 试验场地黄土湿陷性初步评价

3.6.1 黄土湿陷系数

为掌握全线黄土的湿陷性，在上述 8 个试验点探井每米取样，配合物理力学性质测试，开展湿陷性室内测试，测试结果见表 3-6~表 3-9 和图 3-103。

1. 黏质黄土

测试结果表明，DK58+320 和 DK92+200 黄土场地为非自重湿陷性黄土，仅部分层具有自重湿陷性（表 3-6）。DK58+320，自重湿陷系数 $\delta_{zs}=0.001~0.080$，$\delta_{zs}>0.15$ 主要分布在 9~10m，在 13~18m 也有零星分布，但不连续。DK92+200，$\delta_{zs}=0~0.050$，$\delta_{zs}>0.15$ 零星分布于 5~6m 和 10~12m 等处，其余处均小于 0.015。在其他各试验场地，砂质黄土中黏质黄土夹层，其湿陷系数也基本小于 0.015（表 3-7~表 3-9）。

2. 砂质黄土

对于砂质黄土或以砂质黄土为主（砂质黄土夹黏质黄土或砂质黄土与黏质黄土互层但以砂质黄土为主）的场地，多具有自重湿陷性，DK246+500、DK287+000、DK300+800、DK315+650、DK346+950 和 DK354+150 均属此列（表 3-7~表 3-9）。其基本特征是湿陷系数空间分布不均匀，表现为不同场地黄土的湿陷系数相差较大及同一场地湿陷系数随深度增加呈现阶梯式跳跃变化。

表 3-6 DK58+320 和 DK92+200 湿陷性测试结果

埋深/m	DK58+320 TJ1 土质	自重 p_0/kPa	δ_{zs}	压力 p/kPa	δ_s	DK58+320 TJ2 土质	自重 p_0/kPa	δ_{zs}	压力 p/kPa	δ_s	DK92+200 TJ1 土质	自重 p_0/kPa	δ_{zs}	压力 p/kPa	δ_s	DK92+200 TJ2 土质	自重 p_0/kPa	δ_{zs}	压力 p/kPa	δ_s
1	黏质	18	0.002	200	0.026	黏质	17	0	200	0.058	黏质	18	0.001	200	0.070	黏质	19	0.000	200	0.040
2	黏质	35	0.001	200	0.033	黏质	35	0	200	0.039	黏质	36	0.001	200	0.044	黏质	38	0.000	200	0.017
3	黏质	53	0.002	200	0.053	黏质	52	0	200	0.052	砂质	53	0.007	200	0.067	砂质	56	0.001	200	0.016
4	黏质	71	0.002	200	0.018	黏质	68	0.003	200	0.058	砂质	71	0.004	200	0.061	砂质	74	0.002	200	0.039
5	黏质	89	0.001	200	0.031	黏质	86	0.001	200	0.064	砂质	88	0.039	200	0.063	砂质	91	0.006	200	0.048
6	黏质	107	0.001	200	0.001	黏质	103	0.009	200	0.054	砂质	106	0.024	200	0.068	砂质	109	0.005	200	0.020
7	黏质	125	0.013	200	0.025	黏质	120	0.001	200	0.015	砂质	124	0.002	200	0.031	砂质	127	0.003	200	0.021
8	黏质	142	0.009	200	0.023	黏质	138	0.001	200	0.004	黏质	142	0.002	200	0.019	黏质	145	0.004	200	0.004
9	黏质	160	0.080	200	0.089	黏质	156	0.011	200	0.033	黏质	160	0.011	200	0.014	黏质	164	0.001	200	0.024
10	黏质	177	0.019	200	0.028	黏质	174	0.004	200	0.006	黏质	179	0.006	200	0.011	黏质	182	0.050	200	0.044
11	黏质	195	0.005	200	0.006	黏质	192	0.006	200	0.009	黏质	197	0.001	200	0.005	黏质	200	0.020	200	0.023
12	黏质	213	0.010	300	0.029	黏质	210	0.005	300	0.03	黏质	216	0.008	300	0.033	黏质	219	0.044	300	0.047
13	黏质	231	0.004	300	0.020	黏质	227	0.033	300	0.022	黏质	235	0.010	300	0.024	黏质	238	0.008	300	0.009
14	黏质	250	0.003	300	0.007	黏质	246	0.004	300	0.01	黏质	255	0.001	300	0.000	黏质	257	0.001	300	0.003
15	黏质	269	0.011	300	0.010	黏质	265	0.004	300	0.008	黏质	274	0.002	300	0.000	黏质	277	0.000	300	0.000
16	黏质	289	0.026	300	0.019	黏质	283	0.005	300	0.005	黏质	293	0.000	300	0.000	黏质	296	0.001	300	0.001
17	黏质	305	0.006	300	0.015	黏质	302	0.007	300	0.01	黏质	313	0.000	300	0.000	黏质	315	0.001	300	0.003
18	黏质	323	0.003	300	0.005	黏质	320	0.033	300	0.02	黏质	332	0.001	300	0.000	黏质	334	0.002	300	0.002
19	黏质	342	0.002	300	0.007	黏质	338	0.001	300	0.002	黏质	352	0.000	300	0.000	黏质	354	0.000	300	0.000
20							358	0.007			黏质	371	0.000	400	0.000	黏质	374	0.000	400	0.001
21											黏质	391	0.001	400	0.000	黏质	394	0.000	400	0.001
22											黏质	411	0.000	400	0.000	黏质	413	0.001	400	0.000

表 3-7　DK246+500 和 DK287+000 湿陷性测试结果

埋深/m	DK246+500										DK287+000								
	土质	TJ1				土质	TJ2				土质	TJ1				土质	TJ2		
		自重		压力			自重		压力			自重		压力			自重		压力	
		p_0/kPa	δ_{zs}	p/kPa	δ_s		p_0/kPa	δ_{zs}	p/kPa	δ_s		p_0/kPa	δ_{zs}	p/kPa	δ_s		p_0/kPa	δ_{zs}	p/kPa	δ_s
1	砂质	18	0.001	200	0.085	砂质	18	0.000	200	0.071	砂质		0.007	200	0.023	砂质		0.003	200	0.153
2	砂质	37	0.005	200	0.031	砂质	36	0.002	200	0.085	砂质		0.001	200	0.017	砂质		0.01	200	0.069
3	砂质	55	0.007	200	0.07	砂质	53	0.017	200	0.072	砂质		0.005	200	0.018	砂质		0.011	200	0.02
4	砂质	72	0.007	200	0.057	砂质	70	0.009	200	0.064	砂质		0.004	200	0.034	砂质		0.005	200	0.024
5	砂质	90	0.009	200	0.050	砂质	86	0.073	200	0.062	砂质		0.009	200	0.015	砂质		0.016	200	0.02
6	砂质	107	0.068	200	0.064	砂质	104	0.001	200	0.014	砂质		0.025	200	0.028	砂质		0.01	200	0.019
7	砂质	125	0.051	200	0.078	砂质	122	0.020	200	0.041	砂质		0.003	200	0.025	砂质		0.017	200	0.026
8	砂质	142	0.025	200	0.021	黏质	139	0.039	200	0.063	砂质		0.005	200	0.018	砂质		0.004	200	0.018
9	砂质	160	0.047	200	0.072	黏质	156	0.026	200	0.028	砂质		0.012	200	0.015	砂质		0.014	200	0.012
10	砂质	178	0.03	200	0.032	黏质	173	0.048	200	0.063	砂质		0.016	200	0.02	砂质		0.015	200	0.017
11	砂质	196	0.009	200	0.010	砂质	192	0.007	200	0.008	砂质		0.008	200	0.017	砂质				
12	黏质	215	0.056	300	0.074	砂质	210	0.050	300	0.08	砂质		0.008	300	0.015	砂质		0.027	300	0.029
13	黏质	233	0.03	300	0.024	砂质	228	0.022	300	0.049	砂质		0.032	300	0.04	砂质		0.03	300	0.024
14	砂质	252	0.024	300	0.037	砂质	245	0.040	300	0.041	砂质		0.027	300	0.023	砂质		0.005	300	0.009
15	砂质	270	0.021	300	0.024	砂质	263	0.040	300	0.05	砂质		0.032	300	0.027	砂质		0.016	300	0.018
16	砂质	288	0.054	300	0.059	砂质	280	0.013	300	0.013	粉砂		0.023	300	0.032	砂质		0.026	300	0.026
17	砂质	306	0.023	300	0.022	砂质	298	0.022	300	0.019	砂质		0.033	300	0.031	粉砂		0.015	300	0.017
18	砂质	324	0.023	300	0.021	砂质	315	0.019	300	0.022	砂质		0.033	300	0.035	砂质		0.017	300	0.018

（续）

埋深/m	DK246+500 TJ1					DK246+500 TJ2					DK287+000 TJ1					DK287+000 TJ2				
	土质	自重 p_0/kPa	自重 δ_{zs}	压力 p/kPa	压力 δ_s	土质	自重 p_0/kPa	自重 δ_{zs}	压力 p/kPa	压力 δ_s	土质	自重 p_0/kPa	自重 δ_{zs}	压力 p/kPa	压力 δ_s	土质	自重 p_0/kPa	自重 δ_{zs}	压力 p/kPa	压力 δ_s
19	砂质	342	0.021	300	0.022	砂质	332	0.043	300	0.034	砂质		0.026	300	0.028	砂质		0.019	300	0.015
20	砂质	360	0.018	400	0.023	砂质	350	0.013	400	0.028	砂质		0.016	400	0.026	砂质		0.017	400	0.019
21	砂质	378	0.045	400	0.026	砂质	367	0.033	400	0.041	砂质		0.019	400	0.021	粉砂		0.014	400	0.009
22	砂质	396	0.024	400	0.017	砂质	385	0.040	400	0.057	粉砂		0.014	400	0.028	砂质		0.006	400	0.006
23	古壤	415	0.023	400	0.021	砂质	403	0.030	400	0.027	砂质		0.023	400	0.025	砂质		0.017	400	0.017
24	古壤	433	0.033	400	0.027	黏质	422	0.036	400	0.027	砂质		0.011	400	0.005	砂质		0.013	400	0.012
25	古壤	452	0.023	400	0.021	黏质	440	0.011	400	0.005	砂质		0.02	400	0.021	砂质		0.017	400	0.013
26	古壤	471	0.026	400	0.017	黏质	459	0.019	400	0.004	砂质		0.021	400	0.034	砂质		0.011	400	0.011
27						砂质	478	0.005	400	0.003	砂质		0.029	400	0.038	砂质		0.018	400	0.016
28						砂质	496	0.012	500	0.003	砂质		0.014	500	0.022	砂质		0.02	500	0.015
29						砂质	515	0.010	500	0.002	砂质		0.02	500	0.018	砂质		0.02	500	0.018
30						砂质	533	0.009			砂质		0.006	500	0.007	砂质		0.015	500	0.016
31						砂质	551	0.024			砂质		0.01	500	0.007	砂质		0.016	500	0.006
32											砂质		0.007	500	0.01	砂质		0.008	500	0.008
33											砂质		0.012	500	0.01	砂质		0.017	500	0.011
34											砂质		0.005	500	0.011	砂质		0.016	500	0.013
35											砂质		0.003	500	0.006	砂质		0.012	500	0.009

表 3-8　DK300+800 和 DK346+950 湿陷性测试结果

埋深/m	DK300+800 TJ1 土质	自重 p_0/kPa	δ_{zs}	压力 p/kPa	δ_s	DK300+800 TJ2 土质	自重 p_0/kPa	δ_{zs}	压力 p/kPa	δ_s	DK346+950 TJ1 土质	自重 p_0/kPa	δ_{zs}	压力 p/kPa	δ_s	DK346+950 TJ2 土质	自重 p_0/kPa	δ_{zs}	压力 p/kPa	δ_s
1	砂质	17	0.009	200	0.069	砂质	17	0.005	200	0.129	砂质	17	0.018	200	0.094	砂质	17	0.002	200	0.093
2	砂质	34	0.022	200	0.057	砂质	34	0.015	200	0.075	砂质	34	0.03	200	0.075	砂质	34	0.008	200	0.110
3	砂质	52	0.018	200	0.038	砂质	50	0.003	200	0.046	砂质	50	0.018	200	0.081	砂质	50	0.008	200	0.047
4	砂质	69	0.03	200	0.041	砂质	68	0.003	200	0.029	砂质	67	0.024	200	0.054	砂质	68	0.007	200	0.032
5	砂质	86	0.020	200	0.053	砂质	85	0.015	200	0.039	砂质	85	0.016	200	0.026	砂质	85	0.009	200	0.038
6	砂质	104	0.023	200	0.024	砂质	103	0.007	200	0.023	砂质	102	0.026	200	0.035	砂质	102	0.034	200	0.037
7	砂质	122	0.044	200	0.027	砂质	120	0.001	200	0.006	砂质	119	0.028	200	0.034	砂质	119	0.043	200	0.048
8	砂质	139	0.023	200	0.03	砂质	137	0.018	200	0.039	砂质	137	0.018	200	0.028	砂质	136	0.036	200	0.046
9	砂质	157	0.031	200	0.083	砂质	154	0.031	200	0.037	砂质	154	0.018	200	0.025	砂质	153	0.015	200	0.051
10	砂质	174	0.014	200	0.023	砂质	171	0.030	200	0.03	砂质	172	0.015	200	0.017	砂质	170	0.032	200	0.034
11	砂质	192	0.037	200	0.031	砂质	188	0.028	200	0.035	砂质	189	0.024	200	0.031	砂质	188	0.031	200	0.033
12	砂质	209	0.023	300	0.082	砂质	205	0.023	300	0.042	砂质	206	0.031	300	0.039	砂质	205	0.023	300	0.044
13	砂质	226	0.043	300	0.045	砂质	223	0.024	300	0.036	砂质	224	0.027	300	0.025	砂质	223	0.04	300	0.046
14	砂质	244	0.041	300	0.029	砂质	240	0.014	300	0.04	砂质	241	0.039	300	0.042	砂质	240	0.047	300	0.043
15	砂质	261	0.024	300	0.024	砂质	257	0.009	300	0.014	砂质	258	0.027	300	0.037	砂质	257	0.045	300	0.052
16	砂质	278	0.031	300	0.043	砂质	274	0.031	300	0.038	砂质	275	0.032	300	0.028	砂质	274	0.023	300	0.031
17	砂质	295	0.027	300	0.032	砂质	291	0.024	300	0.03	砂质	293	0.017	300	0.024	砂质	292	0.018	300	0.019
18	砂质	313	0.022	300	0.028	砂质	308	0.027	300	0.034	砂质	310	0.021	300	0.02	砂质	309	0.03	300	0.019

（续）

埋深/m	DK300+800									DK346+950								
	TJ1					TJ2					TJ1					TJ2				
	土质	自重		压力		土质	自重		压力		土质	自重		压力		土质	自重		压力	
		p_0/kPa	δ_{zs}	p/kPa	δ_s		p_0/kPa	δ_{zs}	p/kPa	δ_s		p_0/kPa	δ_{zs}	p/kPa	δ_s		p_0/kPa	δ_{zs}	p/kPa	δ_s
19	砂质	330	0.019	300	0.048	砂质	325	0.021	300	0.021	砂质	328	0.019	300	0.019	砂质	326	0.027	300	0.026
20	砂质	348	0.027	400	0.023	砂质	342	0.020	400	0.023	砂质	345	0.017	400	0.02	砂质	344	0.015	400	0.33
21	砂质	365	0.022	400	0.028	砂质	359	0.019	400	0.015	砂质	362	0.035	400	0.034	砂质	362	0.022	400	0.024
22	砂质	383	0.038	400	0.019	砂质	376	0.027	400	0.031	砂质	379	0.02	400	0.017	砂质	380	0.03	400	0.016
23	砂质	401	0.017	400	0.013	砂质	393	0.031	400	0.032	砂质	397	0.005	400	0.01	砂质	398	0.032	400	0.033
24	砂质	419	0.026	400	0.02	砂质	410	0.035	400	0.039	砂质	415	0.024	400	0.025	砂质	416	0.018	400	0.02
25	砂质	437	0.025	400	0.01	砂质	428	0.026	400	0.023	砂质	433	0.018	400	0.016	砂质	434	0.033	400	0.032
26	砂质	454	0.020	400	0.016	砂质	445	0.025	400	0.023	砂质	451	0.019	400	0.029	砂质	452	0.012	400	0.006
27	砂质	472	0.024	400	0.021	砂质	462	0.023	400	0.026	砂质	469	0.017	400	0.013	砂质	470	0.006	400	0.003
28	砂质	490	0.016	400	0.018	砂质	479	0.015	400	0.008	砂质	487	0.021	500	0.017	砂质	489	0.005	500	0.005
29	砂质	508	0.038	400	0.043	砂质	497	0.016	400	0.008	砂质	505	0.015	500	0.012	砂质	507	0.019	500	0.005
30	砂质	525	0.036	500	0.023	砂质	514	0.018	500	0.02	砂质	524	0.017	500	0.024	砂质	526	0.01	500	0.003
31	砂质	543	0.034	500	0.017	砂质		0.024		0.018	砂质	542	0.04	500	0.029	砂质	544	0.015	500	0.008
32	砂质	561	0.038	500	0.025	砂质		0.010		0.007	砂质	560	0.013	500	0.012	砂质	563	0.019	500	0.017
33								0.009		0.005	砂质	578	0.014	500	0.011	砂质	582	0.006	500	0.012
34								0.006		0.005	砂质	597	0.012	500	0.004	黏质	601	0.003	500	0.004
35								0.007		0.006	砂质	616	0.012	500	0.001	黏质	620	0.004	500	0.007
36								0.011		0.007	砂质	635	0.003	500	0.006	砂质	640	0.001	500	0.003

(续)

埋深/m	DK300+800 TJ1 土质	DK300+800 TJ1 自重 p_0/kPa	DK300+800 TJ1 自重 δ_{zs}	DK300+800 TJ1 压力 p/kPa	DK300+800 TJ1 压力 δ_s	DK300+800 TJ2 土质	DK300+800 TJ2 自重 p_0/kPa	DK300+800 TJ2 自重 δ_{zs}	DK300+800 TJ2 压力 p/kPa	DK300+800 TJ2 压力 δ_s	DK346+950 TJ1 土质	DK346+950 TJ1 自重 p_0/kPa	DK346+950 TJ1 自重 δ_{zs}	DK346+950 TJ1 压力 p/kPa	DK346+950 TJ1 压力 δ_s	DK346+950 TJ2 土质	DK346+950 TJ2 自重 p_0/kPa	DK346+950 TJ2 自重 δ_{zs}	DK346+950 TJ2 压力 p/kPa	DK346+950 TJ2 压力 δ_s
37								0.004	500	0.01	黏质	653	0.01	500	0.007	砂质	658	0.001	500	0.003
38								0.004	500	0.011	砂质	671	0.015	500	0.005	砂质	676	0.002	500	0.004
39								0.003	500	0.003	砂质	689	0.009	500	0.009	砂质	694	0.009	500	0.008
40								0.005	500	0.002	砂质	707	0.012	500	0.006	砂质	713	0.003	500	0.004
41								0.005	500	0.008	砂质	725	0.004	500	0.004	砂质	731	0.011	500	0.01
42								0.004	500	0.013	砂质	743	0.005	500	0	砂质	749	0.001	500	0.004
43								0.002	500	0.004	砂质	761	0.007	500	0	砂质	768	0.004	500	0.002
44								0.003	500	0.003	砂质	779	0.008	500	0.015	砂质	787	0.004	500	0.001
45								0.005	500	0.019	砂质	798	0.007	500	0	砂质	805	0.012	500	0.003

表 3-9 DK315+650 和 DK354+150 湿陷性测试结果

埋深/m	DK315+650 TJ1 土质	DK315+650 TJ1 自重 p_0/kPa	DK315+650 TJ1 自重 δ_{zs}	DK315+650 TJ1 压力 p/kPa	DK315+650 TJ1 压力 δ_s	DK315+650 TJ2 土质	DK315+650 TJ2 自重 p_0/kPa	DK315+650 TJ2 自重 δ_{zs}	DK315+650 TJ2 压力 p/kPa	DK315+650 TJ2 压力 δ_s	DK354+150 TJ1 土质	DK354+150 TJ1 自重 p_0/kPa	DK354+150 TJ1 自重 δ_{zs}	DK354+150 TJ1 压力 p/kPa	DK354+150 TJ1 压力 δ_s	DK354+150 TJ2 土质	DK354+150 TJ2 自重 p_0/kPa	DK354+150 TJ2 自重 δ_{zs}	DK354+150 TJ2 压力 p/kPa	DK354+150 TJ2 压力 δ_s
1	砂质	17	0.003	200	0.058	砂质	17	0.001	200	0.033	黏质	18	0.001	200	0.051	黏质	17	0	200	0.056
2	砂质	34	0.015	200	0.054	砂质	35	0.003	200	0.040	黏质	36	0.001	200	0.024	黏质	36	0.001	200	0.033
3	黏质	52	0.003	200	0.021	黏质	52	0.004	200	0.032	黏质	54	0.01	200	0.062	黏质	54	0.031	200	0.059

（续）

埋深 /m	DK315+650										DK354+150									
	TJ1					TJ2					TJ1					TJ2				
	土质	自重		压力		土质	自重		压力		土质	自重		压力		土质	自重		压力	
		p_0 /kPa	δ_{zs}	p /kPa	δ_s		p_0 /kPa	δ_{zs}	p /kPa	δ_s		p_0 /kPa	δ_{zs}	p /kPa	δ_s		p_0 /kPa	δ_{zs}	p /kPa	δ_s
4	砂质	69	0.048	200	0.065	黏质	68	0.023	200	0.047	黏质	71	0.002	200	0.054	黏质	71	0.049	200	0.052
5	砂质	87	0.070	200	0.069	砂质	86	0.017	200	0.032	砂质	89	0.028	200	0.049	砂质	89	0.005	200	0.036
6	砂质	104	0.026	200	0.026	砂质	103	0.017	200	0.024	砂质	106	0.021	200	0.047	砂质	107	0.019	200	0.035
7	砂质	121	0.020	200	0.031	砂质	121	0.014	200	0.021	砂质	122	0.025	200	0.04	砂质	125	0.013	200	0.028
8	砂质	138	0.056	200	0.047	砂质	138	0.021	200	0.020	砂质	140	0.034	200	0.037	砂质	142	0.034	200	0.035
9	砂质	156	0.029	200	0.031	砂质	155	0.021	200	0.026	砂质	157	0.04	200	0.043	砂质	160	0.032	200	0.028
10	砂质	173	0.025	200	0.026	砂质	173	0.020	200	0.022	砂质	175	0.043	200	0.041	砂质	177	0.041	200	0.041
11	砂质	191	0.028	200	0.021	砂质	190	0.040	300	0.040	砂质	192	0.038	200	0.043	砂质	195	0.028	300	0.03
12	砂质	208	0.038	300	0.032	砂质	208	0.037	300	0.037	砂质	209	0.04	300	0.043	砂质	213	0.034	300	0.031
13	砂质	226	0.027	300	0.030	粉砂	224	0.033	300	0.031	砂质	227	0.037	300	0.039	砂质	230	0.032	300	0.03
14	砂质	244	0.012	300	0.018	砂质	242	0.024	300	0.024	砂质	244	0.017	300	0.041	砂质	248	0.03	300	0.038
15	砂质	262	0.028	300	0.029	砂质	259	0.027	300	0.036	砂质	262	0.034	300	0.044	砂质	265	0.027	300	0.029
16	砂质	279	0.023	300	0.019	砂质	277	0.022	300	0.025	砂质	280	0.04	300	0.04	砂质	283	0.028	300	0.031
17	砂质	298	0.017	300	0.018	砂质	293	0.027	300	0.027	砂质	297	0.041	300	0.047	砂质	301	0.019	300	0.019
18	中粗砂	316	0.025	300	0.022	砂质	316	0.025	300	0.022	砂质	314	0.053	300	0.053	砂质	320	0.007	300	0.005
19	中粗砂	335	0.012	300	0.010	砂质	335	0.012	300	0.010	砂质	332	0.04	300	0.033	砂质	337	0.047	300	0.036
20	砂质	353	0.015	400	0.015	砂质	353	0.014	400	0.015	砂质	350	0.013	400	0.034	砂质	356	0.014	400	0.016
21							371	0.010	400	0.027	砂质	368	0.037	400	0.04	砂质	374	0.013	400	0.018
22							391	0.011	400	0.016	砂质	386	0.004	400	0.017	砂质	392	0.024	400	0.025
23											砂质	409		400	0.022	砂质	410	0.008	400	0.007
24											黏质	425	0.005	400	0.002	黏质	430	0.002	400	0.006

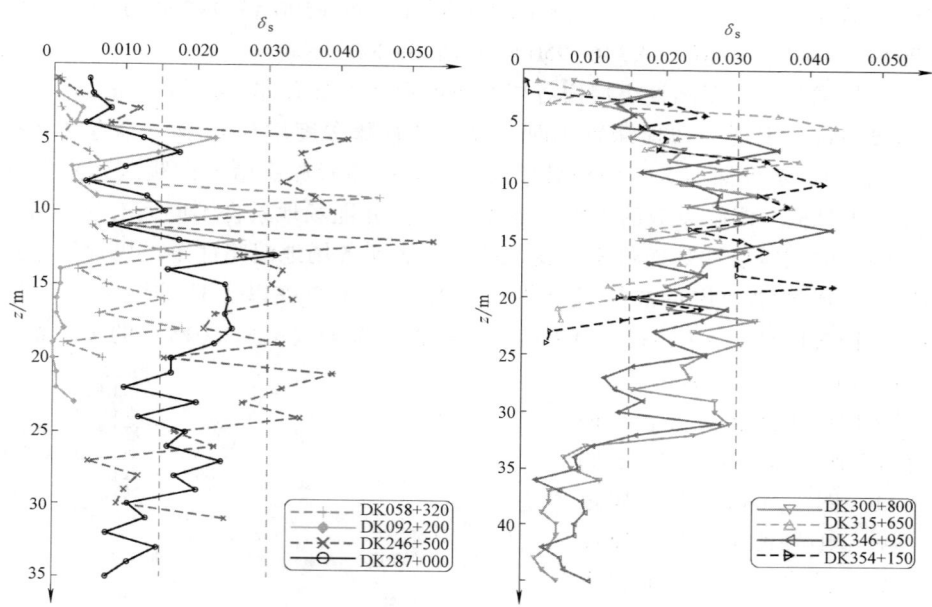

图 3-103　各试验场地湿陷系数随深度变化趋势

3. 湿陷性土层上限深度

试验结果表明，地表一定深度范围内的黄土不具湿陷性（表 3-7～表 3-9、表 3-10、图 3-103），其上限深度随场地不同而异，$\delta_{zs} < 0.015$ 的上限深度一般为 1～5m。究其原因，主要是各场地表层均为耕植土，农业生产（尤其是灌溉）影响和改变了结构所致；此外，地表附近易受降雨入渗并进而发生溶滤也是原因之一。

表 3-10　各场地黄土自重湿陷性平均界限深度

场地	DK246+500	DK287+000	DK300+800	DK315+650	DK346+950	DK354+150
平均上限深度/m	5	1	1	2	3	2
平均下限深度/m	25	29	32	19	32	22
湿陷性层平均厚度/m	20	28	31	17	29	20

4. 湿陷性土层下限深度

从图 3-103 可以看出，在一定深度以后，各场地黄土的自重湿陷系数较小，表明该下限深度以下，黄土已不具有自重湿陷性。一般 $\delta_{zs} > 0.015$ 下限深度 19～32m，但依各场地不同而异（表 3-7～表 3-9、图 3-103、表 3-10）。

5. 湿陷性土层内湿陷性特征

由上可知，各试验点湿陷性黄土分布于上限深度和下限深度范围内，即该范围内的黄土具有湿陷性或称为具有湿陷性的土层。由表 3-10 可知，对于郑西线沿线黄土，不仅其总厚度在空间分布不均匀，而且具有湿陷性的土层厚度也不均匀，不同地区湿陷性黄土厚度不同,如 DK315+650、DK246+500 和 DK354+150 的湿陷性层厚度小于 DK287+000、DK346+950 和 DK300+800。

对于各试验点,湿陷性土层内各层黄土的湿陷系数并非总是随着深度增加而递减,其典型特征表现为在埋深较小时,湿陷系数随深度增加有增大的趋势(跳跃式增大),到一定埋深后,达到相对最大值,而后随着深度增加而跳跃式降低(图 3-103),相对最大湿陷系数的埋深一般 1~32m,并随场地条件不同而有所差异。

湿陷系数随深度增加而跳跃式变化的特征表明各场地湿陷性土层内地层条件的不均匀性,或者说地层的成层差异性较明显,其间中等以上自重湿陷性($\delta_{zs} \geq 0.030$)、微湿陷性($0.015 < \delta_{zs} < 0.030$)和非自重湿陷($\delta_{zs} < 0.015$)的土层相间分布(图 3-103、表 3-6~表 3-9)。

湿陷层内上述各层分布特征和规律因地层条件不同而不同(表 3-11、图 3-104),部分场地虽然具有湿陷性的土层累计厚度较大,但是其内夹有较多非自重湿陷层而且中等以上湿陷层厚度也较少,如 DK287+000、DK315+650 和 DK346+950,湿陷性土层中非自重湿陷层分别占 32.0%、11.8% 和 18.8%,而中等以上自重湿陷性土层分别为 4.0%、29.41% 和 15.63%。与之相反,某些湿陷性层厚度相对较小,其

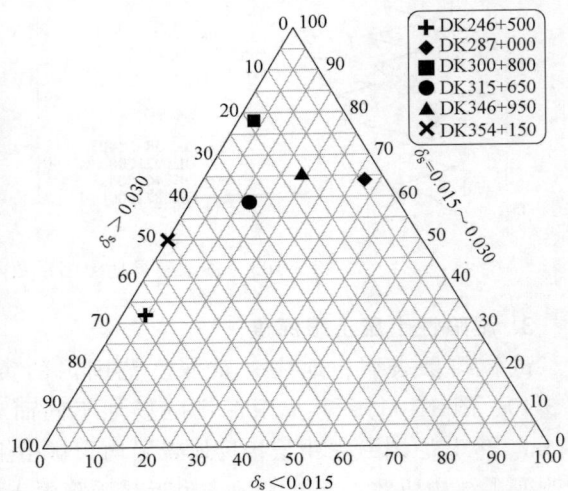

图 3-104 各试验场地不同湿陷程度黄土层厚度分布

内非自重湿陷层较少甚至全为自重湿陷性黄土层,而且有较多的中等程度以上湿陷性土层分布,如 DK354+150 和 DK300+800。

表 3-11 各场地自重湿陷层内不同湿陷程度土层分布特征统计表

场地	DK246+500		DK287+000		DK300+800		DK315+650		DK346+950		DK354+150	
	条数	比例(%)	条数	比例(%)	条数	比例(%)	条数	比例(%)	条数	比例(%)	条数	比例(%)
$\delta_{zs} < 0.015$	1	4.55	8	32	1	3.12	2	11.77	6	18.75	0	0
$0.015 \leq \delta_{zs} < 0.03$	7	31.82	16	64	25	78.13	10	58.82	21	65.62	9	50
$\delta_{zs} \geq 0.03$	14	63.63	1	4	6	18.75	5	29.41	5	15.63	9	50

3.6.2 湿陷量计算及湿陷性初步评价

黄土湿陷性是根据计算湿陷量 Δ_s(计算自重湿陷量 Δ_{zs})和现场浸水试验实测湿陷量 Δ'_s(或 Δ'_{zs})来评价。关于湿陷量和自重湿陷量的计算,《湿陷性黄土地区建

筑规范》（GB 50025—2004）明确规定按下式计算

$$\Delta_{zs} = \beta_0 \sum_{i=1}^{n} \delta_{zsi} h_i \tag{3-1}$$

$$\Delta_s = \beta \sum_{i=1}^{n} \delta_{si} h_i \tag{3-2}$$

式中 Δ_s、Δ_{zs}——湿陷量和自重湿陷量计算值，mm；

h_i——第 i 层土的厚度，mm；

δ_{si}、δ_{zsi}——第 i 层土的湿陷系数和自重湿陷系数；

β_0——因地区土层而异的修正系数，在缺乏资料时，陇西地区黄土取 $\beta_0 = 1.5$，陇东—陕北—晋西地区取 $\beta_0 = 1.20$，关中地区取 $\beta_0 = 0.90$，其他地区取 $\beta_0 = 0.50$；

β——考虑基底下地基土的受水浸湿可能性和侧向挤出等因素的修正系数，在缺乏实测资料时，基底下 0~5m 深度内取 $\beta = 1.50$，基底下 5~10m 深度内取 $\beta = 1.0$，基底下 10m 以下至非湿陷性黄土层顶面，在自重湿陷性黄土场地，可取工程所在地区的 β_0 值。

同时，该规范规定，在计算 Δ_{zs} 和 Δ_s 时，$\beta_0 < 0.015$ 和 $\beta < 0.015$ 者不参与计算。

规范考虑了黄土湿陷特征的地区差异以及试验条件等因素的影响，故在经验基础上增加了修正系数（β_0 和 β）而且作了湿陷系数小于 0.015 者不参与计算的规定。然而同一地区内黄土也是十分不均匀的，同一分区用同一修正系数显然有失偏颇（关文章，1992）。为此，可以采用另一种方法计算黄土湿陷量，即不用地区修正系数，而按黄土湿陷系数定义且直接根据室内湿陷系数试验结果来计算其湿陷量 Δ''_s（自重湿陷量 Δ''_{zs}），即

$$\Delta''_{zs} = \sum_{i=1}^{n} \delta_{zsi} h_i \tag{3-3}$$

$$\Delta''_s = \sum_{i=1}^{n} \delta_{si} h_i \tag{3-4}$$

式中 Δ''_s、Δ''_{zs}——按定义计算的湿陷量和自重湿陷量，mm；

其他符号意义同前。

采用式（3-3）和式（3-4）计算时，$\delta_{si} < 0.015$ 和 $\delta_{zsi} < 0.015$ 的土层均计算在内。

计算结果（表 3-12）表明，用定义方法的计算值比用规范的计算值略大，对于不同试验场，两种计算方法反映出的黄土湿陷基本规律相似。

表3-12 试验场地黄土湿陷初步评价结果

场地编号	自重湿陷性土层深度/m	δ_s	δ_{zs}	自重湿陷量/mm Δ_{zs} (GB 50025—2004)			自重湿陷量/mm Δ''_{zs} (定义)			湿陷量/mm Δ_s (GB 50025—2004)			湿陷量/mm Δ''_s (定义)			场地湿陷类型	地基湿陷等级
				TJ-1	TJ-2	平均	TJ-1	TJ-2	平均	TJ-1	TJ-2	平均	TJ-1	TJ-2	平均		
DK58+320	9~10m处、16m处	0.024	0.009	62.5	33.0	47.8	200.0	135.0	167.5	406.5	508.5	457.5	445.0	504.0	474.5	非自重湿陷	Ⅱ
DK92+200	5~6m处、10~12m处	0.019	0.006	31.5	57.0	44.3	121.0	153.0	137.0	644.0	343.0	493.5	512.0	364.0	438.0	非自重湿陷	Ⅱ
DK246+500	25	0.037	0.025	599.0	577.0	588.0	703.0	733.0	718.0	970.5	975.0	973.0	1005	1097	1051.0	自重湿陷	Ⅳ
DK287+000	29	0.021	0.017	349.2	336.4	342.8	539.0	614.0	576.5	575.3	585.2	580.3	750.0	733.0	741.5	自重湿陷	Ⅱ
DK300+800	32	0.029	0.020	775.8	509.4	642.6	862.0	686.0	774.0	1125.7	845.1	985.4	1083	1112	1097.5	自重湿陷	Ⅳ
DK315+650	19	0.030	0.022	441.0	318.6	379.8	520.0	423.0	471.5	664.2	567.0	615.6	642.0	607.0	624.5	自重湿陷	Ⅲ
DK346+950	32	0.028	0.018	603.5	536.7	612.4	827.0	775.0	801.0	938.4	986.3	991.4	1060	1416	1238.0	自重湿陷	Ⅳ
DK354+150	22	0.035	0.024	531.1	369.3	463.7	624.0	518.0	571.0	860.4	690.2	775.3	957.0	713.0	835.0	自重湿陷	Ⅱ

按照《湿陷性黄土地区建筑规范》(GB 50025—2004)[2] 4.4的规定，可以根据探井取样的室内试验资料对各试验场地黄土的湿陷性做出评价，如表3-12所示，沿线各试验场地计算自重湿陷量和计算湿陷量的分布如图3-105。从图表中可见，8个浸水试验场地中除DK58+320和DK92+200浸水试验场地为非自重湿陷性场地外，其余各浸水试验场地均为自重湿陷性场地，且自重湿陷性土层深度为19~32m，湿陷等级为Ⅱ级~Ⅳ级，其中Ⅱ级、Ⅲ级场地各一个，Ⅳ级场地四个。自东向西黄土湿陷性总体增强。

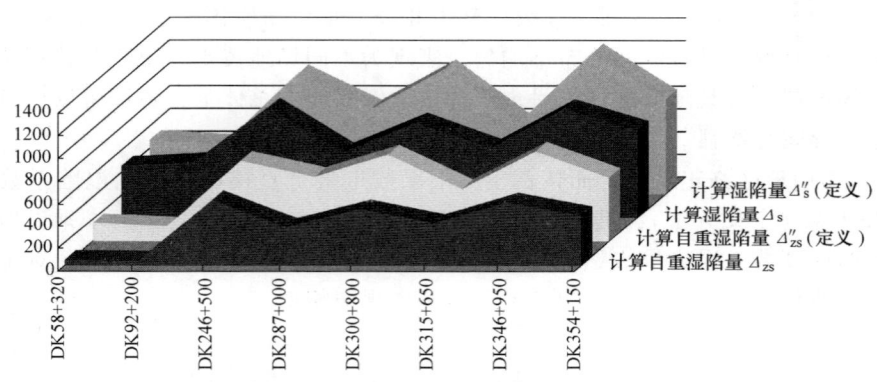

图3-105　沿线各试验场地计算自重湿陷量和计算湿陷量分布

3.7　小结

1）湿陷性黄土在郑州至渑池段沿山前平原、河流阶地、黄土丘陵的地表0~20m内呈带状不连续分布，长约97km；渑池至灵宝段的湿陷性黄土在DK237+600~DK333+000范围内均有分布，总长约为63km；灵宝至西安段的湿陷性黄土主要沿华山北麓的黄土塬、山前洪积扇及渭河阶地分布，在全段165.8km中湿陷性黄土累计分布长度为138km。

2）郑西高速铁路沿线黄土以粉土颗粒为主，占62.5%~68.1%，且黄土的粒度自西向东由粗变细，黏粒含量增高。黄土的主要矿物是以石英、长石和云母占总碎屑矿物（90%~96%）为主的轻矿物（相对密度小于2.9）。就黄土中的可溶盐而言，马兰黄土（Q_3）中以钙质结核的形式出现，离石黄土（Q_2）、午城黄土（Q_1）中则以钙质结核、雁尾式石膏、白色盐霜、碱土等形式出现。黄土中易溶盐含量的变化与地区降雨量有关，总体由东向西逐渐增大。

3）从西向东，郑西高速铁路沿线黄土的结构由粒状、点接触、架空孔隙占优势、湿陷性大的结构，向由集粒或凝块状、面接触、粒间孔隙占优势、湿陷性小或无湿陷性的结构转变。

4）DK58+320、DK92+200两个试验场地层主要为Q_3黏质黄土，厚度大于

20m，其他试验场地地层主要为 Q_3 砂质黄土，厚度为 30~80m 不等。含水率、饱和度、天然密度、液限、塑性指数均大于其他 6 个试验场地。在该 8 个试验场地中，所有土工试验指标自东向西的整体变化规律不明显。

5）在 8 个浸水试验场地中 DK58+320 和 DK92+200 的黏质浸水试验场地为非自重湿陷性场地，其余各浸水试验场地中黏质黄土夹层的湿陷系数也小于 0.15。DK246+500、DK287+000、DK300+800、DK315+650、DK346+950 和 DK354+150 为以砂质黄土或砂质黄土为主的场地，均为自重湿陷性场地，且自重湿陷性土层深度为 19~32m，湿陷等级为Ⅱ~Ⅳ级，其中Ⅱ级、Ⅲ级场地各一个，Ⅳ级场地四个，其基本特征是湿陷系数空间分布不均匀，表现为不同场地黄土的湿陷系数相差较大及同一场地湿陷系数随深度增加呈现阶梯式跳跃变化。总体上，各试验场地自东向西黄土的湿陷性增强。

6）不用地区修正系数，而按黄土湿陷系数定义且直接根据室内湿陷系数试验结果来计算（定义方法），其湿陷量 Δ''_s（自重湿陷量 Δ''_{zs}）与按规范要求乘以地区修正系数的计算结果湿陷量 Δ_s（自重湿陷量 Δ_{zs}）相比，前者略大于后者，对于不同试验场，两种计算方法反映出的黄土湿陷基本规律相似。

第4章　湿陷性黄土场地浸水试验设计

4.1　试坑设计和测点布设

4.1.1　试坑设计和测点布设原则

试坑设计和测点布设遵循以下原则：

1）按照《湿陷性黄土地区建筑规范》（GB 50025—2004）[2]的要求，浸水试坑的直径不小于湿陷性黄土层的厚度，试坑深度取 0.5m，在坑底部铺设 10cm 厚的砂砾石。

2）浅标点和深标点的布设要分别满足地表自重湿陷和分层自重湿陷测量的需要，能够准确捕捉到试坑浸水总自重湿陷量和湿陷土层下限深度。

3）为了保证湿陷性黄土地基充分受水浸湿饱和，使黄土地基的湿陷性充分发挥，在试坑底面打一定数量及深度的渗水孔。

4）各试验场地具体按下述原则布设测点：

① 浅标点。浅标点用来量测试坑内、外地表的自重湿陷变形量。原则上以试坑中心为起点，由内而外沿半径方向呈放射状布置坑内、外浅标点，在平面上共有 3 条测线，这 3 条测线相互之间的夹角为 120°。浅标点在试坑内一般等间距布设，在试坑外则变间距布设，距离试坑边较近的标点间距较小，往外间距逐渐增大，坑外最远的浅标点在试坑外 1 倍试坑直径处。浅标点由一根直杆和与其垂直焊接的底板组成。标杆上部固定一根钢卷尺，作为沉降观测的标尺，钢卷尺的最小刻度为 1mm。浅标点埋深为 0.5m。

② 深标点。在平面上，深标点也布置了与浅标点测线夹角为 30°的 3 条测线，布设间距与试坑内浅标点相同。在深度方向，自坑底以下 10m 内一般每间隔 2～3m 设置一组；10～20m 一般每间隔 1m 设置一组；20m 以下间距适当放大，一般为 1.5～2.0m 设置一组。每组为 2 个相同深度的深标点。

深标点由多根机械式连接的镀锌管和与其垂直焊接的底板组成，深标点的重量与埋设位置处原上覆土自重大致相同。标杆上部固定一根钢卷尺，作为沉降观测的标尺，钢卷尺的最小刻度为1mm，标杆外面套一根塑料管，以确保沉降板能够自由沉降，长度与深部沉降板埋深相当。塑料管外回填中粗砂，使深标点客观上也起到了加强渗水的作用。深标点的埋设流程如图4-1所示。深标点钻孔的垂直度、孔底浮渣厚度等因素将会影响量测的精度。为保证深标点安装质量，特制定"浸水试验钻孔技术要求"，见表4-1，供各试验场地参照执行。

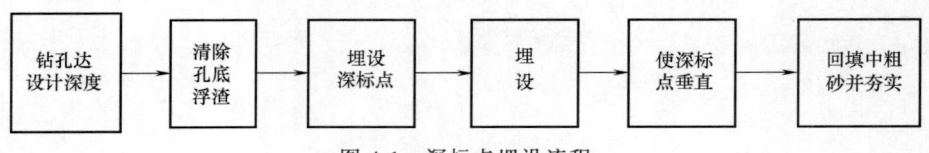

图 4-1 深标点埋设流程

表 4-1 湿陷性黄土现场试坑浸水试验钻孔技术要求

序号	项目	技术要求	备注
1	钻孔位置偏差	不大于 5cm	
2	钻孔深度偏差	+5cm，-5cm	"-"表示超钻
3	垂直度	钻孔中心偏移不大于4cm	
4	孔径	φ108mm（取样钻孔 φ120mm）	
5	浮渣厚度	不大于10cm	应尽可能清除孔底浮渣
6	取样钻孔	用静压法取样，进行湿陷性试验、含水率试验和密度试验	湿陷性试样在送检前，应保存在现场有遮盖的坑中
7	地质编录	详细记录地层变化，提出钻孔地质编录资料	

③ 渗水孔。为了加强渗水强度，加快地基土层的浸水饱和，在浸水坑内由深标点测线组成的每个扇形区内都布置了1~2个渗水孔（孔径 φ127mm），孔内充填砂砾石。

4.1.2 各试验场地试坑设计与测点布设

（1）DK58+320试验场地 依据铁道第四勘察设计院的勘探资料，将该试验场地黄土自重湿陷最大深度初步确定为20m，按照《湿陷性黄土地区建筑规范》（GB 50025—2004）[2]的要求，试坑设计为直径20m的圆形。由于试验场地地表倾斜，为保证试坑底部水平，试坑实际开挖深度为0.5~1.9m，坑壁保持垂直状态。共布设测点78个，其中试坑内地表设浅标点16个，试坑外地表设浅标点30个，最远的浅标点在试坑外20m处；试坑内设深标点32个，最深的深标点设至22m。在试坑内均匀布设6个渗水孔，其中每个深标点切割的扇区内各1个，深度为20m。测点及渗水孔的平面布置如图4-2所示。

（2）DK92+200试验场地 按照铁道第四勘察设计院提供的地质资料，该试验

第4章 湿陷性黄土场地浸水试验设计

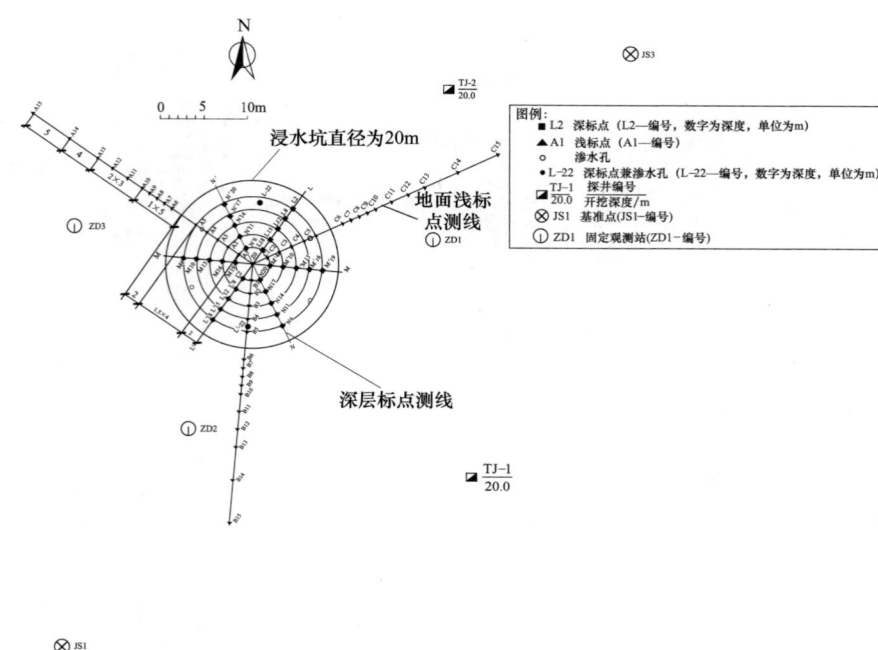

图 4-2 DK58+320 试验场地测点布置

场地黄土自重湿陷最大深度为 23m，因此，试坑设计为直径 25m 的圆形。共布设测点 100 个，其中试坑内地表设浅标点 22 个，试坑外地表设浅标点 42 个，最远的浅标点在试坑外 25m 处；试坑内设深标点 36 个，最深的深标点设至 24.5m。在试坑内均匀布设 12 个渗水孔，深度为 23m。测点及渗水孔的平面布置如图 4-3 所示。

（3）DK246+500 试验场地　该试验场地的探井 TJ-1 资料显示，在 26m 深度处的黄土仍具湿陷性，因此，试坑设计为直径 30m 的圆形，但受场地宽度限制，实际试坑按长轴 32m、短轴 28m 的椭圆形设置。共布设测点 108 个，其中试坑内地表设浅标点 25 个，试坑外地表设浅标点 39 个，最远的浅标点在试坑外 30m 处；试坑内设深标点 44 个，最深的深标点设至 32m。在试坑内均匀布设 12 个渗水孔，孔深 25m。测点及渗水孔的平面布置如图 4-4 所示。

（4）DK287+000 试验场地　根据探井揭露的试验场地岩土工程条件，该试验场地湿陷性土层的下限深度为地面下 29m 左右，因此，依据《湿陷性黄土地区建筑规范》（GB 50025—2004）有关规定及桩基试验需要，试坑设计为直径 36m 的圆形，但受场地宽度限制，实际试坑按长轴 39m、短轴 33m 的椭圆形设置。共布设测点 89 个，其中地表设浅标点 59 个，最远的浅标点在试坑外 10 处；试坑内设深标点 30 个，最深的深标点设至 35m。在试坑内均匀布设 36 个渗水孔，孔深 30m 的浸水孔 29 个，孔深 20m 的浸水孔 7 个。测点及渗水孔的平面布置如图 4-5 所示。

117

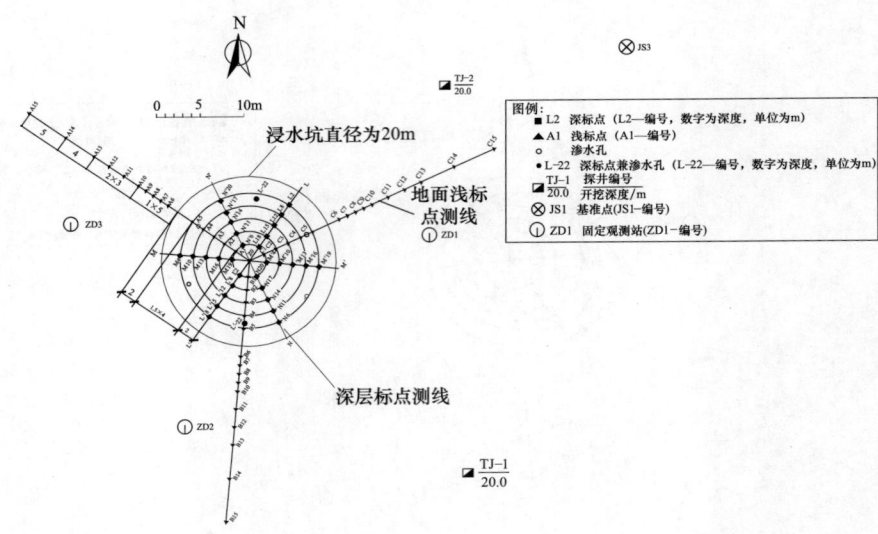

图 4-3　DK92+200 试验场地测点布置

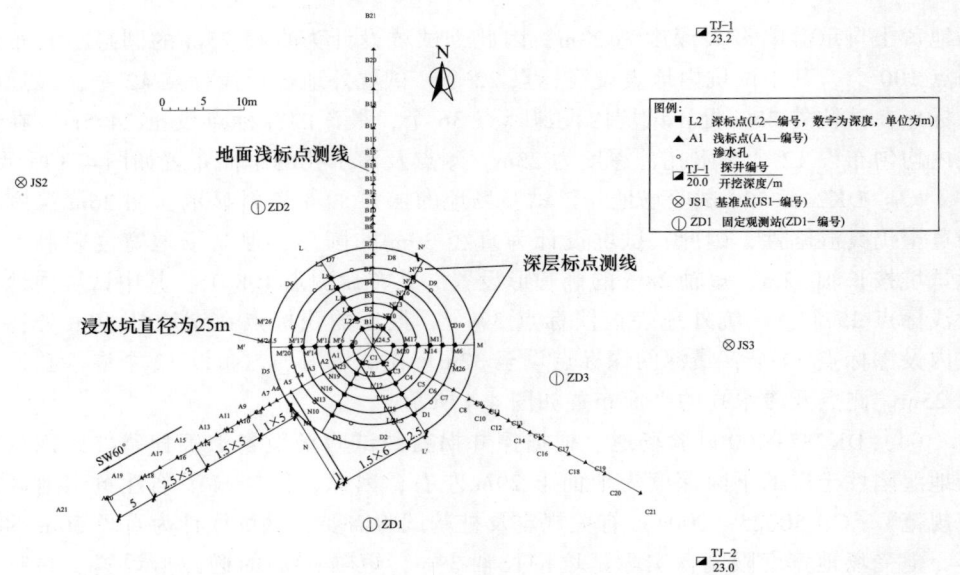

图 4-4　DK246+500 试验场地测点布置

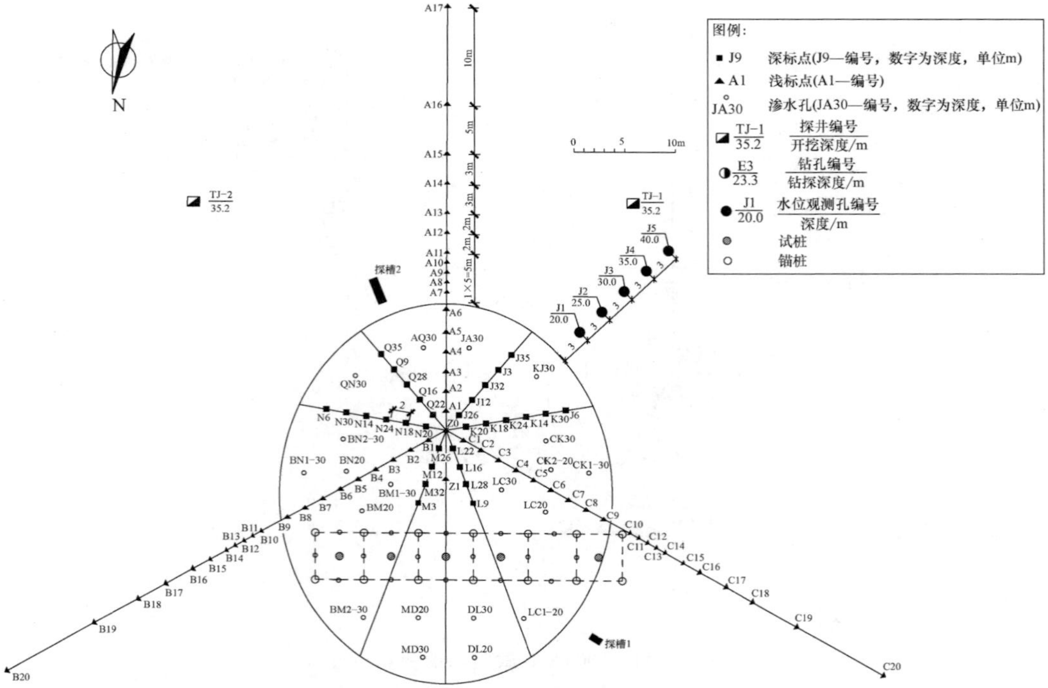

第4章 湿陷性黄土场地浸水试验设计

图 4-5 DK287+000 试验场地测点布置

（5）DK300+800 试验场地 依据探井试验资料，确定该试验场地自重湿陷性黄土层下限深度为 31m。在综合考虑各方面条件的前提下，试坑设计为直径 35m 的圆形。共布设测点 117 个，其中试坑内地表设浅标点 23 个，试坑外地表设浅标点 44 个，最远的浅标点在试坑外 30m 处；试坑内设深标点 50 个，最深的深标点设至 36m。在试坑内均匀布设 12 个渗水孔，深度为 30m。测点及渗水孔的平面布置如图 4-6 所示。

（6）DK315+650 试验场地 依据探井试验资料，该试验场地的自重湿陷性土层下限深度为 19m，因此，试坑设计为直径 20m 的圆形。共布设测点 78 个，其中试坑内地表设浅标点 16 个，试坑外地表设浅标点 30 个，最远的浅标点在试坑外 20m 处；试坑内设深标点 32 个，最深的深标点设至 22m。在试坑内均匀布设 4 个渗水孔，深度为 20m。测点及渗水孔的平面布置如图 4-7 所示。

（7）DK346+950 试验场地 根据探井试验资料，该试验场地湿陷性土层的下限深度为地面下 38m，为了使试坑底面以下全部湿陷性土层受水浸湿达到饱和，充分产生自重湿陷，依据《湿陷性黄土地区建筑规范》（GB 50025—2004）[2] 有关规定及桩基试验需要，试坑设计为椭圆形，长轴 48m，短轴 42m。共布设测点 108 个，其中试坑内地表设浅标点 31 个，试坑外地表设浅标点 33 个，最远的浅标点在试坑外 30m 处；试坑内设深标点 44 个，最深的深标点设至 42m。在试坑内布置了渗水孔 40 个，渗水孔在桩附近深度为 60m，其余位置为 20~40m。测点及渗水孔的平面布置如图 4-8 所示。

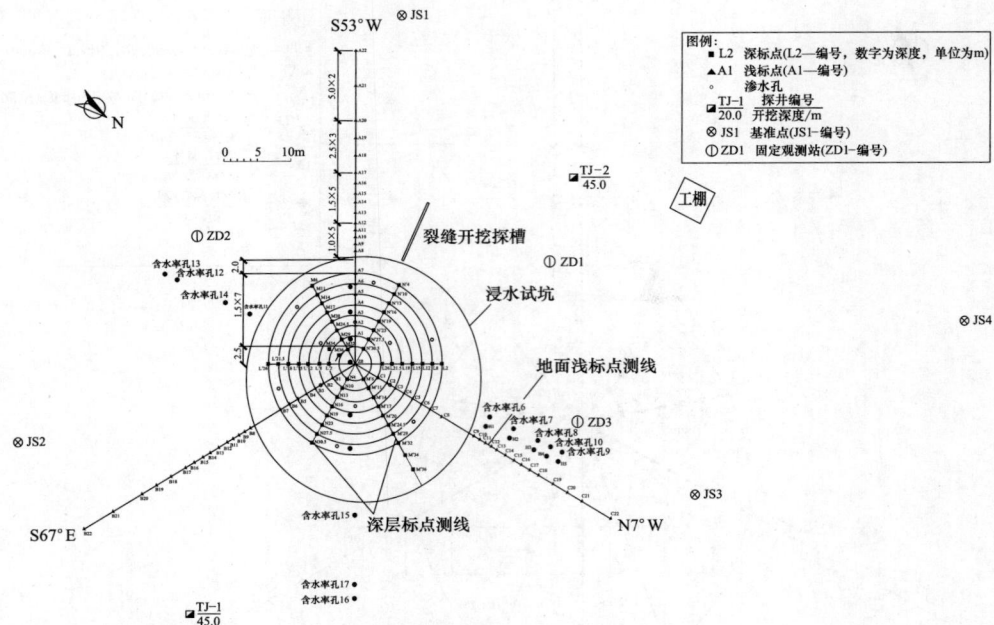

图 4-6　DK300+800 试验场地测点布置

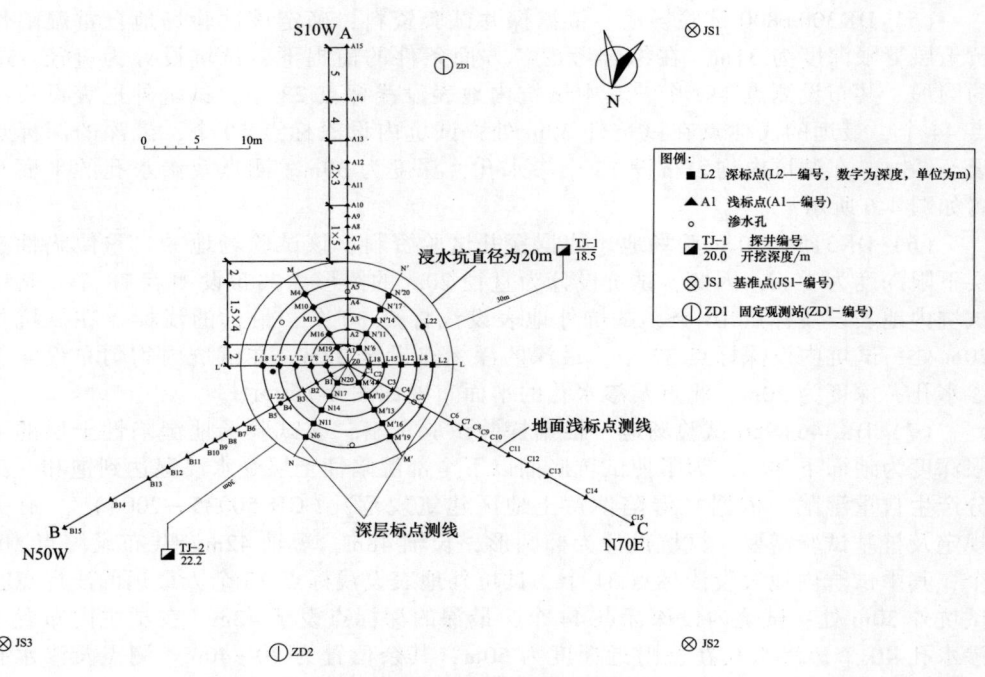

图 4-7　DK315+650 试验场地测点布置

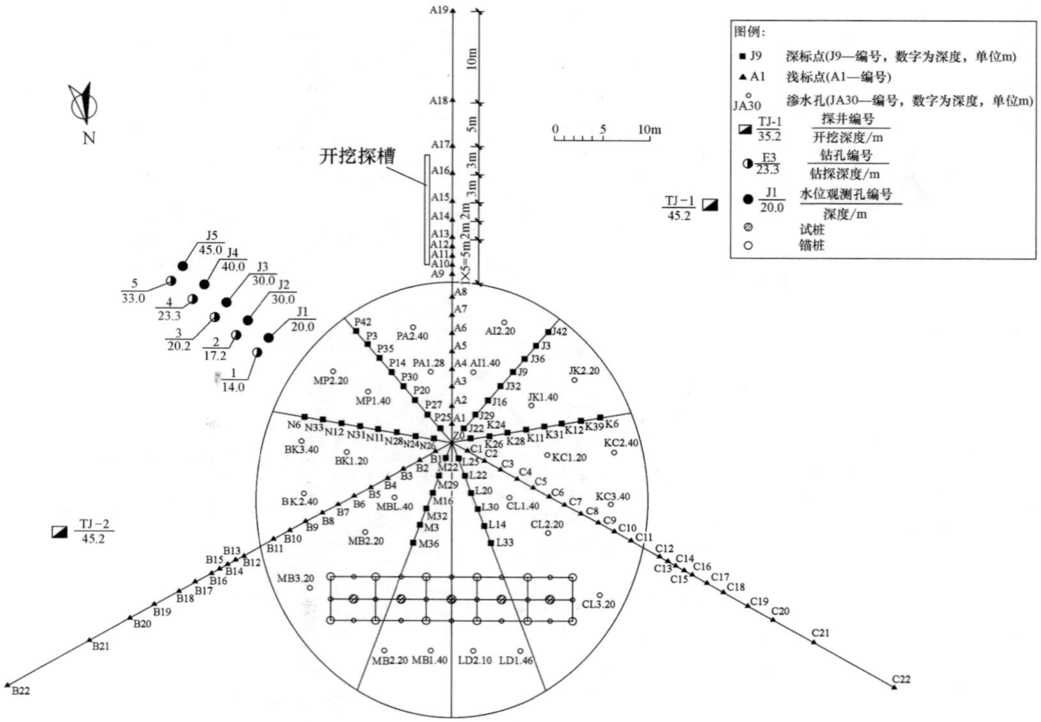

第4章 湿陷性黄土场地浸水试验设计

图 4-8 DK346+950 试验场地测点布置

（8）DK354+150 试验场地 根据探井试验资料，该试验场地湿陷性土层的下限深度为 23m，试坑设计为直径 25m 的圆形。共布设测点 100 个，其中试坑内地表设浅标点 22 个，试坑外地表设浅标点 42 个，最远的浅标点在试坑外 25m 处；试坑内设深标点 36 个，最深的深标点设至 24.5m。在试坑内均匀布置了 12 个渗水孔，深度为 25m。测点及渗水孔的平面布置如图 4-9 所示。

8 个浸水试验场地试坑标点埋设情况汇总在表 4-2 中。

表 4-2 各试验场地试坑标点埋设情况一览

试验场地	测点数	坑内浅标点数	坑外浅标点数	最远浅标点距坑边距离/m	试坑内深部标点数	最大埋深/m
DK58+320	78	16	30	20	32	22
DK92+200	100	22	42	25	36	24.5
DK246+500	108	25	39	30	44	32
DK287+000	89	59		10	30	35
DK300+800	117	23	44	30	50	36
DK315+650	78	16	30	30	32	22
DK346+950	108	31	33	30	44	42
DK354+150	100	22	42	25	36	24.5

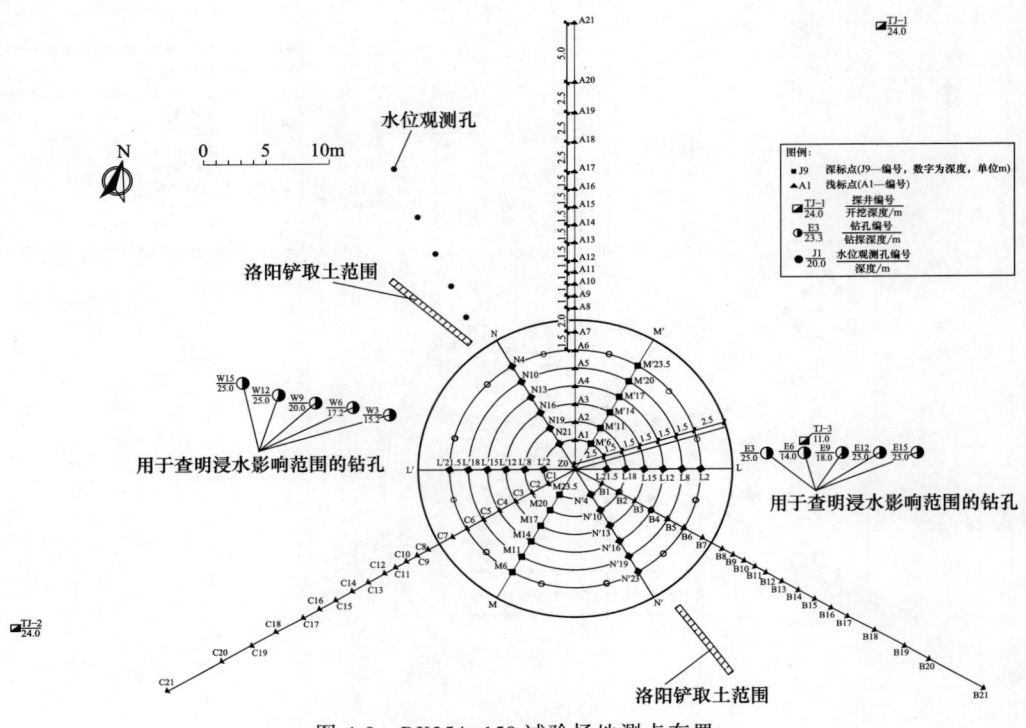

图 4-9　DK354+150 试验场地测点布置

4.2　观测项目与现场测试

在浸水试验过程中，对试验场地不同位置的沉降量、裂缝、注水量及浸水影响范围等进行了观测和量测。

4.2.1　沉降观测情况

1. 沉降监测精度

本次浸水试验，根据试验要求及工程特点，为了能达到精确监测各个观测点沉降变化的目的，观测工作按二级变形测量精度要求进行观测。其主要精度指标见下表：

表 4-3　沉降监测精度

类别 点位	等级	观测点测站高差 中误差/mm	往返较差及附合或 环线闭合差/mm	检测已测测段高 差之差/mm
基准点	二级		≤$1.0\sqrt{n}$	≤$1.5\sqrt{n}$
沉降点	二级	≤0.50	≤$1.0\sqrt{n}$	

注：n 为测站数。

2. 基准网的建立及观测

根据本项工程的特点，每个浸水试验场地建立一个基准网，采用相对高程基准。基准网由 3~4 个基准点及若干个工作基点组成，布设成闭合、符合水准路线等形式，原铁道部科技司组织专家评审通过的《湿陷性黄土地基现场浸水试验研究大纲》，原则上要求每个基准点布设在距试坑边缘 2 倍试坑直径以外，当场地条件受限不能完全满足这一要求时，则保证至少有一个基准点满足要求。基准点埋深按地面下 4m 控制，采用 ϕ108mm 现浇混凝土标石，地表周围 ϕ600mm 范围内换填 30cm 厚的 3:7 灰土并夯密，使其周围地面略凸以避免积水。基准点在沉降观测开始前 7 天进行埋设并设置保护标志，试验值班人员做好对水准基点的保护工作。

基准网是监测观测点沉降变化的依据，监测网中基准点的稳定性如何，直接关系到沉降观测的精度。为了保证观测的精度，按照二级变形测量的精度要求，采用几何水准测量方法，定期对沉降观测基准网进行复测。检查基准点间的高差变化，分析基准点的稳定性，保证观测成果的真实可靠。复测期间尽量保持网形、观测线路不变，使用同一仪器及设备，固定专人观测。表 4-4 是各试验场地基准桩监测情况一览。从表中可见，每个浸水试验场地的基准网由不少于 3 个基准点组成，每个基准网中，至少有一个基准点满足布设在距试坑边缘 2 倍试坑直径以外的要求，所用观测仪器满足二级变形测量精度要求，观测结果表明基准点是稳定的。

表 4-4　各试验场地基准桩监测情况一览

项　目	工　点							
	DK58+320	DK92+200	DK246+500	DK287+000	DK300+800	DK315+650	DK346+950	DK354+150
基准点数量/个	3	3	4	3	4	4	3	3
距试坑边缘距离/m	①42 ②30 ③41	①50.5 ②50.3 ③50.1	①43 ②60 ③43 ④60	①98 ②80 ③77	①35 ②35 ③35 ④75	①42 ②42 ③42 ④50	①180.1 ②113.5 ③97.3	①23.7 ②44.7 ③62.4
距试坑边缘距离要求/m	≥40	≥50	≥60	≥72	≥70	≥40	≥90	≥50
满足距离要求的基准点数量/个	2	3	2	3	1	4	3	1
仪器型号	TOPCON DL-111C	TOPCON DL-111C	TOPCON DL-111C	匈牙利 Ni-A31	TOPCON DL-101C	TOPCON DL-111C	瑞士产 DN02	瑞士产 DN02
稳定情况	稳定	稳定	稳定	稳定	稳定	稳定	稳定	稳定

3. 沉降观测

沉降观测浅标点和深标点埋设完成后，每天测读一次高程，连续 3d，待测值稳定后，作为初读数，正式浸水前再测量一次，并与上述初读数进行校核，此外还要采用不同的水准基点进行多次校核。按二级水准观测的技术要求进行观测，采用几何水准，固定测站的测量方法监测各浅标点和深标点的沉降量。浸水过程中每天固定时间对各观测点进行定时观测，每天观测一次，对前期变形发展较快的浸水试验场地适当加密观测频率。每次观测时，保持观测方法、观测线路、测站数不变，使用同一仪器和设备，严格按要求进行观测，保证测量精度。表 4-5 是各试验场地沉降观测情况一览。从表中可见，每个浸水试验场地的固定测站为 2~3 个，固定测站的位置距试坑边缘不小于 10m，所用观测仪器满足二级变形测量精度要求。8 个试坑浸水试验中，从开始观测到停止观测的历时介于 DK92+200 试验场地的最小历时 46d 和 DK354+150 试验场地的最大历时 125d 之间。

表 4-5 各试验场地沉降观测基本情况一览

项 目	工 点							
	DK58+320	DK92+200	DK246+500	DK287+000	DK300+800	DK315+650	DK346+950	DK354+150
测站数	3	2	2	3	3	2	3	2
距试坑边缘/m	11	10	15	>10	15	15	>10	10
历时/d	51	46	60	55	96	87	73	125
开始观测时间	2005年10月14日	2005年10月13日	2005年9月10日	2006年4月9日	2005年9月14日	2005年8月26日	2005年12月30日	2005年8月20日
停止观测时间	2005年12月4日	2005年11月27日	2005年11月8日	2006年6月1日	2005年12月21日	2005年11月20日	2006年3月12日	2005年12月23日
观测仪器	TOPCON DL-111C	TOPCON DL-111C	TOPCON DL-111C	匈牙利 Ni-A31	TOPCON DL-101C	TOPCON DL-111C	瑞士产 DN02	瑞士产 DN02

4.2.2 注水量观测

试验中，在试坑中设置水位深度观测杆，保证水深 30~40cm；同时，用精度为 $\pm 0.1m^3$ 的水表量测注入试坑中的水量。浸水前后记录注水时间、停水时间、水表读数及水头高度。

从表 4-6 可见，8 个试坑浸水试验中，从开始浸水到停止浸水的历时介于 DK92+200 试验场地的最小历时 34d 和 DK354+150 试验场地的最大历时 97d 之间；注水量介于 DK315+650 试验场地的最小注水量 13483m^3 和 DK300+800 试验场地的最大注水量 79963m^3 之间。

表 4-6 各试验场地注水量观测基本情况一览

项目		DK58+320	DK92+200	DK246+500	DK287+000	DK300+800	DK315+650	DK346+950	DK354+150
浸水	开始日期	2005年10月17日	2005年10月15日	2005年9月14日	2006年4月14日	2005年9月17日	2005年8月31日	2006年1月3日	2005年8月30日
	终止日期	2005年11月24日	2005年11月17日	2005年10月25日	2006年5月20日	2005年12月11日	2005年11月10日	2006年2月24日	2005年12月5日
	历时/d	39	34	42	37	85	71	53	97
	注水量/m³	18116	16246	23970	27424	79963	13483	49704	17960

4.2.3 土层含水率对比测试

浸水前后场地不同深度和位置处含水率的变化情况反映出浸湿影响深度和径向浸湿范围。采用在场地特定位置打孔测定含水率、根据浸水前后含水率的变化来确定浸湿范围的方法。

具体布置如下：

1）浸水前，在试坑内利用渗水孔和部分深标点孔，另外在试坑一侧打5个深孔，各孔含水率作为浸水前场地的初始含水率。

2）试验过程中及湿陷变形稳定后停水之前，在试坑周围及试坑一侧前述打好的5个钻孔旁再打孔，取样进行含水率试验，以了解浸湿范围和土体含水率变化情况。

3）停止浸水后，在试坑内沿轴线均匀打孔，测定浸水后各层土的含水率及变化情况，并进行浸水前后土层含水率对比。

4.2.4 裂缝观测方法

裂缝是黄土湿陷性的直观反映，其发生、发展规律研究是本次试验的重要内容之一。试验中对试坑周围地表裂缝的出现时间、平面位置、形状变化、裂缝宽度和错台高度等进行量测，及时绘制成图和以照片形式记录。为了解裂缝在深度方向上的产状，对典型裂缝进行了挖探。各个浸水试验场地的裂缝发展情况见本书4.3节。

4.2.5 试验终止条件

1）湿陷稳定标准。浸水过程中始终保持试坑内的水头高度为30～40cm，至地层湿陷稳定后停水，湿陷稳定标准为最后5d的平均湿陷量小于1mm/d。

2）停水后终止观测条件。试坑停止浸水后，继续观测不少于10d，当出现连续5d的平均沉降量不大于1mm/d时，终止观测。

4.3 浸水试验实施与结果

这次浸水试验有两点是值得强调的：一是完全满足《湿陷性黄土地区建筑规范》（GB 50025—2004）[2]对现场试坑浸水试验的全部要求；二是始终保持常水头不间断连续浸水使黄土地基充分受水浸湿饱和，从而保证黄土地基的湿陷性完全发挥。

(1) DK58+320 试验场地 试验组人员于 2005 年 8 月 3 日进场, 8 月 13 日完成征地工作, 之后开展钻孔、试坑开挖、测点埋设及室内试验等工作, 于 10 月 17 日开始浸水, 至 11 月 24 日各测点沉降值达到稳定标准时停止浸水, 共浸水 39d, 浸水量共计 $18116m^3$。停水后又继续观测了 10d, 于 12 月 4 日停止观测。停止浸水后主要进行场地的恢复工作, 12 月中旬现场工作结束。

(2) DK92+200 试验场地 试验组人员于 2005 年 8 月 3 日进场, 8 月 13 日完成征地工作, 之后开展钻孔、试坑开挖、测点埋设及室内试验等工作, 于 10 月 15 日开始浸水, 至 11 月 17 日各测点沉降值达到稳定标准时停止浸水, 共浸水 34d, 浸水量共计 $16246m^3$。停水后又继续观测了 10d, 于 11 月 27 日停止观测。停止浸水后主要进行场地的恢复工作, 12 月初现场工作结束。

(3) DK246+500 试验场地 试验组人员于 2005 年 8 月 3 日进场, 8 月 10 日完成征地工作, 之后开展钻孔、试坑开挖、测点埋设及室内试验等工作, 于 9 月 14 日开始浸水, 至 10 月 25 日各测点沉降值达到稳定标准时停止浸水, 共浸水 42d, 浸水量共计 $23970m^3$。停水后又继续观测了 14d, 于 11 月 8 日停止观测。停止浸水后主要进行场地不同部位含水率检测和裂缝开挖工作, 11 月底现场工作结束。

(4) DK287+000 试验场地 沉降观测工作从 2006 年 4 月 9 日开始, 于 4 月 14 日开始浸水, 至 5 月 20 日各测点沉降值达到稳定标准时停止浸水, 共浸水 37d, 浸水量共计 $27424m^3$。停水后又继续观测了 10d, 于 6 月 1 日停止观测。停止浸水后主要进行场地不同部位含水率检测和裂缝开挖工作。

(5) DK300+800 试验场地 试验组人员于 2005 年 8 月 3 日进场, 8 月 10 日完成征地工作, 之后开展钻孔、试坑开挖、测点埋设及室内试验等工作, 于 9 月 17 日开始浸水, 至 12 月 11 日各测点沉降值达到稳定标准停止浸水, 共浸水 85d, 浸水量共计 $79963m^3$。停水后又继续观测了 10d, 于 12 月 21 日停止观测。停止浸水后主要进行场地不同部位含水率检测和裂缝开挖工作, 12 月 24 日现场工作结束。

(6) DK315+650 试验场地 试验组人员于 2005 年 8 月 3 日进场, 8 月 11 日完成征地工作, 之后开展钻孔、试坑开挖、测点埋设及室内试验等工作, 于 8 月 31 日开始浸水, 至 11 月 10 日各测点沉降值达到稳定标准时停止浸水, 共浸水 71 天, 浸水量共计 $13483m^3$。停水后又继续观测了 10d, 于 11 月 20 日停止观测。停止浸水后主要进行场地不同部位含水率检测和裂缝开挖工作, 11 月底现场工作结束。

(7) DK346+950 试验场地 试验组人员于 2006 年 1 月 3 日开始浸水, 至 2 月 24 日各测点沉降值达到稳定标准时停止浸水, 共浸水 53d, 浸水量共计 $49704m^3$。停水后又继续观测了 16d, 于 3 月 12 日停止观测。停止浸水后主要进行场地不同部位含水率检测和裂缝开挖工作, 3 月底现场工作结束。

(8) DK354+150 试验场地 试验组人员于 2005 年 7 月 20 日进场, 7 月 26 日完成征地工作, 之后开展钻孔、试坑开挖、测点埋设及室内试验等工作, 于 8 月 30 日开始浸水, 至 12 月 5 日各测点沉降值达到稳定标准时停止浸水, 共浸水 97d, 浸水量共计 $17960m^3$。停水后又继续观测了 18d, 于 12 月 23 日停止观测。停止浸水后主要进行场地不同部位含水率检测和裂缝开挖工作, 12 月底现场工作结束。

4.4 浸水试验专利技术

4.4.1 专利内容

"地基深部分层变形观测方法和装置"发明专利（专利号为200810150403.9），可以弥补湿陷性黄土地基现场浸水试验变形观测中，无法对地基深部变形进行分层观测、无法有效判定湿陷性黄土下限深度的缺陷，并为克服同类观测装置价格昂贵或观测精度较低等局限性，提供一种湿陷性黄土地基变形的观测方法和装置。

本发明专利的地基深部分层变形观测方法，包括以下步骤：

（1）试坑的开挖　按照：《湿陷性黄土地区建筑规范》（GB 50025—2004）[2]的要求，试坑直径不应小于探井探明的湿陷性黄土层厚度，且不应小于10m，试坑深度宜为0.5m，试坑底部应保证水平，且铺设10cm厚的砂砾石层。

（2）浅标点的布置及埋设

1）试坑内浅标点的布置。试坑中心布置1个浅标点，由试坑中心起2~4m，向坑边沿对称的3个水平方向（即相对夹角为120°，分别记为方向A、方向B、方向C）放射状布置观测坑内地面湿陷变形量的浅标点：每个水平方向布设6~11个，水平间距1.5m；

2）试坑外浅标点的布置。从试坑边起1m，沿试坑内浅标点同方向分别设置5个，水平间距1m；5~8个，水平间距1.5~5m；试坑外20m以外，每水平间距5~10m布设浅标点；最远的坑外浅标点在试坑外1倍试坑直径处。

3）浅标点的变形观测装置。包括底座及垂直固定在底座上的标杆；并在标杆的端部安装有标尺。

4）浅标点变形观测装置的埋设。在布设浅标点位置垂直埋实变形观测装置，埋深0.3m（试坑内浅标点埋深为试坑下0.3m，试坑外浅标点埋深为地面下0.3m），夯填密实。

（3）深标点的布置及埋设

1）深标点的布置。在试坑内，由试坑中心起2~4m，向坑边沿对称的6个水平方向（即相对夹角为60°，与相邻浅标点测线的相对夹角为30°）放射状布置地基深部湿陷变形量的深标点：每个水平方向分别布设5~10个，水平间距1.5m；在竖直方向，设置原则为自坑底以下10m内，间距为2m；自坑底10m~20m内，间距为1m，自坑底20m以下间距为1~2m。

2）深标点变形观测装置。包括底座及垂直固定在底座上的标杆；标杆的端部安装有标尺，并在标杆上靠近底座端套有PVC管，以确保浸水后标点能够在竖向自由移动。

3）深标点变形观测装置的埋设。在布设深标点位置垂直埋实变形观测装置；每一深度设置2个深标点；最大埋深可视需要为试坑下30~40m，或更深。

（4）变形观测　采用水准、固定测站的测量方法，按二等水准测量标准监测各标点的变形量。浸水试坑内的水头高度不宜小于30cm。

本发明与现有技术性比具有以下优点：

1）本发明通过在地基表层和深部有效控制变形观测装置的布置位置，对地基深部的变形范围、湿陷性黄土的下限深度等地基特性进行评价，并通过标杆进行观测，观测方法准确可靠，观测精度为±1mm。

2）本发明可以达到对试验地基进行全方位观测的目的，能够准确捕捉到地基水平和竖向变形范围，确定湿陷性黄土的下限深度，为确定地基处理深度和处理范围及桩基负摩擦力范围提供强有力的技术支持。

3）本发明变形观测装置结构简单，埋设方便，观测装置和观测标杆不受浸水影响。

4.4.2 附图说明

本发明专利中测试标点的平面布置如图 4-10 所示，图中■表示深标点，▲表示浅标点，A1~A22、B1~B22、C1~C22 为浅标点标号，L2、M6、N4 等为浅标点标号。图 4-11~图 4-13 为浅标点竖向布置，图 4-14~图 4-16 为深标点竖向布置。图 4-17 和图 4-18 分别为浅标点和深标点变形观测装置的结构。

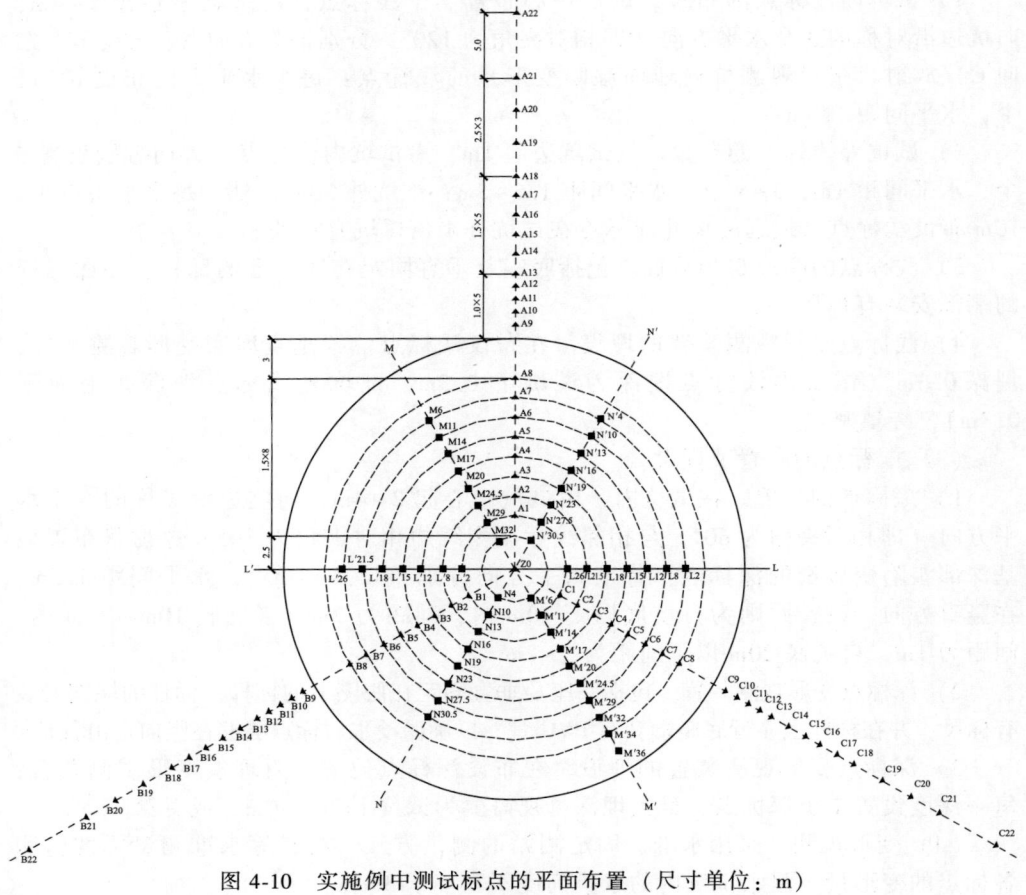

图 4-10　实施例中测试标点的平面布置（尺寸单位：m）

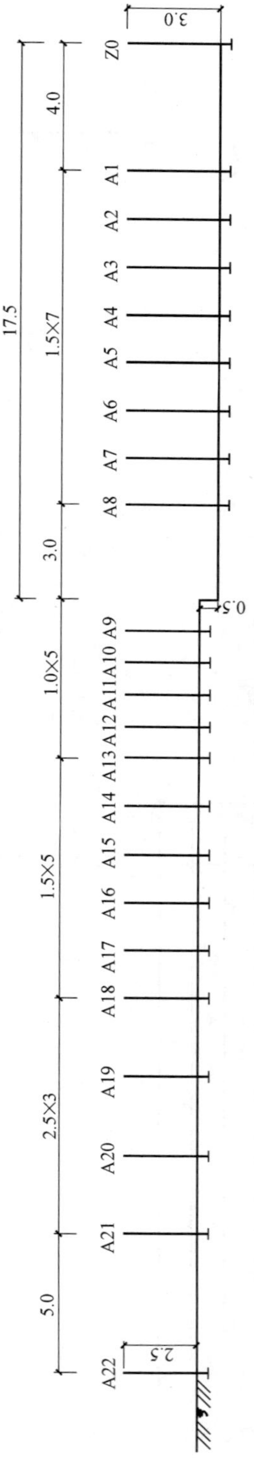

图 4-11 实施例中 A 方向浅标点的布置（尺寸单位：m）

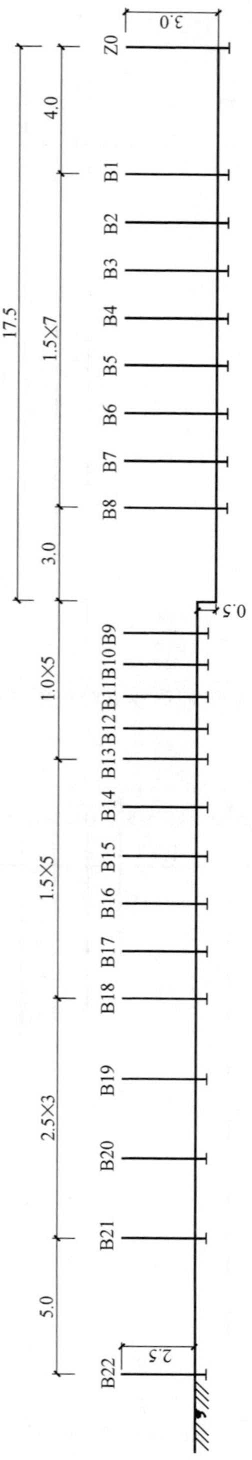

图 4-12 实施例中 B 方向浅标点的布置（尺寸单位：m）

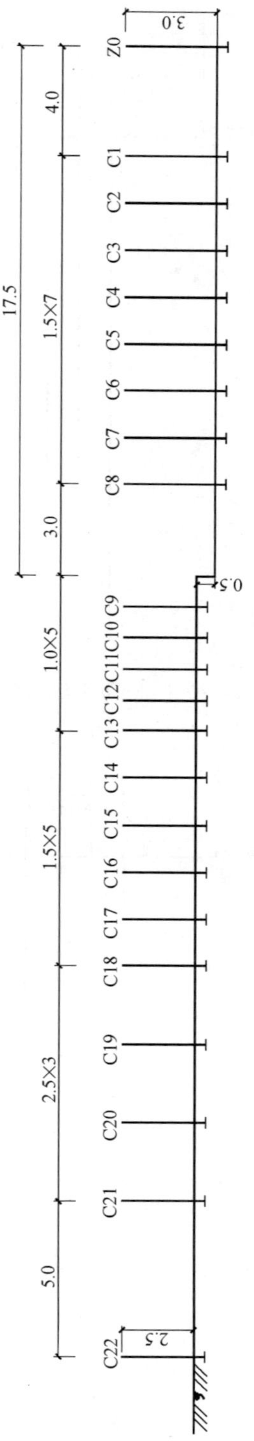

图 4-13 实施例中 C 方向浅标点的布置（尺寸单位：m）

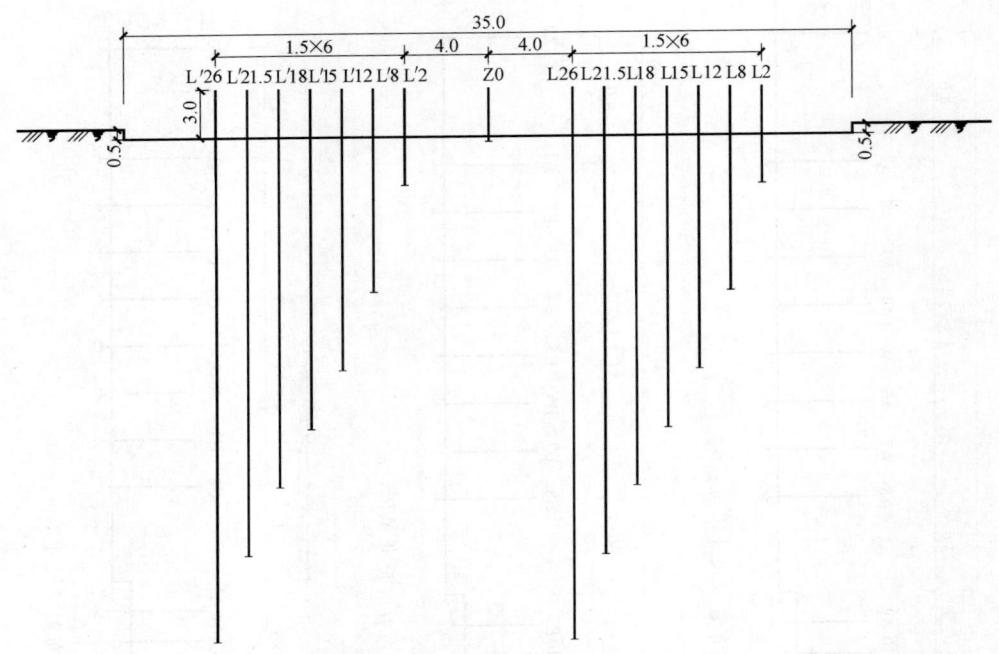

图 4-14 实施例 L—L′方向深标点的布置（尺寸单位：m）

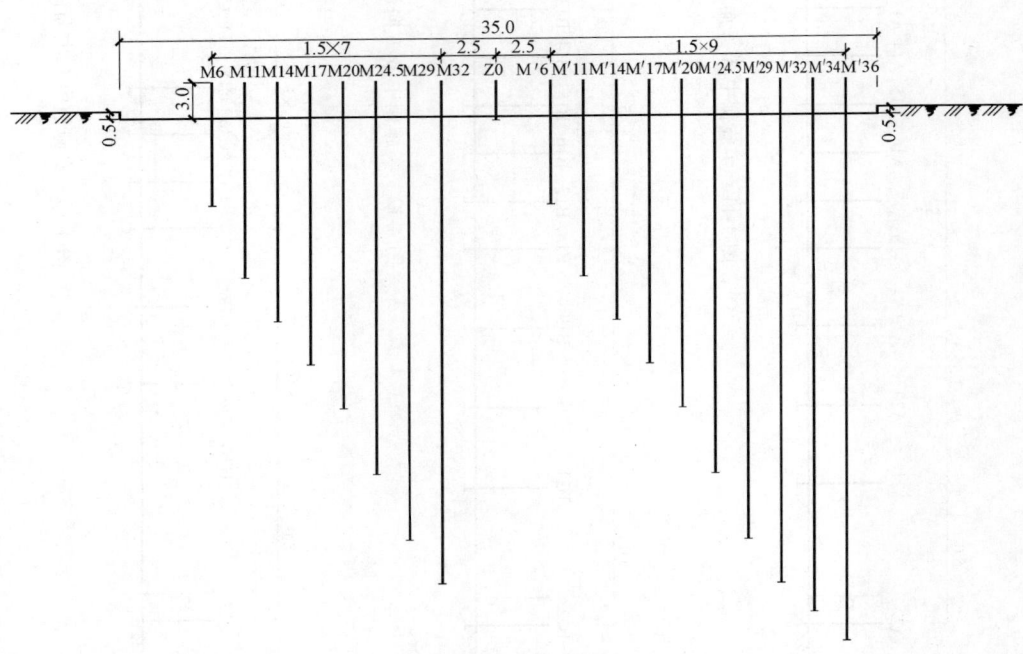

图 4-15 实施例 M—M′方向深标点的布置（尺寸单位：m）

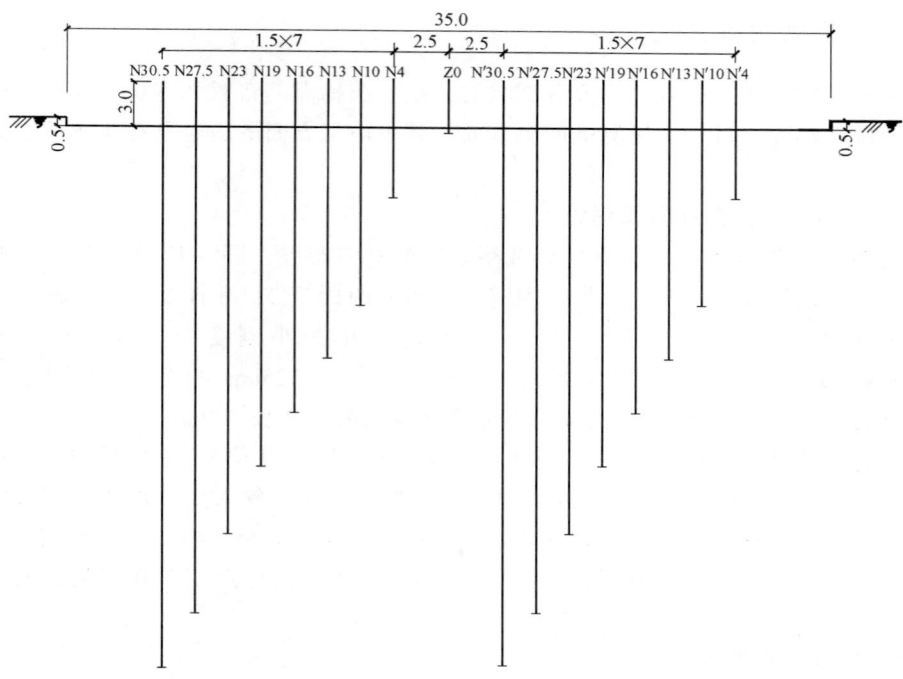

图 4-16　实施例 N—N′方向深标点的布置（尺寸单位：m）

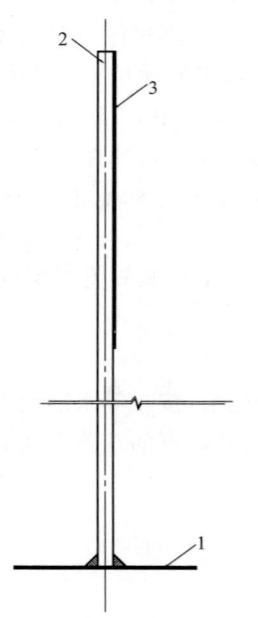

图 4-17　浅标点变形观测装置结构
1—底座　2—标杆　3—钢卷尺

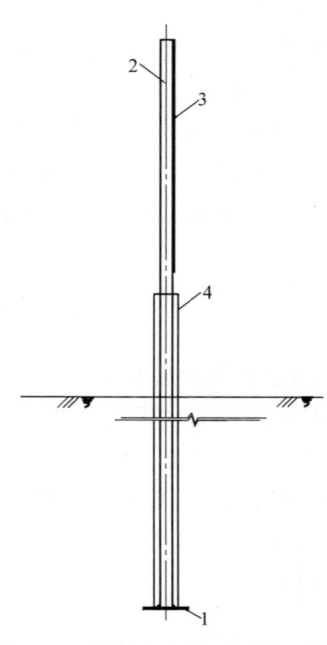

图 4-18　深标点变形观测装置结构
1—底座　2—标杆　3—钢卷尺　4—PVC 管

4.4.3 具体实施方式

本发明的具体实施方式主要有试坑的开挖、浅标点的布置和埋设、深标点的布置和埋设、观测项目与现场测试四个方面，其中前三方面的内容已在 4.1 节中详细表述。

1. 浅标点的竖向布置及埋设

图 4-11～图 4-13 为浅标点变形观测装置的竖向布置，图 4-17 为浅标点观测装置的结构，包括底座 1 及垂直焊接固定在底座上的标杆 2；标杆 2 的上端部固定有一根钢卷尺 3，作为变形观测的标尺，钢卷尺的最小刻度为 1mm。底座 1 为 300mm×300mm，厚 5mm 的正方形钢板；标杆 2 采用 ϕ25mm 的镀锌管；试坑外变形观测装置的标杆长 2.5m，试坑内变形观测装置的标杆长 3.0m。

浅标点变形观测装置的埋设方法：在浅标点布设位置人工开挖 400mm×400mm、深 0.3m 的坑，清除坑内的虚土后，整平坑底，放入变形观测装置，然后用水平尺量测标杆，确保变形观测装置摆放垂直，采用原土回填，夯填密实。试坑内浅标点变形观测装置的埋深为试坑下 0.3m，试坑外浅标点变形观测装置的埋深为地面下 0.3m（图 4-11～图 4-13）。

2. 深标点的竖向布置及埋设

图 4-14～图 4-16 为深标点变形观测装置的竖向布置，图中 L、L′、M、M′及 N、N′10 为深标点标号，其后的数字代表埋深，单位为 m；图中所有未标明单位均为 m。图 4-18 为深标点观测装置的结构，包括底座 1 及垂直焊接固定在底座上的标杆 2，标杆 2 的上端部固定有一根钢卷尺 3，作为变形观测的标尺，钢卷尺的最小刻度为 1mm。底座为 ϕ95mm 的圆形钢板，厚 5mm。标杆采用 ϕ25mm 的镀锌管。为便于观测，标杆长度设计为埋设后高出试坑底 3.0m；深标点的标杆 2 上靠近底座端套有一根同长度的 ϕ50mm 的 PVC 管 4，以确保浸水后标点能够在竖向自由移动。

深标点变形观测装置的埋设方法及技术要求参见 4.1.1 节关于深标点的具体诉述。

3. 观测项目与现场测试

本发明的现场测试采用水准、固定测站的测量方法，按二等水准测量标准监测各标点的变形量。基准网的建立与观测方法以及各测试标点的观测方法和精度参见 4.2.1 节的观测项目与现场测试内容。

4.5 小结

1）浅标点和深标点的布设能够准确捕捉到试坑浸水总自重湿陷量、分层自重湿陷和湿陷土层下限深度。以往的浸水试验多以测定总自重湿陷量为主要目标，鉴于自重湿陷性土层下限深度值对湿陷性黄土线路设计有重要意义,本次浸水试验在量测场地总自重湿陷量的同时,还着重于观测场地黄土分层自重湿陷量,据此得出黄土自重湿陷性土层下限深度值。

2)所用观测仪器满足二级变形测量精度要求,组成监测网的基准点是稳定性的。8个试坑浸水试验中,沉降观测历时为46~125d;浸水历时34~97d。

3)浸水试验完全满足《湿陷性黄土地区建筑规范》(GB 50025—2004)[4]的全部要求,始终保持30~40cm的常水头不间断连续浸水,注水量为13483m^3~79963m^3,使黄土地基充分受水浸湿饱和,从而保证黄土地基的湿陷性充分发挥。

表 4-7 各试验场地湿陷性土层厚度和试坑直径一览

序号	里程	自重湿陷土层厚度/m		试坑直径/m
		探井取样试验值	现场浸水实测值	
1	DK58+320	/	/	20
2	DK92+200	/	/	25
3	DK246+500	25	10	30
4	DK287+800	29	10	36
5	DK300+800	32	19	35
6	DK315+650	19	16	20
7	DK346+950	32	14	45
8	DK354+150	22	24.5	25

4)注重不同场地浸水影响范围的观测。在浸水前就测定了试坑周围土层的含水率,与浸水后的含水率比较后可准确确定浸湿范围。

5)裂缝是黄土湿陷性的直观反映,通过对裂缝发生发展规律和形态特征的研究可以揭示裂缝与湿陷变形、浸湿范围的关系。

6)试坑直径、渗水孔、常水头浸水及沉降稳定等条件保证了黄土场地自重湿陷性的充分发生,测得的地表和深部自重湿陷变形量真实客观地反映了试验场地黄土自重湿陷性质和强烈程度。

7)"地基深部分层变形观测方法和装置"发明专利包括试坑的开挖、浅标点和深标点的布置及埋设、变形观测等方面的内容。

第5章 湿陷性黄土场地浸水试验分析研究

现场浸水试验获得的成果资料包括浸水试坑内外地表沉降量、浸水试坑内深部沉降量、裂缝发生发展情况、浸水前后土体含水率变化等。本章利用上述资料，结合室内土工试验结果，分析和总结在大面积长期浸水条件下各场地黄土在以下几个方面所表现出的特点和规律性：①地表和深部地层湿陷沉降变形的大小及范围；②浸水湿陷变形的时间特性；③浸水黄土场地的湿陷敏感性评价，提出新的湿陷敏感性表述方法；④浸水场地裂缝的发生发展规律；⑤浸湿范围及其与湿陷变形范围、地表裂缝范围之间的关系；⑥各场地黄土的渗透性。

5.1 地表沉降变形特征与分析

5.1.1 地表单天沉降变形特征与分析

各试验场地地表单天沉降量随浸水时间的变化曲线如图 5-1～图 5-8 所示。从图中可以看出，各场地单天沉降量在起始湿陷时间、单天沉降量、峰值及停止浸水后的单天沉降量等方面存在共性，但也存在一定的差异。

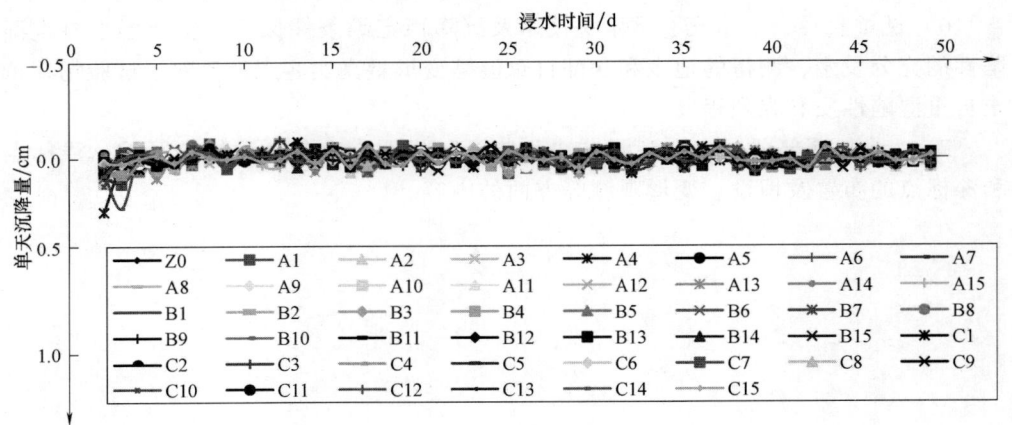

图 5-1 DK58+320 试验场地地表单天沉降量随时间变化曲线

第5章 湿陷性黄土场地浸水试验分析研究

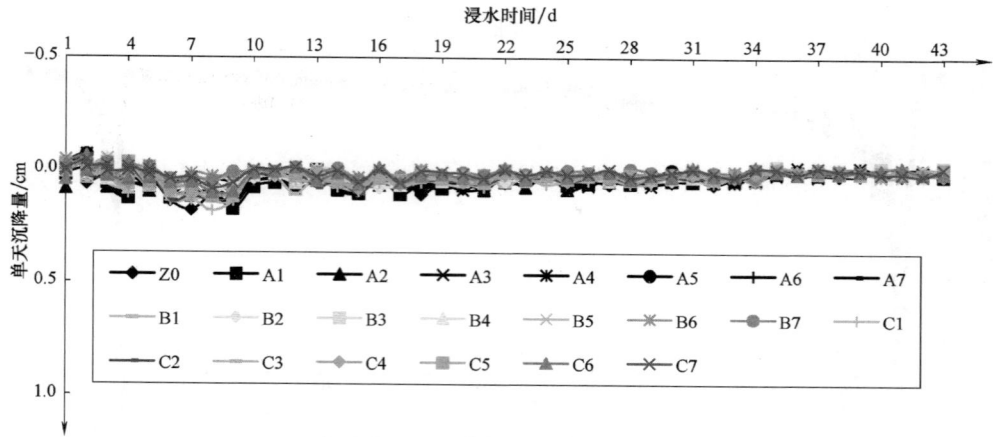

图 5-2 DK92+200 试验场地地表单天沉降量随时间变化曲线

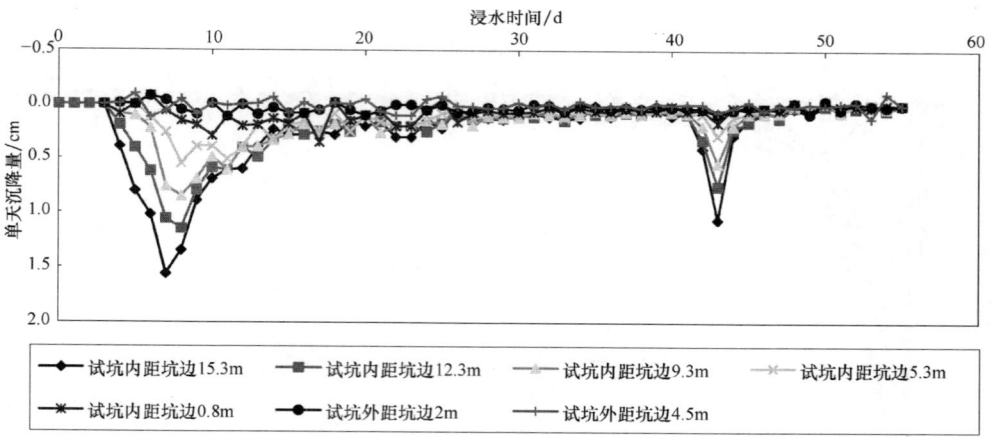

图 5-3 DK246+500 试验场地地表单天沉降量随时间变化曲线（B 方向）

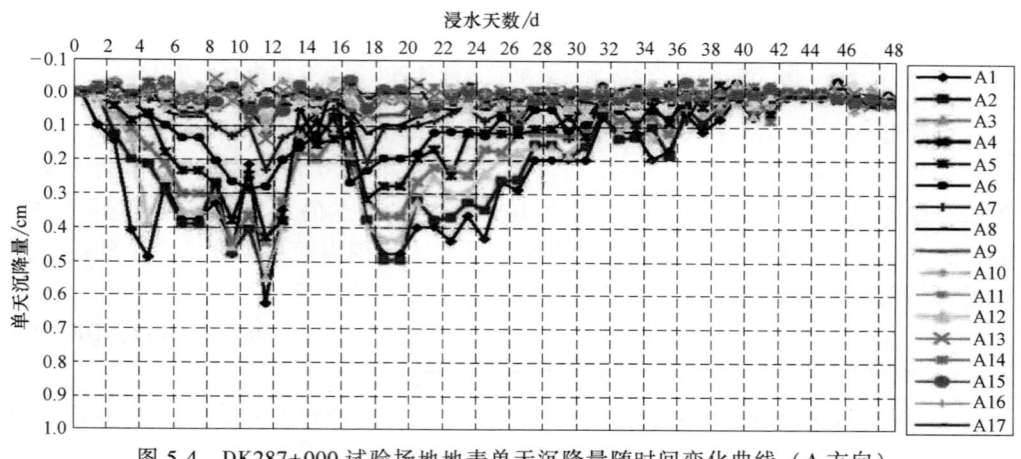

图 5-4 DK287+000 试验场地地表单天沉降量随时间变化曲线（A 方向）

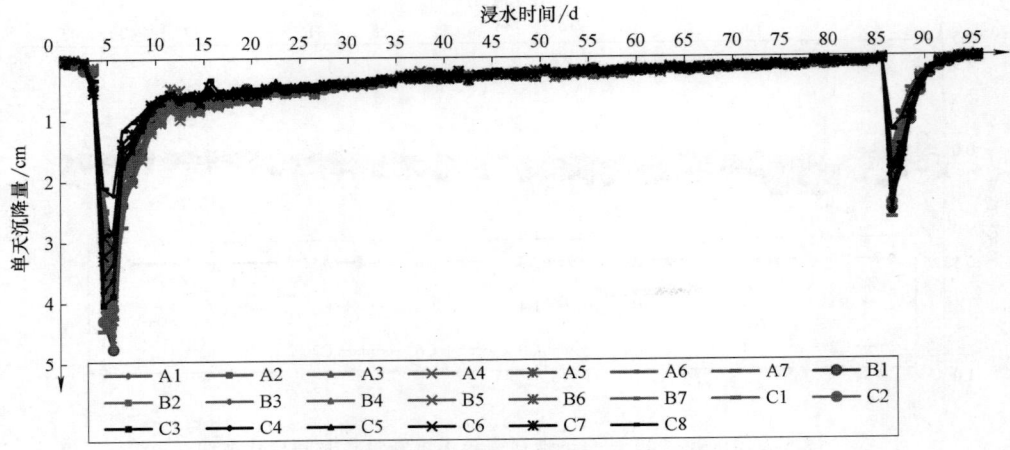

图 5-5 DK300+800 试验场地地表单天沉降量随时间变化曲线

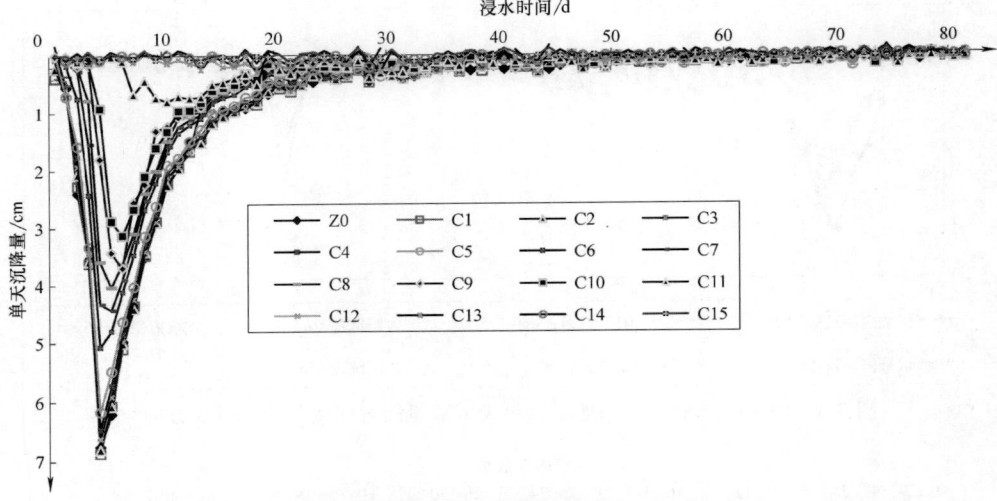

图 5-6 DK315+650 试验场地地表单天沉降量随时间变化曲线（C 方向）

概括起来，浸水后单天沉降量—时间曲线可概括为如下三种类型：

（1）浸水期间单天沉降量微小型 DK58+200 和 DK92+200 试验场地属于这一类型。浸水试验期间与停水之后这两处场地所有浅标点的单天沉降量均在 $-0.1\sim 0.2$ cm 波动，说明在长期大面积浸水条件下，浸水范围内地表仍处于稳定状态，这两处场地无自重湿陷性。这一结论是与室内试验结果相吻合的。

（2）浸水期间单天沉降量峰值单一型 DK246+500、DK300+800、DK315+650 和 DK354+150 试验场地属于这一类型，其特点是：

1）浸水试坑中部地表首先发生湿陷，试坑中其他部位的地表沉降变形相对滞后，试坑外地表发生湿陷变形的时间均晚于试坑内。

第5章 湿陷性黄土场地浸水试验分析研究

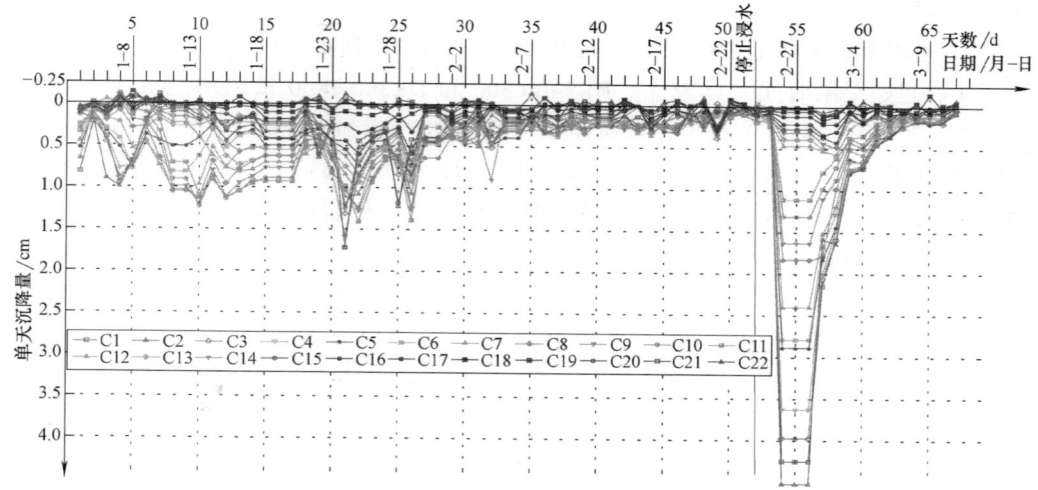

图 5-7　DK346+950 试验场地地表单天沉降量随时间变化曲线（C 方向）

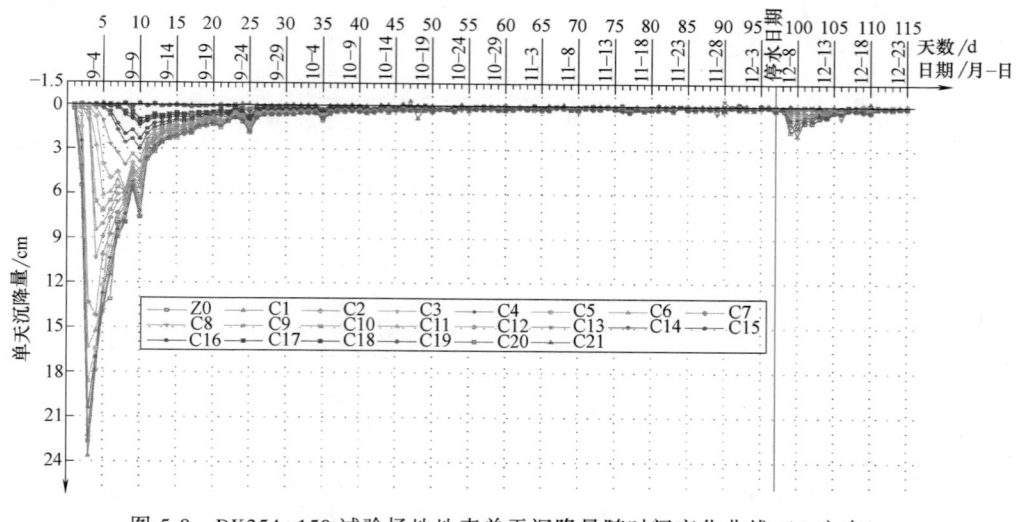

图 5-8　DK354+150 试验场地地表单天沉降量随时间变化曲线（C 方向）

2）试坑中部的标点单天沉降量相对较大。

3）湿陷变形发生后，代表场地湿陷特点的试坑中部浅标点的单天沉降量迅速增至最大值（称为单天沉降量峰值），随后，地表单天沉降量迅速减小至每天数毫米，这一时段单天沉降量大，约是浸水过程中单天沉降量均值的 10 倍以上；持续时间短，占整个浸水时间的 1/5～1/10 左右。这个时段可以看作浸水过程中的剧烈变形时段，也是黄土湿陷可能对建筑物造成破坏的最危险时段。

4）剧烈变形时段之后，曲线趋于平缓，最终达到规范要求的浸水停止标准"连续 5d 平均沉降量小于 1mm/d"。这个时段的单天沉降量小（小于 0.5cm/d），持续时间长（1~3个月）。

上述四个黄土场地的单天湿陷性也表现出如下不同的特点：

1）起始湿陷时间差异较大。DK246+500 和 DK300+800 试验场地分别在浸水后 3d（图 5-9）和 4d（图 5-10）发生了湿陷变形，DK315+650 和 DK354+150 试验场地则分别浸水 1d 就发生了湿陷变形（图 5-11、图 5-12）。如果将黄土地基在浸水后开始出现显著湿陷变形的持续浸水时间称为"起始湿陷时间"，则以上四个黄土场地的起始湿陷时间分别为 1d、1d、3d 和 4d。

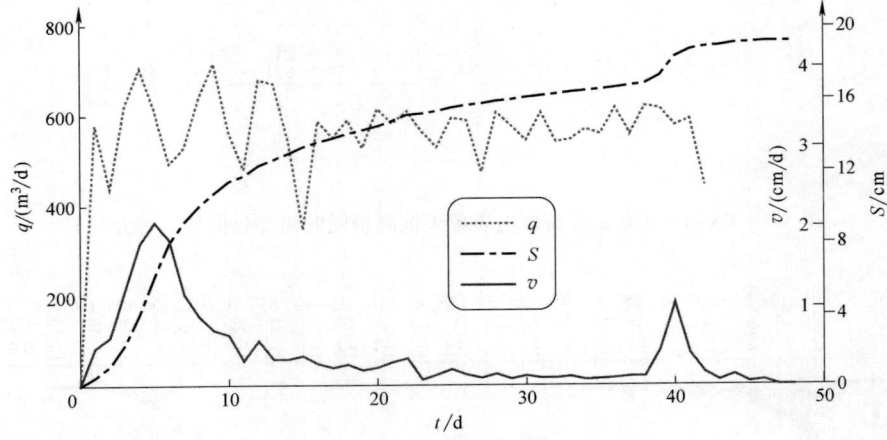

图 5-9　DK246+500 湿陷发展特征

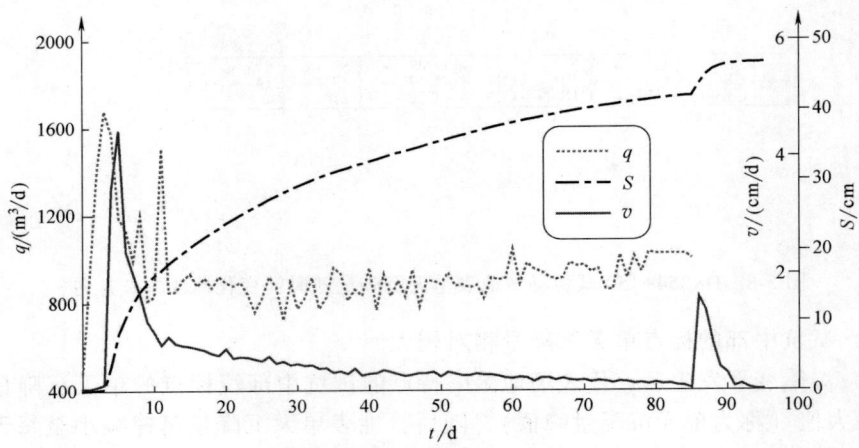

图 5-10　DK300+800 湿陷发展特征

2）DK246+500、DK300+800 和 DK354+150 试验场地停止浸水后变形有一个迅速增大的过程（图 5-9、图 5-10、图 5-12），而 DK315+650 试验场地停水后的沉降速率却没有明显的变化（图 5-11）。

第5章 湿陷性黄土场地浸水试验分析研究

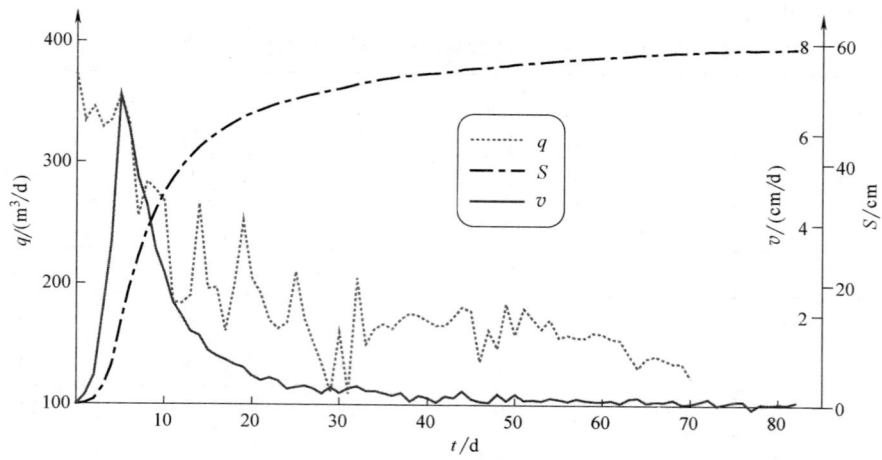

图 5-11　DK315+650 湿陷发展特征

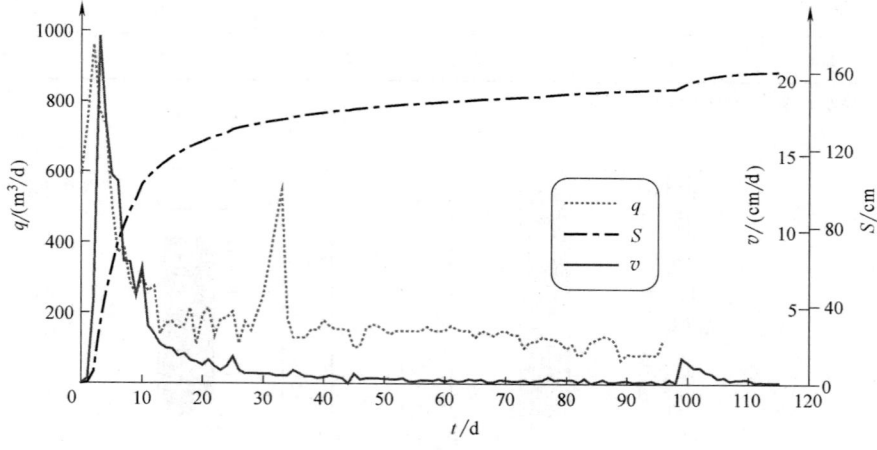

图 5-12　DK354+150 湿陷发展特征

一般认为，停水后由于土中水的疏干作用，土体饱和度降低，由饱和状态渐变为非饱和状态，孔隙水压力减小，土颗粒的基质吸力增加，土体产生排水固结沉降。通过测定停水后试坑内浅层土体的含水率随时间的变化，证明停水后土中水分的疏干过程是存在的（表 5-1、图 5-13）。浸水停止后土体的含水率逐渐减小，其减小速率随时间呈递减的态势，说明停水后沉降速率的增大是固结沉降的结果。

DK315+650 试验场地停水后未出现沉降变形峰值，可能与该试验场地黄土较大的砂性有关。

（3）浸水期间单天沉降量多峰值型　DK287+000 和 DK346+950 试验场地属于这种类型，其特点是：

1）与单天沉降量峰值单一型相同，浸水试坑中部的标点首先发生湿陷，其他标点的沉降相对滞后。

表 5-1　DK246+500 试验场地停水后试坑内土中含水率　　（单位:%）

深度/m	日期				
	05-10-30	05-11-1	05-11-3	05-11-5	05-11-7
1	26.0	19.6	19.2	18.1	17.6
2	24.3	20.9	21.9	17.6	17.7
3	28.3	26.1	24.6	17.7	18.6
4	29.5	28.8	26.9	18.3	18.3
5	29.6	28.7	26.6	22.7	24.1
6	30.5	30.2	28.7	20.7	24.0
7	29.6	28.6	26.9	26.6	24.7
8	32.1	31.5	29.9	27.2	26.1
9	33.1	34.8	31.3	25.6	23.4
平均值	29.2	27.7	26.2	21.6	21.6

注：停水日期为 2005 年 10 月 25 日。

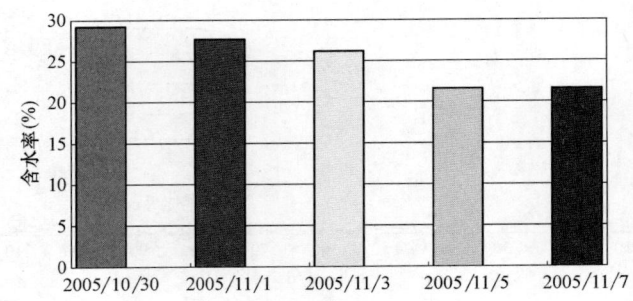

图 5-13　DK246+500 试验场地停止浸水后试坑中 9m 内土的平均含水率

2) 湿陷变形发生后，试坑内浅标点的单天沉降量曲线呈现"此起彼伏"的多峰值形态，其中 DK346+950 试验场地甚至出现了试坑内浅标点相继出现两个以上单天沉降量峰值的现象（图 5-14）。

3) 湿陷发生后，浅标点的单天沉降量在较长的时间内保持较高的水平，而不像单峰值情况中的单天沉降量迅速衰减。这一阶段持续时间相对较长。

4) 从较高的单天沉降量（每天数毫米）到曲线趋于平缓，最终达到规范要求的浸水停止标准"连续 5d 平均沉降量小于 1mm/d"所需时间相对较短（0.5～1 个月）。

上述特点与单天沉降量峰值单一型有较大的差异，而这往往被归因于非充分浸

第5章 湿陷性黄土场地浸水试验分析研究

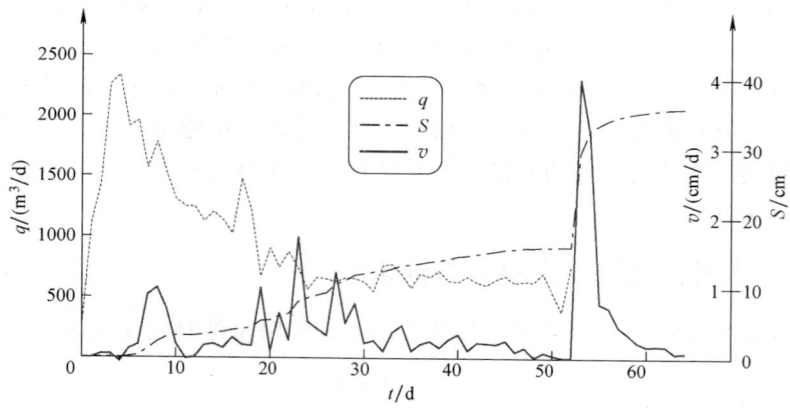

图 5-14 DK346+950 湿陷发展特征

水或受桩基的影响。就试验过程而言，可以排除非充分浸水或间断浸水的可能性。同时，由于桩基距离试坑中心部位较远，桩基对试坑中心部位湿陷性的影响应该是有限的。以 DK346+950 试验场地为例，试验桩位于试坑的北侧，保守估计，将试验桩所占区域及其以北区域看成试坑的边界，此时试坑的南北距离尚有 32.6m，是实际自重湿陷下限深度（12~14m）的两倍多；另一方面，根据布置在试验桩周围的浅标点（E1~E6 标点）的沉降量来看，试验桩周围标点的沉降量为 21.57~30.13cm，均比刚好在试坑外侧的 A9、B12、C12 标点的沉降量大，从剪应力传递的角度考虑，试桩区域作为边界的影响还较试坑边缘土体的影响小。上述两方面分析说明，试桩对 Z0 周围浅标点沉降的影响应该是有限的。

总的来说，浸水期间单天沉降量多峰值型曲线形式可以看成是一种特例，这种现象在一定程度上反映出场地大面积试坑浸水时黄土湿陷变形的复杂性。

5) DK287+000（图 5-15）和 DK346+950 试验场地停水后的单天沉降量均有

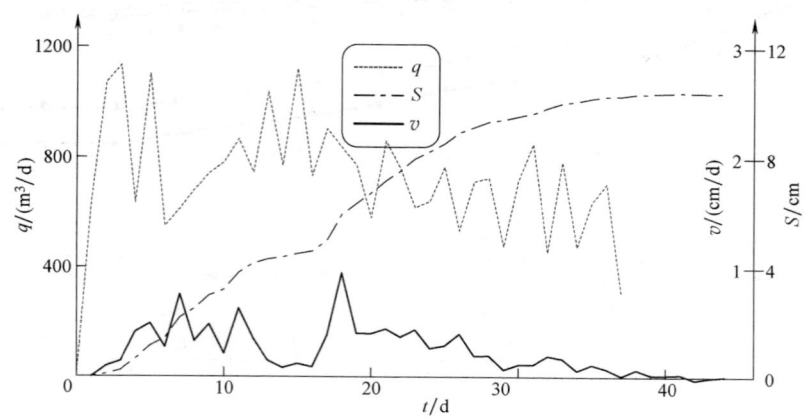

图 5-15 DK287+000 湿陷发展特征

增大,但与其他试验场地停水后的单天沉降量相比,DK346+950试验场地比较特殊:停水后单天沉降量增大幅度远大于其他试验场地,甚至远远超出了该试验场地浸水期间的单天沉降量(图5-14)。这也说明长期浸水的黄土场地在浸水停止后的数天时间里也有可能发生较大沉降,因此,这一时段也可能是浸水地基湿陷变形剧烈、对建筑物产生严重破坏的时段,建设过程中也需对这一时段浸水地基的变形情况予以特别关注。

5.1.2 地表累计沉降变形特征与分析

图5-16~图5-23是各试验场地浅标点的累计沉降量随时间变化曲线。

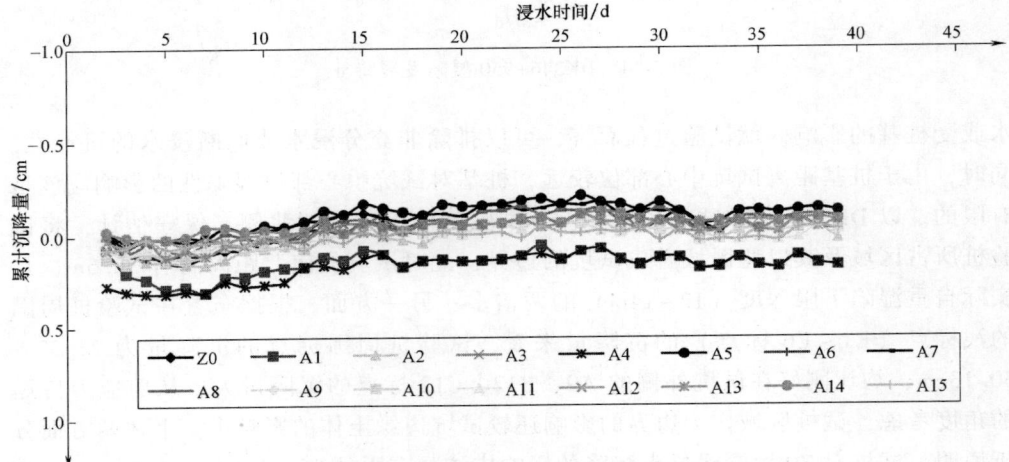

图5-16 DK58+320试验场地地表累计沉降量随时间变化曲线(A方向)

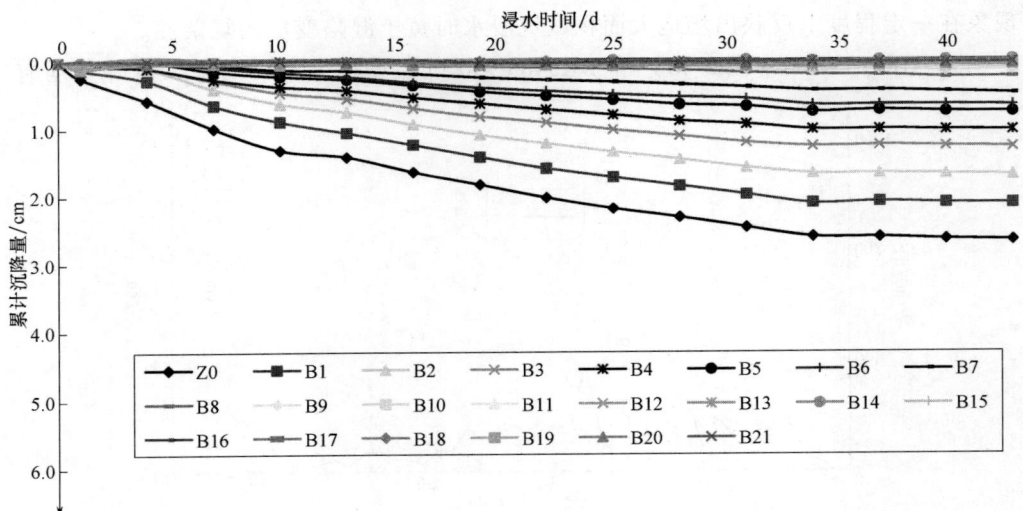

图5-17 DK92+200试验场地地表累计沉降量随时间变化曲线(B方向)

第5章 湿陷性黄土场地浸水试验分析研究

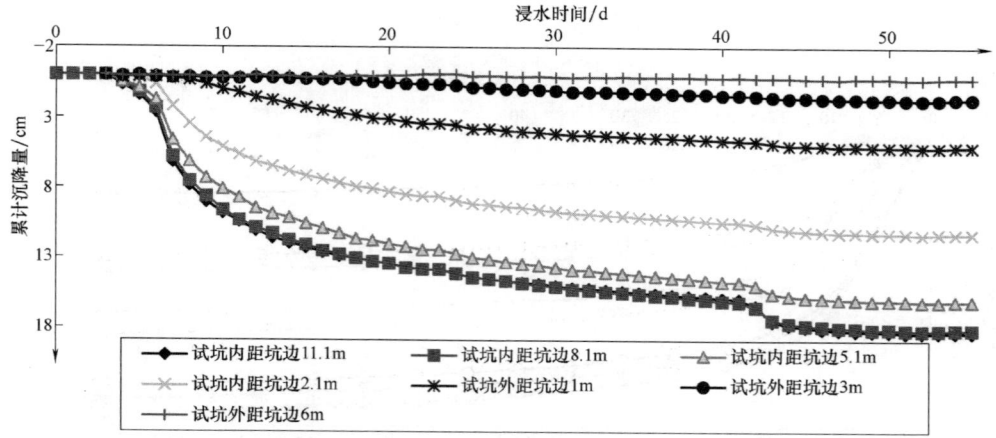

图 5-18　DK246+500 试验场地地表累计沉降量随时间变化曲线（C 方向）

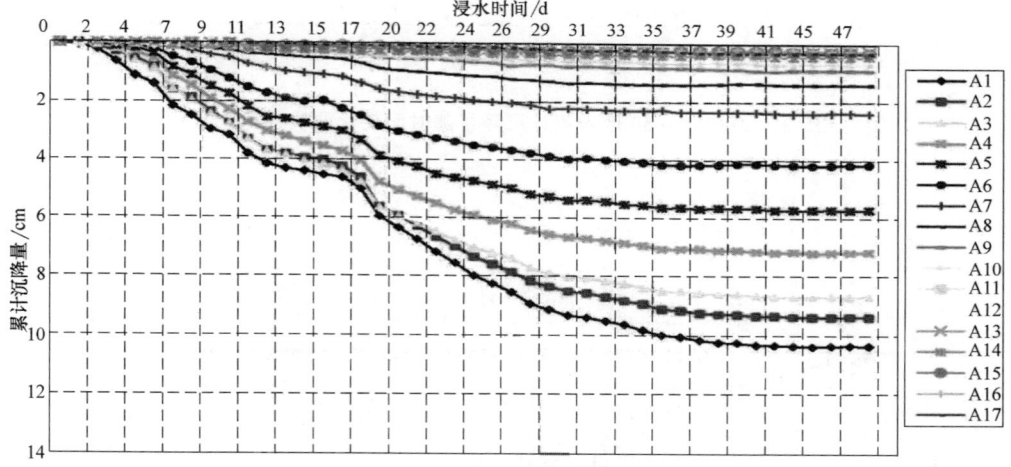

图 5-19　DK287+000 试验场地地表累计沉降量随时间变化曲线（A 方向）

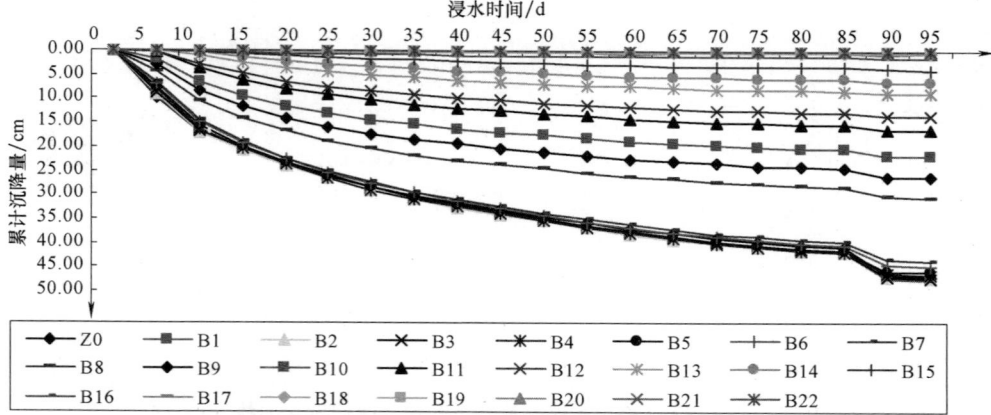

图 5-20　DK300+800 试验场地地表累计沉降量随时间变化曲线（B 方向）

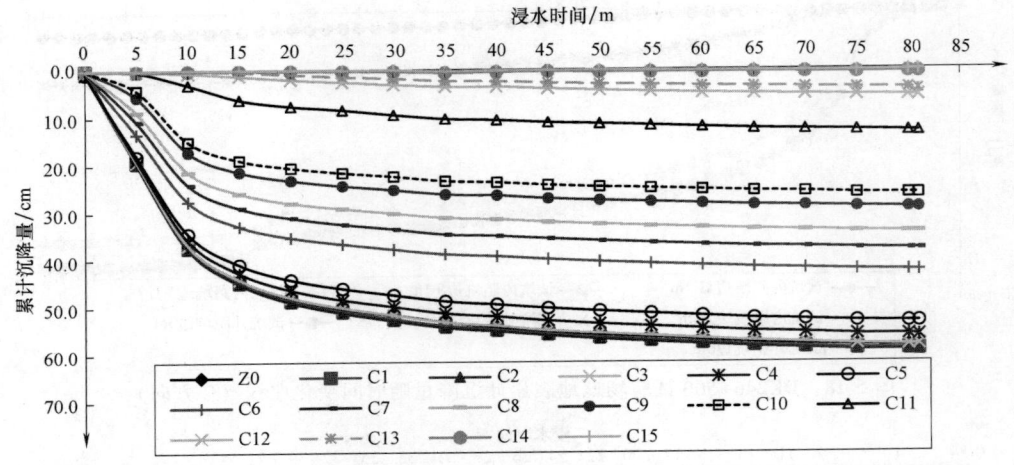

图 5-21 DK315+650 地表累计沉降量随时间变化曲线（C 方向）

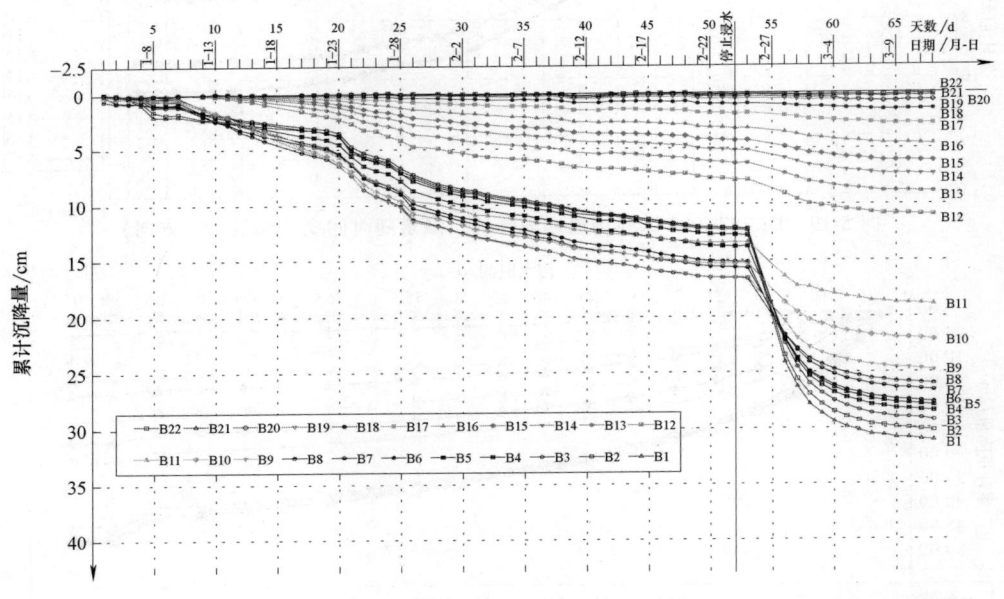

图 5-22 DK346+950 试验场地地表累计沉降量随时间变化曲线（C 方向）

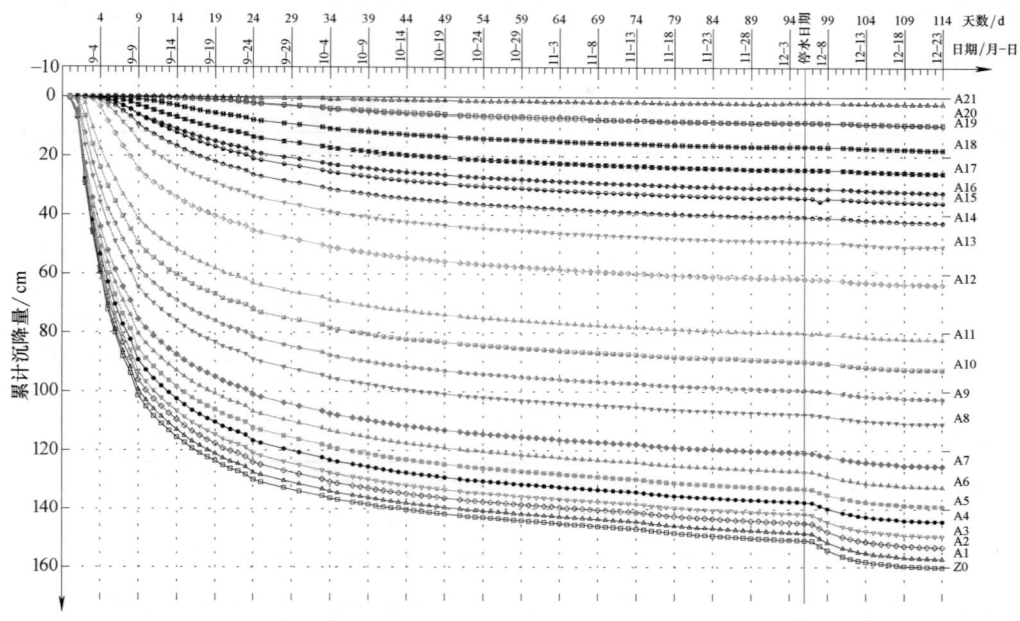

图 5-23 DK354+150 试验场地地表累计沉降量随时间变化曲线（A 方向）

对应于地表单天沉降量随时间变化曲线的三种形式，累计沉降量随时间变化曲线也可以划分为三种类型：①总变形量小（DK58+320 和 DK92+200 试验场地），地表累计沉降量随浸水时间的增加有限；②DK246+500、DK300+800、DK315+650 和 DK354+150 试验场地累计沉降量随浸水时间的增加显著，曲线形态圆顺，不同浅标点的累计沉降量-浸水时间曲线不交叉；③DK287+000 和 DK346+950 试验场地总沉降量较大，但曲线形态不圆顺，不同浅标点的累计沉降量-浸水时间曲线有交叉现象。可以说，累计沉降量-浸水时间曲线形态特征是单天沉降量-浸水时间曲线特点的进一步体现，第三类曲线仍应看成是特例。

沿线各试验场地自重湿陷场地的部分湿陷变形指标列于表 5-2。在计算"平均自重湿陷量"时，将以 Z0 标点为圆心、自重湿陷下限深度为直径的圆内浅标点最终沉降量的算术平均值作为实测自重湿陷量，由于自重湿陷土层下限深度的确定没有现成的方法，本报告参照规范、结合现场实测情况采用了两种判定标准来确定自重湿陷下限深度（详见第 4.2.2 节）：①"现场实测自重湿陷系数"（相邻深度标点沉降量差与相应土层厚度的比值）大于 0.015 的下限深度；②下覆土层实测自重湿陷量等于 15mm 对应的深度。当按标准 1 和标准 2 分别确定的平均自重湿陷量实测值不相同时，取大值。

由表中的数据可以得到以下结论：

（1）单天自重湿陷量与总自重湿陷量之间相关性强。除 DK346+950 试验场地外，其余各试验场地总自重湿陷量与单天自重湿陷量峰值之间存在很好的相关性，即总自重湿陷量大的场地,其单天自重湿陷量峰值也大,起始湿陷时间也相对较早。

表 5-2 各试验场地自重湿陷变形的部分指标

试验场地里程	DK246+500	DK287+000	DK300+800	DK315+650	DK346+950	DK354+150
起始湿陷时间/d	4	3	3	1	1	1
单天最大沉降量/cm	2.1	0.6	4.8	6.9	1.8(浸水期间)>4.5(停水后)	23.6
最大自重湿陷量/cm	19.3	10.4	47.7	59.3	35.8	160.3
平均自重湿陷量/cm	17.2/17.2 17.2	9.7/9.3 9.7	45.6/45.6 45.6	54.9/54.9 54.9	31.4/31.4 31.4	145.9/142.4 145.9
停水后最大沉降量/cm	2.5	0.7	6.5	0.6	20.0	9.2

注:"平均自重湿陷量"一栏中,"A/B"中的 A、B 两个数值为按标准 1 和标准 2 分别确定的平均自重湿陷量实测值,当 A、B 两个数值不同时,取大值。

(2) 自东向西沿线黄土自重湿陷性增强的规律性明显。由表 5-2 可以发现,沿郑西高速铁路自东向西,总体上服从场地自重湿陷量逐渐增大、起始湿陷时间逐渐减小的规律,这说明沿线黄土的自重湿陷性自东向西逐渐增强。试验结果符合人们对该地区黄土湿陷性大小的传统认识。

DK354+150 试验场地最大自重湿陷量达到 160.3cm,在数量上远超出人们对这一地区黄土湿陷性的传统认识,需认真对待并引起足够重视。

DK58+320 和 DK92+200 试验场地自重湿陷变形小,属于非自重湿陷场地,因本次现场浸水试验的重点是郑西高速铁路沿线大厚度湿陷性黄土场地的自重湿陷性,故 DK58+200 和 DK92+200 试验场地的浸水后地面变形特点在本书中不重点讨论。

图 5-24 ~ 图 5-31 是各试验场地地表沉降形态过程曲线。对比图 5-24 ~ 图 5-31,可以得出以下认识和结论:

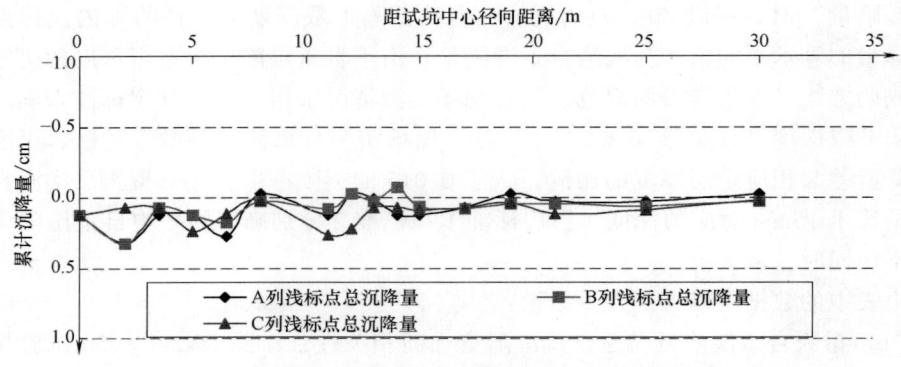

图 5-24 DK58+320 试验场地地表沉降形态过程曲线

1) 湿陷变形的边界效应明显。浸水边界对湿陷变形有明显的限制作用，沿试坑直径方向，靠近试坑中心的部位的沉降量一般较大，但在浸水边界附近，沉降量随距试坑边距离的减小而发生显著变化。以 DK346+950 试验场地为例，在三条测线上试坑内外两侧距离试坑边缘最近的两个浅标点的沉降量具有明显差异性；试坑外侧浅标点随着其离浸水坑距离的增大，沉降量急剧减小，从 A9 标点到 A14 标点，距试坑边缘的距离增加 6m，试验结束时的沉降量由 12.96cm 减小至 2.47cm，减小幅度达 10.49cm。

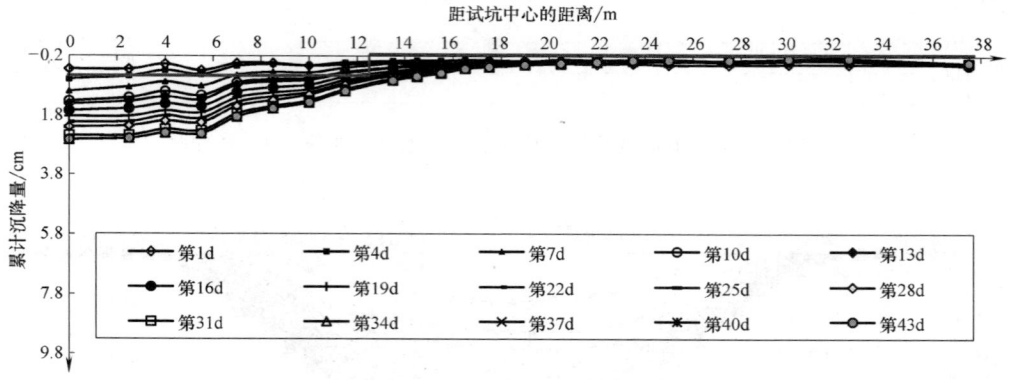

图 5-25　DK92+200 试验场地地表沉降形态过程曲线（A 方向）

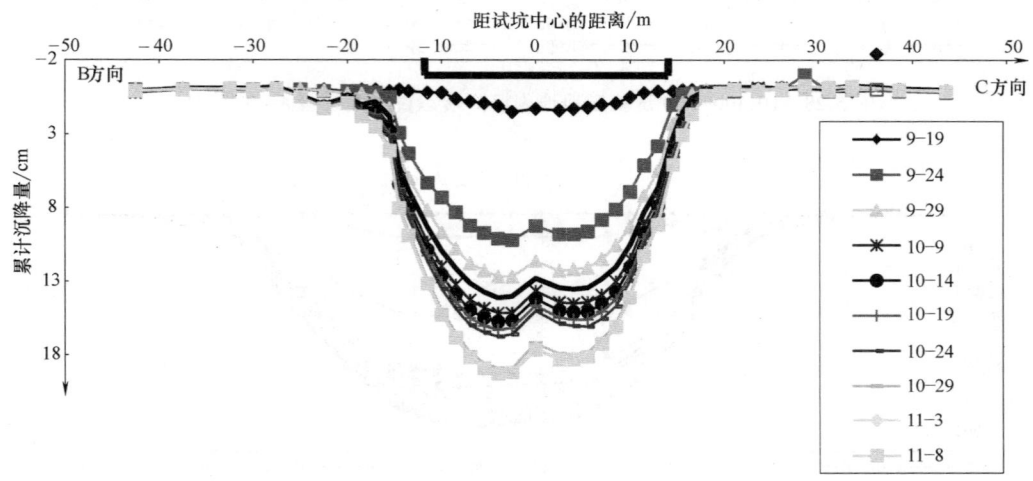

图 5-26　DK246+500 试验场地地表沉降形态过程曲线（B—C 方向）

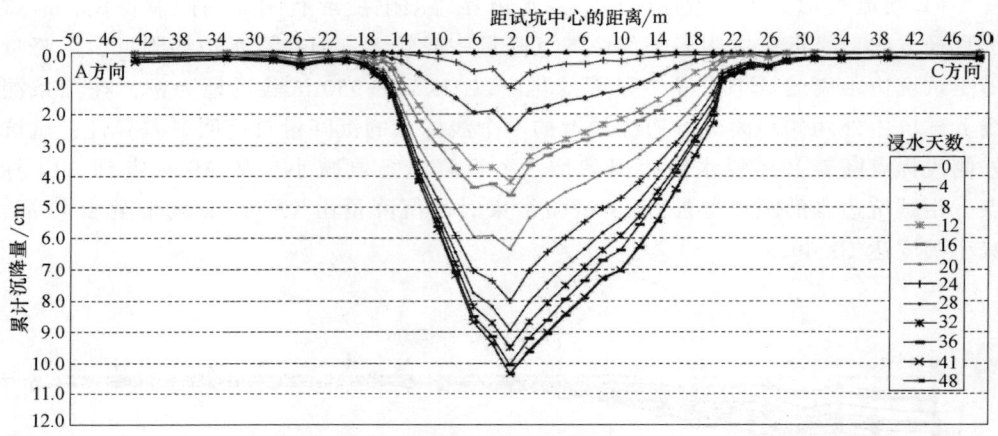

图 5-27　DK287+000 试验场地地表沉降形态过程曲线（A—C 方向）

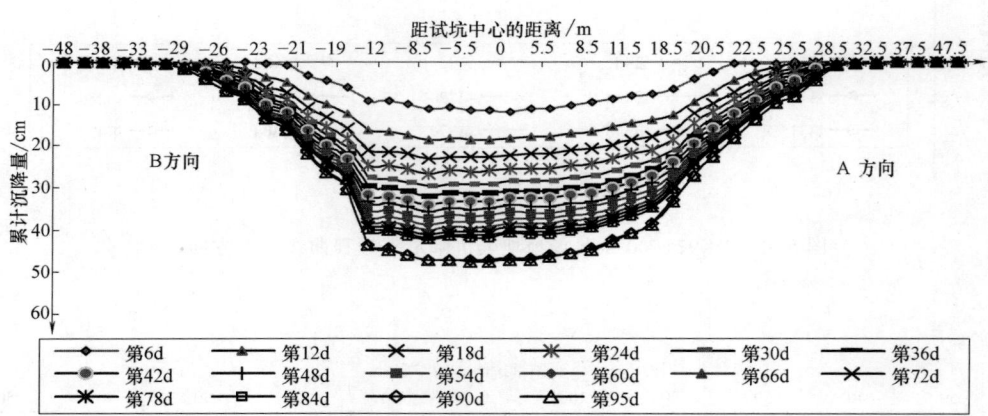

图 5-28　DK300+800 试验场地地表沉降形态过程曲线（A—B 方向）

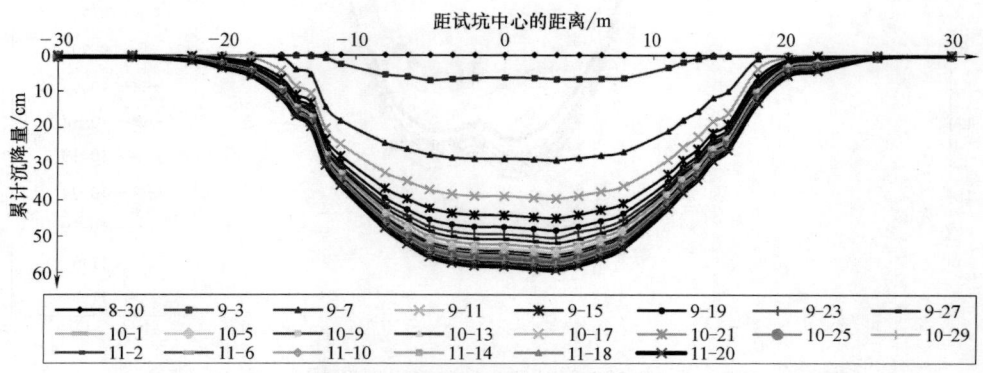

图 5-29　DK315+650 试验场地地表沉降形态过程曲线（B—C 方向）

第5章 湿陷性黄土场地浸水试验分析研究

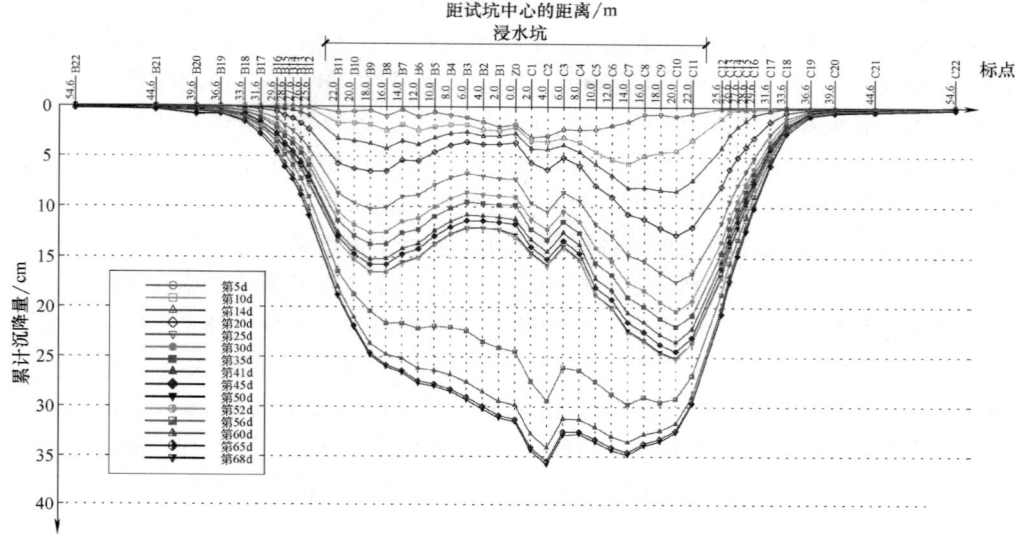

图 5-30　DK346+950 试验场地地表沉降形态过程曲线（B—C 方向）

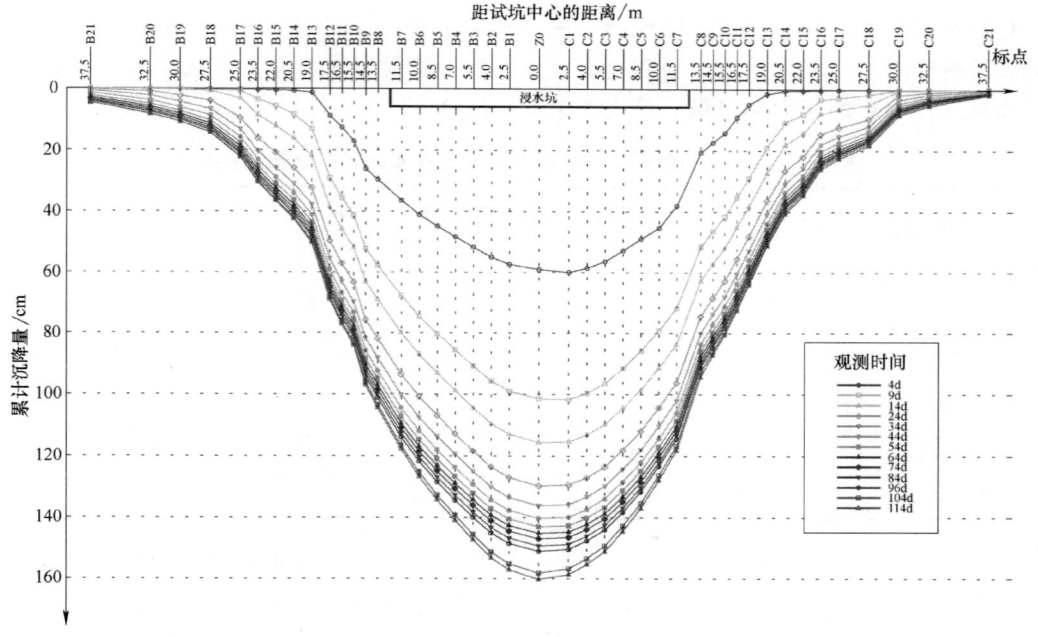

图 5-31　DK354+150 试验场地地表沉降形态过程曲线（B—C 方向）

2）部分场地湿陷变形各向异性明显。部分试验场地（DK300+800、DK315+650 和 DK354+150）地表沉降形态过程曲线呈中心对称形态，大致上呈"锅底形状"，而有些试验场地地表沉降形态过程曲线则向某一方向倾斜（如 DK246+500），场地土层表现出一定的各向异性,甚至出现极端的情况,最大湿陷发生在靠近试坑边的一侧,如 DK346+950 试验场地。在浸水过程中,不同方向上地表沉降变形范围差异较大,如 DK287+000 试验场地,试验结束时 A、B、C 三条测线的变形范围距试坑边的径向距离分别为 15m、20.3m 和 12.4m;另外,裂缝在某些方向上首先出现,然后才在其他方向出现。这些情况说明,在某些情况下黄土浸水湿陷存在着某一优势湿陷变形方向,同时也说明黄土湿陷性的复杂性。

湿陷性黄土场地湿陷变形的各向异性有一定的工程意义。弄清某一地区黄土场地的优势湿陷变形方向,则可对潜在的浸水引起的湿陷变形预防措施在不同方向上进行取舍。场地湿陷变形的各向异性与地形关系密切,具体分析详见第 5.4.4 节。

3)沿线黄土场地浸水后变形范围差异较大。若以浅标点沉降大于等于 2mm 为地表发生湿陷的界限值,则场地浸水沉降范围就是沉降大于等于 2mm 的地面点围成的闭合区域。各试验场地三条测线上的最大沉降平面范围为 13~30m(详见 5.1.9 节表 5-7),可见浸水条件下试坑周围地表平面沉降范围的差异比较大。

5.1.3 停水后地表沉降特征

浸水期间,黄土达到饱和状态,黄土发生浸水期自重湿陷变形;停水后,由于孔隙水将消散,发生排水固结变形。试验结果表明,不同试验场地停水后均有排水固结变形发生,但固结变形量和变形速率因场地条件不同而异。各试验场地试坑内浅标点停水后的最大沉降量,见表5-3。

表 5-3 各试验场地试坑内浅标点停水阶段累计沉降量最大值统计

试验场地	浅标点编号	总沉降量 /cm	停水阶段累计沉降量 /cm	停水阶段累计沉降量所占总沉降量百分比(%)
DK246+500	B2	19.3	2.5	13.0
DK287+000	A1	10.4	0.7	6.7
DK300+800	C1	47.7	6.5	13.6
DK315+650	C4	59.3	0.6	1.0
DK346+950	C2	35.8	20.0	55.9
DK354+150	Z0	160.3	9.2	5.7

从表 5-3 和图 5-9~图 5-15 可以看出,停水阶段土体的排水固结沉降值较大。对于试验场地 DK346+950,停水以后的排水固结沉降量基本发生在停水以后的 2~3d,停水后的单天沉降量和累计沉降量最大,而且远远超过其浸水期间的最大湿陷速率(图 5-20),也远大于其他试验场地固结沉降变形速率和变形量(图 5-9~图 5-12、图 5-15、表 5-3)。因此,在自重湿陷性黄土地基受水浸湿后,还应重视停水后的沉降对工程建筑物的影响。

对于试验场地 DK246+500(图 5-9)、DK300+800(图 5-10)和 DK354+150

（图5-12），停止浸水后，场地沉降变形迅速增大，之后很快趋于稳定，直至消失而平衡。

对于试验场地DK315+650（图5-11）和DK287+000（图5-15），与浸水自重湿陷变形稳定后的湿陷速率相比，停水后的沉降速率无明显的变化。

5.1.4 自重湿陷量大于15mm的平面范围与时间特征

15mm沉降量是郑西高速铁路工后沉降控制指标，大于该指标的沉降变形将影响高速铁路的正常运营。表5-4是坑外地表自重湿陷量大于15mm的平面范围及所需时间。以DK246+500为例，当浸水边界在路基坡脚6m以外时，未处理地基不会产生大于15mm的沉降量；当浸水边界在距路基坡脚6m以内时，浸水7d未处理地基会产生过量沉降。因此，表中数据反映了路基地基在长期浸水条件下"过量变形"发生的范围及时间，具有实际工程意义。

表5-4 坑外地表自重湿陷量大于15mm的范围及时间

试验场地	试坑外自重湿陷量大于15mm的范围/m	试坑外自重湿陷量达到15mm所用的时间/d
DK246+500	6	7
DK287+000	—	—
DK300+800	9.5	4
DK315+650	11	2
DK346+950	11	10
DK354+150	15	1

5.1.5 自重湿陷量完成进度对比分析

表5-5和图5-32给出了各试验场地自重湿陷量完成进度的对比情况。就各试验场地湿陷变形完成的时间来看，DK346+950、DK287+000、DK246+500最快，DK315+650次之，DK354+150和DK300+800最慢。就湿陷变形发展的速率而言，在浸水初期，DK354+150最快，DK287+000和DK315+650次之、DK300+800和DK246+500相对较慢，DK346+950最慢。这一现象也反映了因场地土性不同而导致的沉降量-时间差异。

表5-5 各试验场地自重湿陷量完成进度一览

浸水时间/d	自重湿陷量完成进度(%)					
	DK246+500	DK287+000	DK300+800	DK315+650	DK346+950	DK354+150
0	0.0	0.0	0.0	0.0	0.0	0.0
5	5.7	11.0	19.1	22.8	8.3	58.6

（续）

浸水时间/d	自重湿陷量完成进度(%)					
	DK246+500	DK287+000	DK300+800	DK315+650	DK346+950	DK354+150
10	47.7	28.7	34.9	59.6	9.9	72.1
15	63.9	45.7	42.3	74.1	13.0	77.0
20	71.8	57.4	48.7	81.6	17.7	80.9
25	76.8	88.1	54.1	85.6	29.4	85.0
30	81.3	90.4	59.0	88.5	34.2	86.7
35	84.0	96.6	62.9	91.3	37.1	87.7
40	86.3	99.6	66.1	92.8	39.5	88.9
45	97.2	100	69.1	94.3	42.5	89.5
55	100.0		74.7	96.6	82.1	90.2
60			77.2	97.4	95.3	90.8
65			79.3	98.3	99.1	91.4
70			81.2	99.0		92.1
75			82.8	99.6		92.9
80			84.2	99.8		93.4
85			85.1			93.8
90			99.3			94.3
95			100.0			98.1
100						99.3
105						99.9

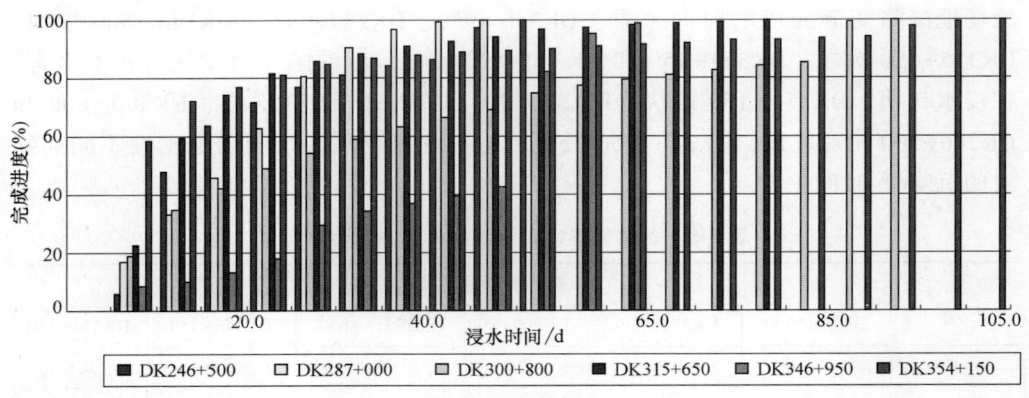

图 5-32 各试验场地自重湿陷量完成进度对比

5.1.6 地表累计沉降变形随时间变化规律的函数拟合分析

由 5.1.2 节可知，黄土自重湿陷性随浸水时间的变化特点在各试验场地并不相同，具体表现在地表累计沉降变形-浸水时间曲线形态、不同时段发生的沉降量大小、湿陷起始时间等在不同场地各异。了解郑西高速铁路沿线黄土自重湿陷变形的时间特性，对预测场地浸水后的变形趋势、预防湿陷变形对建筑物的危害性等方面有很重要的作用。

图 5-33～图 5-38 是各自重湿陷试验场地地表累计沉降量与浸水时间的关系曲线图，这些曲线有如下特点：

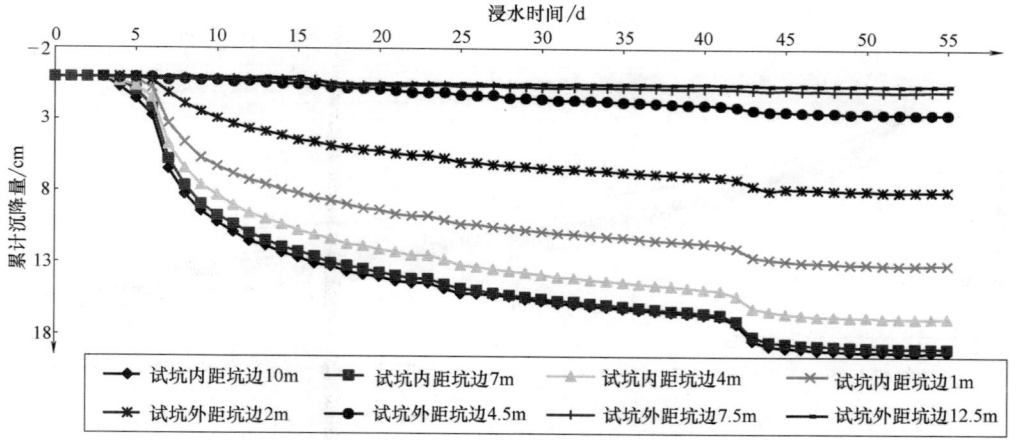

图 5-33 DK246+500 试验场地地表累计沉降量与浸水时间关系曲线（B 向）

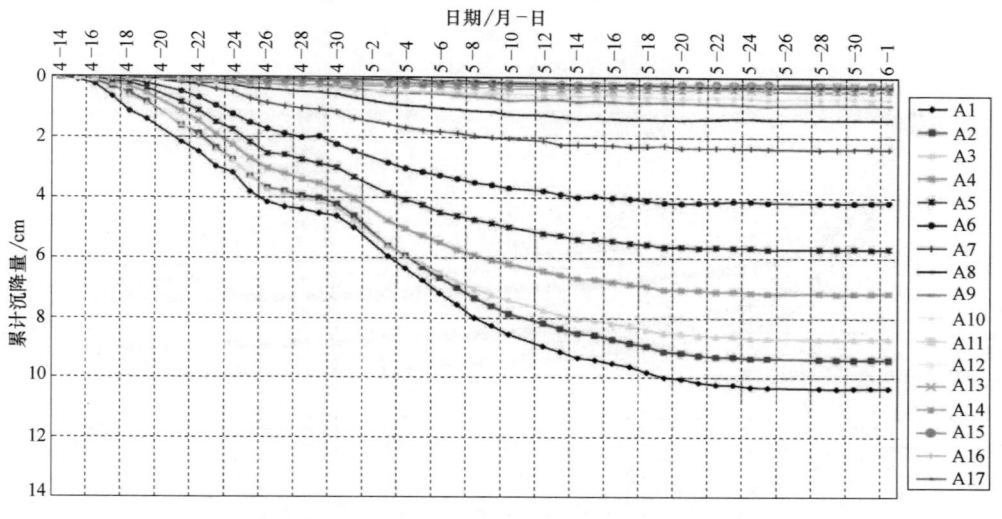

图 5-34 DK287+000 试验场地地表累计沉降量与浸水时间关系曲线（A 向）

1）浸水过程中，沉降曲线可分为三段：第一段是浸水前几天，沉降逐渐发生，沉降量很小，曲线斜率由零逐渐增大，在不同场地这一时段的长短差别较大；第二段是湿陷变形强烈段，湿陷变形速率大，沉降曲线曲率大，有明显的拐点；第三段是湿陷变形发生缓和段，湿陷变形速率小，沉降曲线逐渐平缓，持续时间较长。

2）停止浸水后，由于浸水条件发生改变，沉降变形主要是由土体排水固结引起，与浸水过程中的湿陷变形不同。停水后的沉降变形曲线与浸水期的沉降曲线有明显不同，停水后的沉降曲线很快出现拐点，之后曲线趋于平缓直至水平。

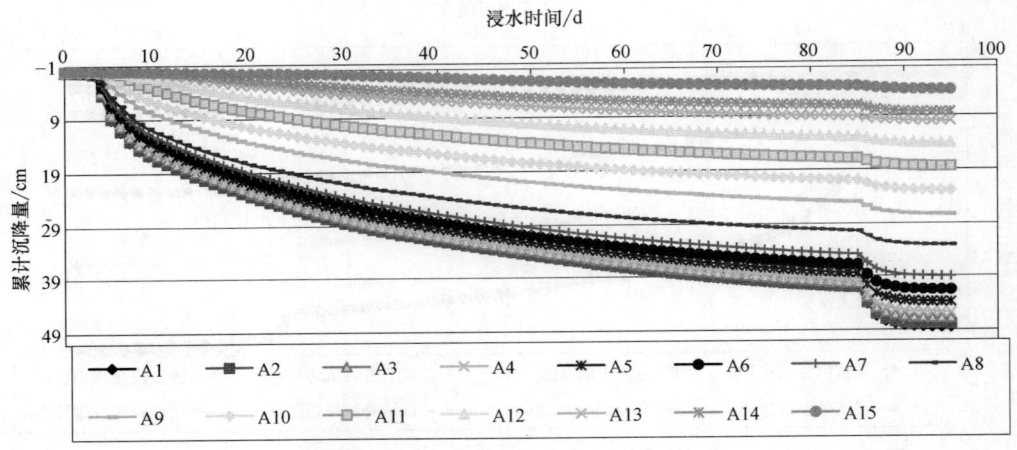

图 5-35　DK300+800 试验场地地表累计沉降量与浸水时间关系曲线（A 向）

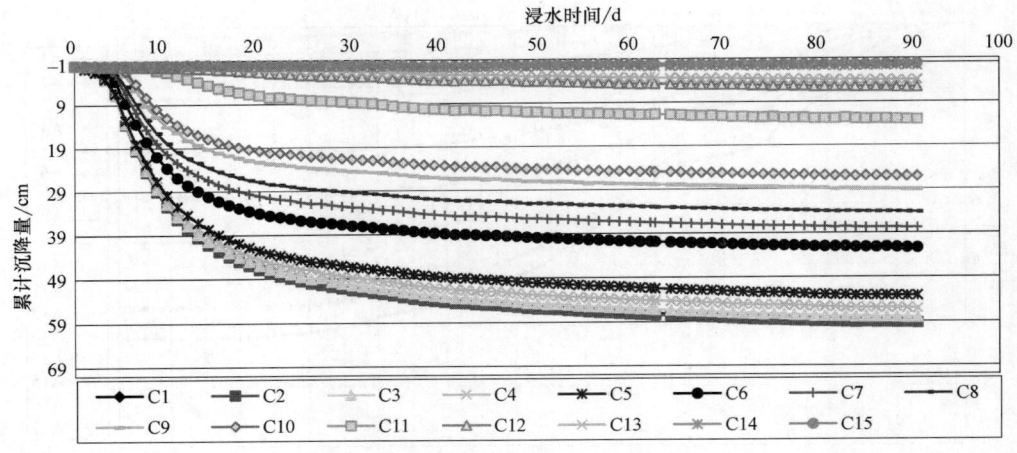

图 5-36　DK315+650 试验场地地表累计沉降量与浸水时间关系曲线（C 向）

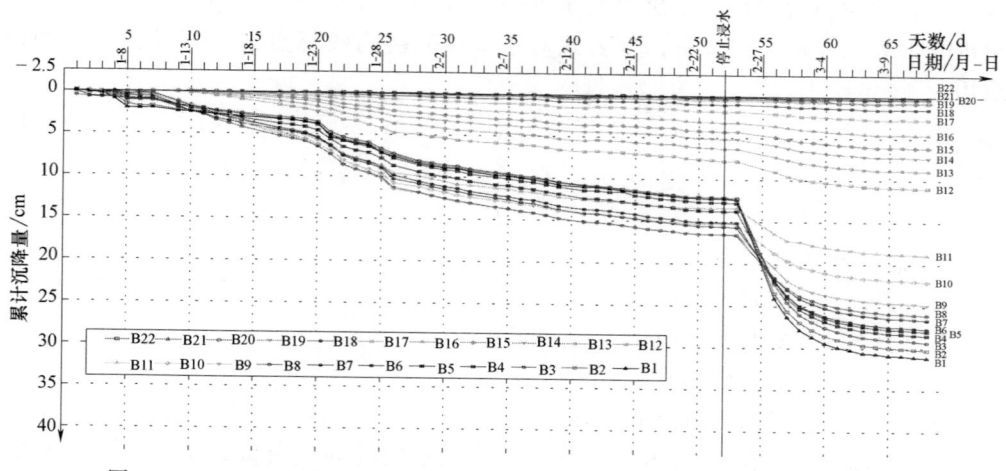

图 5-37　DK346+950 试验场地地表累计沉降量与浸水时间关系曲线（B 向）

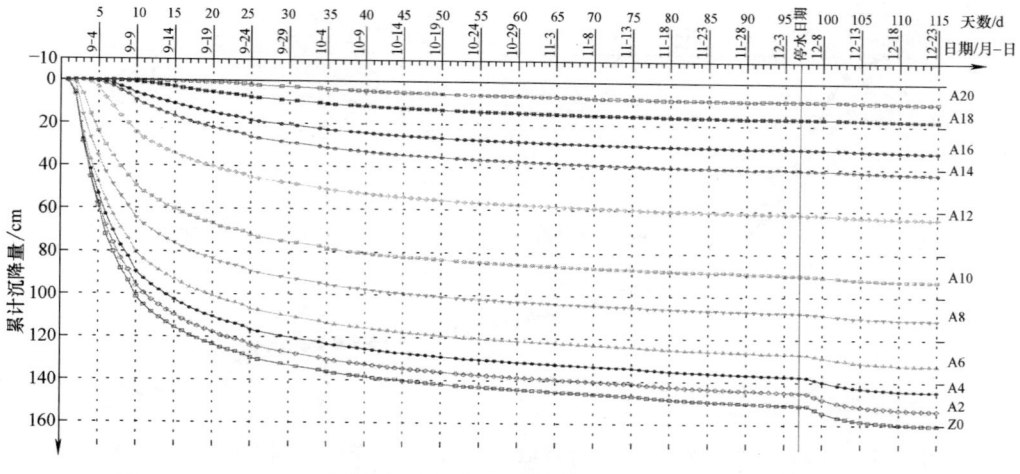

图 5-38　DK354+150 试验场地地表累计沉降量与浸水时间关系曲线（A 向）

事实上，深部沉降-时间关系曲线也有以上特点。尽管各试验场地的沉降时间特征参数（起始时间、单天最大沉降量、累计最大沉降量、湿陷持续时间）等差异较大，但其沉降-时间曲线的形态却很相似，反映出的规律性也基本相同。这说明湿陷变形和浸水时间之间有着内在的联系，因此，下面用函数拟合这种最直接的方式来表达湿陷变形和浸水时间之间的关系。

因最大沉降量可以代表一个试验场地的湿陷特性，故这里仅对最大沉降量-时间关系进行函数拟合。分别用两种拟合函数进行描述。

1. 单参数拟合

为通过实测资料找到一个简单适用的公式对坑内标点的沉降进行表述，吕玉芳等[75]在《自重湿陷性黄土层预浸水处理的现场试验与设计》一文中对自重湿陷量进行了近似表示，经分析，该公式对本次试验坑内浅标点的沉降规律分析同样适用。

$$S(t) = S_{\max}(1-e^{-at}) \tag{5-1}$$

$$a = \frac{S_{\max}}{D^m}$$

式中 $S_{\max}$——稳定沉降（m）；
　　　D——试坑直径，m；
　　　t——浸水时间，d；
　　　m——待定系数。

按式（5-1），对 DK246+500 浸水工点地表 B2 标点累计沉降量进行拟合，浸水过程中 B2 标点的沉降可表达为式（5-2），停水后的固结沉降可表达为式（5-3）（式中，t 为停水后的固结时间，d），图 5-39 为计算沉降量与实测沉降量的比较。

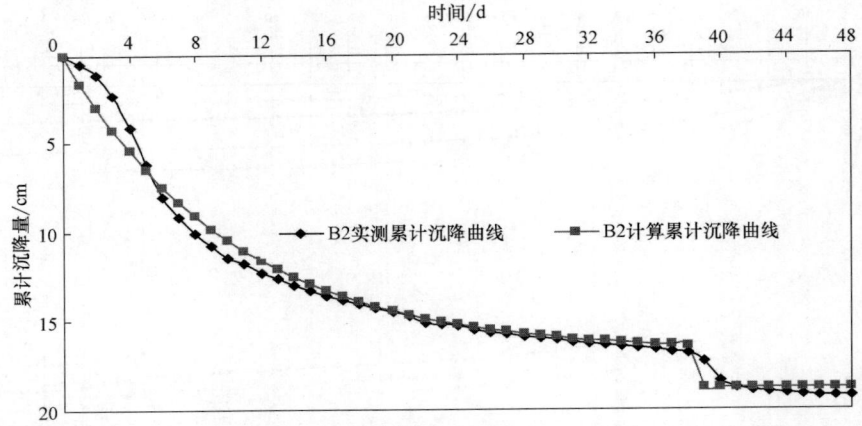

图 5-39　DK246+500 试验场地 B2 标点地表最大累计沉降量-时间关系的单参数拟合

对于 DK246+500 试验场地，浸水过程中的拟合函数为

$$S(t) = 16.87(1-e^{-0.098t}), \quad m = 1.6, \quad a = 0.098 \tag{5-2}$$

停水后的拟合函数为

$$S(t) = 2.34(1-e^{-0.644t}), \quad m = 0.4, \quad a = 0.644 \tag{5-3}$$

2. 多参数拟合

通过数值分析，得到如下自重湿陷变形量随时间变化的拟合公式

$$S(t) = -a_1 e^{a_2(t+a_3)^2} + a_4 t^2 + a_5 t + a_6 \tag{5-4}$$

式中 $S(t)$——浸水场地自重湿陷量，cm；
　　　t——变形时间，d，以开始发生湿陷的前一天为 0 点；
　　　$a_1 \sim a_6$——待定系数，其中 a_1、a_2、a_4 小于 0，a_5 和 a_6 大于 0。

图 5-40 是用式（5-4）对 DK246+500 试验场地的最大沉降量随时间变化关系曲线拟合成果图，其相关系数 R^2 为 0.9994，因此，相关性非常好。

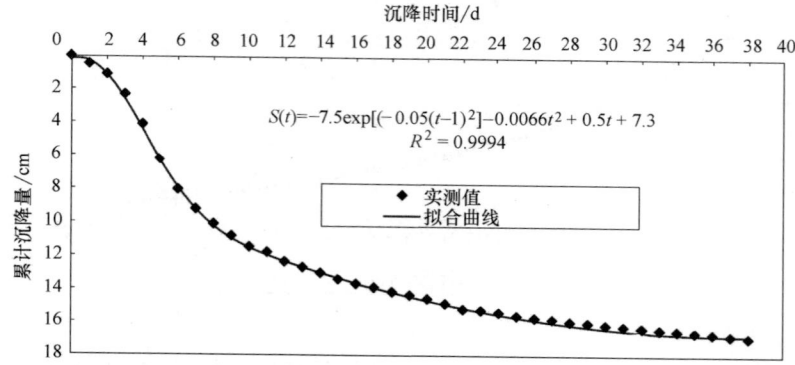

图 5-40　DK246+500 试验场地地表最大沉降点累计沉降量-时间关系的多参数拟合

经对其他试验场地最大沉降量随浸水时间变化关系曲线进行拟合，其相关系数 R^2 也都在 0.9930~0.9997，相关性非常好。这就说明公式（5-4）能够很好地反映自重湿陷变形随时间的变化特征。式中的待定系数与场地的某些物理参数相关，如 a_1 和 a_6 与场地最大自重湿陷量相关，a_2 与湿陷发展剧烈时段的湿陷变形速率有关，a_3 与起始湿陷时间相关，a_4 和 a_5 与湿陷发展平缓时段的湿陷发生量和发生速率相关。

上述两种拟合各有优缺点：单参数拟合的优点在于其拟合公式简单实用，能同时对试验的全过程进行描述。可以看出，该曲线与试坑的直径和最大沉降量息息相关，便于操作。但在浸水试坑直径为自重湿陷下限深度的两倍以上的条件下，湿陷变形基本是与直径无关的。但拟合曲线的相关性较第二种拟合较差。多参数拟合的优点在于拟合曲线的相关性较高，对试验的实测值有更准确的描述。缺点在于只能准确描述浸水期间的沉降特性，不能描述停水固结阶段的沉降特性，其待定系数较多（6个），不便于推广。

综合比较，选定单参数拟合方法对 DK300+800、DK315+650、DK354+150 试验场地的地表累计沉降量-时间关系曲线进行拟合，如图 5-41~图 5-43 所示。

DK300+800 试验场地浸水过程中的拟合函数为

$$S(t) = 41.89(1-e^{-0.039t})，a = 0.039 \tag{5-5}$$

停水后的拟合函数为

$$S(t) = 5.85(1-e^{-0.521t})，a = 0.521 \tag{5-6}$$

DK315+650 试验场地浸水过程中的拟合函数为

$$S(t) = 58.94(1-e^{-0.094t})，a = 0.094 \tag{5-7}$$

停水后的拟合函数为

$$S(t) = 0.38(1-e^{-0.282t})，a = 0.282 \tag{5-8}$$

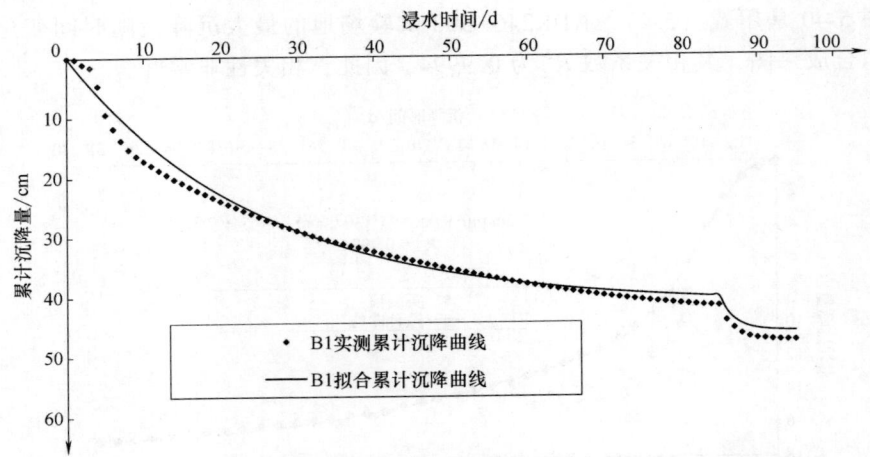

图 5-41　DK300+800 试验场地 B1 标点累计沉降量-时间关系的拟合曲线

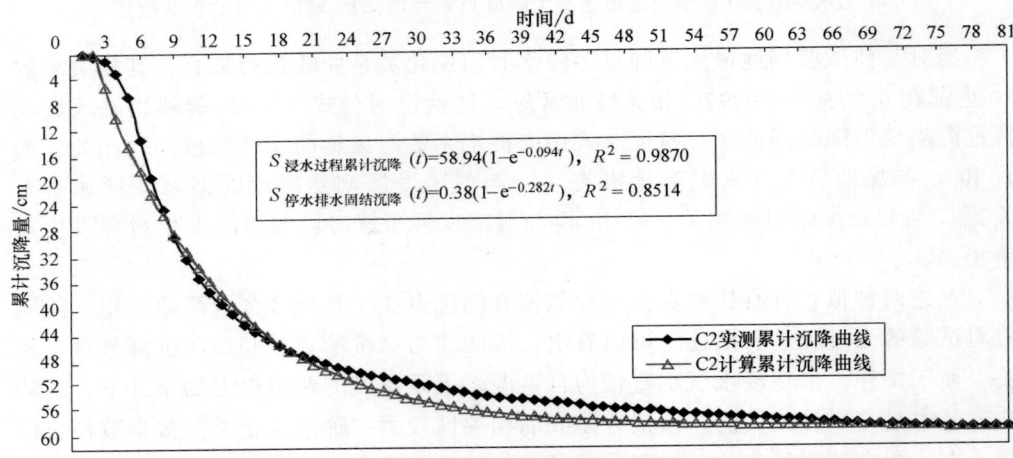

$S_{浸水过程累计沉降}(t)=58.94(1-e^{-0.094t})$，$R^2=0.9870$
$S_{停水排水固结沉降}(t)=0.38(1-e^{-0.282t})$，$R^2=0.8514$

图 5-42　DK315+650 试验场地 C2 标点累计沉降量-时间关系的拟合曲线

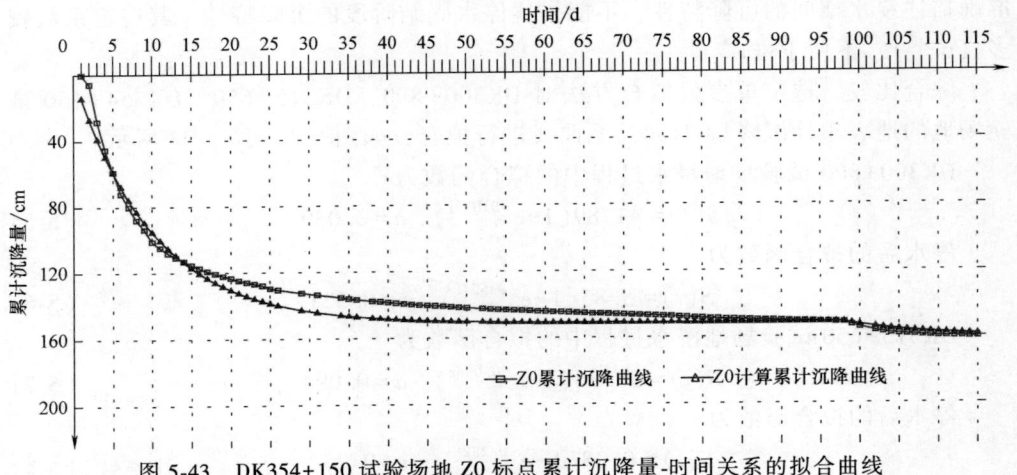

图 5-43　DK354+150 试验场地 Z0 标点累计沉降量-时间关系的拟合曲线

DK354+150 试验场地浸水过程中的拟合函数为

$$S(t) = 160.3(1-e^{-0.1t}), \ a = 0.1 \tag{5-9}$$

停水后的拟合函数为

$$S(t) = 9.17(1-e^{-0.1t}), \ a = 0.1 \tag{5-10}$$

通过以上在浸水过程中沉降量-时间曲线的拟合函数可以看出：除了 DK300+800 试验场地，其余试验场地浸水期间的 a 值接近于 0.1，可视为常数。由于各试验场地均为充分浸水，试坑直径均大于自重湿陷性土层厚度且不小于 10m，满足自重湿陷充分发挥的条件[75]。因此，对于自重湿陷充分发挥的浸水场地，浸水过程中最大累计沉降量-浸水时间拟合函数的拟合系数 a 值在多数情况下可取为 0.1。

式（5-2）、式（5-5）、式（5-7）和式（5-9）分别给出了浸水期间 DK246+500、DK300+800、DK315+650 和 DK354+150 试验场地地表累计沉降量-浸水时间的函数拟合关系。在以上试验场地附近的郑西高速铁路代表性地段，利用上述公式可以推算在浸水一段时间后路基地基可能产生的沉降量、最终沉降量、最大单天沉降量及其发生时间，以及长期浸水条件下的沉降稳定时间等，对预测路基浸水后的危害程度、危害发生时间和抢险具有参考和指导意义。

5.1.7　因地区土质而异的修正系数 β_0 的实测值

由自重湿陷量计算公式

$$\Delta_{zs} = \beta_0 \sum_{i=1}^{n} \delta_{zsi} h_i \tag{5-11}$$

可得自重湿陷修正系数计算式

$$\beta'_0 = \Delta'_{zs} / \sum_{i=1}^{n} \delta_{zsi} h_i \tag{5-12}$$

式中　Δ'_{zs}——自重湿陷量实测值。

由式（5-12）可计算出各试验场地因地区土质而异的修正系数 β_0 的实测值，由于采用了两种判定标准来确定自重湿陷下限深度，所以 β_0 也有两个数值，当两个数值不同时，取平均值，列于表 5-6。众所周知，因地区土质而异的修正系数 β_0 是在一个地区大量现场实测和室内试验的基础上经过统计得到的一个经验值，在一定程度上代表了该地区的湿陷敏感性和湿陷性的大小。当浸水试验场地能够代表某一区段黄土的湿陷性时，由式（5-12）计算出的因地区土质而异的修正系数 β_0 的实测值应该具有代表性。铁路作为线形建筑物，两侧的范围有限，如果试验场地的地貌单元和黄土类型能够代表某一区段黄土湿陷性的最大值，则现场试验得到的因地区土质而异的修正系数 β_0 的实测值就可以在本区段采用。

根据《湿陷性黄土地区建筑规范》（GB 50025—2004）[2] 中的"附录 A：中国湿陷性黄土工程地质分区略图"，Ⅲ区和Ⅴ区的分界线在三门峡以东 40km 处，即郑西高速铁路里程 DK200（观音堂）附近。根据郑西高速铁路沿线的地形地貌和黄土分布情况，黄土湿陷性区划Ⅲ区和Ⅴ区可以考虑以 DK250+000（三门峡以西苍龙涧）为分界点。因此，建议在郑西铁路客运沿线，因地区土质而异的修正系数 β_0 按下述分段取值：①DK250 以东 β_0 为 0.5；②DK250 以西 β_0 为 0.9；但在 DK354+150 试验场地（特例）附近，β_0 的取值应视现场情况确定，对重要建筑物应进行现场浸水试验，查清黄土地基的湿陷性。

5.1.8 试验场地黄土的湿陷性评价

5.1.8.1 黄土物质成分与其湿陷性的关系

1. 可溶盐对黄土湿陷性的影响和作用

可溶盐影响包括黄土湿陷性在内的工程性能。当可溶盐呈固态时，对土粒起胶结作用；当其遇水溶解以离子形式存在于土中时，与土粒表面发生阳离子交换，劣化黄土的性能。一般而言，可溶盐含量越高，黄土湿陷性越强[76]，我国黄土湿陷性区域分布规律与可溶盐含量分布特征对应（表 3-2）。但研究表明，黄土中不同溶解能力的可溶盐对黄土湿陷的影响和作用不同。

（1）易溶盐 黄土中的易溶盐以氯化物、重碳酸盐为主，硫酸盐含量较少。易溶盐含量多少直接影响黄土的溶解性、膨胀性、崩解性、黏结性、渗透性及稳定性。易溶盐含量小于 0.5% 时对黄土性质影响不大，大于 0.5% 时对黄土的性质产生影响[77]。不同时代黄土中易溶盐含量变化基本相似，由北向南、由西向东有逐渐减小的趋势，这一规律与我国各地气候的分布特征密切相关[76]。

梁居伟等对关中地区黄土易溶盐的分析结果表明，关中地区黄土中易溶盐含量很低，总量不超过 0.1%；其次，黄土中易溶盐主要是 $Ca(HCO_3)_2$、$MgSO_4$，其余盐类分布很不均匀，含量也很低。尽管易溶盐总量与湿陷系数有一定的正相关，但因以上两点原因，很难说是易溶盐在水中的溶解导致了湿陷。

（2）中溶盐 黄土中的中溶盐主要是石膏（$CaSO_4 \cdot 2H_2O$），其含量与相对湿陷系数（δ_{sh}）呈正比关系，当石膏含量大于 0.4% 时，$\delta_{sh} > 0.02$，属湿陷性黄土；当石膏含量小于 0.4% 时，$\delta_{sh} < 0.02$，属非湿陷性黄土。

石膏多呈次生结晶分布于黄土孔隙中，作为矿物颗粒间的胶结物质，黄土中氯离子（NaCl、KCl）溶解后，能加速石膏溶解，它的溶解可使湿陷性黄土结构破坏，遂发生湿陷[76][78]；当石膏呈碎屑颗粒状分布时，对土粒既无胶结作用，受水浸湿时也不易溶解，对黄土湿陷基本无贡献[79]。

一般情况下，石膏含量自西向东，自北向南逐渐减少[77]。这种规律与郑西线黄土湿陷性自西北而东南逐渐变小的规律较为一致，且自西向东易溶盐含量逐渐减小，且所含氯离子减少，石膏变得难溶，湿陷性减弱。

（3）难溶盐　黄土中的难溶盐主要指碳酸盐（>90%），可分为原生和次生两种[80]。原生碳酸盐主要以碎屑矿物形式出现，少数以粉末状均匀分布；次生碳酸盐的存在形式主要有钙质结核和碳酸盐胶膜两种。钙质结核主要有姜石、蜗牛壳及各种形状的结核。碳酸盐胶膜主要以白色菌丝、粉末状、皮壳状或管状，具土状光泽的钙膜形式出现，存在于黄土孔洞、孔隙和裂隙的表面，增强孔隙结构的强度。浸水作用下，钙质结核难溶，对湿陷的贡献较小；菌丝状、粉末状碳酸盐不是所在层生成的，而是经上覆黄土层的淋滤沉淀形成的[77]。因此，位于孔壁和孔隙中的碳酸盐（菌丝、钙质条纹等）在浸水作用下可溶解和溶滤，使孔隙结构松散，促进湿陷发生。

$CaCO_3$ 在黄土中既起骨架作用，又起胶结作用。当 $CaCO_3$ 呈碎屑状分布于黄土内时，是黄土骨架的一部分；当以薄膜状分布或与黏土混在一起形成聚合体时，则起胶结作用。对于黄土湿陷而言，起骨架部分的 $CaCO_3$ 影响甚微，但起胶结作用的 $CaCO_3$ 则影响较大，以兰州和陕西武功黄土为例，黄土中 $CaCO_3$ 含量基本一致（9%～14%），但兰州黄土的 $CaCO_3$ 呈碎屑状分布，主要起颗粒骨架作用而对胶结作用的贡献较弱，武功黄土则主要起胶结作用，碎屑状颗粒骨架不明显，因此前者湿陷性大于后者[14]。

2. 郑西高速铁路黄土可溶盐及湿陷性

就郑西高速铁路沿线黄土而言，可溶盐含量总体上西部大于东部（表3-2、表3-3）。各试验场地勘察资料表明，沿线黄土 $CaCO_3$ 在黄土中存在形式和状态有较大差异。DK246+500、DK287+000、DK300+800、DK315+650 和 DK346+950 等试验场地，黄土中碳酸盐主要以蜗牛壳、碎片和钙质结核的形式存在，其中 DK315+650 含少量钙丝；而场地 DK354+150 中碳酸盐以白色菌丝、钙质条纹、蜗牛壳及钙质结核的形式存在，①~③层主要以白色菌丝和钙质条纹的形式存在。因此，试验场地 DK354+150 的黄土的湿陷相对更大，DK315+650 次之，其他场地黄土湿陷性相对较弱。

5.1.8.2　黄土微结构与其湿陷性的关系

1. 黄土微结构类型与湿陷性

黄土的微结构是由其颗粒特征、颗粒间排列和连接方式、孔隙等综合作用形成的，不同的结构单元、胶结类型及胶结物特征和孔隙，黄土具有不同的微结构类型（图5-44、表5-6、表5-7）。总体来说，黄土显微结构存在区域性变化规律，由西北的粒状、架空接触式结构，逐渐过渡为东南的凝块、镶嵌胶结式结构（图5-44、表5-6、表5-7）。

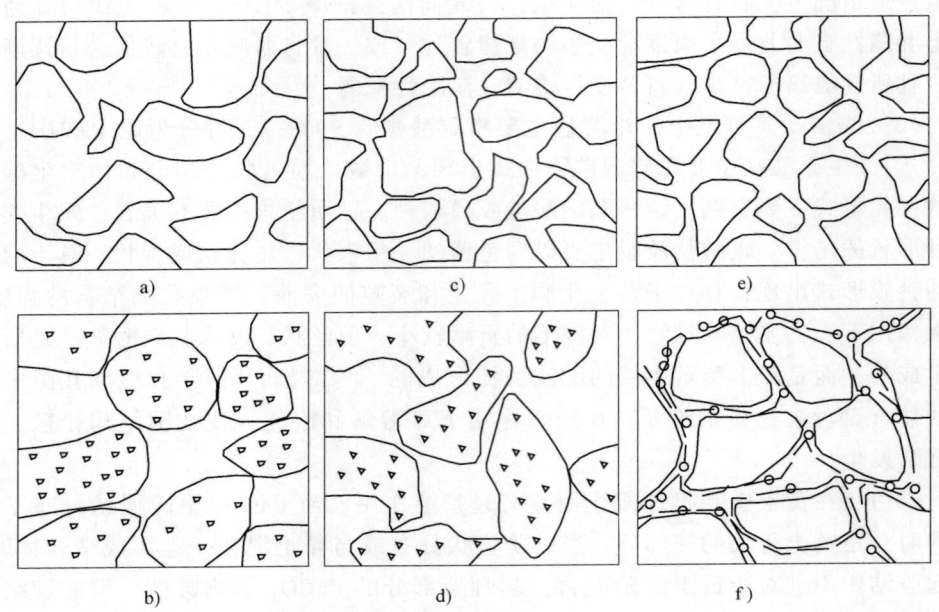

图 5-44 黄土微结构基本类型
a) 单粒架空孔隙结构 b) 球粒架空孔隙结构 c) 粒间孔隙结构
d) 凝块架空孔隙结构 e) 粒状镶嵌结构 f) 基底胶结孔隙结构

表 5-6 黄土显微结构类型与湿陷性[77]

结构组合	结构类型					
	偏光镜下	扫描电镜下				
微胶结结构组合	1. 细砂质接触胶结结构	1. 支架大孔微胶结结构 2. 镶嵌微孔微胶结结构	西北↓区域↓东南	新↓地质时代↓老	弱↑风化成土作用程度↓强	强↑湿陷性↓弱（消失）
半胶结结构组合	2. 细砂—粗粉砂—质接触胶结结构 3. 粗粉砂—细砂质孔隙—接触胶结结构	3. 支架大孔半胶结结构 4. 镶嵌微孔半胶结结构				
胶结结构组合	4. 粗粉砂质孔隙胶结结构 5. 粗—细粉砂质孔隙—基底胶结结构 6. 细—粗粉砂质基底—孔隙胶结结构 7. 细粉砂质基底胶结结构	5. 絮凝胶结结构 6. 凝块胶结结构				

黄土微结构类型及特征是其物理力学（包括湿陷性）的最重要方面，甚至是最主要方面，微结构不同，湿陷性不同，而且微结构类型的区域性变化规律与湿陷性变化趋势是一致的（表5-6、表5-7）。郑西高速铁路沿线黄土的结构特征详见3.3节。

表 5-7　中国黄土微结构分类与对比

张宗祜(1964) (偏光镜)	朱海之(1965) (偏光镜)	高国瑞(1980) (扫描电镜)	王永焱(1980) (扫描电镜)	雷祥义(1990) (扫描电镜)		
1. 粉砂质孔隙胶结结构 2. 粉砂质孔隙斑状胶结结构 3. 粉土质孔隙斑状胶结结构 4. 粉砂质细粒斑状胶结结构 5. 粉土质基底胶结结构 6. 粉砂质接触胶结结构 7. 粉砂质薄膜胶结结构	1. 接触胶结 2. 接触—基底胶结 3. 基底胶结	1. 粒状、架空接触结构 2. 粒状、架空—镶嵌—胶结结构 3. 粒状、架空—镶嵌接触结构 4. 粒状、架空、胶结结构 5. 粒状、架空、镶嵌、接触—胶结结构 6. 粒状、架空、镶嵌、胶结—结构 7. 粒状—凝块、架空、胶结结构 8. 粒状、凝块、架空—镶嵌、胶结结构 9. 粒状、镶嵌接触结构 10. 粒状、镶嵌、胶结结构 11. 粒状—凝块、镶嵌、胶结结构 12. 凝块、镶嵌、胶结结构	支架—镶嵌结构组合 1. 支架大孔结构 2. 镶嵌微孔结构半胶结结构组合 3. 支架大孔半胶结结构 4. 镶嵌微孔半胶结结构组合 5. 絮凝胶结结构 6. 凝块胶结结构	微胶结构组合 1. 支架大孔微胶结结构组合 2. 镶嵌微孔隙胶结结构 3. 支架大孔半胶结结构 4. 镶嵌微孔半胶结结构组合 5. 絮凝胶结结构 6. 凝块胶结结构	西北↑区域↓东南	强↑湿陷性↓弱

2. 黄土微结构强度与湿陷性

因颗粒特征、连接方式和胶结类型、孔隙类型及比例不同，黄土的微结构类型也不尽相同。微结构连接牢固程度取决于胶结类型（颗粒连接方式）及胶结物类型和特征，如前所述，其底式胶结连接牢固程度>充填式胶结>接触式胶结，难溶盐胶结>中溶盐胶结>易溶盐胶结，黏土矿物胶结的牢固程度<钙质胶结（但其作用较为特殊，尚取决于黏土矿物的类型、含量和赋存状态）。总之，胶结类型与胶结物特征综合决定了黄土微结构的连接强度（即结构强度）。

黄土结构强度决定了黄土的力学性能（包括湿陷性），黄土结构强度是衡量黄土结构性强弱的力学指标。就黄土湿陷而言，其湿陷性本质上是由黄土结构强度决定的，结构强度越大，其湿陷性越弱，反之亦然。同理，浸水或压力作用下，湿陷能否发生以及湿陷程度完全取决于结构强度能否降低以及结构强度降低程度。

如上所述，黄土的结构类型及其特征是黄土本质因素，它决定了黄土的各种特征及其特殊性，无论是黄土的物理性质，还是力学性质（由结构强度决定）均受制于结构特征，是某种结构的具体反映。基于此，就其力学性质而言，强度、变形及破坏均是由结构强度决定,因此可用宏观力学指标来表征黄土结构强度,如用原状土压缩试验曲线拐点处应力 q、起始湿陷压力和压缩指标来表征黄土的结构强度。

郑西高速铁路 8 个试验场地的试样压缩试验结果表明,压缩模量总体上自东向西逐渐减小(表 5-8),但局部存在波动,如试验除 DK315+650、DK346+950 和 DK354+150,表明黄土结构强度自西向东逐渐增大。与现场浸水自重湿陷对比可以发现,沿线黄土湿陷浸水自重湿陷量与压缩模量呈相反规律变化,即使上述压缩模量波动变化的试验点,其湿陷量也相反地波动变化(表 5-8、图 5-45),即压缩模量越大,结构强度大,黄土湿陷变形小,反之亦然。

表 5-8 浸水试验场地黄土压缩性指标与湿陷量

试验场地	a_{1-2}/MPa^{-1}	E_{s1-2}/MPa	E_{s2-3}/MPa	E_{s3-4}/MPa	E_{s4-5}/MPa	湿陷量/cm
DK58+320	0.176	14.207	18.725			0.67
DK92+200	0.198	15.705	23.259	29.568		2.66
DK246+500	0.266	13.430	17.788	21.526		17.2
DK287+000	0.206	12.724	14.765	14.899	18.075	10.36
DK300+800	0.285	10.403	14.005	16.940	23.903	45.60
DK315+650	0.519	5.626	7.400			54.91
DK346+950	0.218	14.967	18.156	22.744	26.409	35.81
DK354+150	0.491	7.355	10.556	15.991		160.28

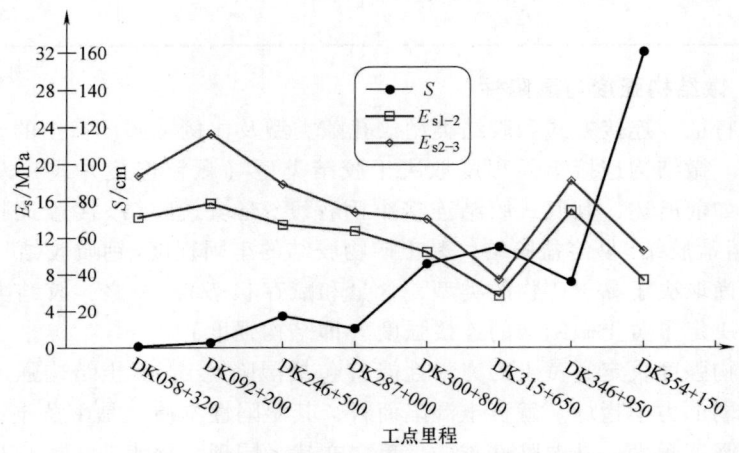

图 5-45 郑西高速铁路各试验场地平均压缩模量与总湿陷量

3. 黄土颗粒特征与湿陷性

(1)颗粒成分 黄土的颗粒成分对湿陷性有一定的影响。这种影响主要反映在各种不同颗粒在黄土结构中所起的作用上,而黄土的结构状态又是湿陷原因的内在因素,是发生湿陷的先决条件[76]。

黄土的骨架颗粒主要由直径>0.05mm 的碎屑粉粒和直径>0.01mm 的粗粉砂颗粒构成。颗粒直径>0.05mm 的颗粒,属于粗骨架材料,这组颗粒不一定是互相连接的,常散布在土体之中,粒间平均距离为 1.7~1.9 倍颗粒直径;直径在 0.05~0.02mm 之间的颗粒为细骨架材料;颗粒直径在 0.02~0.005mm 之间的颗粒,常不起骨架作用,是一种填充材料,这组颗粒一般依从在大颗粒的表面,较集中地聚集在大颗粒的接触点处与胶体物质形成混合物;颗粒直径小于 0.005mm 的,常为胶结和半胶结材料,不起骨架作用。

骨架颗粒根据形状可分为粒状和凝块状,粒状骨架颗粒又可分为单粒和由黏胶微细碎屑碳酸盐胶结而成的集粒。作为主要骨架颗粒形态的集粒在不同地区表现出的状态也不相同。位于黄土高原的西北部等地的黄土中集粒不仅具有足够的刚性,而且外形也呈刚性形态,在表面上附着较多的碳酸钙微晶。集粒具有一定的刚性,传力性能好,在堆积过程中比较容易形成架空的松散结构,为产生湿陷创造了条件;而位于黄土地区东南部的一些地区的黄土样品中主要含有的是黏土集粒,传力性能相对比较差,外形柔软,在受力后很容易发生变形,且这些集粒外表看不到微晶状碳酸钙,有些集粒已经合并成凝块状,有的集粒中的黏粒已经脱离母体而单独地分散在孔隙中或是附着在颗粒的联结处。这种柔性集粒或凝块显然不可能构成高湿陷性必需的架空结构,比较容易被土层自重压实。集粒形态的变化与地区不同的气候条件有关,气候干燥,集粒中的碳酸钙保存较好,集粒就具有刚性;气候湿润,集粒中的碳酸钙被淋失,集粒变软,因而前者的湿陷性强而后者的弱。集粒形态的区域性变化规律,与湿陷性自西北而东南逐渐变小的规律一致。

(2) 黏粒含量及赋存状态　黏粒作为黄土的主要胶结物,其胶结作用随含量的增加而增强,但也与赋存状态有关。当呈凝块状时,含量虽然多,但由于分布不均匀,胶结作用较弱;当黏粒分布均匀、遍布于粗颗粒周边时,即使含量少,也能起到较好的胶结作用。如前所述,郑西线黄土黏粒含量自西向东逐渐增大(表5-9),黄土的胶结性也随之增大,结构强度增高,浸水不易破坏。

(3) 郑西高速铁路黄土颗粒成分与湿陷性特征　根据对郑西高速铁路沿线所取黄土样品的颗粒筛分试验结果,沿线黄土以粉土颗粒(0.05~0.005mm)为主,占 62.5%~68.1% (表5-9)。总体来说,自西向东,黄土颗粒由粗变细,黏粒含量逐渐增高。其中,砂粒(>0.05mm)含量逐渐减小,自 7.5% 降至 3.3%;黏粒(<0.005mm)含量从 26.6% 增至 34.2%[71]。

各场地颗粒筛分试验结果表明,与关中地区平均值(砂粒含量 14%、粉粒 63%、黏粒 23%)[78] 相比,DK346+950 和 DK354+150 两场地的颗粒成分存在较大差异(表 5-10),表现为砂粒含量偏大,黏粒含量偏小,粉粒含量基本一致。

表 5-9 黄土颗粒组成

序号	粒级含量(%)					备注
	0.25~0.1mm	0.1~0.05mm	0.05~0.01mm	0.01~0.005mm	<0.005mm	
1	1.1	4.3	49.9	16.1	28.6	西安 ↑↓ 郑州
2	2.3	5.2	47.3	18.6	26.6	
3	1.2	3.9	52.5	15.6	26.8	
4	0.9	4.7	48.4	16.8	29.2	
5	0.9	3.8	43.2	21	30.4	
6	0.7	4	46.4	18.5	30.4	
7	0.5	3.2	44.6	21.5	31.3	
8	0.6	3	41.7	23.4	31.2	
9	0.5	2.8	38.6	23.9	34.2	
10	0.4	2.9	40.1	22.5	34.1	

表 5-10 颗粒分布特征

位置	层	各粒组含量(%)				
		0.25~0.075mm	0.075~0.05mm	0.05~0.01mm	0.01~0.005mm	<0.005mm
DK346+950	1	0	40 (36~41)	51 (47~53)	3 (2~5)	7 (6~12)
	2	0	30 (21~36)	60 (62~79)	9 (7~13)	6 (4~8)
	3	0 (0~2)	25 (20~42)	62 (47~67)	5 (3~6)	8 (6~10)
	4	0	23 (20~24)	60 (56~65)	6	11 (9~14)
	5	1 (0~3)	24 (20~34)	65 (58~69)	4 (3~5)	6 (5~7)
DK354+100	1	0	28 (25~31)	54 (53~55)	8.5 (5~12)	9.5 (9~10)
	2	0	35	47	6	12
	3	0 (0~2)	43 (15~55)	45 (36~60)	5 (3~8)	7 (4~10)
	4	1.5 (0~3)	30 (19~41)	38 (33~43)	10 (9~11)	20.5 (17~24)

砂质含量最高的两试验场地 DK354+150 和 DK346+950 相比，DK354+150 砂质含量更大，最大可达 55%，平均达 40.5%；DK346+150 砂粒最大为 44%，平均值为 29.8%（表 5-10）。而且 DK354+150 各层之间甚至同层不同深度的颗粒组成特征变化大，分散性较大，而 DK346+950 相对均匀（图 5-46）。

黄土中骨架颗粒大小悬殊，导致其分布的复杂性，从而可能造成在受荷载作用时应力集中于粗大的颗粒上，另一些细颗粒或胶结物上应力相应分散，促使骨架颗粒之间相对位移的发生；同时骨架颗粒周围的黏粒分布不均，使得土体结构强度各处不一，在浸水时不均匀的应力作用下容易遭到彻底的结构破坏而出现强烈的湿陷变形。这可能也是 DK354+150 具有较大浸水自重湿陷的原因。

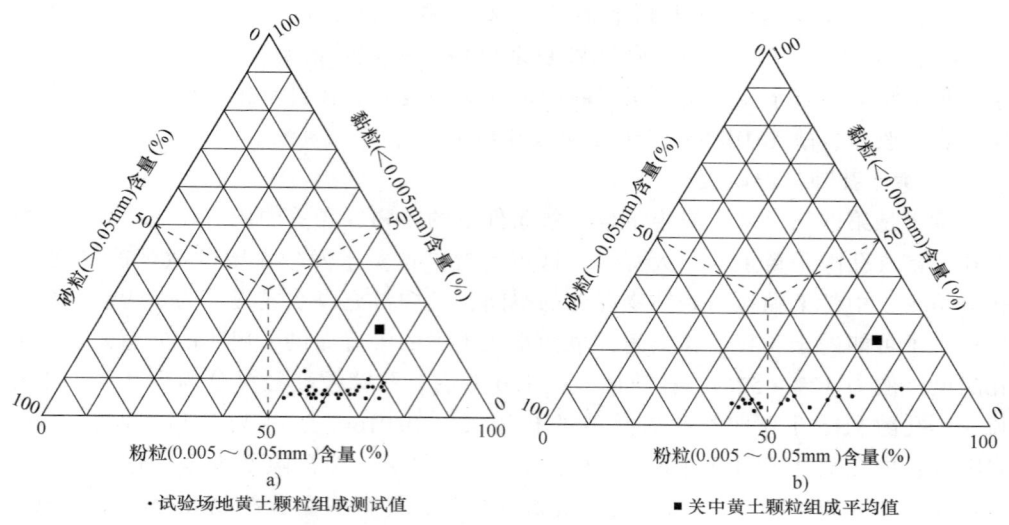

图 5-46 颗粒级配散点图
a) DK346+950 b) DK354+100

4. 黄土颗粒连接方式及胶结类型与湿陷性

胶结类型是黄土微结构的重要方面。根据胶结物与骨架颗粒间关系不同，黄土颗粒间的接触关系（或颗粒连接形式）包括接触式胶结、充填式胶结和基底式胶结三种类型。接触式胶结表现为刚性集粒和碎屑颗粒之间以点接触方式连接，颗粒直接接触，接触面小，颗粒间除包裹集粒的黏土膜、盐晶膜外，只有极少的盐晶和黏胶微粒附在接触点处（微胶结）。基底式胶结表现为黄土颗粒或集粒全部被胶结物包裹（全胶结）。充填式胶结介于接触式胶结和基底式胶结之间，颗粒间多以面接触为主，接触处有较厚的黏土膜或集聚相当多的黏土片，同时也夹有盐晶薄膜的连接（半胶结）。研究表明，黄土颗粒连接方式与气候条件、碳酸钙淋溶和黏土化程度有关[16]，从西北向东南，黄土颗粒之间由接触式胶结过渡为基底式胶结。

胶结类型不同，颗粒排列方式及颗粒间连接方式不同，进而影响黄土内孔隙的类型、大小和数量，从而导致黄土具有不同的微观结构（表 5-6）。不同连接方式，其联结牢固程度不同，因此具有不同湿陷性（表 5-6）。接触式胶结主要以点接触为主，接触面积小，结构连接弱，易湿陷；基底式胶结颗粒间接触面积大，接触处有较厚的黏土膜或集聚相当多的黏土片，同时也夹有盐晶薄膜的连接，具有较大强度（主要取决于胶结物类型，如可溶盐、黏土矿物等），被水浸湿后，其残余强度比点接触要高，在自重压力下一般不易发生湿陷。从西北向东南，黄土颗粒之间由接触式胶结过渡为基底式胶结，湿陷性相应逐渐减弱。

对于郑西高速铁路，东段黄土中黏粒含量较高，骨架颗粒之间多为充填式面胶结形式，故其湿陷性相对较低，而西段以砂质黄土为主的 DK346+950 和 DK354+

150，尤其后者场地中黄土粗砂粒含量高，颗粒磨圆度低，且颗粒级配不如 DK346+950 均匀（图 5-46），骨架颗粒多以棱边或棱角的点接触为主，接触面积小，很不牢固，当水浸入削弱了颗粒间的联结强度时，在自重压力作用下整个结构体系容易改变，故比 DK346+950 更易发生湿陷。

5. 黄土孔隙与湿陷性

黄土是第四纪以来干旱半干旱气候条件下的产物，经受的成岩作用很弱，疏松多孔、富含孔隙是黄土的一大特性，这也是湿陷性黄土发生湿陷的微观前提之一。孔隙是黄土中骨架颗粒与胶结物以外的空间，其中常充以水或气，为黄土湿陷的发生提供了可能的土颗粒运移空间，也为水在土中的渗流提供了现实的通道。黄土的孔隙度一般为 42%~52%，孔隙比多在 1.0 左右。孔隙按孔径可分为大孔隙、中孔隙、小孔隙和微孔隙四类。大孔隙的孔径大于 0.016mm，主要包括根洞、虫孔、裂隙等；中孔隙孔径为 0.016~0.004mm，主要包括支架孔隙及少量镶嵌孔隙；小孔隙孔径为 0.004~0.001mm，主要是镶嵌孔隙，并含少量胶结物孔隙；微孔隙孔径小于 0.001mm，主要是胶结物孔隙[15]。

（1）大、中孔隙与湿陷性　大、中孔隙构成土体中的支架孔隙，是土体中最不稳定的孔隙。构成这类孔隙的骨架颗粒多以棱边或棱角相互接触，接触面积很小，很不牢固，当水浸入削弱了颗粒间的联结强度时，在压力作用下整个结构体系迅速崩溃，造成湿陷。

大孔隙的存在为黄土颗粒位移创造了一定的空间场所，一般认为，大、中孔隙含量大于 40% 为湿陷性黄土分布范围，其下为非湿陷性黄土分布范围（图 5-47）。

樊怀仁通过分析关中地区黄土的孔隙类型，认为黄土中的大、中孔隙是黄土湿陷的主要原因，且与黄土的湿陷存在一定的量化关系

$$\delta_s = 0.006 e^{4.2J}$$

式中　J——大、中孔隙的百分含量；

δ_s——湿陷系数。

对上式进行均方差检验，其均方差为 0.029，较符合实际情况。

（2）小、微孔隙与湿陷性　构成小孔隙的骨架颗粒相互间的接触方式主要是面-面接触或面-边接触，接触面积较大，稳定性较高，在外力作用下一般不会发生错位变形。黄土中，微孔隙体积微小，数量众多。它的含量越高，土体的稳定性就越高，当小、微孔隙含量超过 60% 时，土体趋于稳定，一般不会发生湿陷变形（图 5-47）。

（3）孔隙比与湿陷性　黄土的湿陷性除与孔隙的大小、形态等有关外，还与孔隙的总体积有关。前人对黄土孔隙已进行了大量的研究，并从不同角度对黄土进行分类，不论分类方法如何，基本一致的认识是骨架颗粒间的孔隙越丰富，湿陷量越大（图 5-48）[81]。

第5章 湿陷性黄土场地浸水试验分析研究

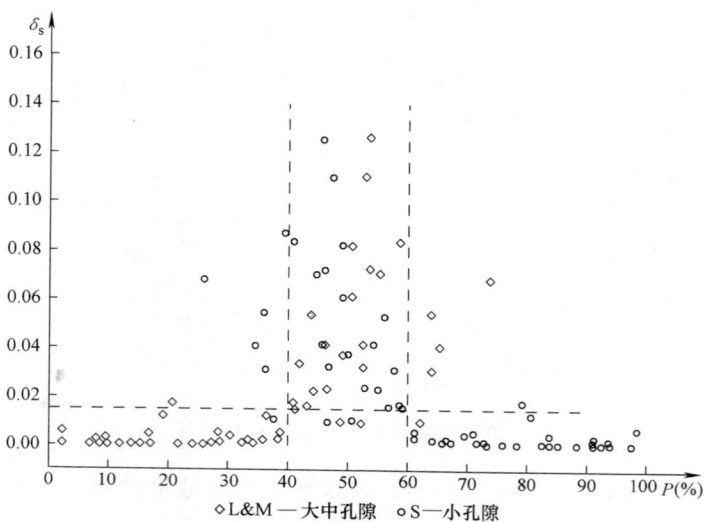

图 5-47 黄土孔隙含量与湿陷性的关系

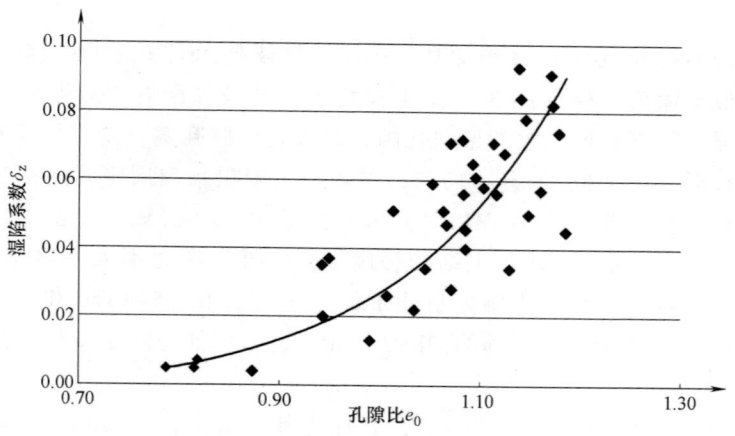

图 5-48 孔隙比与湿陷系数关系曲线

图 5-49 是郑西高速铁路现场试坑浸水试验各工点的黄土孔隙比与湿陷系数的对比曲线图。从图 5-49 可以看出黄土的孔隙比与其湿陷系数密切相关，其变化趋势基本一致。

6. 郑西高速铁路黄土微观结构总体特征与湿陷性

DK354+150 试验场地位于华阴市，砂质含量高，颗粒级配差，以粗颗粒为主，其微观结构与华阴试样（图 3-3）较为一致。大孔隙、针状孔隙发育，该类孔隙主要为颗粒间骨架架空孔隙，孔径大，颗粒间接触方式主要为点接触，连接强度差；

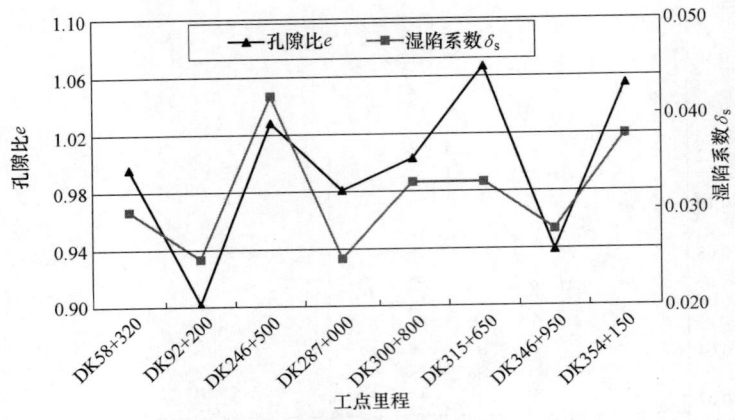

图 5-49 孔隙比与湿陷系数对比曲线

黏粒含量低，仅为 6%。胶结程度较弱，亲水性矿物含量相对较低，有利于湿陷的发生，黄土的湿陷敏感性也较高。另外，DK354+150 场地压缩性较高，压缩系数达 0.491MPa^{-1}，压缩模量仅 7.355MPa，尤其①~③层压缩系数达 0.68MPa^{-1} 以上，为高压缩性土，因此其黄土结构强度差，容易发生破坏，产生的湿陷量也比其他场地大。

试验场地 DK346+950 位于潼关县，砂质含量较高，但相对 DK354+150 低，微结构类型类似于潼关试样（图 3-4）。土质均匀，颗粒级配好，故颗粒间接触面积大，连接较强，且不易形成大的架空孔隙，只发育针状孔隙，稳定性相对较好。黏粒含量虽然较低，为 7%，但分布均匀，主要分布于粗颗粒周围，能很好地起到胶结作用。场地压缩系数为 0.218MPa^{-1}，压缩模量达 14.967MPa（表 3-4），仅次于 DK92+200 场地，表明该场地黄土结构强度高，在外界压力不大（自重压力）时，不易发生破坏。场地实测自重湿陷量低于位于华阴的 DK354+150 和位于灵宝故县镇的 DK300+800，高于位于偃师的 DK92+200，这种特征与四个试样湿陷性的变化规律一致。

场地 DK300+800 位于灵宝故县镇，岩性为砂质黄土，土质均匀，含砂多。管状、圆柱状孔隙明显，含虫孔和植物根孔。其中，根孔、虫孔的发育程度与湿陷性无关，管状孔隙发育，表明黄土的黏性相对较好[77]。砂粒含量大，土粒间连接作用差，透水性大。场地压缩系数为 0.285MPa^{-1}，压缩模量 10.403MPa，高于 DK354+150，但较 DK346+950 和 DK92+200 低，表明其黄土结构强度较高，结构强度的变化与四个试样的湿陷规律存在较好的负相关。

场地 DK92+200 位于偃师市，以黏质黄土为主。含水量为区内场地中最高，达 19%，孔隙比最低，为 0.86。黏粒含量高，骨架颗粒以凝块状集粒为主，孔隙较少。场地微结构特征与偃师试样（图 3-6）相似。场地压缩模量达 15.705MPa，表明黄土结构强度大。无自重湿陷性。

5.1.8.3 黄土赋存环境和土层结构与其湿陷性的关系

1. 赋存环境与湿陷性

黄土湿陷性本质上是由黄土结构强度决定的，结构强度越大，其湿陷性越弱。湿陷能否发生及湿陷程度完全取决于浸水和压力作用导致的结构强度能否降低及其降低程度。因此，水和压力（应力）是黄土湿陷性及湿陷的重要因素。

（1）水的存在形式对黄土湿陷的影响　水对黄土湿陷的影响主要是通过影响黄土物质（胶结物）进而影响微结构来体现的，具有双重作用。一方面，黄土微结构的形成需要适量的水分，如通过溶解淋滤等水化学作用，胶结物使颗粒之间相互连接，胶结物的状态及其在黄土颗粒间的分布受水分控制，有各种不同的胶结方式及连接牢固程度，因此适量的水有利于黄土形成较稳定的结构，是黄土微结构的有利因素。

对于黄土浸水湿陷而言，湿陷并非是在达到浸水饱和后才发生的，是从浸水就开始的，且取决于浸水前初始含水量的大小及浸水特征（饱和程度、水分分布状态及运移状态等），其本质是水的动态变化对黄土物质（主要指胶结）和微结构作用和影响，这就是黄土湿陷变形与浸水历程具有较好相关性和同步性（图5-9～图5-15）的原因所在。由于土层结构不同，黄土中水分分布和运移特征不同，浸水前和浸水期均是如此，所以郑西线沿不同土层结构试验场地黄土具有不同湿陷性和浸水湿陷特征。

（2）黄土应力对湿陷的影响　黄土湿陷的根本原因是应力（自重应力、饱和自重应力、附加荷载）超过黄土结构强度，即黄土湿陷的核心或根本作用是黄土内的应力状态。与水一样，作为赋存环境的应力对黄土湿陷也具有双重作用，稳定的微结构需要一定的应力来维持，湿陷变形前结构单元间的应力状态正是由外来荷载（主要是自重）提供的；当应力达到或超过结构强度时（应力增加或结构强度降低），原有结构改组，发生湿陷。对于自重湿陷而言，其主要作用是水参与原有结构改变和连接强度降低，应力增加（饱和土体）的作用不明显。

（3）黄土湿陷性与赋存环境变化　作为黄土的主要赋存环境和诱因，水和应力是活动的且易变的，随着地质环境的演化而不断动态演化。不同地区，具有不同的地质构造、地层岩性和地形地貌，也具有不同气候条件（降雨和蒸发等），黄土中的水和应力状态不同，而且随时间而变化。因此，黄土的物质成分和微结构必随其赋存环境而变化，表现在浸水（浸水试验）前黄土的湿陷性上，并取决于浸水前黄土赋存环境的演化历程。由第2章可知，从东至西，郑西高速铁路黄土处于不同的地质环境，其赋存状态和分布特征不同，因此不同试验场地具有不同的湿陷性。

总之，黄土湿陷性是随着赋存环境的演化而动态地变化，不同空间位置及相同位置不同时间黄土的湿陷性不同。黄土湿陷正是具有特定成分和结构的黄土对赋存环境动态变化的响应和宏观表现，其本质是赋存环境不利变化条件下（结构强度降低或应力增加）发生的原有结构改组（从一种结构演化变为另一种结构）。

2. 土层结构与湿陷性

黄土湿陷是在水分和应力（自重应力或附加压力）参与下发生和发展的，也即是说，湿陷的发生和发展是由土层中水分和应力的分布状态及其变化决定。研究表明，当其他条件相同时，不同的土层结构内水分和应力的分布也不同。

不同土层结构的黄土，在天然条件下（毛细水和大气降水）具有不同的持水性，土性不均的层状结构土层，水分在剖面上分布常常相差明显，甚至出现水分局部富集；而土性较均一的不具层状结构的土层或结构相对简单的层结构黄土，常不出现明显的水分局部富集。持水状态（天然含水量或初始含水量）影响作为胶结构物的可溶盐的溶解程度，从而影响黄土的微结构特征，并影响黄土的湿陷性。

不同土层结构的黄土也影响到浸水水分在黄土内的分布和运移，具层理和层状结构有利于水分的侧向移动，而且地层结构越复杂，这种影响越显著，从而黄土湿陷的表现也就越复杂。

土层结构还影响到土层内应力传播，在荷载（自重或附加压力）作用下，层状结构土层中相对较刚性层发生应力集中，而较松软层发生应力分散，进而也影响到黄土的微结构特征及其湿陷性和湿陷特征。

综上所述，黄土的土层结构不同，其内水分和应力的分布状态变化特征不同，因而其湿陷具有不同的发生和发展特征。

对于郑西高速铁路，如3.4节所述，8个试验场地均具有水平层状结构，各场地均由多层性质不同的土层相间分布组成，各层的成分、微结构、颜色、物质及物理力学指标沿纵深方向跳跃式变化，因而不同层甚至同层在不同深度也具有不同的湿陷性。在平面上，不同试验场地的地层结构存在明显的差异。以郑西线DK354+150和DK346+950为例，前者地层结构相对简单，地表有耕植土和黏质黄土层下为相对均一且厚度较大的砂质黄土层（③层），而后者在上部砂质黄土层（①~③）和下部砂质黄土层（⑤）间夹有厚3m的黏质黄土。由上可知，在降雨条件下，透水性相对较差的黏性黄土层之上易产生水分富集，其中可溶盐可能先期发生溶解（如较多钙质结构）等，因此DK346+950主要湿陷层的湿陷性相对低于DK354+150。在浸水期间，DK346+950场地内水主要发生水平运移而对黄土结构破坏（胶结物溶解）较小，而DK354+150则相反，这正是DK346+950浸水量大（渗透系数大）但湿陷量小，而DK354+150浸水量不大但湿陷量大的原因，也是DK346+950在浸水期湿陷量小而排水固结变形大（大于浸水期湿陷量）的原因。

5.1.8.4 湿陷性评价

如前所述，黄土的湿陷性随地域差别性，不仅与其可溶盐、微结构、赋存环境和土层结构有密切的关系，而且与区域工程地质环境和黄土的工程地质特性密不可分。

郑西高速铁路沿线黄土的湿陷性总体上符合中国黄土区域分布的总体规律，即从西向东湿陷性逐渐减弱，东段 DK58+320 和 DK92+200 代表的郑州—洛河特大桥段为非自重湿陷性黄土，而西段黄土具有自重湿陷性且由东向西湿陷性逐渐增强。现场 8 个大型浸水试验表明，沿线黄土湿陷性在符合总体规律的同时，也表现出空间的不均性，对于西段自重湿陷性黄土，不同区表现出不同湿陷特征，湿陷强弱相间分布。

按照《湿陷性黄土地区建筑规范》（GB 50025—2004）[2] 第 4.4 条的规定，本研究报告根据现场实测自重湿陷量和湿陷量室内试验计算值，对各试验场地黄土地基的湿陷类型和湿陷等级进行的评价结果见表 5-11。

表 5-11 各试验场地黄土的湿陷性

试验场地	自重湿陷量/mm		β'_0		湿陷量计算值/mm	场地湿陷类型	湿陷等级
	实测值	计算值					
DK58+320	—	—	—		46	非自重湿陷	Ⅱ级
DK92+200	—	—	—		49	非自重湿陷	Ⅱ级
DK246+500	172	588	0.26/0.26	0.26	973	自重湿陷	Ⅲ级
DK287+000	97	343	0.27/0.24	0.26	580	自重湿陷	Ⅱ级
DK300+800	456	509	0.81/0.81	0.81	845	自重湿陷	Ⅳ级
DK315+650	549	380	1.30/1.30	1.30	672	自重湿陷	Ⅲ级
DK346+950	314	570	0.47/0.47	0.47	962	自重湿陷	Ⅳ级
DK354+150	1459	450	2.89/2.82	2.86	775	自重湿陷	Ⅳ级

注：也为两种方法确定的自重湿陷下限深度时的实测值"A/B"，当 A、B 两个数值不同时，取平均值。

从表 5-11 可知，DK58+320 和 DK92+200 试验场地属于非自重湿陷性场地，其他 6 个试验场地 DK354+150、DK346+950、DK315+650、DK300+800、DK287+000 和 DK246+500 属于自重湿陷性场地。地基湿陷等级，DK246+500、DK315+650 这 2 个试验场地为Ⅲ级（严重），DK287+000 试验场地为Ⅱ级（中等），另外 3 个试验场地为Ⅳ级（很严重），其中 DK354+150 为全线湿陷最强烈段，DK346+950 和 DK300+800 试验场地，停水后的固结沉降在总湿陷量中占有相当比例，尤其 DK346+950 主要是停水后的排水固结沉降。这再次说明，郑西高速铁路沿线的黄土自重湿陷性基本上服从自东向西逐渐增强的规律，局部的差异与地貌类型有一定关系。

黄土湿陷是具有特定物质和结构特征的湿陷性黄土在赋存环境不利变化条件下发生的微结构改组现象（从一种结构演化变为另一种结构），其本质是微结构的改组，核心是赋存状态改变后应力与结构强度的矛盾。黄土湿陷取决于黄土自身的湿陷性、宏观结构特征和赋存环境变化程度。对于饱和浸水条件下的自重湿陷，黄土湿陷性程度及地层宏观结构不同，因而表现出不同的湿陷特征，这正是沿线各试验场湿陷特征既符合总体区域规律又具有显著局部个体差异性特征的原因。

5.1.9 小结

1) 本节主要讨论了长期浸水条件下，各试验场地黄土湿陷起始时间、自重湿陷量的大小、湿陷速率、湿陷变形范围等黄土湿陷性特征参数及其沿郑西高速铁路变化的规律；探讨了浸水后地表沉降变形随浸水时间变化的曲线形态特点；根据各实测值评价了场地黄土的湿陷性，并反算出因地区土质而异的修正系数；在此基础上提出了"沿郑西高速铁路，黄土湿陷性分区Ⅲ区和Ⅴ区可以考虑以 DK250+000（三门峡以西的苍龙涧）为分界点"的建议和在不同区段 β_0 取值的建议。

2) 表 5-12 列举了各试验场地的黄土湿陷性特征值。以往对华阴以东黄土自重湿陷性的研究非常缺乏，本次浸水试验取得的场地黄土湿陷性数据，填补了这一地区黄土湿陷性研究的空白。

表 5-12 各试验场地黄土湿陷性特征参数一览

试验场地	黄土湿陷特征					地基湿陷等级和场地湿陷类型	β_0'
	湿陷起始时间 /d	单天最大自重湿陷量 /(cm/d)	自重湿陷量均值 /cm	自重湿陷量最大值 /cm	径向变形范围 /m		
DK58+320	—	—	0.7	0.7	—	Ⅱ级非自重湿陷	—
DK92+200	—	0.2	2.7	2.7	—	Ⅱ级非自重湿陷	—
DK246+500	4	2.1	17.2	19.3	13	Ⅲ级自重湿陷	0.26
DK287+000	3	0.6	9.7	10.4	20.3	Ⅱ级自重湿陷	0.26
DK300+800	3	4.8	45.5	47.7	17.4	Ⅳ级自重湿陷	0.81
DK315+650	1	6.9	54.9	59.3	20	Ⅲ级自重湿陷	1.30
DK346+950	1	1.8（浸水期间）4.5（停水后）	31.4	35.8	30	Ⅳ级自重湿陷	0.47
DK354+150		23.6	145.9	160.3	>25	Ⅳ级自重湿陷	2.86

3) 试坑停止浸水造成排水固结引起的地表沉降量基本发生在停水以后的 2~3d，停水阶段地表累计沉降量占总沉降量的百分比一般为 1.1%~14.3%，而 DK346+950 却达 55.8%（特例），超过浸水期间的地表累计沉降量，所以有时还应注意停水后的沉降对工程建筑物的危害。

4) 通过研究自重湿陷量大于 15mm 的平面范围与时间特征，可以确定路基地基在长期浸水条件下"过量变形"发生的范围及所需时间，对路基防排水措施的设计具有一定的指导意义。

5) 从湿陷变形完成的时间来看，DK346+950、DK287+000、DK246+500 试验

场地最快，DK315+650 试验场地次之，DK354+150 和 DK300+800 试验场地最慢；就浸水初期湿陷变形发展速率而言，DK354+150 试验场地最快，DK354+150 和 DK315+650 试验场地次之，DK300+800 和 DK246+500 试验场地相对较慢，DK346+950 试验场地最慢。

6）通过试验场地的地表累计沉降量-浸水时间的函数拟合关系研究，可以推算在浸水一段时间后路基地基可能产生的沉降量、最终沉降量、最大单天沉降量及其发生时间，以及长期浸水条件下的沉降稳定时间等，对预测路基浸水后的危害程度和抢险具有指导意义。

7）黄土的湿陷性随地域差别性，不仅与其可溶盐、微结构、赋存环境和土层结构有密切的关系，而且与区域工程地质环境和黄土的工程地质特性密不可分。沿线黄土湿陷性在符合总体规律的同时，也表现出空间的不均性，对于郑西高速铁路西段试验场地自重湿陷性黄土，不同区域表现出不同的湿陷特征，所反映的特征统一于黄土自身湿陷性、宏观结构和赋存环境之中，是不同湿陷性土层不同分布条件下的必然表现。

5.2 深部沉降变形特征与分析

主要分析黄土的分层自重湿陷变形特性。由于 DK58+320 和 DK92+200 属于非自重湿陷场地，现场实测的深部沉降量非常微小，这里不做进一步讨论。

5.2.1 单天深部沉降变形特征与分析

图 5-50~图 5-55 是各自重湿陷场地单天深部沉降量随时间变化曲线。由图可知单天深部沉降变形有如下特点：

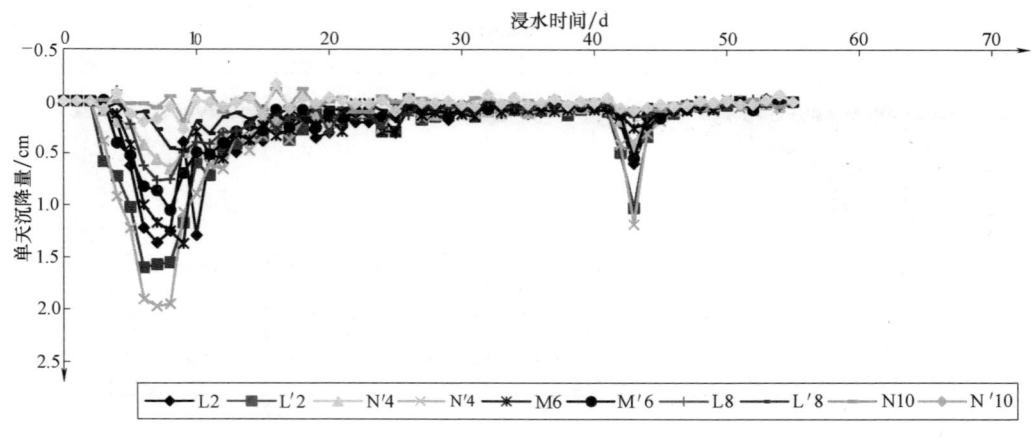

图 5-50　DK246+500 试验场地单天深部沉降量随时间的变化

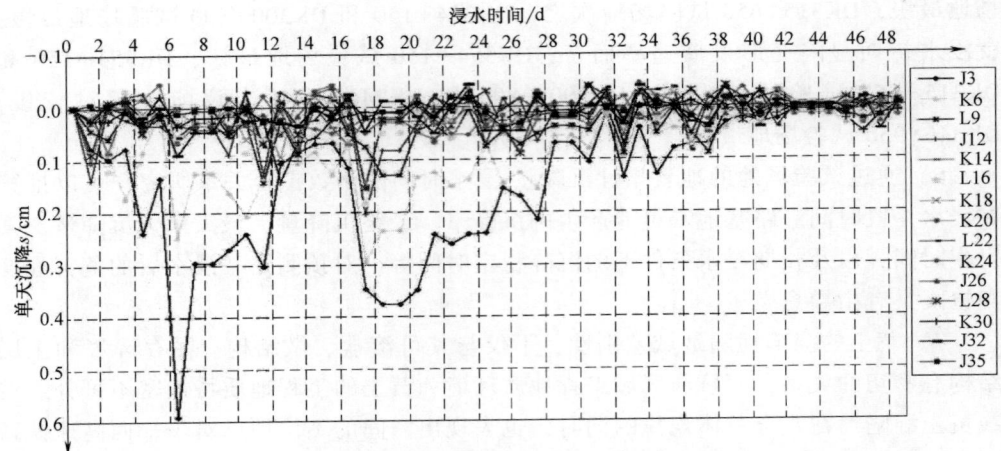

图 5-51　DK287+000 试验场地单天深部沉降量随时间的变化

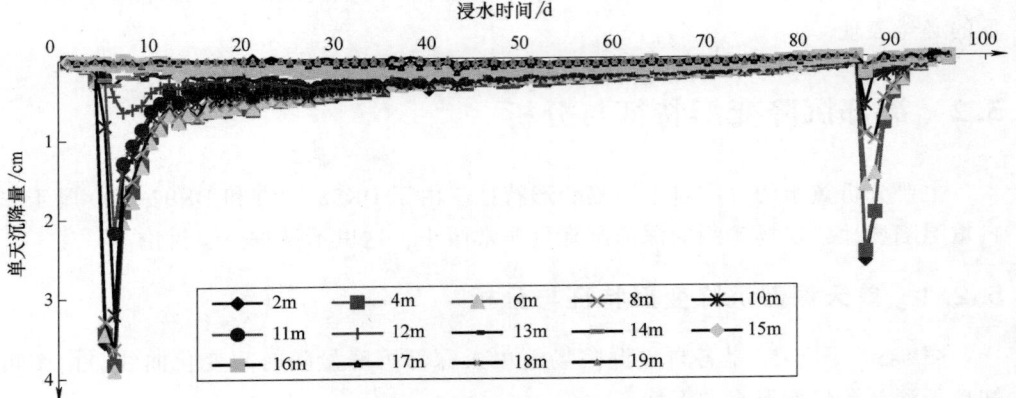

图 5-52　DK300+800 试验场地单天深部沉降量随时间的变化

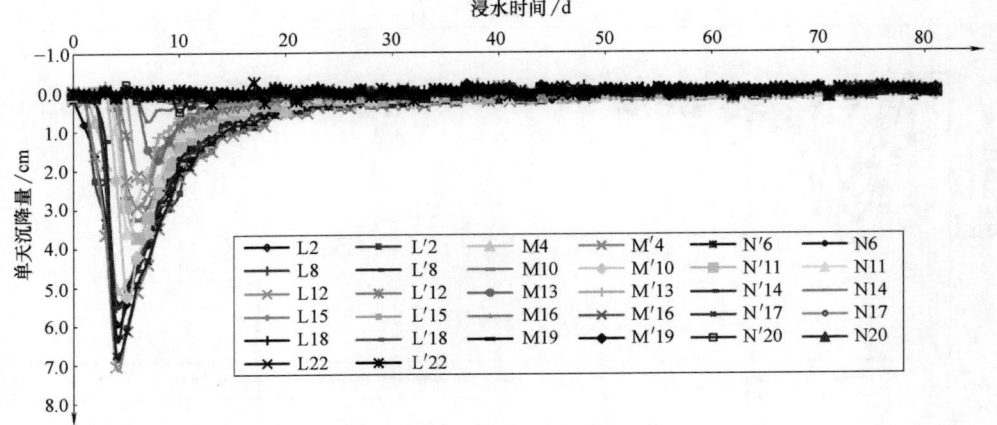

图 5-53　DK315+650 试验场地单天深部沉降量随时间的变化

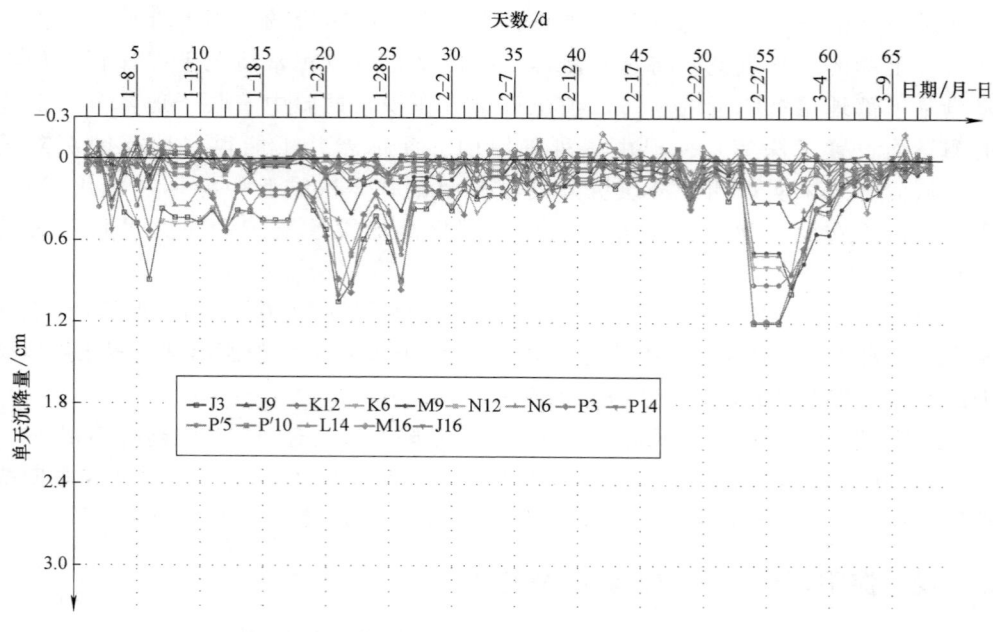

图 5-54　DK346+950 试验场地单天深部沉降量随时间的变化

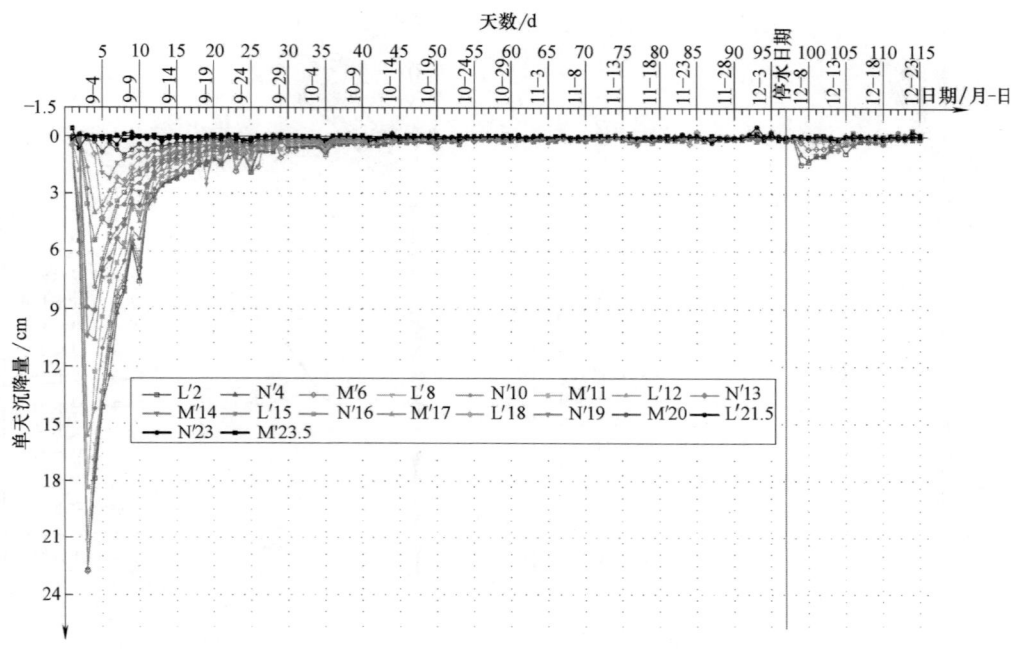

图 5-55　DK354+150 试验场地单天深部沉降量随时间的变化

1)单天沉降量随深度的增大而减小,并逐渐趋于0。这说明深部沉降量的量测是成功的,因为深部沉降标点是自上而下逐层布设的,当下部地层发生沉降时,上部的浅标点就会将这种变形反映出来,所以正常情况下,深标点的沉降量是下部地层沉降量的和。以前也有学者在浸水试验中着眼于地基分层沉降的测量而设置了深标点,但由于种种原因,深标点并不能很好地反映沉降情况,从而导致未实现测量分层沉降的试验目的。本次试验中深标点使用成功,主要是由于在设计和设置阶段都注重了深标点的柔性支护和重力补偿等关键环节。

2)浸水后,湿陷基本上是由浅而深发生、发展的,处在同一深度的深标点开始发生湿陷变形的时间受到距试坑浸水边界距离的影响,一般距离试坑浸水周界较近的深标点开始发生湿陷变形的时间较晚。

3)同地表变形一样,深部地层开始发生湿陷变形的时间在各场地并不相同。

4)单天深部沉降量-浸水时间关系曲线与地表单天沉降量-浸水时间关系曲线类似,所以,深部湿陷变形发展过程与地表湿陷变形发展过程极为相似。

5.2.2 深部累计沉降变形特征与分析

图 5-56~图 5-58 是各试验场地深部地层累计沉降量沿深度变化曲线。

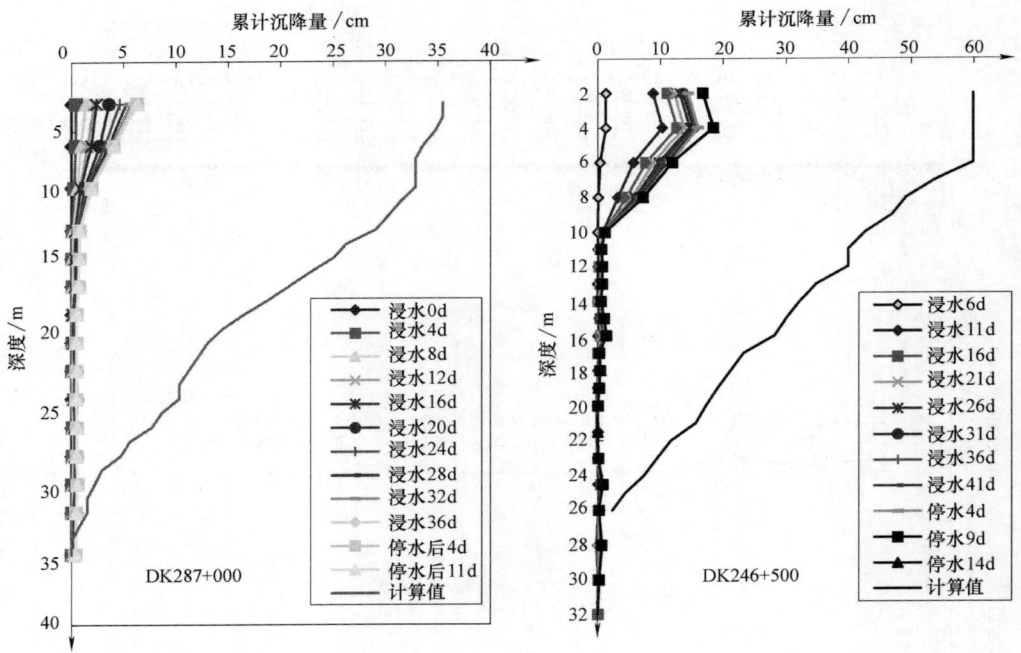

图 5-56 DK246+500 和 DK287+000 平均累计沉降量随深度变化曲线

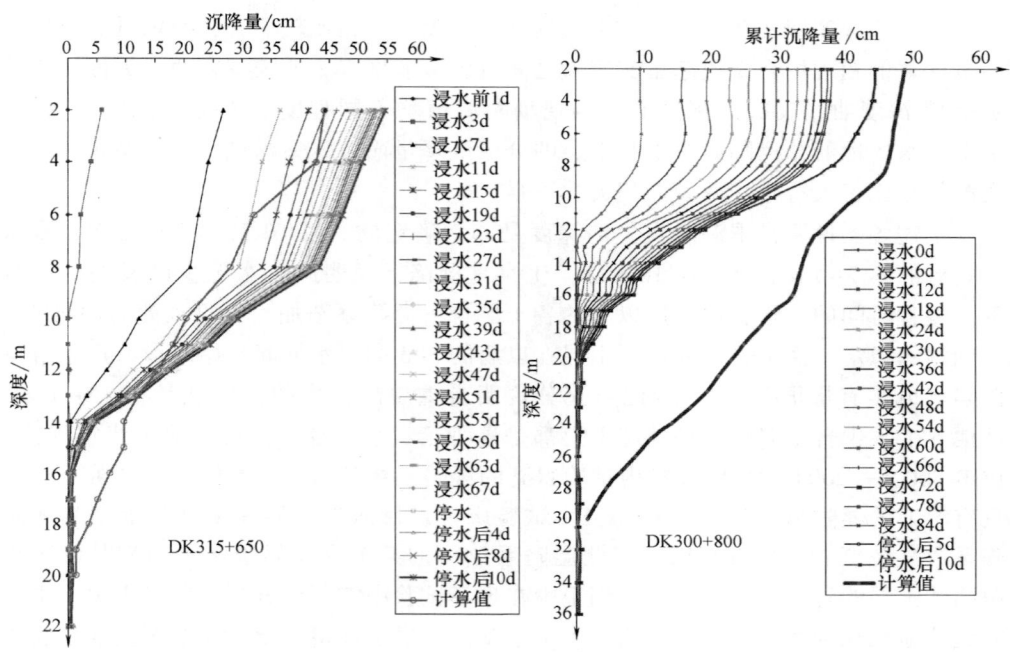

图 5-57　DK300+800 和 DK315+650 累计沉降量随深度变化曲线

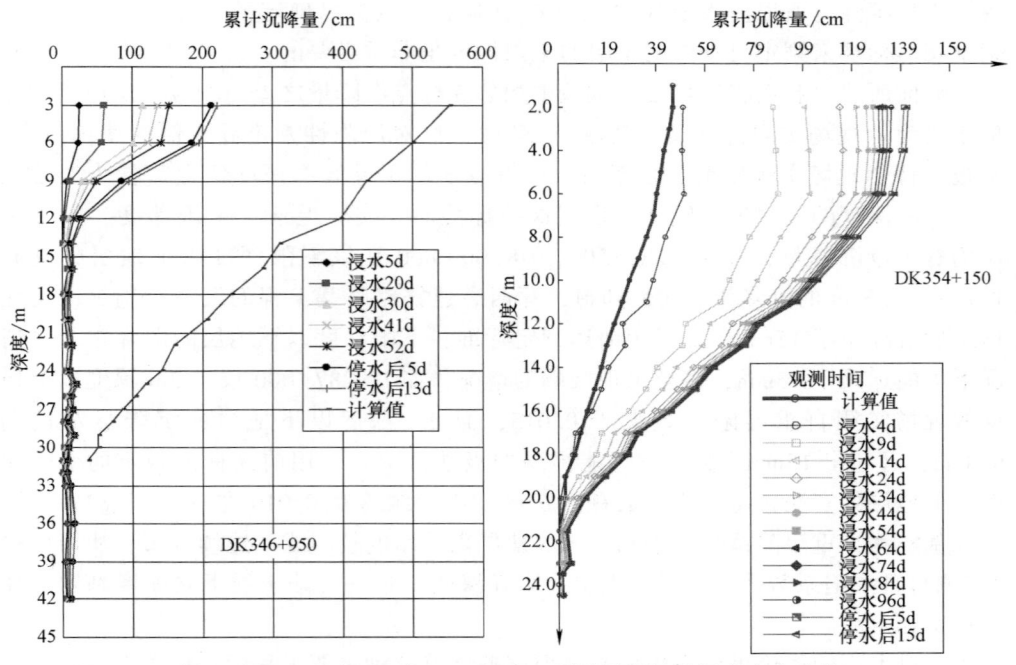

图 5-58　DK346+950 和 DK354+150 累计沉降量随深度变化曲线

从图中可以看出，各曲线形态比较相似，累计沉降量-深度曲线都在一定深度处收敛，该深度即实测自重湿陷性土层下限深度。但相比较而言，室内试验自重湿陷量计算值和现场自重湿陷量实测值之间有较大差别，主要表现在两个方面：①就沉降量-深度曲线收敛的深度而言，现场实测值均不同程度小于室内试验计算值；②就浸水场地的总沉降量和地基地层的分层沉降量而言，室内试验计算结果和现场实测值相比有大有小，两者的相关性不强。

上述各图说明自重湿陷发生的深度是非常确定的。以 DK315+650 为例，浸水开始后的第 7~14d，在 15~16m 已产生自重湿陷，说明此时水至少已浸到这个深度。随着时间的推移，该深度以上的各土层自重湿陷逐渐加大，直到此后的第 67d 达到湿陷稳定，而 15~16m 以下土层在以后的 50d 的浸水期间，始终没有产生自重湿陷（既是有量很微小）。因此可充分说明自重湿陷发生的深度就是在 15~16m。其他 6 个发生自重湿陷的场地基本上都是这种情况。《湿陷性黄土地区建筑规范》（GB 50025—2004）[2] 将经室内试验得到的湿陷系数等于 0.015 作为判别黄土是否具有湿陷的界限值，但对于现场浸水试验来说，目前学术界并没有关于"实测湿陷系数"的概念，也没有用"实测湿陷系数"的某个具体界限值来判定某层土为湿陷性土层的先例，这与之前人们很少在现场试验中实测到分层沉降量有关。本研究成功地在现场浸水试验中实测到黄土地基的分层沉降量，由于深层湿陷变形收敛位置以下往往还有一定厚度的地层有少量的沉降发生，浸水后深标点也都因水的作用发生过沉降，所以浸水地基"绝对不动地层"是难以确定的。这样，合理确定某个相对标准来判定自重湿陷土层的下限深度是非常必要的。

如前所述，我们将现场浸水试验中相邻深标点沉降量之差与相应土层厚度的比值定义为"现场实测自重湿陷系数"。考虑人们对湿陷性判定界限值的使用习惯，本报告将"现场实测自重湿陷系数大于 0.015 的土层底部深度位置"作为湿陷性黄土下限深度的实测值。但是，采用这一标准时，实际上该"下限深度"以下地层仍有少量沉降量，如 DK246+500、DK300+800 在该下限深度以下地层分别有 1.1cm、2.5cm 的沉降量。我们知道，郑西高速铁路路基工程的沉降控制标准是允许工后沉降小于 15mm。如果用前述判定标准，下限深度以下地层的沉降在某些情况下可能远大于 15mm，甚至出现极端的情况，如 DK287+000 仅在 3m 深度以上地层的现场实测自重湿陷系数大于 0.015，而 3m 深度以下地层的沉降量却达到 6.3cm，远超出 15mm。另一种可能出现的极端情况是，用前述标准判定的下限深度以下地层的实测自重湿陷系数在一定厚度内仍维持在 0.010 左右这一较高水平，而地基实测自重湿陷系数大于 0.015 的地层累计厚度较小或不连续分布，从而使得"实测自重湿陷系数大于 0.015 土层的底部深度"这一湿陷土层下限深度判别标准失去实际意义。

通过上面的讨论可以看出，在郑西高速铁路这种重要工程中，设置以沉降量为湿陷土层下限深度判别标准是必要的。因此，本书除采用上述第一种标准外，还采用第二种判别标准即"下覆土层实测自重湿陷量等于 15mm 对应的深度"。

第5章 湿陷性黄土场地浸水试验分析研究

综上所述,考虑到人们对湿陷性判定界限值的使用习惯,以及郑西高速铁路对路基变形的实际控制标准,本报告按下述两个标准判定各试验场地湿陷性黄土的下限深度:①"现场实测自重湿陷系数"等于或大于 0.015 土层的底部深度;②下覆土层实测自重湿陷量等于 15mm 对应的深度。标准①沿用了《湿陷性黄土地区建筑规范》(GB 50025—2004)关于室内试验湿陷性判别标准,标准②则取郑西高速铁路对路基工后沉降控制标准"不大于 15mm",工程意义较强。

根据各土层的实测自重湿陷量,求得相应的实测自重湿陷系数,结果见表 5-13。由表中的数据,有以下结论:

表 5-13 各试验场地实测自重湿陷系数及湿陷性土层下限深度一览

DK92+200		DK246+500		DK287+000		DK300+800		DK315+650		DK346+950		DK354+150	
h_i/m	δ'_{zsi}	h_i/m	δ'_{zsi}	h_i/m	δ'_{zsi}	h_i/m	δ'_{zsi}	h_i/m	δ'_{zsi}	h_i/m	δ'_{zsi}	h_i/m	δ'_{zsi}
2~4	0.002	2~4	0.008	0.5~3	0.016	2~4	0.002	2~4	0.02	3~6	0.009	0~2	0.007
4~6	0.002	4~6	0.013	3~6	0.007	4~6	0.012	4~6	0.017	6~9	0.034	2~4	0.006
6~8	0.007	6~8	0.025	6~9	0.007	6~8	0.018	6~8	0.02	9~12	0.021	4~6	0.041
		8~10	0.026	9~12	0.003	8~10	0.045	8~10	0.07	12~14	0.008	6~8	0.062
		10~11	0.002	12~14	0.000	10~11	0.027	10~11	0.048	14~16	0.002	8~10	0.077
		11~12	0	14~16	0.001	11~12	0.049	11~12	0.067	16~18	0	10~11	0.084
		12~13	0.001	16~18	0.001	12~14	0.035	12~13	0.056	18~20	0.001	11~12	0.087
		13~14	0.002	18~20	0.001	13~14	0.033	13~14	0.072	20~22	0	12~13	0.089
		14~15	0	20~22	0.000	14~15	0.028	14~15	0.026	22~24	0.001	13~14	0.090
		15~16	0.001	22~24	0.000	15~16	0.011	15~16	0.015	24~25	0	14~15	0.089
		16~17	0.006	24~26	0.000	16~17	0.033	16~17	0.002	25~26	0	15~16	0.087
				26~28	0.000	17~18	0.010	17~18	—	26~27	0	16~17	0.083
				28~30	0.000	18~19	0.015	18~19	0.001	27~28	0.001	17~18	0.078
				30~32	0.001	19~20	0.014	19~20	—	28~29	0.003	18~19	0.071
				32~35	0.000	20~21.5	0.001			29~30	0	19~20	0.064
						21.5~22.5	0.003			30~31	0	20~21.5	0.052
						22.5~23.5	0.003			31~32	0.002	21.5~22.5	-0.014
						23.5~24.5	0.000			32~33	0	22.5~23.5	0.069

（续）

DK92+200		DK246+500		DK287+000		DK300+800		DK315+650		DK346+950		DK354+150	
h_i /m	δ'_{zsi} /m	h_i /m	δ'_{zsi} /m	h_i /m	δ'_{zsi} /m	h_i /m	δ'_{zsi} /m	h_i /m	δ'_{zsi} /m	h_i /m	δ'_{zsi} /m	h_i /m	δ'_{zsi} /m
						24.5~26.5	0.002			33~36	0	23.5~24.5	-0.002
						26.5~27.5	0.000			36~39	0		
						27.5~29.0	0.000			39~42	0		

注：表中数字未带框的为按"实测自重湿陷系数等于或大于0.015的标准"确定的自重湿陷性土层的下限深度；带框的为按"下覆土层实测自重湿陷量等于15mm"标准确定的值。

1) DK58+320和DK92+200试验场地各土层的实测自重湿陷系数都小于0.015，不存在自重湿陷性土层。这与依据地表沉降资料对场地湿陷类型的判定结果一致。

2) DK246+500、DK287+000、DK300+800、DK315+650、DK346+950和DK354+150六个试验场地长时间浸水条件下的下限深度取标准①和标准②的大值，因此，它们的实测自重湿陷性土层下限深度分别为10m、10m、19m、16m、14m和24.5m。该深度与根据室内试验结果判定的自重湿陷下限深度有一定差别，见表5-14。

表5-14 郑西高速铁路沿线自重湿陷性黄土下限深度一览表 （单位：m）

里程	DK246+500	DK287+000	DK300+800	DK315+650	DK346+950	DK354+150
现场实测值	10	10	19	16	14	24.5
室内试验确定值	25	29	32	19	32	22

表5-14中的数据表明，自重湿陷性土层下限深度并未表现出自东向西渐变的规律性，实际的自重湿陷性土层下限深度在大多数情况下均远小于通过室内试验确定的值，前者为后者的1/3~2/3，仅在DK354+150（特例）略微超出。

3) 图5-59~图5-61是自重湿陷系数实测值与计算值的对比曲线。总的来说，各试验场地的自重湿陷系数的计算值与实测值之间相关性不强，表现在自重湿陷量上，各自重湿陷量计算值与实测值相比或大或小，两者之间相关性也不强。以DK300+800试验场地为分界点，在DK300+800试验场地以东（包括DK300+800试验场地）自重湿陷量的计算值均大于实测值，在DK300+800试验场地以西的三个试验场地中有两个试验场地的自重湿陷量实测值大于计算值，说明自重湿陷量计算值和实测值的相对大小与试验场地的位置存在一定联系。

4) 表层黄土的自重湿陷性。图5-59~图5-61表明，在现场浸水试验中，各试验场地均有部分表层黄土未发生湿陷，表5-15是汇总结果。

第5章 湿陷性黄土场地浸水试验分析研究

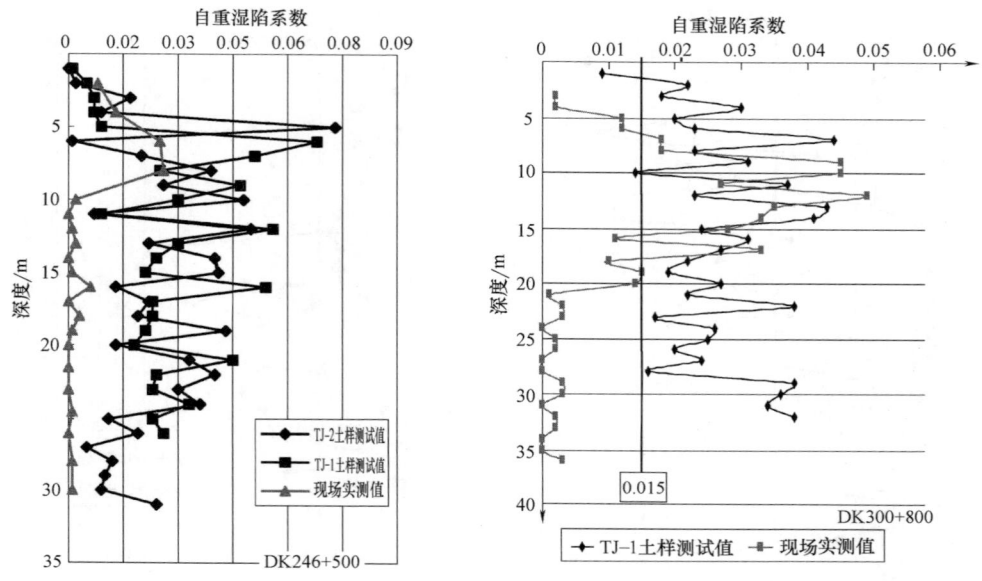

图 5-59　DK246+500 和 DK300+800 试验场地自重湿陷系数现场实测值与室内计算值

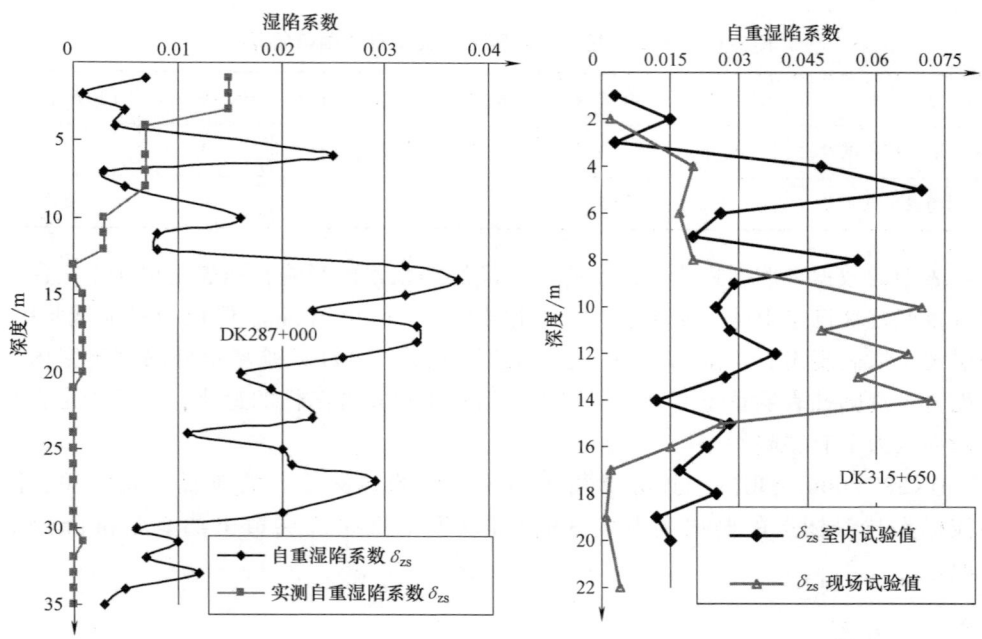

图 5-60　DK287+000 和 DK315+650 试验场地自重湿陷系数现场实测值与室内计算值

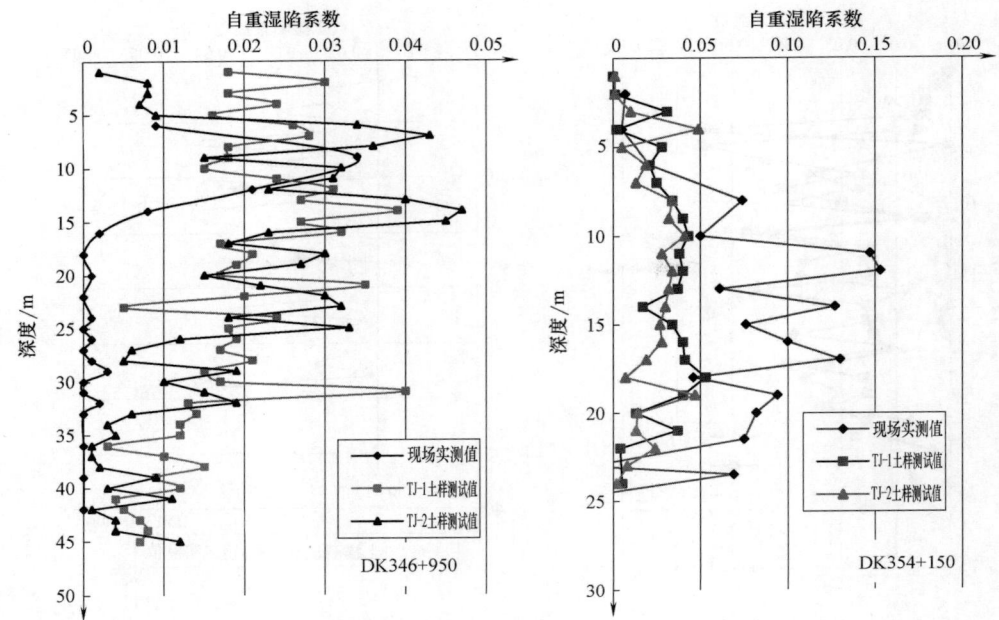

图 5-61 DK346+950 和 DK354+150 试验场地自重湿陷系数现场实测值与室内计算值

表 5-15 各试验场地表层黄土未发生自重湿陷的厚度 （单位：m）

里 程	DK246+500	DK287+000	DK300+800	DK315+650	DK346+950	DK354+150
探井取样室内试验	5	—	7	2	3	4
现场浸水试验	4	5	1	1	0	3

表中的数据表明，地表土层受降水、灌溉等因素的影响，地表土层在一定深度内自重湿陷性已经退化（或弱化），退化层厚度一般小于 5m。但现场浸水试验中，表层黄土未表现出自重湿陷性的土层厚度除 DK287+000 试验场地外均大于室内试验无自重湿陷性表层黄土厚度。可以说表层黄土自重湿陷性的退化，并不否定在某个较大压力下有湿陷性。

DK287+000 出现的上述异常情况与该试验场地深标点的布置方式有关，因为浅标点与深标点的竖向间距为 3m，所以很难反映浅层黄土的真实沉降变形情况。

5.2.3 小结

本节分析了深标点单天沉降量随时间的变化特征和累计沉降量沿深度的变化特

征，首次提出了黄土场地自重湿陷性土层下限深度的判别标准，并用该标准确定了各试验场地实际的自重湿陷性土层下限深度；通过对自重湿陷系数的实测值和室内计算值进行对比分析，提出了沿线黄土自重湿陷性实测值和室内计算值两者之间的差异与地理位置的相关性；最后，对在现场浸水试验中表层黄土未发生自重湿陷的原因进行了分析。

5.3 地表裂缝的发展变化特征

5.3.1 典型试验场地的地表裂缝发生发展规律和形态特征

1. DK315+650 试验场地

（1）地表裂缝的产生和发展过程　浸水后第 2d，距试坑边缘 1.3~3.0m 范围内出现第 1 道环形裂缝，随着自重湿陷量的逐渐增大，在试坑的周围先后形成了 7 道裂缝。到浸水后第 67d，所有裂缝基本稳定，最远裂缝距坑边 12.9m。裂缝最宽为 55mm，错台最高为 75mm，有关裂缝的出现与发展情况如图 5-62 所示。

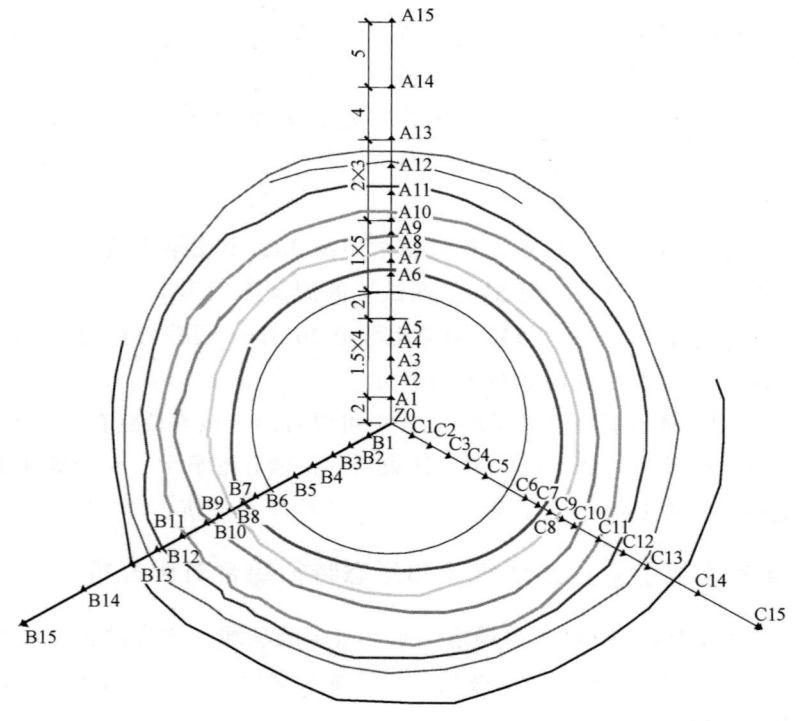

图 5-62　DK315+650 试验场地裂缝平面图

地表裂缝发展过程如下：

1）浸水后地面裂缝的形状受浸水试坑边界形状控制。

2）浸水后第 3~8d 裂缝发展迅速，依次形成了 1~6 道环形裂缝，之后裂缝发展趋缓，浸水第 23~26d，形成第 7 道半圆弧形裂缝，试坑外场地形成阶梯状错台地形。

3）第 3 道裂缝在 OC 方向的裂缝宽度最大，为 55mm，第 1 道裂缝在 OA 方向的裂缝错台最大，为 75mm。

4）裂缝最远出现在距试坑边缘 12.9m 处，比坑外地表出现沉降的范围小 7.1m。

（2）地表裂缝的形态特征　停止浸水后，在裂缝最严重的 SW80°方向采用挖探槽的方法对裂缝进行了解剖，裂缝在立面上的形态如图 5-63 所示，从图中可见：

1）在试坑外 OC 方向解剖了 6 道环形裂缝和第 7 道弧形裂缝，解剖后发现，沿深度方向，裂缝上宽下窄，呈"V"字形，第 1~4 道环形裂缝分别于 0.6m、1.6m、1.9m、4.2m 深度处尖灭，第 5 道环形裂缝~第 7 道弧形裂缝在 5.0m 深度处仍未尖灭。

2）探槽开挖范围内的土体，在试坑浸水之前的平均含水率为 12%左右，试坑浸水后的平均含水率为 16.67%，浸水后含水率增加了 4.67%。裂缝沿深度方向稍稍向试坑倾斜，裂缝是由于靠近试坑的土体首先湿陷变形而产生的。

2. DK354+150 试验场地

（1）地表裂缝的产生和发展过程　浸水后第 3d，出现第 1 道裂缝，随着自重湿陷量的逐渐增大，到浸水后第 52d，在试坑的周围先后形成了 13 道裂缝，浸水后第 67d，所有裂缝基本稳定，最远裂缝距坑边 26.7m，裂缝最宽为 120mm，最大错台为 150mm，裂缝的平面图如图 5-64 所示。

（2）地表裂缝的形态特征　从图 5-65 中可以看出，地表裂缝在平面上呈环形。所有裂缝均显示张性裂缝的特征；试验结束后的探槽开挖显示，各裂缝在上部近于直立，裂缝最大宽度 2~6cm；下部裂缝闭合，肉眼不易分辨。

5.3.2　地表裂缝的发生发展规律和形态特征综合对比分析

DK58+320 和 DK92+200 试验场地是非自重湿陷场地，地表没有出现裂缝，因此，本节针对 6 个自重湿陷性试验场地，讨论地表裂缝的发生发展规律及其形态特征并进行对比分析。

各试验场地地表裂缝的发生发展规律及其形态特征的综合结果见表 5-16。

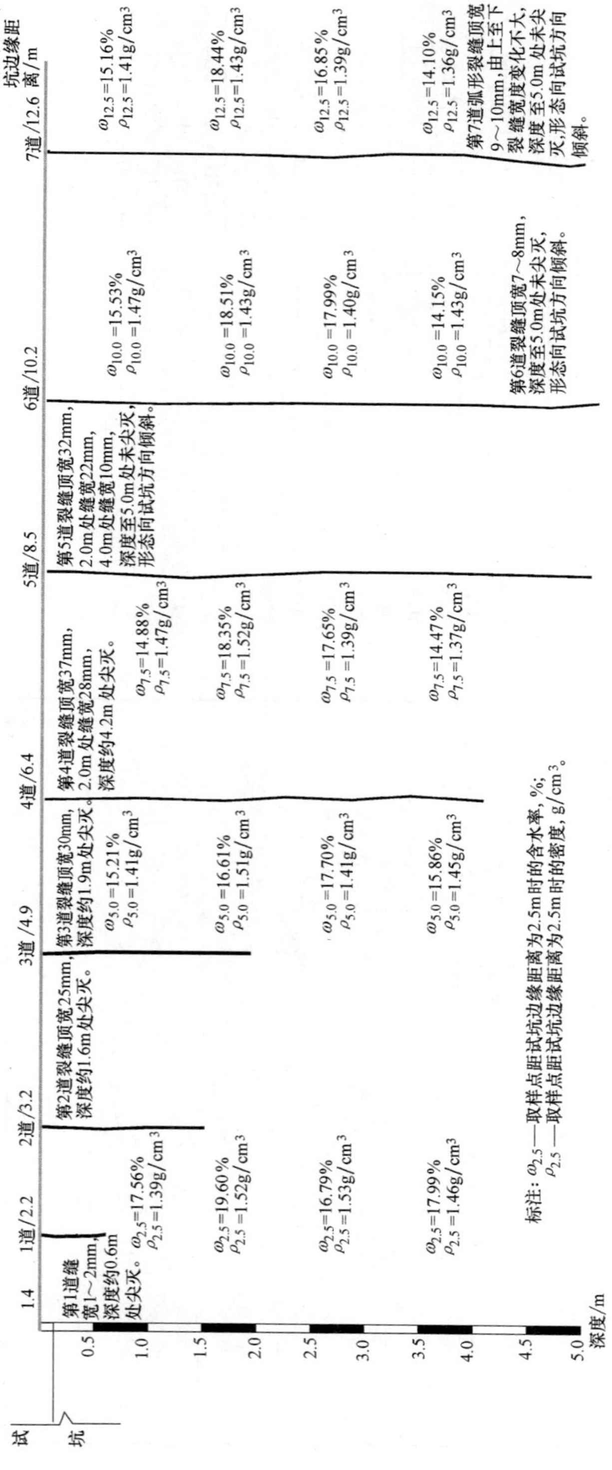

图 5-63　DK315+650 试验场地裂缝在立面上的形态

裂缝名称	编号	图例	裂缝发展时间
裂缝1	L1		9月1日3时左右
裂缝2	L2		9月1日15时~17时
裂缝3	L3		9月1日15时~9月2日8时
裂缝3-5	L3-5		9月3日时
裂缝4	L4		9月2日15时~9月4日
裂缝5	L5		9月3日5时
裂缝6	L6		9月3日15时~9月5日上午
裂缝7	L7		9月5日上午~9月6日上午
裂缝7-5	L7-5		9月8日
裂缝8	L8		9月8日
裂缝8-5	L8-5		9月5日5时~9月6日上午
裂缝9	L9		9月7日5时~9月9日下午
裂缝10	L10		9月9日15时~9月19日之间
裂缝10-5	L10-5		9月20日~9月24日之间
裂缝11	L11		9月17日~10月4日之间
裂缝11-5	L11-5		10月5日~10月20日之间
裂缝12	L12		9月30日~11月6日之间
裂缝13	L13		10月21日~11月6日之间

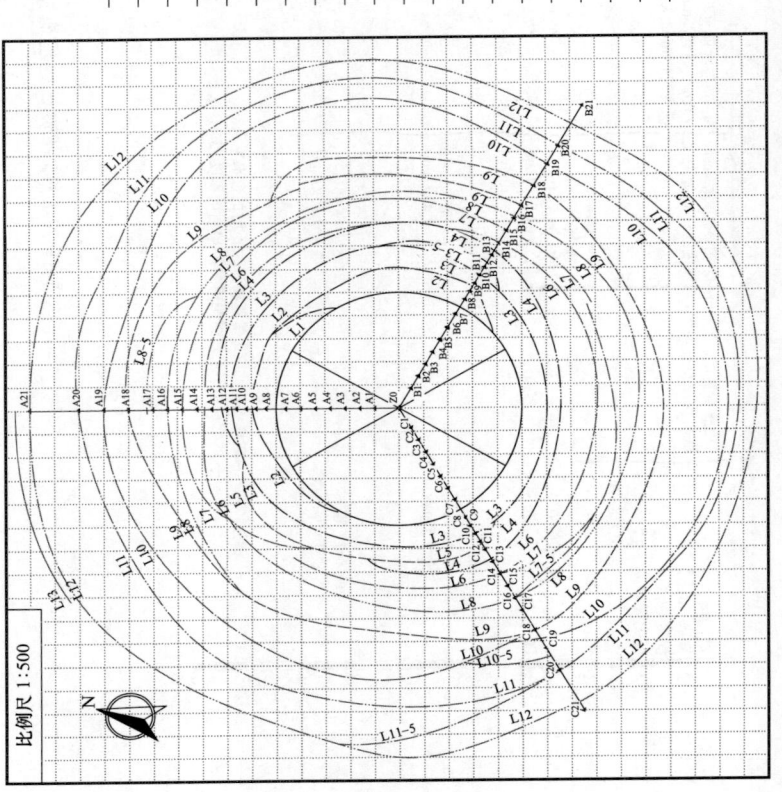

图 5-64 DK354+150 试验场地裂缝平面图

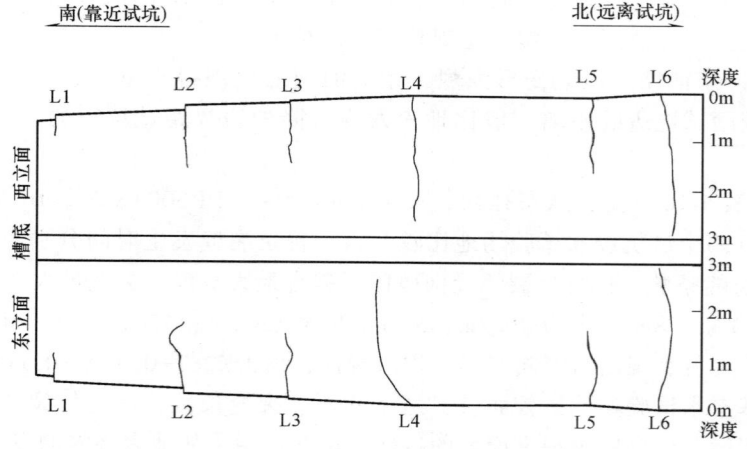

图 5-65　DK354+150 试验场地裂缝在立面上的形态

表 5-16　湿陷性黄土试验场地的裂缝形态与特征

试验场地里程	试坑外裂缝径向范围/m	裂缝最大宽度/mm	裂缝最大错台/mm	条数/条	发生发展特征
DK246+500	8	32	47	3	1~3 道裂缝距坑边缘的距离分别为 2.5m、5.5m、8m,裂缝发生时间分别是浸水后第 6、12、17d
DK287+000	4.5	20	0	2	1~2 道裂缝距坑边缘的距离分别为 2.5m、4.5m,裂缝发生时间分别是浸水后第 10、18d
DK300+800	11	40	20	5	1~5 道裂缝距坑边缘的距离分别为 3m、5m、6m、8m、10m,裂缝发生时间分别是浸水后第 4、6、7、10、14d
DK315+650	12.9	55	75	7	1~7 道裂缝距坑边缘的距离分别为 2.6m、3m、4.2m、5.6m、8.0m、10.1m、12.9m,裂缝发生时间分别是浸水后第 2、3、3、4、5、7、23d
DK346+950	17.8	48	0	5	1~3 道裂缝距坑边缘的距离分别为 5.6m、7.1m、13.8m,裂缝发生时间分别是浸水后第 12~44 天;4~5 道裂缝在停水后第 2~9d 出现,最远裂缝距离坑边缘 17.8m
DK354+150	26.7	120	150	13	1~13 道裂缝发生时间分别是浸水后第 2~52d,最远裂缝距坑边缘 26.7m

1）随着试坑浸水和自重湿陷的产生发展,试坑外地层由近及远依次发生湿陷,浸水坑周围出现环形裂缝。裂缝的发生发展过程与地表湿陷变形随时间的变化

过程密切相关。湿陷变形发生时间比裂缝发生时间早 1~10d，湿陷变形发展到一定程度就会产生裂缝，因此，裂缝是湿陷变形的结果。

2）在浸水前期，湿陷变形强烈，相应的裂缝出现得较密、较多，宽度较大，最远的裂缝距试坑边的距离一般比地表发生沉降的边界距试坑边的距离小几米至十几米。

3）从表 5-16 可见，从东往西，就 DK246+500、DK300+800、DK315+650 和 DK354+150 四个试坑浸水试验场地比较而言，首条裂缝发生时间分别由第 6d 缩短为第 2d，裂缝条数、试坑外裂缝径向范围、裂缝最大宽度、裂缝最大错台分别由 3 条增大为 13 条、8m 增大为 26.7m、32mm 变为 120mm、47mm 变为 150mm，地表裂缝的发生发展表现出与湿陷变形一样的规律；就 DK287+000 和 DK346+950 两个试坑加桩基浸水试验场地比较而言，从东往西，裂缝条数、试坑外裂缝径向范围、裂缝最大宽度等也分别表现出增大的特性。由此说明，从地表裂缝的发生发展规律来看，从东往西，黄土的湿陷性在不断增强。

5.4 浸水影响范围分析

作为坑外湿陷变形最直接表征的裂缝，其发生范围受湿陷变形范围控制；而湿陷变形是因为土体浸水引起的，湿陷变形发生位置的土层必然受到水的浸湿。本节从在试坑大面积浸水条件下土体浸湿范围的角度入手，着重分析浸湿范围、湿陷变形范围及地表产生裂缝范围三者之间的关系。

5.4.1 含水率变化范围分析

为了确定试坑浸水在试坑径向和垂向的影响范围，各试验场地浸水前在试坑外沿径向布置了数个含水率检测钻孔进行含水率试验，浸水结束后在原有钻孔旁又相应打孔进行含水率对比试验，比较浸水前后土层含水率的变化，即可确定浸水在径向和深度方向的浸湿范围。这里假定：①地表下 3m 以内为气候影响层，该范围内浸水前后含水率的变化是受大气降水的影响所致；②浸水前后土中含水率发生明显变化的位置为浸湿的分界点。"含水率发生明显变化"是浸水前后含水率沿深度变化的曲线分开，且含水率的增量等于或大于 3%。此假定是基于含水率试验误差而做出的。这样，可以得到各试验场地在大面积浸水条件下的浸湿范围，如图 5-66~图 5-71 和表 5-17 所示。

由图 5-66~图 5-71 可见，各试验场地浸润线倾斜程度是有差异的，这是试验场地渗透性差异的体现。为了表示这种差异，引入"浸湿线斜率"的概念，即浸湿线线性拟合曲线的斜率。对于特定试验场地，浸湿线斜率数值描述了场地渗透性在竖向和水平向大小的比例关系，也说明黄土场地的竖向渗透性大于水平向渗透性。图 5-72 给出了各试验场地的浸湿线斜率对比结果。

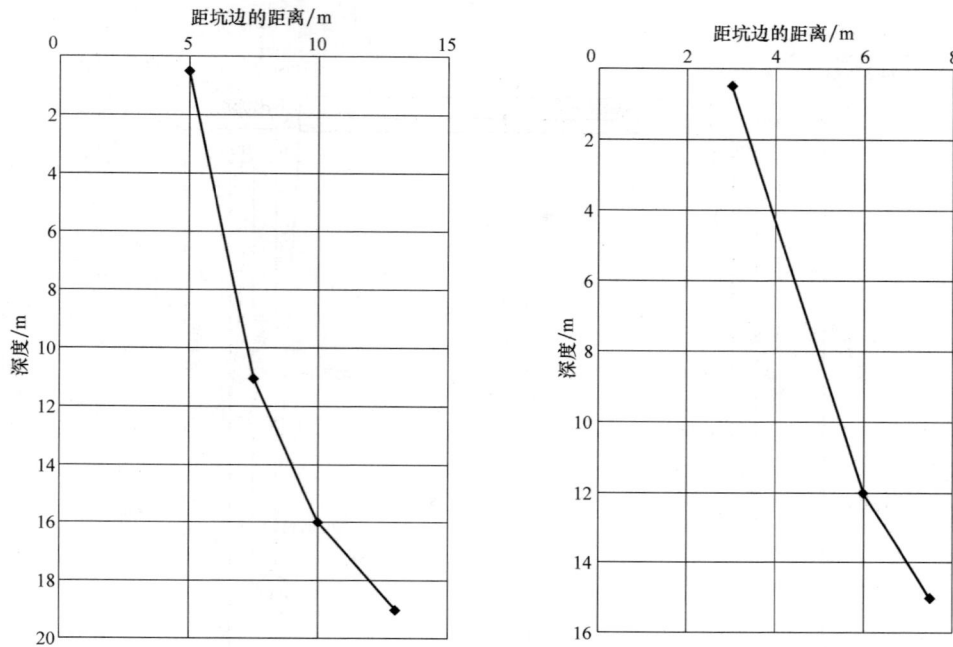

图 5-66　DK58+320 和 DK92+200 试验场地浸湿范围

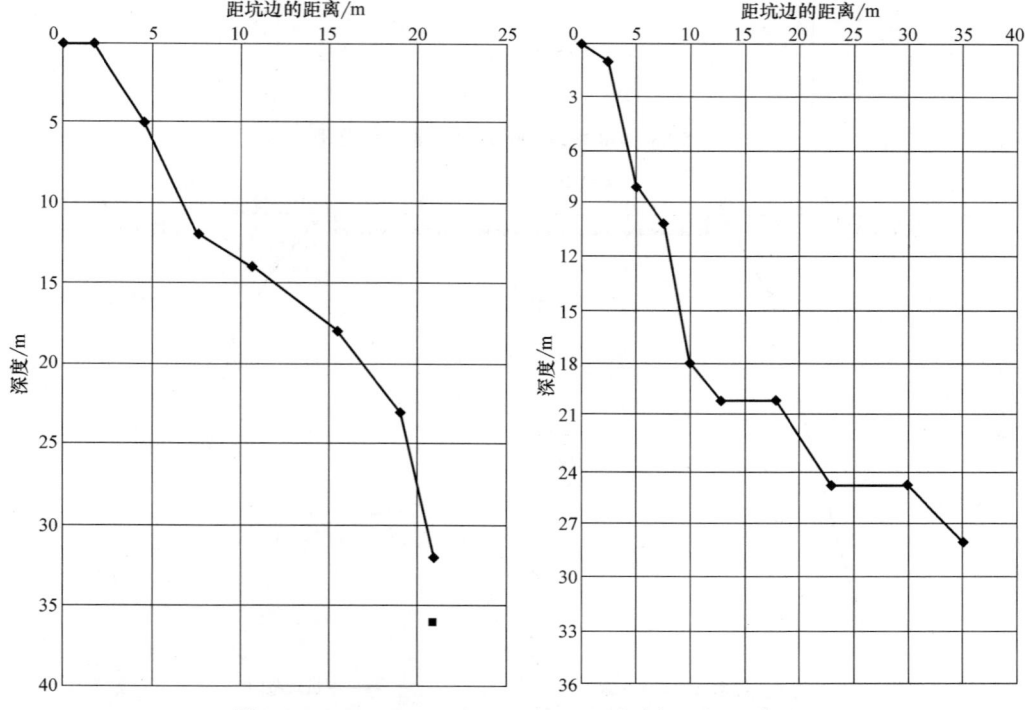

图 5-67　DK246+500 和 DK315+650 试验场地浸湿范围

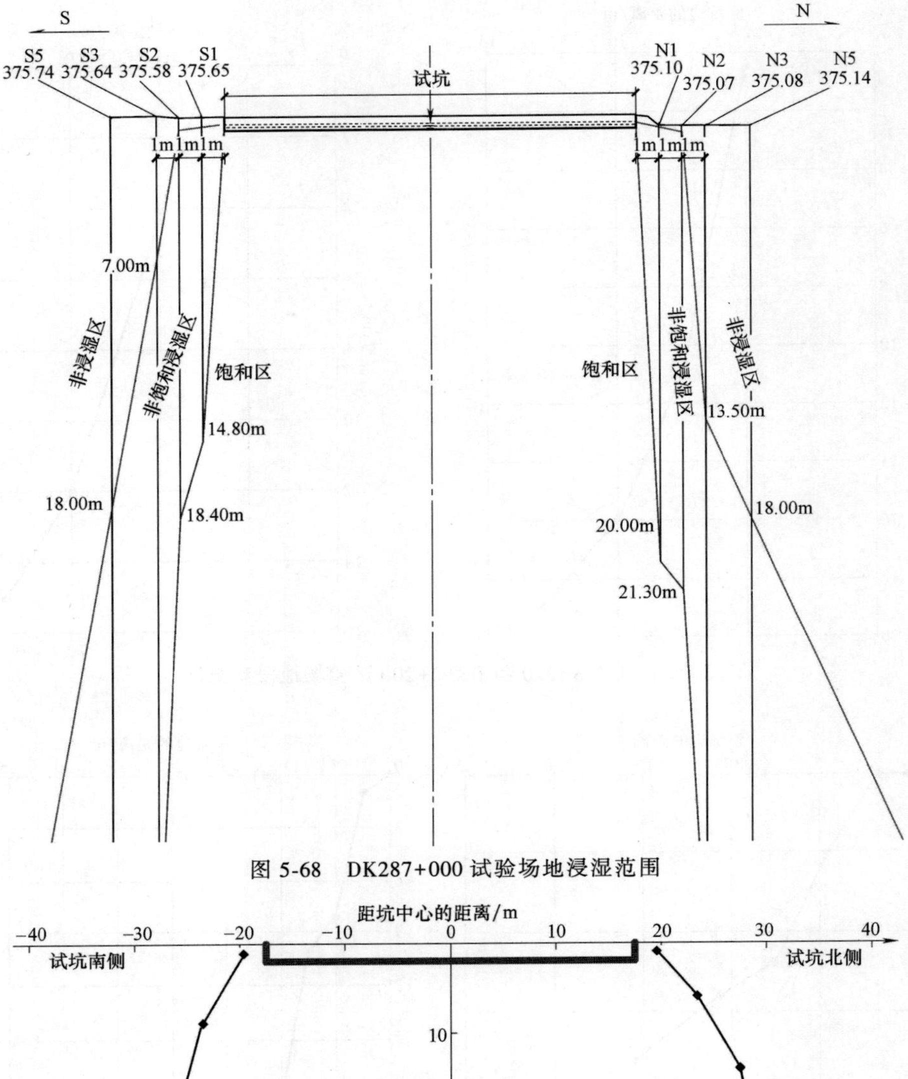

图 5-68 DK287+000 试验场地浸湿范围

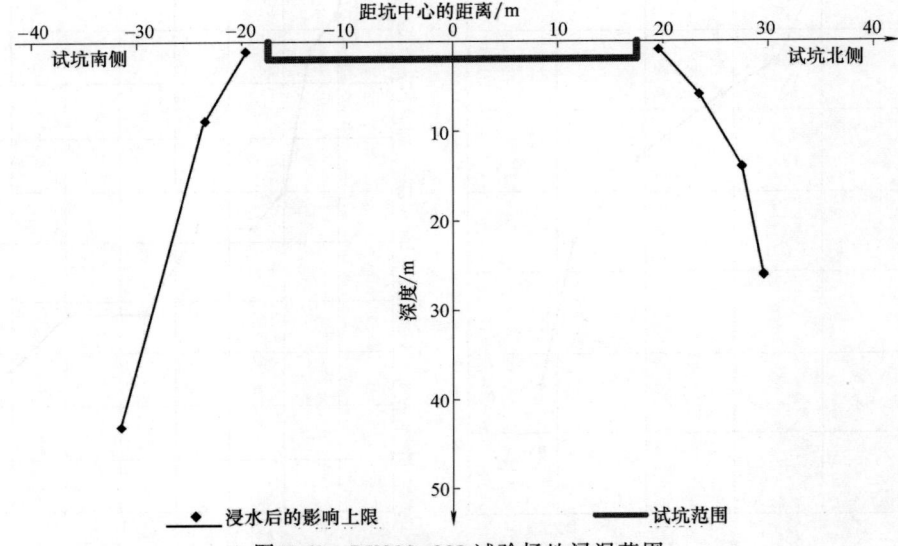

图 5-69 DK300+800 试验场地浸湿范围

第5章 湿陷性黄土场地浸水试验分析研究

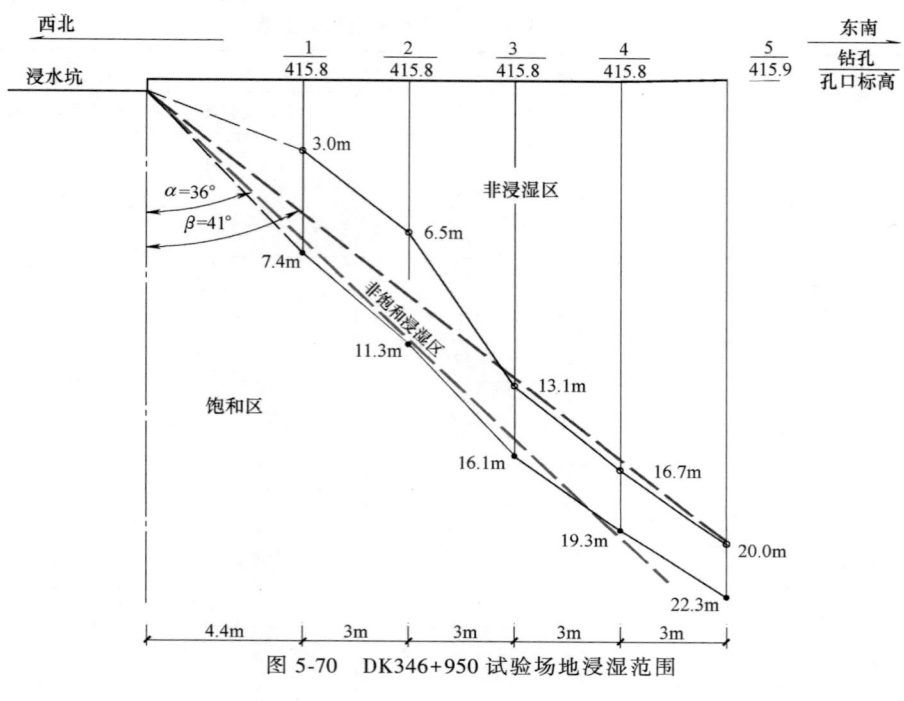

图 5-70 DK346+950 试验场地浸湿范围

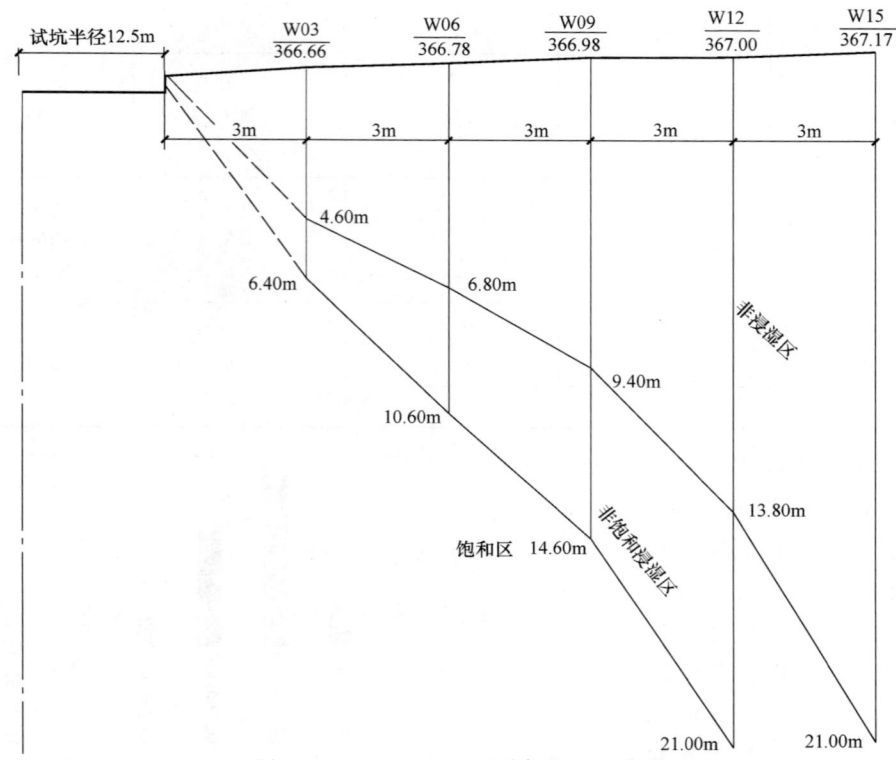

图 5-71 DK354+150 试验场地浸湿范围

表 5-17 各试验场地浸湿范围结果一览表

试验场地	浸湿范围			
	距坑边的径向距离/m	深度/m	浸湿线斜率	最大径向距离/m
DK58+320	7.5	11	1.4	>13
	10	16		
	13	19		
DK92+200	3	0.5	3.7	>7.5
	6	12		
	7.5	17		
DK246+500	4.6	5	1.7	21
	10.6	14		
	21	32		
DK287+000	2	0.6	5.8	>5
	3	7.0		
	5	18.0		
DK300+800	2	1	3.7	>15
	6	6		
	14	43		
DK315+650	5	8	0.9	>35
	10	18		
	23	25		
DK346+950	7.4	6.5	1.5	>16.4
	10.4	13.1		
	16.4	20		
DK354+150	6	6.8	1.5	>15
	12	13.8		
	15	21		

用浸湿线斜率来衡量，斜率越小，侧向浸湿影响范围越大，水在侧向扩散的趋势越强（如DK315+650试验场地），地表湿陷变形范围越大；反之，斜率越大，水在侧向扩散的趋势越弱（如DK287+000试验场地），地表变形范围越小。浸湿线斜率体现了各

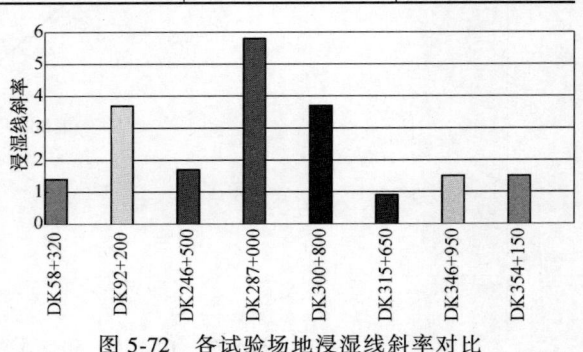

图 5-72 各试验场地浸湿线斜率对比

试验场地浸湿范围的不同，一定程度上表征了各试验场地黄土浸湿特征的差异。

5.4.2 土中水的消散过程分析

5.1.1 节中的表 5-1 和图 5-19 已表明，在停水后的初期，浸水场地浅层土体含水率消散速率较快，随着时间延长，浅层土中含水率消散速率减缓。为了进一步弄清停水较长时间后土中含水率的变化情况，在 DK354+150 试验场地停水 107d 后再次取样进行含水率试验，结果如图 5-73 所示。

从图 5-73 可见，在停水约 3.5 个月（107d）之后，地基土体含水率仅在 4m 地层以上与浸水前接近；在 4~10m 地层，比浸水前高 2.7%~4.8%；在 10m 以下地层，比浸水前高 4.3%~13.6%，平均高 9.7%。由此可见，黄土地基浸水后，土中水的消散是自上而下逐步进行的，对于砂质黄土地基，在停水后约 3.5 月后，仅可使 4m 以上土体中的水消散到浸水前的水平，使 4~10m 地层土中水消散至高于浸水前含水率 5% 以内，而对于 10m 以下地层，消散效果并不明显。可以说，

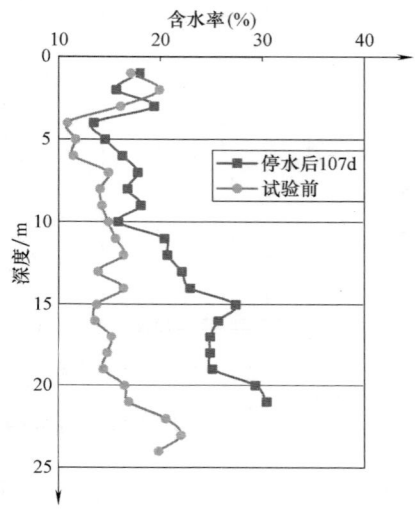

图 5-73 DK354+150 试验场地停水后土中含水率随深度的变化

黄土地基浸水后，土中水的消散将是一个漫长的过程，尤其 10m 以下地层压缩模量和承载力的恢复可能需要数年的时间。

5.4.3 浸水影响范围分析

综合 4.1 节地表沉降分析中试坑外湿陷变形范围、4.3 节裂缝产生范围和本节浸水影响范围的分析结果，可以得到自重湿陷变形范围、裂缝产生范围和浸湿范围三者的关系图，见表 5-18 和图 5-74～图 5-76。

表 5-18 浸水影响范围一览

里程	浸湿范围/m	湿陷变形范围/m	裂缝范围/m
DK246+500	21	13	8
DK287+000	>5	20.3	4.5
DK300+800	>15	17.4	11
DK315+650	>35	20	12.9
DK346+950	>16.4	30	17.8
DK354+150	>15	>25	26.7

注：各值均从试坑边缘算起。

从这些图表可以看出，总体而言，浸湿范围>湿陷变形范围>裂缝发生范围，即浸湿范围、湿陷变形范围和裂缝发生范围三个指标，存在前者控制后者的关系。

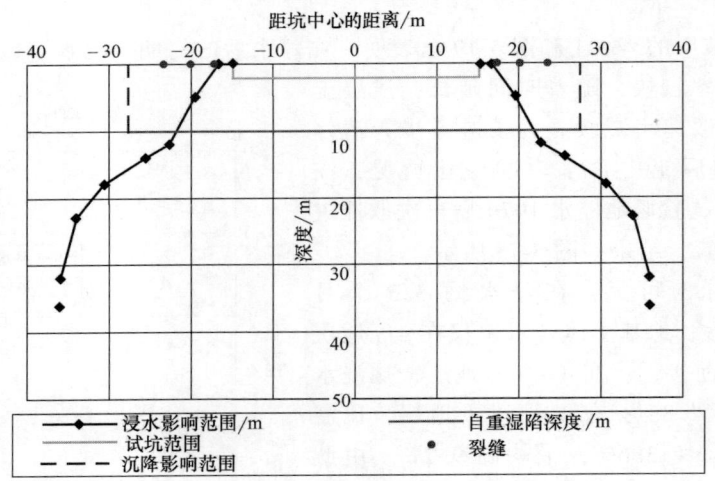

图 5-74　DK246+500 试验场地浸水范围综合图

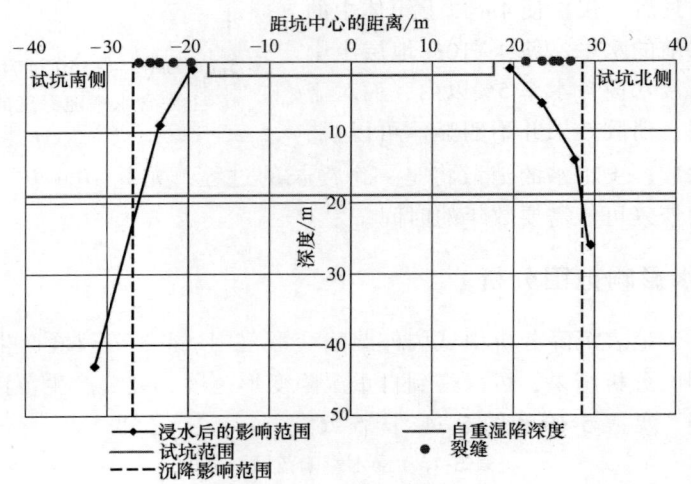

图 5-75　DK300+800 试验场地浸水范围综合图

5.4.4　试坑浸水在径向的优势渗流方向分析

在浸水条件下，土中水的渗流沿深度和径向同时进行，致使土体浸湿范围逐渐加深、加大，但土体在径向的渗流并非是各向同性的，而径向渗流的不同将导致径向浸湿范围的差异，进而引发坑外湿陷程度的差异。

用"三点法"测定地下水流向的原理和方法，假定浸水前试验场地内同一深

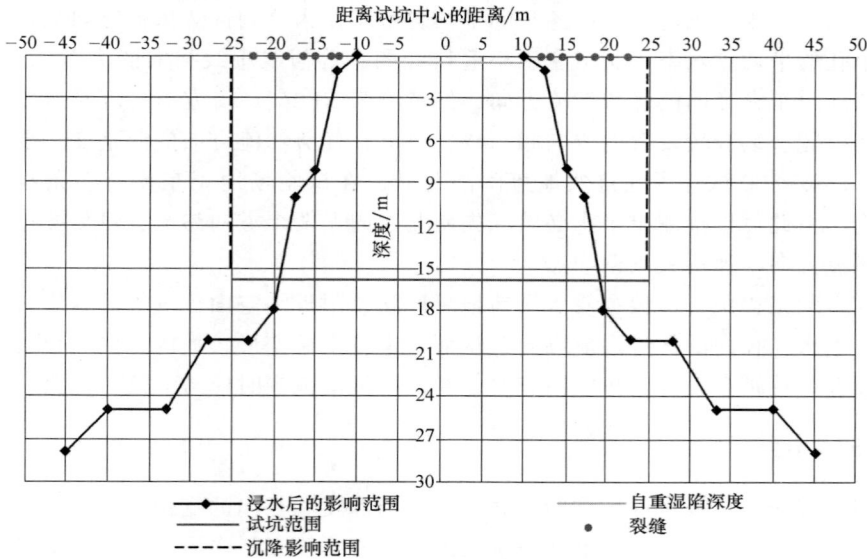

图 5-76　DK315+650 试验场地浸水范围综合图

度处土的含水率是相同的，而浸水后同一深度处土的含水率差异仅与浸水因素相关，通过分析不同方位且到坑边距离相同的三个孔的含水率变化情况，确定场地浸水在径向的优势渗流方向。

以 DK246+500 试验场地为例，在试坑外 3 个方向上距坑边 3m 处各布置了 1 个含水率测定钻孔，如图 5-77 所示，编号分别为 W-S、W-N 和 W-E，测定不同深度

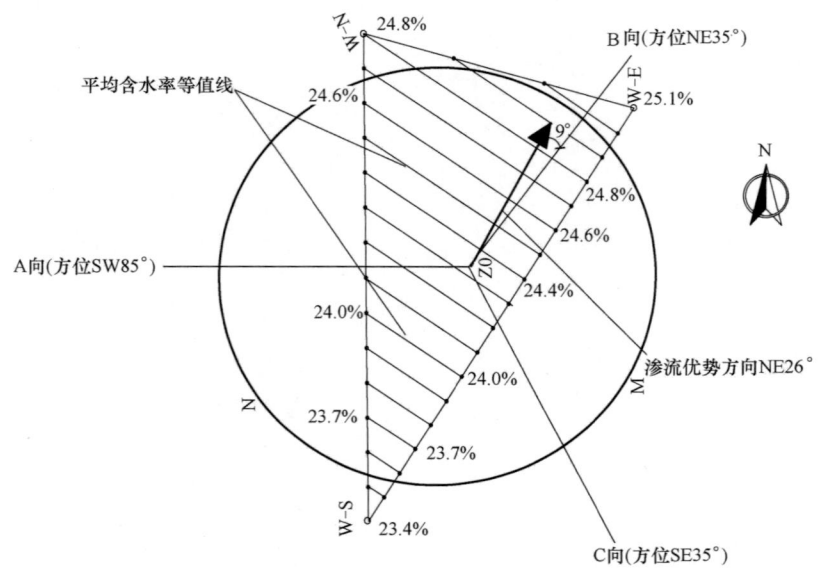

图 5-77　用"三点法"确定 DK246+500 试验场地土中水的渗流优势方向

土的含水率，为准确起见，取各孔的平均含水率作为评判优势渗流方向的依据。利用 3 个孔的平均含水率绘制了含水率等值线图，等值线垂线指向的大含水率方向，即该场地浸水在径向的优势渗流方向，经量测为 NE26°。该方向与沉降量较大、沉降范围较宽、裂缝较发育的方向相一致，可见在优势渗流方向的湿陷变形要强烈。

DK246+500 试验场地自然地势南高北低，在试验场地正东侧有一条深越 45m 的冲沟，由此可以推测土中水必然优先向北、向东两个方向渗流，可见测定的径向优势渗流方向与地形关系密切。

在实际工程中，可根据浸水场地地层产状、附近临空面位置等因素综合确定浸水后土中水在径向的优势渗流方向，从而判定浸水后变形较大的方向和位置，指导工程设计。特别在设计防排水措施时，在确定浸湿范围时应考虑这一因素。

5.4.5 小结

本节首先通过浸水前后试验场地含水率随深度和径向的变化范围分析确定了各试验场地在大面积浸水条件下的浸湿范围，研究了停止浸水后土中水的消散过程是自上而下逐渐进行的，浸水场地浅层土体含水率的消散速率较快，约为几个月，深层土体含水率的消散过程缓慢，可能需要数年的时间。总体而言，浸湿范围>湿陷变形范围>裂缝发生范围，即浸湿范围、湿陷变形范围和裂缝发生范围三个指标，存在前者控制后者的关系。此外，可根据地形地貌和地层产状等因素综合确定浸水后土中水在径向的优势渗流方向，指导防排水措施设计。

第6章　黄土场地的湿陷敏感性研究

黄土的湿陷变形对建筑物的影响表现在两个方面，一是浸水湿陷量的大小，二是浸水湿陷敏感性。黄土的浸水湿陷敏感性是指黄土浸水时产生湿陷变形的敏感程度，实质上表征了湿陷发生的可能性及其发展的可能性。

研究发现，黄土因其自然条件差异较大，不同地区、不同场地自重湿陷性质差别较大，即使在相似的物理力学性质指标下，湿陷敏感性也会有很大的差异[82]。湿陷等级相同的湿陷性黄土，浸水湿陷时对地基造成的破坏程度不一定相同，如某些Ⅰ、Ⅱ级自重湿陷性的黄土地基，其湿陷事故竟然比Ⅲ级自重湿陷性黄土地基严重得多。这就表明了湿陷等级高的自重湿陷性黄土不一定是湿陷敏感性强的，而湿陷等级低的自重湿陷性黄土的湿陷敏感性不一定就低。

黄土的湿陷敏感性是由多方面因素决定的，主要有：

1）黄土的成因时代及地理位置。一般新近堆积的黄土，形成时间晚，成岩作用差，结构强度低，自重湿陷敏感；风积黄土湿陷敏感性大于冲、洪积黄土。

2）自重湿陷性土层埋藏深度与厚度。浅层自重湿陷性黄土的敏感性及其危害性一般都大于深层自重湿陷性黄土。

3）自重湿陷量。自重湿陷量大，则湿陷敏感性相对较高。

4）土的粒度、易溶盐及黏粒含量。砂粒含量多，黏粒含量少的黄土，或黏粒赋存多为集粒、粒间连接作用差、透水性大的黄土自重湿陷敏感。

5）土的渗透性。地层综合渗透性大，则容易发生湿陷，同时湿陷速度快[78]。

不同结构的土在低应力下，在不同增湿程度下变形的强弱，直接影响到场地湿陷的敏感性。研究湿陷的敏感性，必须将场地置于一定的应力空间和湿度空间中，从其相互联系中去发现事物的本质，掌握其规律。黄土的浸水试验研究揭示了压力、湿度与湿陷及变形之间的动态关系，通过对各种性质土的增湿、应力、湿陷曲线图的分析，可以认识到不同土湿陷敏感性的差异，有助于灵活解决黄土地区的岩土工程问题。

黄土自重湿陷性场地的湿陷敏感性可以用以下三种方法进行定性或定量描述：

1）根据室内试验结果，用敏感度指标 K' 值（饱和自重压力与湿陷起始压力的比值）判别。

2）利用试坑浸水实测值与室内试验计算值之比判别（K_0法）。

3）根据现场浸水试验的某些现象评价，如浸水面积大小、自重湿陷起始时间、单天最大自重湿陷量（最大湿陷速度）、裂缝展开距离及浸湿范围等湿陷特征值。

本节先用自重湿陷量特征值、K'值法和K_0值法对各试验场地的湿陷敏感性进行评价，然后用本报告首次提出的"视湿陷速率"法进行论述。

6.1 黄土场地湿陷敏感性的定性评价

表6-1列出了各自重湿陷场地湿陷起始时间与单天最大自重湿陷量。随着里程的增大，浸水后湿陷起始时间越早，地基对浸水的响应越快；单天湿陷速率越大，湿陷变形发生的强烈程度越明显。总体看这6个试验场地的实测结果发现，高速铁路沿线黄土地基的敏感性随铁路里程的增大而增强。

表6-1 各自重湿陷场地湿陷发生起始时间与单天最大自重湿陷量

试验场地编号	试验场地里程	湿陷起始时间/d	单天最大自重湿陷量/cm	累计最大自重湿陷量/cm	敏感性
①	DK246+500	4	2.1	19.3	
②	DK287+000	3	0.6	10.4	②≈①
③	DK300+800	3	4.8	49.2	③>②
④	DK315+650	1	6.9	59.3	④>③
⑤	DK346+950	1	4.5	35.8	⑤≈④
⑥	DK354+500	1	23.6	160.3	⑥>⑤

湿陷起始时间、单天最大自重湿陷量和累计最大自重湿陷量三个量中的任何一个，都能从一个方面说明场地黄土的湿陷敏感性，单独用一个量来定性地判定场地的自重湿陷敏感性，能够得到相近的判定结果，但使用不同量的结果会出现交叉的情况。此外，目前尚无用湿陷起始时间、单天最大自重湿陷量和累计最大自重湿陷量这三个量定量判别湿陷敏感性的指标体系。

6.2 用 K' 值法评价黄土场地的湿陷敏感性

K'值法[72]描述的是土层的湿陷敏感性。K'法中计算各层K'系数的公式如下

$$K' = p_h / p_{sh} \tag{6-1}$$

式中　p_{sh}——土体的湿陷起始压力；

　　　p_h——上覆土体的饱和自重压力。

土层的湿陷敏感程度根据表 6-2 判别。

表 6-2 判定敏感程度的标准

敏感程度	很强	较强	较弱	弱
划分界限	$K' \geq 1.5$	$1.0 \leq K' < 1.5$	$0.7 \leq K' < 1.0$	$K' < 0.7$

按照式（6-1），结合室内试验确定的 p_h、p_{sh} 值，可以确定各土层的 K' 值，结果见表 6-3。

表 6-3 K' 值法判别土层自重湿陷敏感性[83]

场地 深度/m	DK246+500		DK300+800		DK315+650	
	K'	敏感程度	K'	敏感程度	K'	敏感程度
1	—	—	1.2	较强	0.19	弱
2	0.41	弱	0.6	弱	0.87	较弱
3	—	—	0.9	较弱	0.83	较弱
4	—	—	0.9	较弱	1.23	较强
5	—	—	0.6	弱	0.71	较弱
6	0.87	较弱	1.5	很强	0.99	较弱
7	1.79	很强	1.0	较强	0.99	较弱
8	1.65	很强	1.4	较强	1.89	很强
9	2.22	很强	1.8	很强	2.23	很强
10	0.91	较弱	1.7	很强	1.6	很强
11	1.26	较强	3.1	很强	2.17	很强
12	1.03	较强	0.9	较弱	1.91	很强
13	—		1.3	较强	1.85	很强
14	—		4.0	很强	—	较弱
15	1.14	较强	4.5	很强	1.72	很强
16	—		1.3	较强	—	
17	1.18	较强	1.2	较强	—	
18	<1.08	较强	1.0	较强	1.30	较强
19	<1.14	较强	0.9	较弱		
20	1.07	较强				
21	1.49	很强				
22	2.19	很强				
23	1.12	较强				
24	<1.08	较强				
25	1.31	较强				

根据表 6-3 的结果，可采用 K' 值法判别场地的敏感性，见表 6-4，该判定结果与表 6-1 的定性判别结果一致。

表 6-4 K' 值法判别场地敏感性[84]

试验场地	试验场地编号	敏感性"很强"的土层		敏感程度
		厚度/m	占总湿陷深度的百分比(%)	
DK246+500	①	5	20	
DK287+000	②	5	17	②≈①
DK300+800	③	5	26	③>②
DK315+650	④	7	39	④>③
DK346+950	⑤	13	41	⑤>④
DK354+500	⑥	12	55	⑥>⑤

6.3 用 K_0 值法评价黄土场地的湿陷敏感性

关文章在《湿陷性黄土工程性质新篇》[78]一书中提出，用自重湿陷量实测值与室内试验计算值之比 K_0 来判别场地的湿陷敏感性。K_0 用下列公式计算

$$K_0 = \Delta'_{zs} / \Delta_{zs} \tag{6-2}$$

式中　Δ'_{zs}——现场浸水实测自重湿陷量，cm；

　　　Δ_{zs}——室内试验计算自重湿陷量，cm。

用 K_0 值判定湿陷敏感程度的标准见表 6-5。用 K_0 值判定各自重湿陷性试验场地的敏感程度结果见表 6-6。从表中可以看出，DK246+500、DK287+000、DK300+800 试验场地的敏感性较弱，DK315+650 试验场地的敏感性中等，DK346+950 试验场地的敏感性较弱，DK354+150 试验场地的敏感性很强。DK246+500 试验场地与 DK300+800 试验场地的敏感性比较而言，前者更弱一些。这与前述定性判别结果相比，除 DK346+950 试验场地的结论相反外，其他各试验场地的敏感程度基本一致。

表 6-5 用 K_0 值判定敏感程度的标准

敏感程度	很强	较强	中等	较弱
划分界限	$K_0 > 1.7$	$1.4 \leq K_0 \leq 1.7$	$1.0 \leq K_0 < 1.4$	$K_0 < 1.0$

表 6-6 K_0 值判定敏感程度结果

试验场地	Δ_{zs}/cm	Δ'_{zs}/cm	K_0 值	敏感程度
DK246+500	58.8	19.3	0.30	较弱
DK287+000	34.3	10.4	0.27	较弱
DK300+800	50.9	47.7	0.84	较弱
DK315+650	38.0	59.3	1.40	较强
DK346+950	57.0	35.8	0.57	较弱
DK354+150	46.4	160.3	3.11	很强

注：自重湿陷量的实测值取最大值。

6.4 用"视湿陷速率"法评价黄土场地的湿陷敏感性

前述的判定湿陷敏感性的 K' 值法和 K_0 值法，都是建立在室内湿陷性试验资料的基础之上的，与室内湿陷性资料比较容易获得有关。但是，以往的现场浸水试验揭示出现场实测自重湿陷量往往与依据室内试验结果计算的自重湿陷量有较大差异（详见表 1-3）。本次现场浸水试验进一步揭示了土层的现场实测自重湿陷系数、实测自重湿陷土层下限深度等与室内试验结果之间的差异（详见表 5-13、表 5-14）。由此可见，计算自重湿陷量与实测自重湿陷量存在较大差别，所以，建立在室内试验基础之上的湿陷敏感性判别不可避免地存在偏差，当有湿陷性现场实测结果时，用实测结果建立指标体系确定场地的湿陷敏感性。

湿陷敏感性的概念包含了湿陷性的强弱、湿陷发生的快慢等含义。从现场浸水试验中，一般可以直接获得湿陷起始时间、单天最大自重湿陷量和平均自重湿陷量这三个指标。下面讨论用这三个指标描述湿陷敏感性的可行性。

单天最大自重湿陷量实际上就是湿陷速率峰值，是湿陷快慢程度的直接反映。从表 5-12 来看，单天最大自重湿陷量大，一般总沉降量也较大，但也有例外的情况，如 DK346+950 和 DK246+500 试验场地。同时，DK346+950 试验场地停水后的最大沉降速率（4.5cm/d）远大于浸水期间的最大沉降速率（1.8cm/d）。这种特殊情况也使得单天最大自重湿陷量指标的代表性不够充分。

平均自重湿陷量和累计最大自重湿陷量（见表 5-12）一样，都反映了黄土场地湿陷性的大小，但由于它不能反映沉降的快慢和发生湿陷的先后，如 DK300+800 和 DK346+950 试验场地的总沉降量相当，但浸水期间前者湿陷速率较大而起始湿陷时间较晚。用该值作为衡量指标也不够全面。

那么用湿陷起始时间作为衡量指标是否可行呢？首先分析湿陷起始时间的意义及影响因素。由表 5-15 可知，在现场浸水试验中，自重湿陷系数实测值小于 0.015 的表层黄土厚度，在 DK246+500、DK287+000、DK300+800、DK315+650、DK346+950 和 DK354+150 试验场地分别为 5m、0m、7m、2m、3m 和 4m，其中 DK287+000 试验场地因深标点沿深度布置较稀少，仅测到 0.5~3m 间的自重湿陷系数等于或大于 0.015，其余深度的自重湿陷系数均小于 0.015；其他试验场地中湿陷土层埋藏深度较大的 DK246+500 和 DK300+800 两个试验场地，湿陷起始时间较晚，而埋藏湿陷性土层深度较浅的 DK315+650、DK346+950 和 DK354+150 三个试验场地湿陷起始时间较早，在这三个试验场地中，实测自重湿陷程度中等以上土层埋藏较浅的是 DK346+950 和 DK354+150 试验场地（为 7m），DK315+650 试验场地实测自重湿陷程度中等以上土层埋藏较深（为 10m）。由此可见，湿陷起始时间既与强湿陷性土层的埋藏深度有关，也与上部地层的湿陷性强弱有关。所以，湿陷起始时间在一定程度上体现了湿陷敏感性的强弱，却不能体现在起始湿陷时间相同的情况下的自重湿陷量大小，也不能单独作为指标使用。

综上所述，由现场实测得到的湿陷起始时间、平均自重湿陷量和单天最大自重湿陷量这三个指标中，虽然每个指标均可在一定程度上体现湿陷敏感性的强弱，但都不能单独全面反映湿陷敏感性在自重湿陷量大小、湿陷快慢两个方面的含义。

用"平均自重湿陷量"和"起始湿陷时间"的比值这一指标来描述湿陷敏感性的大小，既描述了湿陷敏感性的强弱，又反映了湿陷的快慢，其物理意义明显。由于这一指标与湿陷速率在量纲上相同而实际意义不同，所以称为"视湿陷速率"，用 v' 表示。此处用"平均自重湿陷量"而不用"最大自重湿陷量"，是因为前者更具有代表性。

"视湿陷速率"作为评价指标，界限值的设定和等级划分是必不可少的。等级划分按照由弱到强划分为"弱""较弱""中等""较强"和"很强"五个等级。等级划分的界限值则建议按表6-7取值，界限值根据"K_0 值法"的判定结果和本次现场浸水试验的研究结果综合确定，是否合适有待进一步验证。各试验场地的"视自重湿陷速率"见表6-8。

表 6-7 用"视湿陷速率法"判定湿陷敏感性的标准（建议值）

敏感程度	很强	较强	中等	较弱	弱
划分界限	$v' \geq 80$	$80 < v' \leq 40$	$20 \leq v' < 40$	$10 \leq v' < 20$	$v' < 10$

表 6-8 用"视湿陷速率"判定湿陷敏感性

里程	湿陷起始时间 /d	自重湿陷量平均值 /cm	地基湿陷等级和湿陷类型	视湿陷速率 /(cm/d)	敏感性判定
DK246+500	4	17.2	Ⅲ级，自重湿陷	4.3	弱
DK287+000	3	9.7	Ⅱ级，自重湿陷	3.2	弱
DK300+800	3	45.6	Ⅳ级，自重湿陷	15.2	较弱
DK315+650	1	54.9	Ⅲ级，自重湿陷	54.9	较强
DK346+950	1	31.4	Ⅳ级，自重湿陷	31.4	中等
DK354+150	1	142.4	Ⅳ级，自重湿陷	142.4	很强

6.5 小结

湿陷等级高的自重湿陷性黄土不一定是湿陷敏感性强的，而湿陷等级低的自重湿陷性黄土其湿陷敏感性不一定就低。即使湿陷等级相同的湿陷性黄土，浸水湿陷时对地基造成的破坏程度不一定相同。黄土的湿陷敏感性是由多方面因素决定的，

第6章 黄土场地的湿陷敏感性研究

既与黄土的成因时代及地理位置、自重湿陷性土层埋藏深度与厚度、自重湿陷量有关，又与黄土的粒度、易溶盐及黏粒含量及渗透性有关。

本书依据湿陷性室内试验结果的"K'值法"和"K_0值法"，以及用现场浸水试验得到的有关指标和"视湿陷速率"法，对试验场地湿陷敏感性进行了判定。判定结果是：试验场地敏感性强弱顺序为 DK354+150>DK315+650>DK300+800>DK346+950>DK246+500>DK287+000；总体来看，从三门峡至华阴，随着铁路里程的增大，黄土湿陷敏感程度呈增强趋势。

第7章　黄土湿陷性定量评价与预测

第3.2节、3.3节从黄土的物质成分和结构特征方面定性地阐述了黄土湿陷的作用机理和原因，第5.1.8节研究分析了郑西高速铁路黄土的湿陷性和湿陷特征，这些均是认识黄土和黄土湿陷性评价的重要方面。

黄土湿陷系数是评价湿陷性必需的指标，该系数必须通过湿陷性试验获得，然而由于本身量值较小（如界限值仅为0.015、0.030和0.070），试验对其影响极大，稍许误差可能导致评价结果的质变。如前文所述，黄土湿陷性是由其物质成分、微结构特征和赋存环境状态决定的，故通过这些指标可以反映其湿陷性，然而对黄土物质成分和结构的测定不仅费事，而且测试结果多是定性的（如结构类型等），因而无法定量地用这些测试成果直接评价黄土的湿陷性。

黄土是一类特殊土，与其他土一样，其性质和特征也是由其物质成分、结构和赋存环境决定的，包括物理性质、力学性质甚至黄土的湿陷性。换言之，黄土的物理性质和力学性质（包括湿陷性）均是其成分和结构的综合反映和表现，也反映当前的赋存状态。因此，这些指标可以反映其成分、结构和赋存环境特征。其中，物理指标较为方便，一方面物理指标均易于测定，另一方面表征黄土物理性质的指标较多，它们从不同方面反映了黄土的成分和结构。因此可通过能反映黄土成分和结构特征的物理性质指标来评价黄土的湿陷性是一种可行的选择。前人对此进行了大量的研究和探索，如根据各自试验成果，采用回归方法，探讨黄土湿陷系数与含水量、密度（或干密度）、孔隙比（或孔隙度）等的相关关系。

黄土湿陷是由其物质、结构和赋存环境共同决定的，故此前用单一物理指标来评价黄土湿陷性，尚不足以反映黄土湿陷性的内在本质。为此，本研究尝试采用数据挖掘技术来评价黄土湿陷性并发现黄土湿陷性的内在规律。通过各种渠道收集国内外黄土湿陷的相关资料（公开刊物、专著图书、科研报告等），根据数据挖掘要求，对所有数据源按统一要求、统一标准和口径，进行数据筛选、清理，然后将清理后的数据加载，建立数据仓库，共获得各类指标齐全的数据234组，为知识挖掘做准备，分析黄土湿陷特征和影响因素等。

7.1 黄土湿陷性影响因素及分析

7.1.1 因子分析

利用数据挖掘技术中的主成分分析法和因子分析法是一种将多变量化简的技术，其目的是分解原始变量，从中归纳出潜在的"类别"，相关性较强的变量归为一类，不同类间变量的相关性则较低。每一类变量代表了一个"共同因子"，即一种内在结构，这种内在结构称为公因子。主成分分析就是要寻找该结构。对黄土湿陷性而言，共同因子即湿陷系数，主成分分析就是分析黄土湿陷性的内在结构，即其他变量对湿陷性的作用。主成分分析中，公因子的方差比反映各变量信息分别被提取的充分程度，方差比越大，则提取相应自变量的信息就越充分；因子负荷反映了各变量与公因子之间关系的密切程度，绝对值越大，说明该变量对公因子影响程度越大，关系越紧密。

根据数据挖掘要求，以相对密度（G_s）、干密度（ρ_d）、孔隙比（e）、塑性指数（I_p）、天然含水量（w）为原始变量，公因子数（自重湿陷系数 δ_{zs}）选定为 1.0，从数据库中选取这 5 个指标和自重湿陷系数均齐全的数据（共 234 组），进行主成分分析建模，求解得到公因子方差比和因子负荷（表 7-1）。

表 7-1 公因子方差比和因子负荷

物理指标	天然含水量 w	干密度 ρ_d	孔隙比 e	相对密度 G_s	塑性指数 I_p
因子负荷	0.766	−0.931	0.945	0.280	0.406
公因子方差比提取值	0.587	0.867	0.893	0.078	0.164

从表 7-1 中可以看出，因子负荷和信息提取值从高到低的顺序是 $e \rightarrow \rho_d \rightarrow w \rightarrow I_p \rightarrow G_s$，表明 e 与公因子关系最紧密，而相对密度与公因子的密切程度最差。此处是以黄土湿陷系数为公因子，因此计算结果表明，对黄土湿陷的影响程度由大到小依次为孔隙比、干密度、天然含水量、塑性指数和相对密度。

7.1.2 相关性分析

为反映上述各指标与自重湿陷系数的关系，进一步采用数据挖掘中的相关分析方法，将数据仓库中全部 234 组数据的各种指标与自重湿陷系数进行相关性分析。

由自重湿陷系数与各影响因素间的散点关系图（图 7-1）可见，自重湿陷系数与孔隙比呈现较好的直线相关关系（$R = 0.834$），孔隙比越大，自重湿陷系数越大（图 7-1a）；自重湿陷系数与干密度之间呈现的直线相关性相对孔隙比稍差，且为负相关（$R = -0.729$），即黄土自重湿陷系数随干密度增大而减小（图 7-1b）；自重湿陷系数与初始含水量之间较为分散，相关性不显著（$R = 0.481$），总体趋势是含水量越高，自重湿陷系数越小，同时可以看出最大自重湿陷系数出现在含水量10%左右（图7-1c）；由图7-1d可以看出，自重湿陷系数与塑性指数的相关性极差（$R=0.226$）或者说二者之间不具线性相关性，最大自重湿陷系数出现在$I_P=9\sim12$，表明塑性指数与自重湿陷系数之间的关系紧密性较差，对黄土湿陷性直接影响相对较小。

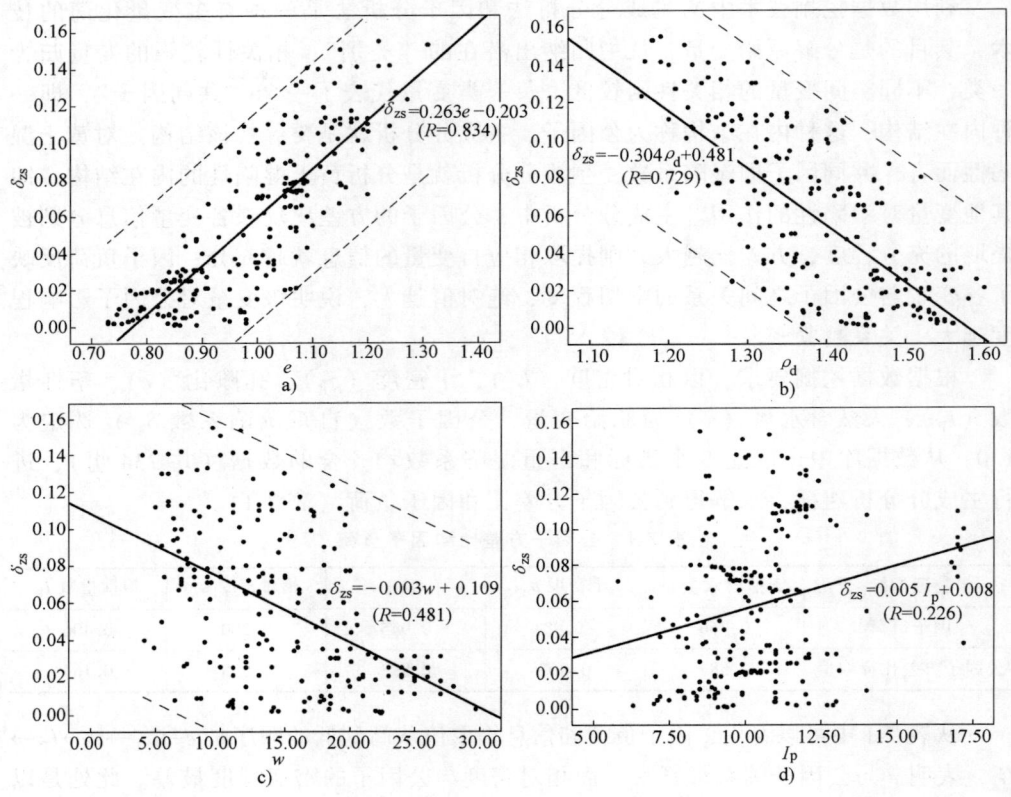

图7-1 自重湿陷系数与各因素间的散点图
a) δ_{zs}—e b) δ_{zs}—ρ_d c) δ_{zs}—w d) δ_{zs}—I_P

相关性分析结果表明，对黄土自重湿陷系数关系密切的依次为孔隙比、干密度、含水量和塑性指数，即孔隙比对黄土自重湿陷系数影响最大，干密度次之，含水量稍差，而塑性指数则不直接相关，这与主成分分析结论一致。

孔隙发育特征是黄土结构的重要方面，孔隙比是黄土内孔隙分布特征的直接反映，因此它间接表征了黄土的微结构特征；干密度一方面反映了黄土的孔隙，另一方面也反映了黄土的物质成分；含水量主要反映了黄土的含水状态，也间接反映了孔隙发育特征；塑性指数是黄土内黏粒成分含量的指标，是颗粒大小及分布的反映；相对密度是矿物成分的平均分布状态。总之，上述主成分分析和相关性分析均表明，黄土湿陷是由黄土组成物质和微结构特征共同决定的，微结构（孔隙大小及分布、颗粒大小）是其主要方面，初始含水状态和组成物质（黏粒含量）对其有一定的影响，矿物成分对其影响较小，这与前文定性分析结果一致。

7.2　湿陷性评价

7.2.1　黄土湿陷性相关分析

从上述计算结果可知，即便与自重湿陷系数最密切的孔隙比，它与自重湿陷系数的相关系数也不高（$R=0.834$），这充分说明黄土湿陷性不是单因素决定的，而是多因素综合作用和影响的。

为此，采用数据挖掘技术中的相关性分析方法，分析各物理指标综合作用下的黄土湿陷性。为了保证在分析中不偏废某个指标而使各指标的作用等量齐观，此处以 e、ρ_d、w 和 I_P 为指标，采用杨辉三角多项式，来分析多指标综合作用下的黄土湿陷性。通过对数据仓库中的 234 组数据的挖掘，得到自重湿陷系数与 4 个物理指标间的关系为

$$\delta_{zs} = a_0 + a_1 e + a_2 \rho_d + a_3 w + a_4 I_P + a_5 e\rho_d + a_6 ew + a_7 eI_P + a_8 \rho_d w + a_9 \rho_d I_P + a_{10} wI_P +$$
$$a_{11} e\rho_d w + a_{12} e\rho_d I_P + a_{13} ewI_P + a_{14} \rho_d wI_P + a_{15} e\rho_d wI_P \tag{7-1}$$

式中　δ_{zs}——黄土自重湿陷系数；
　　　e——孔隙比；
　　　ρ_d——干密度，g/cm^3；
　　　w——含水量，%；
　　　I_P——塑性指数；
　　　$a_0 \sim a_{15}$——系数，见表 7-2。

经方差分析，$F=842.513$，$P=0.001$，方程有效。

表 7-2　式（7-1）中系数的值

系数	a_0	a_1	a_2	a_3	a_4	a_5	a_6	a_7
值	77.1298	56.61587	-5.09721	-4.84362	-8.17354	-93.7995	-2.3535	-4.89226

系数	a_8	a_9	a_{10}	a_{11}	a_{12}	a_{13}	a_{14}	a_{15}
值	0.80509	0.99995	0.51214	4.51366	8.66812	0.19679	-0.1073	-0.41677

式（7-1）的相关系数 $R=0.886$，说明黄土自重湿陷系数与 e、ρ_d、w 和 I_P 等因素之间有较好的相关性。由此表明，黄土湿陷性是多种因素共同作用和影响的，而且这些因素的作用较为复杂，用这些能反映黄土成分、结构和赋存状态的物理指标来评价黄土湿陷性的方法是可行的。

7.2.2 神经网络 BP 模型

神经网络法是数据挖掘中提供的另外一种简捷、快速的预测方法之一,它可以直接用来预测黄土的自重湿陷系数,不用进行大量的计算。在进行预测时,可以将多种方法结合起来,相互补充,相互检验。

利用神经网络对黄土湿陷性进行预测的关键是网络的构建过程。与上述相同,将 4 个物理指标(干密度、含水量、孔隙比和塑性指数)作为输入向量,输出向量为自重湿陷系数,用 184 组数据作为训练数据,50 组数据作为检验数据。通过不断调试,当隐含层选取 18 时,构建的 4×18×1 三层网络结构(图 7-2),其计算精度最高,循环时间较短,效果较好。

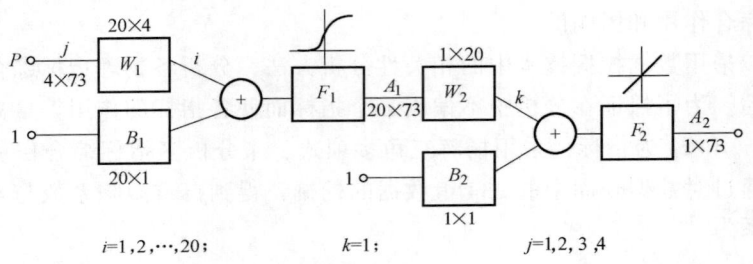

图 7-2 BP 网络结构

P—输入向量 j—输入向量的个数 W_1—输入层到中间层的加权值

B_1—输入层到中间层的加权值和偏差 i—输入层加权值和偏差的向量个数

F_1—输入层到中间层的激活函数,本研究采用的是对数 S 形函数

A_1—中间层的输出值 k—输出加权值和偏差的向量个数

F_2—中间层至输出层的激活函数,本研究采用的是线性函数 A_2—输出层向量

(1)网络训练 网络训练采用归一化处理,使输入样本数据在 0~1,动量常数 m_c = 0.000001,学习速率 l_r = 0.000001,目标误差为 $1×10^{-6}$。经过 25566 次循环后达到收敛,网络训练完成,从图 7-3 中可以看出实测值与预测值两条曲线基本重合,表明计算误差较小,最大误差为 9.3%,误差在允许值范围内。

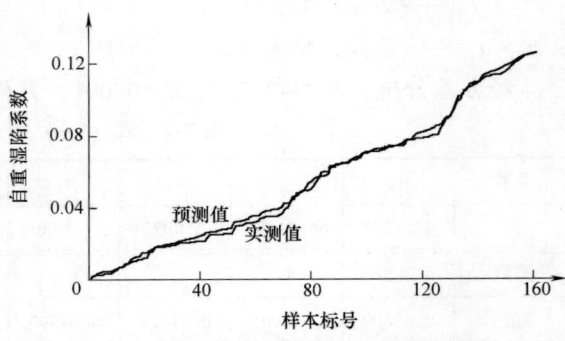

图 7-3 网络训练实测值与预测值的变化

(2)网络检验 为了进一步验证上述网络的可靠性,用另外的 50 组数据作为检验样本,对构建的网络进行检验。网络经过 164 次循环达到收敛,计算结束,所得的预测值与实际值的变化情况如图 7-4 所示,实际值与预测值的最大误差为 6.037%,满足要求。

(3) 模型检验　为检验该模型的准确性，选取相关文献中的 8 组数据对该模型进行检验，模型预测结果较为准确（表 7-3），表明构建的模型较好地反映了黄土湿陷性与各物理指标的内在关系。

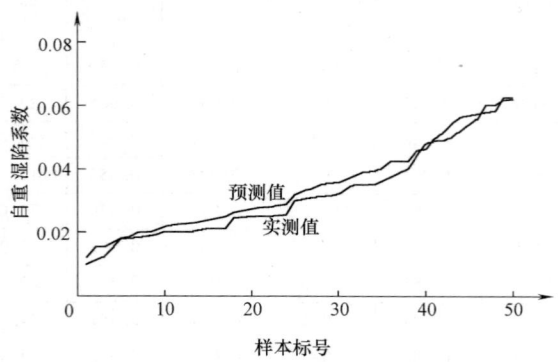

图 7-4　网络检验实测值与预测值的变化

表 7-3　BP 模型检验预测值

编号	1	2	3	4	5	6	7	8
ρ_d/(g/cm³)	1.49	1.46	1.35	1.46	1.4	1.36	1.53	1.37
w(%)	20.7	19.1	20	20.1	19	17.9	13.9	21.4
e	0.81	0.84	1.01	0.87	0.93	0.975	0.78	1
I_P	9.7	12.7	11.1	9.0	10.4	7.3	11.5	11
δ_{zs} 实测值	0.019	0.030	0.077	0.044	0.049	0.050	0.049	0.032
δ_{zs} 预测值	0.021	0.031	0.070	0.042	0.051	0.048	0.05	0.033

7.2.3　黄土湿陷性定量评价

以上基于数据挖掘技术分析了黄土湿陷性影响因素及湿陷性与物理指标间的内在关系，因此可利用式（7-1）和 BP 模型来分析和评价郑西高速铁路 8 个实验点的湿陷性，综合对比分析表明，计算自重湿陷系数与实测值基本一致。以 DK354+150 的 TJ1 为例（表 7-4），除部分点误差较大，自重湿陷系数计算值与实测值基本一致，式（7-1）计算结果与实测值平均误差 20.3%（平均绝对误差 25.7%），BP 模型计算结果平均误差 25.7%（平均绝对误差 50%）。

表 7-4　DK354+150（TJ1）自重湿陷系数实测值与计算值

埋深/m	ρ_d/(g/cm³)	w(%)	e	I_P	δ_{zs} 实测值	δ_s 计算值			
						式(7-1)		BP 模型	
						δ_{zs}	误差(%)	δ_{zs}	误差(%)
1	1.32	17.1	1.061	10.3	0.056	0.044	−25.0	0.059	5.3
2	1.41	19.9	0.923	10.9	0.033	0.021	−36.3	0.054	63.6

（续）

埋深 /m	ρ_d /(g/cm³)	w (%)	e	I_P	δ_{zs} 实测值	式(7-1) δ_{zs}	式(7-1) 误差(%)	BP模型 δ_{zs}	BP模型 误差(%)
3	1.36	16.1	0.991	10.8	0.059	0.050	-15.2	0.039	-33.8
4	1.38	10.9	0.957	9.6	0.054	0.066	22.2	0.026	-51.8
5	1.32	11.7	1.038	9.9	0.049	0.061	24.4	0.030	-38.7
6	1.31	11.5	1.062	9.9	0.047	0.053	12.7	0.026	-44.6
7	1.25	14.9	1.162	10.3	0.040	0.070	75.0	0.053	32.5
8	1.31	14.1	1.061	10.3	0.037	0.053	43.2	0.071	64.8
9	1.31	14.3	1.065	10.6	0.043	0.057	32.5	0.069	60.4
10	1.29	14.9	1.104	10.1	0.041	0.051	24.4	0.075	82.9
11	1.29	15.6	1.103	10.5	0.043	0.058	34.9	0.090	60.4
12	1.28	16.4	1.117	10.8	0.043	0.063	46.5	0.085	97.6
13	1.35	13.9	1.004	10.8	0.039	0.049	25.6	0.038	-2.6
14	1.30	16.4	1.089	10.8	0.041	0.060	46.3	0.109	165.8
15	1.39	13.8	0.952	10.3	0.044	0.050	13.6	0.017	-61.3
16	1.35	13.6	1.012	10.3	0.040	0.045	12.5	0.046	15.0
17	1.33	15.2	1.04	10.8	0.047	0.058	23.4	0.079	68.0
18	1.34	14.8	1.02	10.3	0.053	0.048	-9.4	0.060	13.2
19	1.39	14.4	0.95	10.4	0.033	0.049	48.4	0.018	-45.4
20	1.34	16.5	1.024	10.2	0.034	0.042	23.5	0.075	120.5
21	1.39	16.9	0.956	10.8	0.040	0.041	2.5	0.027	-32.5

虽然自重湿陷系数计算值与实测值之间存在误差，但揭示的湿陷性变化趋势却基本相同（图 7-5）。

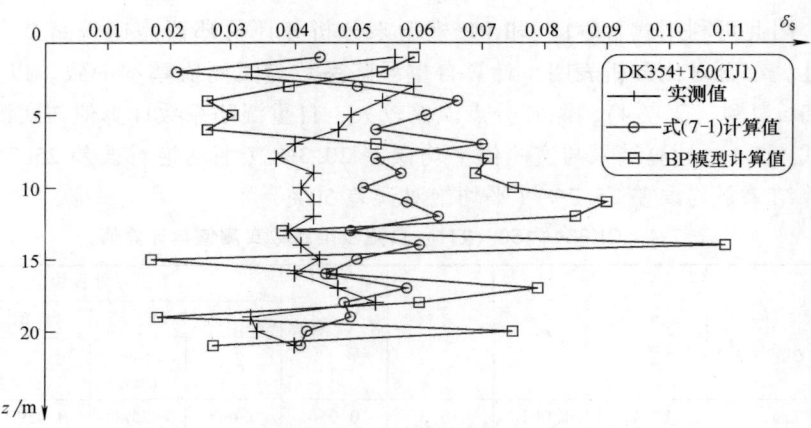

图 7-5 DK354+150（TJ1）自重湿陷系数实测值与计算值

总之，无论是计算结果还是实测值，均反映了郑西高速铁路黄土湿陷性的基本特征及其内在因素。根据前文论述进一步推知，各试验场地的黄土湿陷性同样是由其物质成分和结构特征等内在因素决定的，赋存环境对其有重要影响。

7.3 黄土湿陷评价与预测

黄土湿陷是具有湿陷性的黄土在水和压力（包括自重）作用下的宏观表现。黄土湿陷首先取决于黄土自身的湿陷性程度，湿陷性程度越高，湿陷量越大。其次与湿陷性土层宏观结构有关，相同湿陷程度的黄土，湿陷性土层厚度越大，湿陷量越大；黄土湿陷也与湿陷性土层的结构特征密切相关，对于具有多土层相间分布的结构，因各土层的湿陷程度不同，有的土层湿陷性较强，有的较弱甚至不具湿陷性（如黏土层或黏质黄土层），不同湿陷程度土层数量越多，结构越复杂，对黄土湿陷的影响远比土层结构均匀者复杂，土层内含湿陷性强的土层越多，厚度越大，则湿陷量相对越大。

具体场地均是这两方面综合体现的，并由此表现出不同的湿陷特征。如前所述，郑西线 8 个试验工点中除 DK58+320 和 DK92+200 外，其余 6 个试验场地均为自重湿陷性黄土，但各场地湿陷特征却各不相同，尤其表现在湿陷量和水敏性强弱上。因此，可以采用黄土湿陷性、湿陷性土层厚度和土层结构为指标，评价黄土的湿陷特征。

自重湿陷性黄土的表征指标是自重湿陷系数，如上所述，具体场地的湿陷不仅与湿陷程度有关，而且与土层结构有关，即湿陷层内各土层的湿陷性程度及其厚度，为此，通过湿陷层内不同湿陷程度（非自重湿陷性 $\delta_{zs}<0.015$、轻微自重湿陷性 $0.015\leqslant\delta_{zs}<0.030$、中等自重湿陷性 $0.030\leqslant\delta_{zs}<0.070$、强烈自重湿陷性 $\delta_{zs}\geqslant 0.070$）土层厚度比例来综合表征土层的结构，可分别用 P_1、P_2、P_3 和 P_4 表示。这 4 个指标不仅反映了土层的结构，也间接反映了湿陷系数，因此它们是综合性指标。

正是基于黄土宏观结构性，黄土湿陷仅发生在地表下一定深度范围内，即存在上限深度和下限深度，该厚度即湿陷性土层厚度。

针对郑西线 6 个自重湿陷性黄土场地，由表 3-10、3-11 和表 7-5，采用相关性分析，得到

$$S = a_0 + a_1 P_1 T + a_2 P_2 T + a_3 P_3 T + a_4 (P_1 T)^2 + a_5 (P_2 T)^2 + a_6 (P_3 T)^2 \qquad (7-2)$$

式中　　S——现场浸水试验实测最大自重湿陷量（浸水期湿陷量或总湿陷量），mm；

T——湿陷性土层厚度，m；

P_1、P_2、P_3——湿陷性土层内 $\delta_{zs}<0.015$、$0.015\leqslant\delta_{zs}<0.03$、$\delta_{zs}\geqslant 0.03$ 层厚百分比，%；

a_0——系数，mm，表 7-6；

$a_1 \sim a_3$——系数，mm/m，表 7-6；

$a_4 \sim a_6$——系数，mm/m^2，表 7-6。

表 7-5 试坑浸水基本情况汇总表

里程	试坑		试验内容	浸水期				停水后		总体	
	形状	直径/m		时间/d	注水量/m³		最大湿陷量/cm	时间/d	最大湿陷量/cm	湿陷量/cm	
					总量	单日最大				最大	平均
DK58+320	圆形	20	试坑浸水	39	18116	593	0.47	10	0.20	49	0.67
DK92+200	圆形	25	试坑浸水	34	16246	800	2.65	10	0.07	44	2.72
DK246+500	圆形	30	试坑浸水	42	23970	710	16.76	14	2.65	56	19.31	17.2
DK287+000	圆形	36	试坑浸水*	37	27424	1133	10.05	12	0.31	49	10.36	9.7
DK300+800	圆形	35	试坑浸水	85	79963	1700	42.58	10	4.8	95	47.81	45.6
DK315+650	圆形	20	试坑浸水	71	13483	373	58.94	10	0.38	81	59.32	54.9
DK346+950	圆形	45	试坑浸水*	52	49704	2339	(15.82) 25.15	20	19.99 (7.44)	72	35.81 (32.59)	31.4
DK354+150	圆形	25	试坑浸水*	97	19760	962	151.11	16	9.17	113	160.28	142.38

* 包括桩基浸水试验

表 7-6 式（7-2）中的系数

系数		a_0/mm	$a_1/(mm/m)$	$a_2/(mm/m)$	$a_3/(mm/m)$	$a_4/(mm/m^2)$	$a_5/(mm/m^2)$	$a_6/(mm/m^2)$
取值	浸水期自重湿陷量 S_1	1.6100438	-4.8886910	-10.1782833	24.6683339	0.0139135	0.0027976	-0.0157781
	总自重湿陷量 S	2.0759375	-4.3892913	-15.5505041	35.0140320	0.0177850	0.0043559	-0.0222187

无论浸水期自重湿陷量 S_1，还是总自重湿陷量 S，式（7-2）的相关性均很高（$R = 0.9999$）。根据表 3-10、表 3-11 并利用式（7-2），计算各场地的自重湿陷量，计算值与实测值误差极小（表 7-7）。

表 7-7 郑西高速铁路各场地湿陷量实测值和计算值

试验点	P_1（%）	P_2（%）	P_3（%）	湿陷性层厚 T/m	浸水期自重湿陷量 S_1			总自重湿陷量 S		
					实测值/mm	计算值/mm	误差（%）	实测值/mm	计算值/mm	误差（%）
DK246+500	4.55	31.82	63.63	20	167.6	167.6582	0.035	193.1	193.099	-0.0005
DK287+000	32.00	64.00	4.00	28	100.5	100.6047	0.104	103.6	103.627	0.0261
DK300+800	3.12	78.13	18.75	31	425.8	426.0023	0.048	478.1	478.029	-0.0150
DK315+650	11.77	58.82	29.41	17	589.4	589.4398	0.007	593.2	593.226	0.0044
DK346+950	18.75	65.62	15.63	29	158.7	158.8244	0.078	358.1	358.590	0.1368
DK354+150	0.00	50.00	50.00	20	1511.1	1511.1610	0.004	1602.8	1602.804	0.0003

相关系数高及误差极小，说明各场地黄土自重湿陷量与湿陷性土层厚度、结构和湿陷性程度密切相关，同时证明试验结果正确地反映了各场地黄土的湿陷特征，换言之，各场地湿陷量是正常的和合理的，它们均遵循相同的规律，即黄土湿陷是由黄土的湿陷性和土层结构决定的。黄土的湿陷性是内在的并由其成分和结构决定，赋存环境是其影响因素和诱发因素；土层结构决定了不同程度湿陷性土层对黄土湿陷的作用和贡献，式（7-1）中的系数$a_1 \sim a_3$及$a_4 \sim a_6$反映了不同湿陷程度土层对湿陷的贡献和发挥程度。

第8章 郑西高速铁路沿线黄土的湿陷性评价及地基处理措施建议

8.1 郑西高速铁路沿线黄土的湿陷性评价

根据沿线8个湿陷程度相对较严重的黄土浸水试验结果，结合勘察设计单位的地质资料对郑西高速铁路沿线黄土的湿陷性进行分段评价[83][85]。

1. **DK0+000~DK42+436.79 段**（郑州~汜水河特大桥）

本段属于山前平原区，地形平坦开阔，表层为第四系上更新统冲积、洪积砂质黄土，灰黄、土黄色，结构疏松，厚20~35m，上部0~10m范围呈层状分布轻微湿陷性黄土，为非自重湿陷性场地。

2. **DK42+436.79~DK73+543.11 段**（汜水河特大桥~巩义芝田特大桥）

本段属于黄土丘陵区，地表出露第四系上更新统（Q_3）冲积、洪积砂质、黏质黄土，质地均一，结构疏松，厚度多为15~20m，是可能发生湿陷的地层。

DK58+320试验场地在本段内海拔高度居中，位置靠近西端，地形突兀（崞），黄土未受水浸泡，依据铁四院郑西线初步勘察资料，Q_3黄土厚度约20m，按照对黄土的一般认识，该试验场地可代表本段丘陵区与试验场地地层相近的场地的湿陷性。DK58+320试验场地黄土不具有自重湿陷性，故可认为DK0~DK73+543.11段内与该试验场地地层相近的丘陵区黄土不具自重湿陷性，但本段内存在大量的深切沟谷洼地内的松软砂质黄土，上部0~10m一般具有轻微湿陷性。

3. **DK73+543.11~DK135+270 段**（芝田特大桥~洛河特大桥）

本段属于伊、洛河一、二级阶地。二级阶地地面平坦开阔，上部地层为Q_3^{al+pl}砂质、黏质黄土和砂、卵石层，厚20~50m；伊、洛河一级阶地区，地表Q_4^{al}砂质黄土，厚3~50m；其下Q_4^{al}褐色卵石土，厚度大于25m；再下为Q_3粉质黏土、砂卵石，厚10~35m，本层土不具自重湿陷性。故本段可能发生自重湿陷性的地层为二级阶地的Q_3^{al+pl}砂质黄土和一级阶地的Q_4^{al}砂质黄土。

DK92+200试验场地位于洛河二级阶地，Q_3黄土厚度大于20m，其地貌单元和地层分布情况在本段二级阶地比较典型，可代表本段黄土的自重湿陷性。由于DK92+200试验场地不具自重湿陷性，故可认为本段二级阶地黄土不具自重湿陷性。一级阶地（DK106~DK135+270）（偃师特大桥~洛河特大桥）一般不具自重湿陷性或具有轻微自重湿陷性。

4. DK135+270~DK233 段（洛河特大桥~张茅隧道出口）

本段自东向西主要出露 Q_2、Q_1 和基岩。其中，DK135~DK171 段（洛河特大桥~盐镇以西6km）属于黄土丘陵区，地表出露 Q_2 黏质黄土夹卵石，结构致密，厚 5~20m；下伏上第三系中新统洛阳组砂质黏土岩、砂质砾岩、砂砾岩，基岩强、弱风化。DK171~DK208 段（盐镇以西~观音堂隧道）属于黄土丘陵区地貌，出露第四系中、下更新统黏质黄土、圆砾土，下伏第三系砾岩、泥灰岩、砂页岩。DK208~DK233 段（观音堂隧道~张茅隧道出口）属于低山区地貌，出露石英砂岩、砂页岩、安山岩。

本段内的黄土不具有湿陷性或湿陷性轻微。

5. DK233~DK250 段（张茅隧道出口~陕县特大桥）

本段属于黄土丘陵、台塬区地貌，冲沟发育；第四系上更新统（Q_3）自重湿陷性黄土厚 0~10m，主要地层为厚层第四系（Q_2）中更新统黏质黄土，局部出露第三系砂岩、泥岩、泥灰岩及 Q_2 黄土。张茅镇至三门峡之间还出露部分 Q_2 地层。

DK246+500 试验场地实测自重湿陷土层下限深度 10m，自重湿陷量均值 17.2cm，最大自重湿陷量 19.3cm，地基湿陷等级为Ⅲ级。本段内黄土的自重湿陷性参照以上试验结果取值，依据表 10-1，β_0 推荐值为 0.5。DK246+500 试验场地属黄土台塬地貌，Q_3 黄土厚度达 23m，地下水埋深大（80~90m），其位置在本段的西侧，可代表 DK233~DK250 段内湿陷性最大的情况。

张茅隧道出口至黄龙村隧道（DK244+300）段湿陷性黄土断续分布，一般厚 2~13m，平均厚约 7m，湿陷性中等~强烈，一般属于Ⅰ~Ⅱ级非自重湿陷性地基，局部属于Ⅱ级自重湿陷性地基。黄龙村隧道（DK244+300）~陕县特大桥郑州端（DK250+000），该段湿陷性黄土一般厚 6~13m，平均厚约 10m，局部厚度大于 19m，湿陷性中等~强烈，一般属于Ⅱ~Ⅲ级自重湿陷性地基。

6. DK250~DK321 段（陕县特大桥~双桥河特大桥）

主要有河流阶地地貌和黄土塬两种地貌类型。

DK250~DK272 段（陕县特大桥~函谷关特大桥）属于黄河二级阶地、支流河谷地貌；河谷分布第四系全新统冲洪积砂卵石、砂质黄土、黏性土层，阶地分布第四系更新统砂质黄土、黏质黄土，表层具自重湿陷性。陕县特大桥郑州端（DK250+000）~DK264+900 段湿陷性黄土一般厚 3~7m，平均厚约 5m，湿陷性中等，一般属于Ⅰ~Ⅱ级非自重湿陷性地基。DK264+900~DK269+450 段（函谷关特大桥郑州端），该段湿陷性黄土一般厚 7~15m，平均厚约 11m，湿陷性中等，一般属于Ⅱ级自重湿陷性地基，部分属于Ⅰ~Ⅱ级非自重湿陷性地基。

DK272~DK277 段（函谷关特大桥~函谷关隧道出口）属于黄土塬地貌，砂质黄土、黏质黄土，湿陷性黄土一般厚 10~18m，平均厚约 15m，湿陷性中等，属于

Ⅱ级自重湿陷性地基。

DK277~DK321 段（函谷关隧道出口~双桥河特大桥）主要为黄河二、三级阶地，支流河谷地貌；河谷分布第四系全新统（Q_4）冲洪积砂卵石、砂质黄土、黏性土层，阶地分布第四系更新统砂质黄土、黏质黄土。湿陷性黄土一般厚 15~25m，部分地段厚度大于 25m，湿陷性中等，属于Ⅱ~Ⅳ级自重湿陷性地基。

DK250~DK321 段的塬区和高阶地内的线路主要以桥、隧形式通过，故重点考虑湿陷性的区段是河流阶地段。

DK287+000、DK300+800、DK315+650 试验场地以及铁二院与中铁西北研究院合作完成的 DK283+583 试验场地均属于黄河二级阶地。第四系上更新统（Q_3）砂质黄土的厚度，在 DK283+583 试验场地和 DK287+000 试验场地为 30m 左右，在 DK315+650 试验场地为 30~40m，在 DK300+800 试验场地厚度大于 80m（为全线最厚）。所以，这四个试验场地的试验结果可代表 DK250~DK321 段内黄河二级阶地的湿陷性。

DK283+500 试验场地实测自重湿陷土层下限深度 15m，自重湿陷量均值 25.4cm，最大自重湿陷量 28.5cm，地基湿陷等级为Ⅱ级；根据实测值计算的 β_0 值为 0.95，因此 β_0 推荐值为 0.9。DK264+900~DK283+500 段黄河二级阶地黄土的自重湿陷性参照该试验结果取值。

DK287+000 试验场地实测自重湿陷土层下限深度 9m，自重湿陷量均值 9.7cm，最大自重湿陷量 10.4cm，地基湿陷等级为Ⅱ级。DK287+000 附近区段黄河二级阶地黄土的自重湿陷性参照该试验结果取值，依据表 10-1，β_0 推荐值为 0.9。

DK300+800 试验场地实测自重湿陷土层下限深度 19m，自重湿陷量均值 45.6cm，最大自重湿陷量 47.7cm，地基湿陷等级为Ⅳ级。DK300+800 附近区段黄河二级阶地黄土的自重湿陷性参照该试验结果取值，依据表 10-1，β_0 推荐值为 0.9。

DK315+650 试验场地实测自重湿陷土层下限深度 16m，自重湿陷量均值 54.9cm，最大自重湿陷量 59.3cm，地基湿陷等级为Ⅲ级。DK315+650~DK321 段黄河二级阶地黄土的自重湿陷性参照该试验结果取值，依据表 10-1，β_0 推荐值为 0.9。

7. **DK321~DK350 段**（双桥河特大桥~凤凰岭隧道出口）

本段为黄土台塬及黄河高阶地区。地层上部为第四系上更新统风积砂质黄土（Q_3），下伏中更新统风积（Q_2）砂质黄土和下更新统（Q_1）风积砂质黄土、冰湖积粉质黏土、细砂。风积砂质黄土（Q_3）具有自重湿陷性。本段线路主要是以桥隧形式通过，仅在 DK346+950 试验场地前后为路基，该段湿陷性土层较厚地段主要有 DK345+200~DK348+300 段，湿陷等级以Ⅲ~Ⅳ级自重为主，湿陷性土层厚大于 30m。故 DK346+950 试验场地可代表 DK321~DK350 段黄土湿陷性最大的情况。该试验场地实测自重湿陷土层下限深度 14m，自重湿陷量均值 31.4cm，最大自重湿陷量35.8cm，地基湿陷等级为Ⅳ级，依据表10-2，β_0推荐值为0.9。

8. DK350~DK356 段（凤凰岭隧道出口~砖场特大桥）

本段为渭河冲积平原区，主要为一、二级阶地，地形平坦、开阔。地层上部上更新统风积砂质黄土；下部为上更新统冲积粉质黏土、砂类土。风积砂质黄土具有自重湿陷性，该段湿陷性土层较厚地段主要有 DK352+500~DK356+000 段，湿陷等级以Ⅲ~Ⅳ级自重为主，湿陷性土层厚 12~30m。故 DK354+150 试验场地可代表本段黄土湿陷性最大的情况。该试验场地实测自重湿陷土层下限深度 23.5m，自重湿陷量均值 145.9cm，最大自重湿陷量 160.3cm，地基湿陷等级为Ⅳ级；根据实测值计算的 β_0 值为 2.86。本段黄土的湿陷性远大于现有的认识，还需深入研究。

9. DK356（砖场特大桥）以西

根据铁一院初步勘察设计资料，该段黄土以Ⅰ~Ⅱ级非自重湿陷性为主，可分为以下三段：

第一段：DK356~DK424（砖场特大桥~渭河湾特大桥），为渭河冲积平原区，有一级阶地、二级阶地、河漫滩、华山山前洪积扇前缘等，地形平坦、开阔。地层上部为第四系全新统冲、洪积黏质黄土、砂质黄土、粉质黏土、砂类土；上更新统风积砂质黄土；下部为上更新统冲积粉质黏土、砂类土。本段内黏质黄土、砂质黄土具有Ⅰ~Ⅱ级非自重湿陷性，湿陷性土层厚 2~10m。

第二段：DK424~DK439（渭河湾特大桥~临潼新丰镇），为黄土台塬、塬前洪积扇区。地层为第四系全新统冲、洪积黏质黄土；上更新统风积黏质黄土；冲积粉质黏土、中砂。黄土具有湿陷性，湿陷土层厚 10~16m。

第三段：DK439~DK495+278.98（新丰镇~咸阳）渭河一级阶地区，局部河漫滩，地形平坦、宽阔。地层上部为第四系全新统冲、洪积黏质黄土、砂质黄土、粉质黏土、砂类土；下部为上更新统冲积粉质黏土、砂类土。黏质黄土、砂质黄土具有Ⅰ~Ⅱ级湿陷性，湿陷性土层厚 1~12m。

8.2 湿陷性黄土地基处理措施建议

1. 地基处理深度优化

本次进行的试坑浸水试验是在现场模拟黄土地基浸水后实际产生的自重湿陷情况，而不是外荷载作用下的黄土地基浸水试验。表 8-1 是代表性区段自重湿陷性黄土下限深度的实测值和计算值及推荐系数值。由于现场黄土是真正意义上的原状土体，浸水路径是单向的；而探井取样过程中的应力释放，运输及制样过程中的扰动，试样已非"原状"土样，加上室内试验时试样的浸水路径是双向的，因此，自重湿陷量与自重湿陷性黄土下限深度的现场实测值和取样计算值之间均存在较大的差异，具体体现在表 8-1 中的 η 值和表 10-2 中的 β_0 实测值上。

表 8-1 代表性区段自重湿陷性黄土下限深度的实测值和计算值及推荐系数值

试验场地里程	自重湿陷性黄土下限深度/m		$\eta = \dfrac{\text{实测值}}{\text{计算值}}$		推荐系数值 η'	代表性区段
	取样计算值	现场实测值	比值	均值		
DK246+500	25	10	0.400		0.50	DK233~DK250
DK287+000	29	10	0.345		0.50	DK250~DK321
DK300+800	32	19	0.594	0.622	0.80	
DK315+650	19	16	0.842		1.00	
DK346+950	32	14	0.438		0.50	DK321~DK350
DK354+150	22	24.5	1.114		1.20	DK350~DK356

考虑到郑西高速铁路在初步勘察时开挖有多口探井的实际情况，提出如下地基处理深度优化原则建议：①对于路堑和零断面及隧道进出口，地基处理优化深度按探井取样确定的自重湿陷性黄土下限深度乘以相应区段的推荐系数值（该推荐系数值是在各试验场地 η 值的基础上适当考虑安全因素确定的）考虑；②对于路堤，地基处理优化深度按探井取样确定的自重湿陷性黄土下限深度乘以相应的推荐系数值，再适当考虑一定的安全系数。

2. 桩基负摩擦力设计深度

按照探井取样确定的自重湿陷性黄土下限深度乘以相应区段的推荐系数值（见表 8-1）确定郑西高速铁路桩基负摩擦力设计深度。

3. 路基防排水宽度和深度优化

郑西高速铁路通过的黄土地区在路基两侧设置了侧沟、天沟、平台截水沟、排水沟、引水沟等形成了完善的地面排水系统，迅速把大气降水截、排出路基体外，防止集中水流冲蚀和浸泡路基边坡和坡脚。所有水沟均铺砌，并按 50 年一遇的洪水频率流量设计断面。在自重湿陷性黄土地区，排水沟下设置二八灰土垫层，在非自重湿陷性黄土地区，排水沟下设置就地夯土垫层。

因为试坑外地表裂缝范围受湿陷变形范围控制，而湿陷变形发生的位置必然受到浸湿范围的限制，因此按照浸湿范围和湿陷变形范围确定的路基防排水宽度太大，不符合实际情况，所以，按照表 5-4 和表 5-18 中试坑外自重湿陷量不小于 15mm 的范围和裂缝发生范围综合确定的代表性区段路基防排水宽度和竖向隔水措施深度，见表 8-2。按表中路基防排水宽度 d 设置防排水措施的意思是，即使在浸水情况下不采取竖向隔水措施，路肩的变形也不会超过 15mm。

因建筑物与场地条件限制需减少防排水宽度时，可考虑设置挡水板、地下防渗帷幕墙或水泥防渗连续墙，防排水措施的竖向处理深度可根据湿陷性黄土的浸湿线斜率按式（8-1）简化计算，防排水宽度及深度优化如图 8-1 所示。

表 8-2 代表性区段防排水宽度及深度建议值

里程	自重湿陷量大于15mm的平面范围/m ①	自重湿陷性黄土层厚H/m ②	①/②	浸湿线斜率k ③	防排水宽度d ④	防排水措施竖向深度h ⑤	代表性区段
DK246+500	6.0	25	0.2	1.7	0.2H	0.34H-1.7a	DK233~DK250
DK287+000	—	29	—	3.4	0.45H	1.53H-3.4a	DK250~DK321
DK300+800	9.5	32	0.3				
DK315+650	11.0	19	0.6				
DK346+950	11.0	32	0.3	1.5	0.5H	0.75H-1.5a	DK321~DK356
DK354+150	15.0	22	0.7				

注：表中防排水深度计算公式中的 a 为竖向隔水措施距路肩的水平距离

$$h = k(d-a) \quad (8-1)$$

式中　h——防排水措施的处理深度，m；

k——湿陷性黄土浸湿线斜率（表 8-2）；

d——无竖向措施时的防排水宽度（表 8-2）；

a——竖向隔水措施距路肩的水平距离，m。

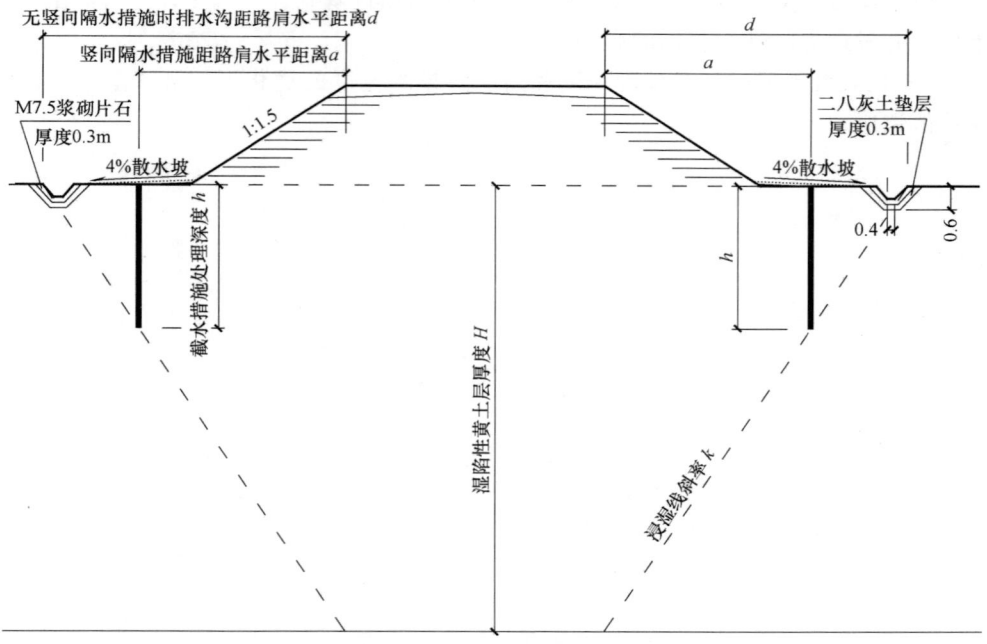

图 8-1　防排水宽度及深度优化

经过处理的湿陷性黄土地基，防排水宽度和深度可根据表 8-2 进行适当折减。

此外，设计路基防排水措施时要考虑优势渗流方向，还需注意加强郑西高速铁路的防洪措施。

4. 处理措施建议

为消除湿陷性黄土地基的湿陷性，保证路基所需的承载力，并保证路基的工后沉降量不超过控制值，需根据地基的岩土工程特性、土工试验资料，经过检算确定合理的地基处理措施。黄土地基自重湿陷量计算时的 β_0 按表 10-2 中的推荐值选取。

1）处理厚度小于 5m 时，采用强夯法，并在地基表面设置 0.5m 厚二八灰土垫层（路堑地段需在垫层顶面铺设一层二布一膜土工布）。

2）处理厚度大于 5~15m 地段，采用灰土（或土）挤密桩，处理后在桩体上部设置 0.5m 厚的二八灰土垫层（路堑地段需在垫层顶面铺设一层二布一膜土工布）。

3）当采用强夯、灰土（或土）挤密桩对湿陷性黄土地基处理后，路基的工后沉降还不满足要求时，需采用 CFG 桩、水泥土挤密桩、钢筋混凝土桩网结构等进行加固，桩体上部设置 0.5m 厚的碎石垫层（路堑地段为二八灰土，并在垫层顶面铺设一层二布一膜土工布）。

4）当湿陷性黄土厚度较大、地基处理工程量大、路基工后沉降难以满足铺设无砟轨道要求时应以桥代路。湿陷性黄土场地采用桩基础，桩端必须穿透湿陷性黄土层，并考虑湿陷性对基础的影响。

5）代表性地段的地基处理深度和路基防排水宽度的优化可按 8.2 节建议原则和数值选取。

第9章 湿陷性黄土地基处理与黄土改良路基试验工程

通过湿陷性黄土地基处理措施与改良土路基工程沉降观测试验研究，验证郑西高速铁路湿陷性黄土地基处理措施、填料改良技术的合理性和有效性，按照15mm的标准要求，对路基工后沉降进行分析评价和预测。

9.1 湿陷性黄土地基处理与黄土改良路基试验工程设计

试验场地范围长180m、宽80m，位于郑西高速铁路DK355+200左侧距铁路约200m处（图9-1），为渭河Ⅱ级阶地地貌单元，自重湿陷性Ⅳ级黄土场地且湿陷性土层下限深度平均达22.4m，黄土地基处理与路基试验工程长140m，地基处理分柱锤冲扩桩、水泥土挤密桩和强夯三种类型，相应的处理深度分别为22m、15m、6~7m。

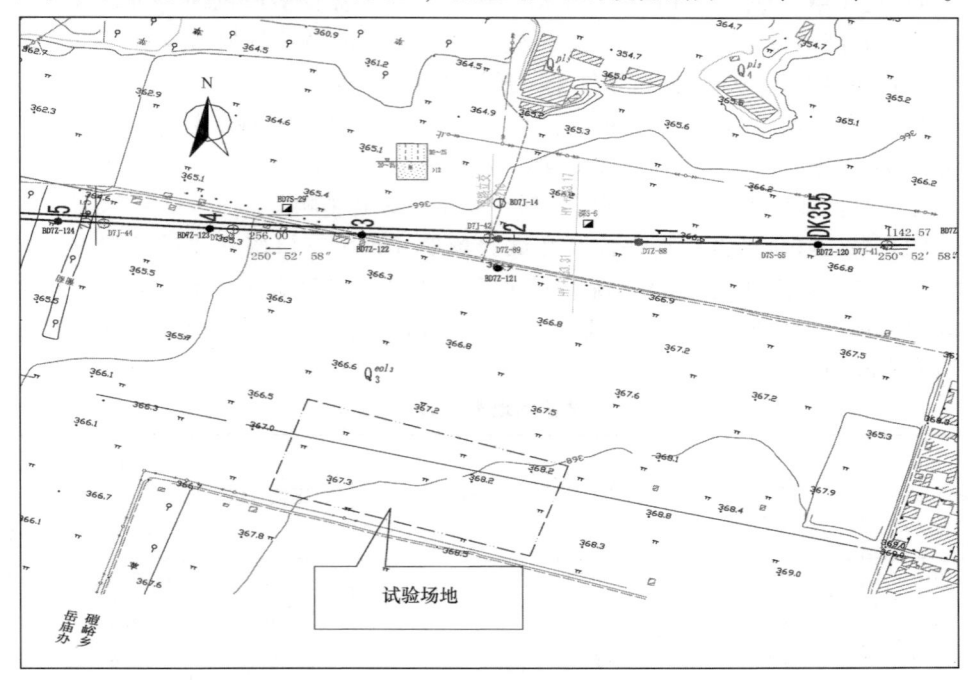

图9-1 试验场地位置

9.1.1 试验场地工程地质条件

（1）工程地质概要　试验场地地基土主要由砂质黄土、黑垆土、古土壤、粉质黏土及砂层组成[86]。自上而下的地层分布情况如下（图9-2）：

1）素填土（Q_4^{ml}）。主要为表层耕土，黄褐色，以粉质黏土为主，含少量植物根须，层厚一般为0.5m。

2）砂质黄土（Q_4^{al}）。褐黄色，坚硬~硬塑。大孔及针状孔发育，可见蜗牛壳碎片，结构松散。平均含水率为16%，平均湿陷系数为0.045，具中等湿陷性，平均压缩系数为0.64MPa^{-1}，属于高压缩性土。层厚4~6.1m。

3）黑垆土（Q_4^{el}）。褐色，坚硬~硬塑。孔隙发育，偶见蜗牛壳，含较多白色钙质网纹。平均含水率为18%，平均湿陷系数为0.06，具中等湿陷性，平均压缩系数为0.49MPa^{-1}，属于偏高压缩性土。层厚0.6~1.2m。

4）砂质黄土（Q_3^{el}）。褐黄色，坚硬。大孔及针状孔发育，可见蜗牛壳碎片，结构松散。平均含水率为13.6%，平均湿陷系数为0.045，具中等湿陷性，平均压缩系数为0.45MPa^{-1}，属于中偏高压缩性土。层厚5~6.1m。

5）砂质黄土（Q_3^{el}）。褐黄色，坚硬~硬塑。大孔及针状孔发育，可见蜗牛壳碎片，结构松散。平均含水率为16.2%，平均湿陷系数为0.033，具中等湿陷性，平均压缩系数为0.18MPa^{-1}，属于中压缩性土。层厚8.1~10m。

6）古土壤（Q_3^{el}）。红褐色，可塑。具针孔状，含较多白色钙质条纹及个别钙质结核，底部结核富集成层。平均含水率为21.3%，局部具弱湿陷性，平均压缩系数为0.09MPa^{-1}，属于低压缩性土。层厚1.1~2.2m。

7）细砂（Q_3^{el}）。黄褐~灰黄色，密实，湿。砂质不纯，混少量黏性土。颗粒较均匀，级配较差，颗粒矿物成分以石英、长石为主，见云母碎片。层厚7.6~9.4m。

地下水位埋深为40.5m，埋藏较深，可不考虑其影响。

（2）黄土场地的湿陷性评价　在试验场地开挖了三口探井取样进行黄土湿陷性评价，结果见表9-1。由表可见，该试验场地属自重湿陷性黄土场地，地基湿陷等级为Ⅳ级。因为地表耕殖土在地基处理时需清除，因此，湿陷性黄土层下限深度平均值实际为22.4m[86]。

表9-1　试验场地黄土的湿陷性评价

探井编号	自重湿陷量计算值/mm	湿陷量计算值/mm	场地湿陷类型	湿陷等级	湿陷性黄土层下限深度/m	
					测试值	平均值
T01	577	900	自重湿陷	Ⅳ	23.2	22.4
T02	563	940			21.5	
T03	418	793			22.6	

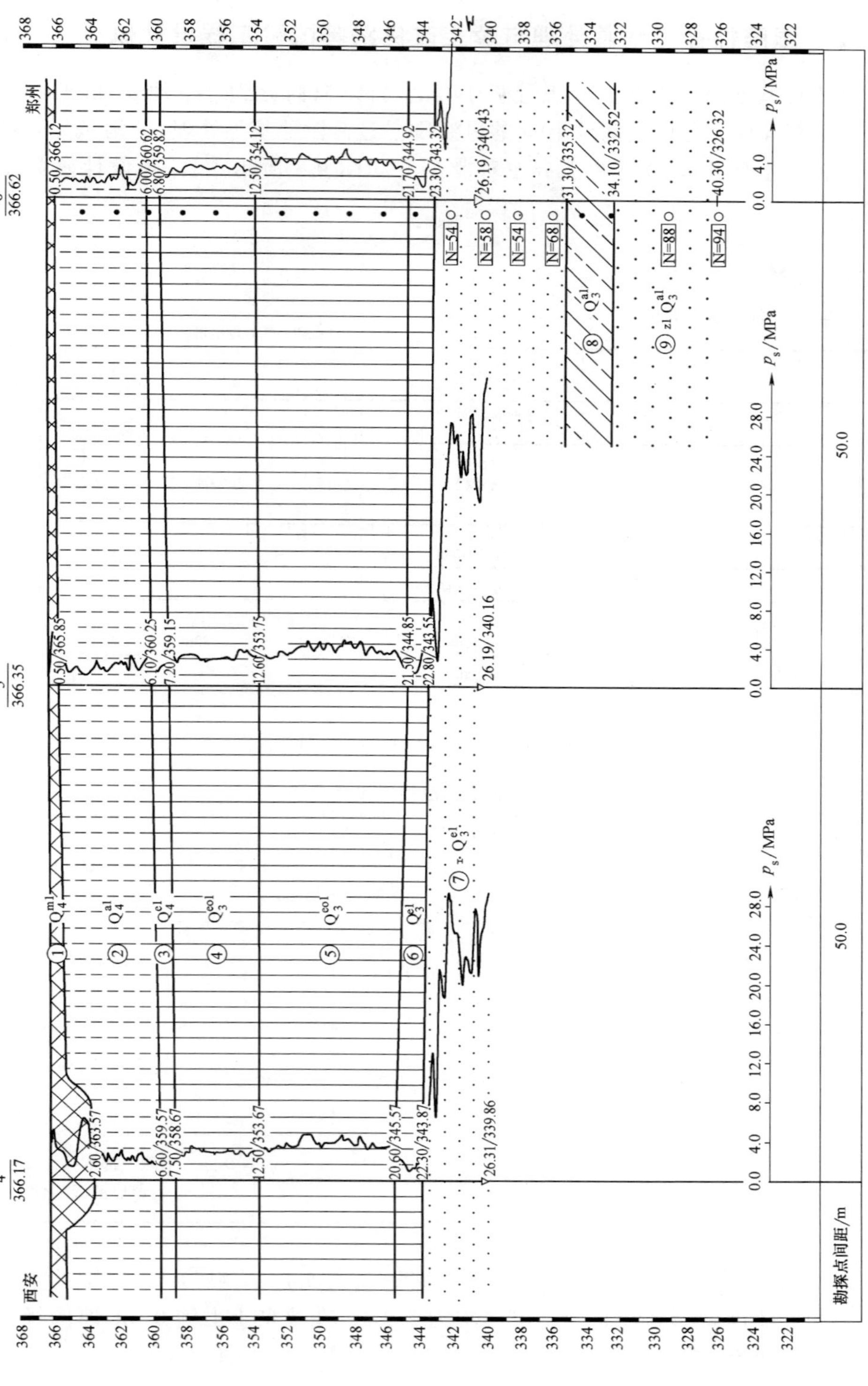

第9章 湿陷性黄土地基处理与黄土改良路基试验工程

图 9-2 试验场地工程地质剖面

9.1.2 湿陷性黄土地基处理与黄土改良路基试验工程设计概况

黄土地基处理与路基试验工程长140m，自东向西分为三个地基处理试验区，每个分区长40m，分区之间设10m的过渡段（过渡段地基不处理），地基处理分柱锤冲扩桩、水泥土挤密桩和强夯三种类型，如图9-3所示[87]，其设计参数见表9-2。

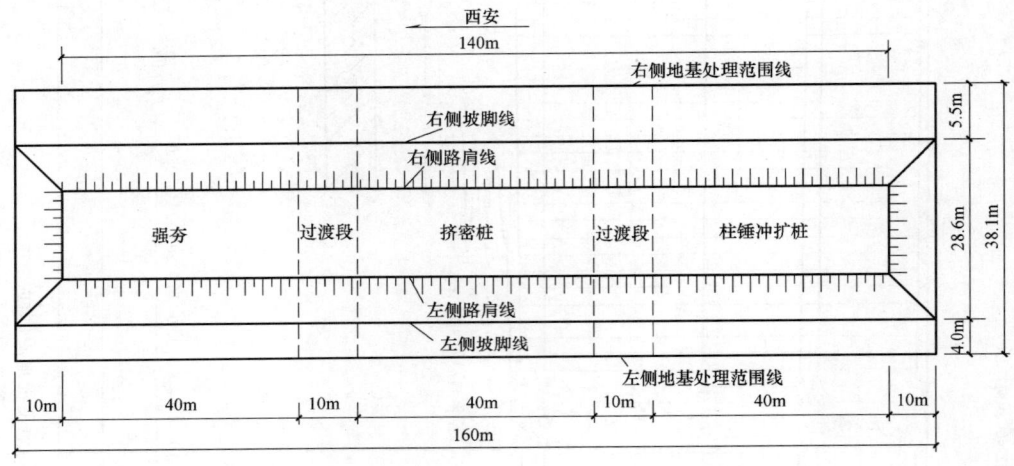

图9-3 试验段路基地基处理平面布置

表9-2 地基处理措施设计参数

区段	处理措施	处理深度 /m	桩径 /m	桩间距 /m	布置方式	消除湿陷性
Ⅰ—1区	柱锤冲扩桩	22	0.6	1.05	正三角形	消除全部湿陷土层的湿陷性
Ⅰ—2区	水泥土挤密桩	15	0.5	1.0	正三角形	消除上部15m深度地层的湿陷性
Ⅰ—3区	强夯	6~7	夯击能 3000~4000KN·m		正方形	消除上部6~7m深度地层的湿陷性

路基设计标准与郑西高速铁路一致。路堤高度5m，填料为5%~7%的水泥改良土和8%~10%的石灰改良土，层厚均为2.3m，在改良土上铺0.4m厚的级配碎石，然后外加3m堆载预压土方。地基处理与路基横断面如图9-4所示。

第9章 湿陷性黄土地基处理与黄土改良路基试验工程

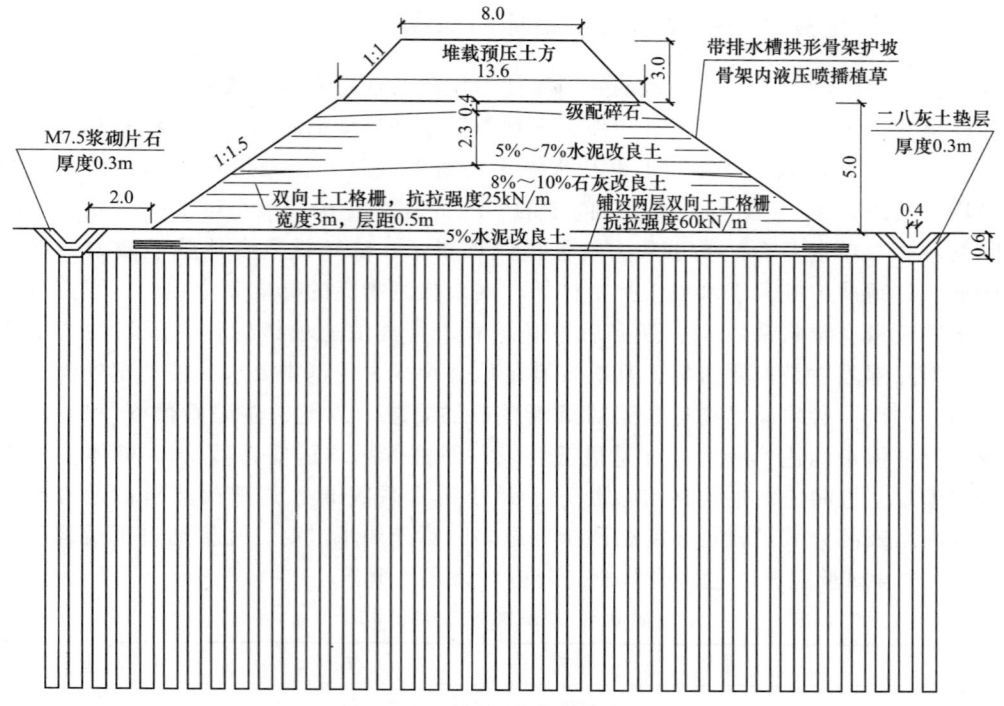

图 9-4 地基处理与路基横断面

9.2 黄土地基质量检测与评价

2006 年，本书作者参照《湿陷性黄土地区建筑规范》（GB 50025—2004）[2]、《建筑地基基础设计规范》（GB 50007—2002）、《建筑地基处理技术规范》（JGJ 79—2002）及郑西高速铁路设计原则与有关规定，在征询设计和施工单位的基础上，编写了"新建铁路郑西客运专线地基处理施工质量验收暂行标准操作细则"[88]，经郑西铁路客运专线有限责任公司组织专家评审通过后推广使用。该操作细则当时存在以下两个主要问题，需要结合郑西高速铁路路基工程实测数据进行验证和完善：

1）由于郑西高速铁路路基是长条形柔性建筑物，不同于工民建等刚性基础建筑物，两者对地基变形和受力的要求不一样，直接借用《建筑地基基础设计规范》中的柱锤冲扩桩（DDC 桩）等地基处理措施的检测指标及方法和标准是否可行？

2）《客运专线铁路路基工程施工质量验收暂行标准》（铁建设 [2005] 160 号）中仅对石灰土挤密桩进行了规定，水泥土挤密桩能否直接参照石灰土挤密桩的检测要求执行。

9.2.1 黄土复合地基质量检测指标和标准

综合湿陷性黄土、建筑地基处理等技术规范及铁路客运专线验收暂行标准确定的柱锤冲扩桩、水泥土挤密桩和强夯三种类型地基处理措施的质量检测指标和标准列于表9-3[87]。对于柱锤冲扩桩和水泥土挤密桩而言，检测指标相同，有桩体的平均压实系数λ_c和压缩模量、桩间土的平均挤密系数η_c、最小挤密系数η_{min}及湿陷系数δ_s、单桩复合地基承载力特征值六项指标，除单桩复合地基承载力的评判标准，柱锤冲扩桩大于水泥土挤密桩外，其余检测指标的标准完全相同。强夯有土体压缩模量、湿陷系数δ_s、强夯后地基承载力特征值三项指标。在湿陷性黄土地区，消除湿陷性是首要目标，其次要满足地基承载力的基本要求，使地基处于稳定状态，再次，必须满足高速铁路对沉降变形的要求。因此，湿陷系数δ_s和地基承载力特征值指标达到所列标准是最低要求，而桩体平均压实系数λ_c、桩体或土体压缩模量、桩间土的平均挤密系数η_c、最小挤密系数η_{min}这些检测指标是否需要完全满足或部分满足就行，或检测指标过多，标准要求过高，还需通过平板载荷试验和"9.4试验路基工程沉降观测与分析"来最终确定。

表9-3 质量检测指标和标准

地基处理措施	桩体		桩间土			单桩复合地基承载力特征值/kPa
	桩身材料	桩身平均压实系数λ_c	压缩模量/MPa	平均挤密系数η_c	最小挤密系数η_{min}	湿陷系数δ_s	
柱锤冲扩桩	8% P·O32.5水泥改良黄土	≥0.97	≥100	≥0.93	≥0.88	<0.015	≥260
水泥土挤密桩	8% P·O32.5水泥改良黄土	≥0.97	≥100	≥0.93	≥0.88	<0.015	≥190
强夯	土体压缩模量≥15MPa,湿陷系数δ_s<0.015,强夯后地基承载力特征值≥180kPa						

9.2.2 黄土复合地基质量检测结果评价

该试验场地地基土的含水率为13.6%~21.3%，完全满足水泥土挤密桩对地基土含水率12%~24%的要求。对于柱锤冲扩桩和强夯措施，湿陷性黄土场地是适用的。为了达到复合地基质量检测指标要求的标准，施工前进行了三种处理措施的小范围工艺参数试验，确定了最佳施工工艺。但是试验结果表明，桩体直径、桩体压实系数、桩间土挤密系数等指标很难同时满足表9-3的标准要求。

试验场地共有柱锤冲扩桩1570根，水泥土挤密桩1710根，这两种处理措施分别挖3个探坑，各自对21根桩、3组桩间土进行试验检测。在全部孔深范围内，桩体每1m取样测定干密度，检测点在桩孔中心和桩孔内距桩孔边缘50mm处。在桩孔外100mm处、桩孔之间的中心距处、桩孔之间形心点附近，成孔挤密深度内，

第9章 湿陷性黄土地基处理与黄土改良路基试验工程

每 1m 取土样测定干密度,并进行湿陷性试验和压缩试验。强夯处理措施挖 3 个探坑检测。柱锤冲扩桩单桩复合试验 5 组,水泥土挤密桩单桩复合试验 6 组,强夯平板载荷试验 3 组,过渡段 1 组,采用慢速维持荷载法进行试验。

1. 柱锤冲扩桩

柱锤冲扩桩检测结果和单桩复合承载力试验结果分别见表 9-4 和表 9-5。从表 9-4 可见,由桩间土的检测数据看,柱锤冲扩桩处理措施的桩间土湿陷系数远远小于 0.015,说明 22m 处理深度范围内桩间土的湿陷性已经完全消除;挤密系数的最大值为 98.3%,最小值为 91.4%;平均挤密系数为 94.4%~94.9%,完全满足不小于 93.0% 的要求[89]。从所检测的桩身平均压实系数来看,桩中心的平均压实系数大,为 93.8%~94.9%,而桩身内边缘处(桩围)的平均压实系数小,为 89.8%~91.8%,沿着桩长,桩中心的压实系数最大值可达 99.4%,最小值为 90.4%;桩围的压实系数最大值可达 95.5%,最小值为 85.4%;由此说明,无论是沿着桩径方向还是沿着桩长方向,柱锤冲扩桩的密实度和均匀性是有差别的,而且不能满足桩身平均压实系数不小于 0.97 的标准要求。桩体的压缩模量平均值为 77.21~77.61MPa,也未能大于 100MPa。

表 9-4 柱锤冲扩桩检测结果汇总

桩号	检测指标	最大值	最小值	平均值	规定值	检测数
41—32#桩(中)	压实系数(%)	96.6	91.0	93.8	≥97.0	22
	压缩模量/MPa	114.84	52.05	77.61	≥100	22
7—36#桩(中)	压实系数(%)	98.9	90.4	94.9	≥97.0	22
	压缩模量/MPa	116.1	43.1	77.34	≥100	22
41—17#桩(中)	压实系数(%)	99.4	91.6	93.9	≥97.0	22
	压缩模量/MPa	115.9	42.7	77.21	≥100	22
1#坑桩间土	挤密系数(%)	97.7	92.0	94.9	≥93.0	22
	压缩模量/MPa	26.27	15.16	19.34		22
	湿陷系数	0.003	0.001	0.002	≤0.015	22
2#坑桩间土	挤密系数(%)	98.3	92.6	94.6	≥93.0	22
	压缩模量/MPa	29.46	15.07	20.28		22
	湿陷系数	0.002	0.001	0.002	≤0.015	22
3#坑桩间土	挤密系数(%)	98.3	91.4	94.4	≥93.0	22
	压缩模量/MPa	28.51	15.22	20.28		22
	湿陷系数	0.004	0.001	0.002	≤0.015	22
40—16#桩(围)	压实系数(%)	93.8	87.6	90.6	≥97.0	22
40—17#桩(围)	压实系数(%)	94.4	89.3	91.5	≥97.0	22
41—18#桩(围)	压实系数(%)	92.7	87.6	90.4	≥97.0	22

（续）

桩号	检测指标	最大值	最小值	平均值	规定值	检测数
41—16#桩（围）	压实系数（%）	92.7	87.1	90.1	≥97.0	22
42—16#桩（围）	压实系数（%）	93.8	88.8	91.0	≥97.0	22
42—17#桩（围）	压实系数（%）	95.5	87.6	90.4	≥97.0	22
40—31#桩（围）	压实系数（%）	93.8	88.2	91.0	≥97.0	22
40—32#桩（围）	压实系数（%）	94.9	88.8	91.3	≥97.0	22
41—31#桩（围）	压实系数（%）	93.3	87.1	89.8	≥97.0	22
41—33#桩（围）	压实系数（%）	93.8	88.2	90.7	≥97.0	22
42—31#桩（围）	压实系数（%）	94.9	89.3	91.7	≥97.0	22
42—32#桩（围）	压实系数（%）	94.4	89.9	91.8	≥97.0	22
6—35#桩（围）	压实系数（%）	93.3	88.2	90.6	≥97.0	22
6—36#桩（围）	压实系数（%）	93.8	88.2	91.1	≥97.0	22
7—35#桩（围）	压实系数（%）	93.3	87.1	90.6	≥97.0	22
7—37#桩（围）	压实系数（%）	93.3	87.6	90.7	≥97.0	22
8—35#桩（围）	压实系数（%）	92.7	88.8	90.9	≥97.0	22
8—36#桩（围）	压实系数（%）	94.4	85.4	89.9	≥97.0	22

表 9-5 柱锤冲扩桩单桩复合地基载荷试验结果汇总

检测桩编号	龄期 /d	桩径 /cm	单桩复合地基基本承载力 σ_0/kPa	单桩复合地基极限承载力 p_u/kPa	单桩复合地基变形模量 E_0/MPa	平板载荷试验基床系数 K_{sa}/(MPa/m)
DDC—1	30	55	335	750	121.94	161.54
DDC—2	68	60	306	724	220.20	278.46
DDC—3	58	61	290	760	103.62	131.03
DDC—4	113	57	389	800	121.66	153.85
DDC—5	119	59	400	800	68.76	86.96

从表 9-5 可见，单桩复合地基基本承载力都大于 260kPa，满足设计要求，随着龄期的增长，单桩复合地基基本承载力和极限承载力也有所提高。单桩复合地基的变形模量为 68.76~220.20MPa；平板载荷试验基床系数为 86.96~278.46MPa/m，随着单桩复合地基变形模量的增大，平板载荷试验基床系数也增大[90]。对表 9-5 中满 28d 而小于 90d 龄期的单桩复合地基基本承载力和极限承载力进行统计，用满 90d 及其以上龄期的试验结果进行验证，统计分析结果见表 9-6。

从表 9-6 可看出，因为变异系数很小，s_0 值的极差与 $\overline{\sigma_0}$ 的比值远小于 30%，因此，柱锤冲扩桩单桩复合地基基本承载力推荐值为 290kPa，极限承载力推荐值为 724kPa[91]。

表9-6 柱锤冲扩桩单桩复合地基承载力统计分析

统计指标 \ 试验项目	单桩复合地基基本承载力 s_0/kPa	单桩复合地基极限承载力 p_u/kPa
范围	290~335	724~760
频数	3	3
平均值 $\overline{\sigma}_0$/kPa	310	745
标准差/δ_f	18.62	15.17
变异系数 σ	0.06	0.02
s_0 值的极差与 $\overline{\sigma}_0$ 的比值	0.15	0.05
推荐值/kPa	290	724

2. 水泥土挤密桩

水泥土挤密桩检测结果和单桩复合承载力试验结果分别见表9-7和表9-8。

表9-7 水泥土挤密桩检测结果汇总

桩号	检测指标	最大值	最小值	平均值	规定值	检测数
27—4#桩(中)	压实系数(%)	93.3	85.4	88.4	≥97.0	15
	压缩模量/MPa	164.51	15.81	63.24	≥100	15
22—36#桩(中)	压实系数(%)	92.1	83.7	87.7	≥97.0	15
	压缩模量/MPa	132.83	53.65	82.90	≥100	15
44—34#桩(中)	压实系数(%)	89.3	84.8	87.0	≥97.0	15
	压缩模量/MPa	98.18	33.47	63.77	≥100	15
1#坑桩间土	挤密系数(%)	96.6	85.1	91.2	≥93.0	15
	压缩模量/MPa	30.14	8.98	19.71		
	湿陷系数	0.005	0.000	0.002	≤0.015	15
2#坑桩间土	挤密系数(%)	97.1	83.9	90.9	≥93.0	15
	压缩模量/MPa	38.60	11.45	21.76		
	湿陷系数	0.004	0.000	0.002	≤0.015	15
3#坑桩间土	挤密系数(%)	98.9	87.9	92.0	≥93.0	15
	压缩模量/MPa	33.98	8.62	23.59		
	湿陷系数	0.003	0.000	0.001	≤0.015	15
26—3#桩(围)	压实系数(%)	92.7	82.6	85.8	≥97.0	15
43—35#桩(围)	压实系数(%)	96.6	85.4	91.1	≥97.0	15
22—37#桩(围)	压实系数(%)	93.3	80.9	87.7	≥97.0	15
22—36#桩(围)	压实系数(%)	92.1	80.3	84.4	≥97.0	15
23—37#桩(围)	压实系数(%)	91.0	78.7	86.1	≥97.0	15

(续)

桩号	检测指标	最大值	最小值	平均值	规定值	检测数
26—4#桩(围)	压实系数(%)	92.7	82.0	88.0	≥97.0	15
28—4#桩(围)	压实系数(%)	94.4	84.3	88.5	≥97.0	15
45—35#桩(围)	压实系数(%)	97.8	80.3	87.9	≥97.0	15
27—3#桩(围)	压实系数(%)	93.8	88.2	91.5	≥97.0	15
44—35#桩(围)	压实系数(%)	92.7	80.9	86.2	≥97.0	15
43—34#桩(围)	压实系数(%)	89.3	86.0	87.5	≥97.0	15
22—35#桩(围)	压实系数(%)	95.5	80.9	88.8	≥97.0	15
45—34#桩(围)	压实系数(%)	90.4	80.3	86.1	≥97.0	15
27—5#桩(围)	压实系数(%)	91.0	79.8	87.7	≥97.0	15
21—37#桩(围)	压实系数(%)	88.2	80.3	84.1	≥97.0	15
44—33#桩(围)	压实系数(%)	88.8	80.9	84.8	≥97.0	15
21—36#桩	压实系数(%)	96.1	79.8	88.3	≥97.0	15
28—3#桩(围)	压实系数(%)	94.4	86.0	89.5	≥97.0	15

表 9-8 水泥土挤密桩单桩复合地基载荷试验结果汇总

检测桩编号	龄期/d	桩径/cm	单桩复合地基基本承载力 σ_0/kPa	单桩复合地基极限承载力 p_u/kPa	单桩复合地基变形模量 E_0/MPa	平板载荷试验基床系数 K_{sa}/(MPa/m)
JM—1	58	48	210	450	132.10	175.00
JM—2	58	50	210	450	72.05	95.45
JM—3	59	51	240	450	92.64	122.73
JM—4	74	49	242	492	103.16	136.67
JM—5	124	48	328	600	41.94	55.56
JM—6	90	50	288	600	75.48	100.00

从表 9-7 可见，由桩间土的检测数据看，水泥土挤密桩处理措施的桩间土湿陷系数远远小于 0.015，说明 15m 处理深度范围内桩间土的湿陷性已经完全消除；挤密系数的最大值为 98.9%，最小值为 83.9%；平均挤密系数为 90.9%~92%，未满足不小于 93.0% 的要求。从检测的桩身平均压实系数来看，桩中心的平均压实系数为 87%~88.4%，而桩身内边缘处（桩围）的平均压实系数为 84.1%~91.5%，由此说明，无论是沿着桩径方向还是沿着桩长方向，桩体的密实度和均匀性基本一致，但未能满足桩身的平均压实系数不小于 0.97 的标准要求。桩体的压缩模量平均值为 63.24~82.9MPa，也未能大于 100MPa[92]。

从表 9-8 可见，单桩复合地基基本承载力都大于 190kPa[90]，满足设计要求，随着龄期的增长，单桩复合地基基本承载力和极限承载力也有所提高。单桩复合地基的变形模量为 41.94~132.10MPa；平板载荷试验基床系数为 55.56~175.00MPa/m，随着单桩复合地基变形模量的增大，平板载荷试验基床系数也增大。对表 9-8 中满 28d 而小于 90d 龄期的单桩复合地基基本承载力和极限承载力进行统计，用满 90d 及其以上龄期的试验结果进行验证，统计分析结果见表 9-9。

表 9-9　水泥土挤密桩单桩复合地基承载力统计分析

统计指标	试验项目	单桩复合地基基本承载力 s_0/kPa	单桩复合地基极限承载力 p_u/kPa
范围		210~242	450~492
频数		4	4
平均值 $\overline{\sigma_0}$/kPa		226	461
标准差/δ_f		15.52	18.19
变异系数/δ		0.07	0.04
s_0 值的极差与 $\overline{\sigma_0}$ 的比值		0.14	0.09
推荐值/kPa		210	450

从表 9-9 可看出，因为变异系数很小，s_0 值的极差与 $\overline{\sigma_0}$ 的比值远小于 30%，因此，水泥土挤密桩单桩复合地基基本承载力推荐值为 210kPa，极限承载力推荐值为 450kPa[92]。

3. 强夯

强夯地基检测结果和承载力试验结果分别见表 9-10 和表 9-11。从表 9-10 可见，6m 深度强夯处理范围内土的湿陷系数远远小于 0.015，说明湿陷性已完全消除，但土体的压缩模量平均值为 10.2~13.2MPa，未能大于 15MPa，只有表层土的压缩模量大于 15MPa[89]。

表 9-10　强夯检测结果汇总

夯击能	检测指标	最大值	最小值	平均值	规定值	检测数	备注
3000kN·m	湿陷系数	0.006	0.000		≤0.015	6	
	压缩模量/MPa	16.6	5.2	10.2	≥15.0	12	
3500kN·m	湿陷系数	0.014	0.002		≤0.015	12	6m 深度范围内
	压缩模量/MPa	15.3	4.1	10.6	≥15.0	12	
4000kN·m	湿陷系数	0.005	0.002		≤0.015	12	
	压缩模量/MPa	19.5	6	13.2	≥15.0	12	

从表 9-11 可见，强夯地基基本承载力都大于 180kPa，满足设计要求，且随着夯击能的增大，地基的基本承载力也随之增大。地基的变形模量为 21.30~27.70MPa，平板载荷试验基床系数为 29.63~38.53MPa/m，随着变形模量的增大其平板载荷试验基床系数也增大。

表 9-11　强夯地基载荷试验结果汇总

检测编号	地基基本承载力 σ_0/kPa	地基极限承载力 p_u/kPa	地基变形模量 E_0/MPa	平板载荷试验基床系数 K_{sa}/(MPa/m)
QH—1	239	473	21.30	29.63
QH—2	289	523	27.70	38.53
QH—3	314	480	21.57	30.00

4. 不同处理措施地基载荷试验结果对比分析

表 9-12 是各区段地基载荷试验结果汇总，表 9-13 是处理措施地基承载力与过渡段地基承载力比值对比。

表 9-12　各区段地基载荷试验结果汇总

区段	基本承载力 σ_0/kPa	极限承载力 p_u/kPa	变形模量 E_0/MPa	平板载荷试验基床系数 K_{sa}/(MPa/m)
柱锤冲扩桩	290	724	68.76~220.2	86.96~278.46
水泥土挤密桩	210	450	41.94~132.10	55.56~175.00
强夯区	239~314	473~523	21.30~27.70	29.63~38.53
过渡段	90	150	43.13	60.00

表 9-13　处理措施地基承载力与过渡段地基承载力比值

处理措施	基本承载力比值	极限承载力比值
柱锤冲扩桩	3.2	4.8
水泥土挤密桩	2.3	3.0
强夯区	2.7~3.5	3.2~3.5

从表 9-12 和表 9-13 可得到以下几点认识：

1）从基本承载力和极限承载力而言，柱锤冲扩桩单桩复合>强夯地基>水泥土挤密桩单桩复合>过渡段地基。但强夯不像柱锤冲扩桩和水泥土挤密桩那样能处理到地下十几米，它的有效处理深度为 6m 左右。

2）从变形模量和基床系数对比来看，柱锤冲扩桩的效果最好，其次是水泥土挤密桩，然后是强夯地基，表明用水泥土挤密桩处理的地基抵抗压缩变形的能力要高于强夯。

3）从承载力对比来看，三种处理措施地基与过渡段地基的基本承载力比值不小于 2.3，极限承载力比值不小于 3.0，说明湿陷性黄土地基经过处理后承载力有了大幅度的提高。

5. 平板载荷试验下地基沉降量分析

表 9-14 为各试验点达到基本承载力和极限承载力时地基的相对沉降量。

表 9-14 各试验点的相对沉降量汇总

检测编号	基本承载力 σ_0/kPa	极限承载力 p_u/kPa	荷载/kPa	沉降量/mm 本级	沉降量/mm 累计
DDC—1	335	750	350	0.71	2.31
			770	2.49	11.5
DDC—2	306	724	320	0.4	0.92
			720	1.64	6.6
DDC—3	290	760	320	0.96	2.24
			800	4.73	16.05
DDC—4	389	800	400	0.83	2.54
			800	1.44	6.86
DDC—5	400	800	400	1.02	4.59
			800	1.81	11.99
JM—1	210	450	210	0.46	1.3
			450	0.77	4.19
JM—2	210	450	210	1.19	2.14
			450	0.9	7.26
JM—3	240	450	270	0.66	2.2
			450	4.26	8.62
JM—4	242	492	270	0.99	2.33
			510	2.76	8.62
JM—5	328	600	360	1.5	6.9
			600	3.67	16.74
JM—6	288	600	300	0.8	2.97
			600	3.87	14.08
QH—1	239	473	250	2.83	8.77
			500	9.72	42.34
QH—2	289	523	300	3.57	9.2
			540	9.92	35.54
QH—3	314	480	320	4.61	12.74
			480	4.96	22.38

从表中可见：

1) 当达到基本承载力时，柱锤冲扩桩单桩复合地基沉降量为 0.92~4.59mm，平均值 2.52 mm；水泥土挤密桩单桩复合地基沉降量为 1.3~6.9mm，平均值为 2.97mm；强夯地基沉降量为 8.77~12.74mm，平均值为 10.24mm。因此，柱锤冲扩桩单桩复合地基沉降量平均值<水泥土挤密桩单桩复合地基沉降量平均值<强夯地基沉降量平均值小于15mm（高速铁路工后沉降量标准）。

2）当达到极限承载力时，柱锤冲扩桩单桩复合地基沉降量为6.6~16.05mm，平均值为10.6mm；水泥土挤密桩单桩复合地基沉降量为4.19~16.74mm，平均值为9.92mm；强夯地基沉降量为22.38~42.34mm，平均值为33.42mm[90]。

因此，柱锤冲扩桩与水泥土挤密桩单桩复合地基沉降量平均值接近，小于15mm，满足高速铁路对工后沉降量的要求，而强夯地基沉降量平均值远远大于15mm，不能满足高速铁路对工后沉降量的要求。

9.2.3 小结

1）柱锤冲扩桩处理地基后22m深度范围内桩间土的湿陷性已经消除且平均挤密系数满足设计要求，但桩身平均压实系数及其压缩模量小于设计值。单桩复合地基基本承载力和极限承载力推荐值分别为290kPa和724kPa，大于260kPa，满足设计要求。当达到基本承载力和极限承载力时，柱锤冲扩桩单桩复合地基沉降量分别为0.92~4.59mm、6.6~16.05mm，平均值分别为2.52mm、10.6mm，均小于15mm，满足高速铁路对工后沉降量的要求。

2）水泥土挤密桩处理地基后15m深度范围内桩间土的湿陷性已经消除，但桩间土平均挤密系数、桩身平均压实系数及压缩模量均比设计值小。单桩复合地基基本承载力和极限承载力推荐值分别为210kPa和450kPa，大于260kPa，满足设计要求。当达到基本承载力和极限承载力时，水泥土挤密桩单桩复合地基沉降量分别为1.3~6.9mm、4.19~16.74mm，平均值分别为2.97mm、9.92mm，均小于15mm，满足高速铁路对工后沉降量的要求。

3）6m深度强夯处理范围内土的湿陷性已完全消除，强夯地基基本承载力大于180kPa，满足设计要求，但土体的压缩模量平均值小于15MPa。当达到基本承载力时，强夯地基沉降量为8.77~12.74mm，平均值10.24mm，小于15mm；但当达到极限承载力时，强夯地基沉降量为22.38~42.34mm，平均值33.42mm，远远大于15mm，因此，本试验段强夯地基不能满足高速铁路对工后沉降量的要求。

4）三种处理措施地基与过渡段地基的基本承载力比值不小于2.3，极限承载力比值不小于3.0，说明湿陷性黄土地基经过处理后承载力有了大幅度的提高。

9.3 黄土改良路基质量检测与评价

9.3.1 黄土改良路基质量检测指标和标准

为了便于检测对比，将黄土改良路基设计压实标准[87]列于表9-15中。

第9章 湿陷性黄土地基处理与黄土改良路基试验工程

表 9-15 黄土改良路基压实标准一览

填料部位	填料类别	配合比	压实标准				
			地基系数 $K_{30}/(MPa/m)$	动态变形模量 E_{vd}/MPa	压实系数 K	变形模量 E_{v2}/MPa	孔隙率 n
基床表层	级配碎石		≥190	≥50		≥120	<18%
基床底层	水泥改良土	5%~7%	≥110	≥35	≥0.95	≥60	
基床以下	钙质石灰改良土	8%~10%	≥90		≥0.92	≥45	
垫层	水泥改良土	5%~7%	≥110	≥35	≥0.95	≥60	

地基系数 K_{30} 和压实系数 K 是普通铁路路基常用质量控制指标，其检测方法未变，在高速铁路路基中仅是将检测标准要求提高而已。变形模量 E_{v2} 和动态变形模量 E_{vd} 是借鉴国外高速铁路经验新增加的两项路基质量控制检测指标。增加 E_{v2} 和 E_{vd} 指标不但有利于路基施工过程中的压实质量控制，而且有利于路基整体均匀性的检验与控制，此外 E_{vd} 还可以反映基床表层压实后动力性能指标的均匀性。

变形模量 E_{v2} 是根据平板载荷试验二次加载得出的变形模量，该试验在装备上与地基系数 K_{30} 相似，主要差别在于操作步骤与资料整理和计算方法的不同。一般采用直径 300mm 的载荷板，先预压 0.01MPa 的荷载 30s，然后分级加载，直到沉降达到 5mm 或荷载达到 0.5MPa。加载等级不应小于 6 级，每级加载要在 1min 内完成，加载完成后经 120s 加下一级荷载。试验经两次加载，E_{v2} 为第二次加载所得结果。

动弹性模量 E_{vd} 是路基中某点的动应力与动应变之比，它描述了一定状态下该点抵抗动荷载产生动变形的能力。主要是利用落锤从一定高度自由下落在弹簧阻尼装置上，再经直径 300mm 承载板在填土面产生符合列车高速运行时对路基面产生的动应力，使填土面产生沉陷，通过测试冲击荷载的大小，一定填土面范围的动变形来求算路基土层的动弹性模量 E_{vd}。沉陷值越大，被测点的承载力越小，则动弹性模量 E_{vd} 越小。

9.3.2 黄土改良路基质量检测结果评价

由于试验路基工程在实际施工过程中省去了基床表层级配碎石的施工而直接在基床底层的顶面堆载预压土方，因此，仅对基床底层、基床以下及垫层进行了检测评价。

1. 压实系数 K

每层碾压完成后选取 9 个有代表性的点检测压实系数，压实系数 K 的检测结果列于表 9-16 中。从表中可见：垫层检测了 4 层 36 点，只有 1 点合格，合格率仅为 2.8%，各层平均压实系数 $\overline{K}$ 为 0.90~0.94，小于 0.95，这主要是施工初期对拌和工艺不熟悉使得改良土含水率没有得到很好控制造成的；基床以下部位检测了 9

层 81 点，79 点合格，合格率为 97.5%，各层平均压实系数 $\bar{K}$ 为 0.94~0.96，达到了 0.92 的标准要求；基床底层检测的 5 层 45 点中，43 点合格，合格率为 95.6%，各层平均压实系数 $\bar{K}$ 为 0.96~0.97，达到了 0.95 的标准。基床底层和基床以下路堤本体检测结果满足设计标准要求。

表 9-16 压实系数 K 的检测统计

填料部位	填料类别	检测层厚度/m	检测层编号	压实系数 K	平均压实系数 $\bar{K}$	检测点数	标准值	合格点数
基床底层	水泥改良土	0.30	JC-9	0.952~0.986	0.96	9	≥0.95	9
		0.25	JC-8	0.954~0.983	0.96	9		9
			JC-7	0.946~0.982	0.97	9		8
			JC-6	0.953~0.979	0.97	9		9
			JC-5	0.949~0.970	0.96	9		8
基床以下	钙质石灰改良土	0.30	LD-9	0.953~0.977	0.96	9	≥0.92	9
		0.25	LD-8	0.948~0.977	0.96	9		9
			LD-7	0.924~0.962	0.94	9		9
			LD-6	0.927~0.993	0.96	9		9
			LD-5	0.936~0.963	0.95	9		9
			LD-4	0.926~0.965	0.95	9		9
			LD-3	0.920~0.977	0.95	9		9
			LD-2	0.928~0.957	0.94	9		9
			LD-1	0.904~0.966	0.94	9		7
垫层	水泥改良土	0.10	DC-6	0.920~0.943	0.93	9	≥0.95	0
		0.20	DC-5	0.925~0.968	0.94	9		1
			DC-4	0.864~0.931	0.91	9		0
			DC-3	0.862~0.923	0.90	9		0

2. 地基系数 K_{30}

地基系数 K_{30} 的检测结果列于表 9-17 中。从表中可见：基床以下检测了 2 层 12 点，K_{30} 值为 187~224MPa/m，$\bar{K}_{30}$ 分别为 208MPa/m 和 202MPa/m，分别为标准值 90MPa/m 的 2.3 倍和 2.2 倍；基床底层检测了 2 层 12 点，K_{30} 值为 171~250MPa/m，$\bar{K}_{30}$ 分别为 194MPa/m 和 238MPa/m，为标准值 110MPa/m 的 1.8 倍和 2.2 倍。检测结果远远大于设计标准要求。

3. 变形模量 E_{v2}

变形模量 E_{v2} 的检测结果列于表 9-18 中。从表中可见，水泥改良土垫层检测了 1 层 6 点，E_{v2} 值范围为 105.2~220.2MPa，$\bar{E}_{v2}$ 为 140.5MPa，为标准值 60MPa

的 2.3 倍。基床以下钙质石灰改良土检测了 2 层 12 点，E_{v2} 值范围为 88.4～225.5MPa，$\overline{E}_{v2}$ 分别为 116.6MPa 和 120.4MPa，是标准值 45MPa 的 2.6 和 2.7 倍。基床底层水泥改良土也检测了 2 层 12 点，E_{v2} 值范围为 96.2～202.9MPa，均值 $\overline{E}_{v2}$ 分别为 104.3MPa 和 178.4MPa，是标准值 60MPa 的 1.7 和 3.0 倍。检测结果远远大于设计标准要求。

表 9-17　地基系数 K_{30} 的检测统计

填料部位	填料类别	检测层厚度/m	检测层编号	地基系数 K_{30}/(MPa/m)	地基系数均值 $\overline{K}_{30}$/(MPa/m)	检测点数	标准值/(MPa/m)	合格点数
基床底层	水泥改良土	0.30	JC-9	224～250	238	6	≥110	6
		0.25	JC-5	171～216	194	6		6
基床以下路堤本体	钙质石灰改良土	0.30	LD-9	194～210	202	6	≥90	6
		0.25	LD-4	187～224	208	6		6

表 9-18　变形模量 E_{v2} 的检测统计

填料部位	填料类别	检测层厚度/m	检测层编号	变形模量 E_{v2}/MPa	变形模量均值 $\overline{E}_{v2}$/MPa	检测点数	标准值/MPa	合格点数
基床底层	水泥改良土	0.30	JC-9	139.0～202.9	178.4	6	≥60	6
		0.25	JC-5	96.2～114.4	104.3	6		6
基床以下	钙质石灰改良土	0.30	LD-9	88.4～225.5	120.4	6	≥45	6
		0.25	LD-6	95.4～140.7	116.6	6		6
垫层	水泥改良土	0.20	DC-3	105.2～220.2	140.5	6	≥60	6

4. 动态变形模量 E_{vd}

水泥改良土垫层的动态变形模量 E_{vd} 的检测结果列于表 9-19 中。

表 9-19　动态变形模量 E_{vd} 检测统计

填料部位	填料类别	检测层厚度/m	检测层编号	动态变形模量 E_{vd}/MPa	动态变形模量均值 $\overline{E}_{vd}$/MPa	检测点数	标准值/MPa	合格点数
垫层	水泥改良土	0.20	DC-2	90.0～126.4	108.3	6	≥35	6
		0.10	DC-1	58.3～107.1	75.9	4		4

从表中可见：垫层检测了 2 层 10 点，E_{vd} 值范围为 58.3～126.4MPa，$\overline{E}_{vd}$ 分别为 75.9MPa 和 108.3MPa，是标准值 35MPa 的 2.2 和 3.1 倍。检测结果远远大于设计标准要求。

5. 检测结果总体评价

1）地基系数 K_{30}、变形模量 E_{v2} 和动态变形模量 E_{vd} 均满足了相应部位的设计标准要求，并且这些指标的多数检测结果远远高于标准值。

2）基床底层和基床以下路堤本体的压实系数 K 满足设计标准要求，垫层的平均压实系数 $\overline{K}$ 为 0.90~0.94，略小于 0.95，没有达到标准要求。

3）总体而言，基床底层和基床以下路堤本体质量合格，垫层出现动态变形模量 E_{vd} 远大于设计标准值但压实系数略小于标准值的情况，需要通过路基的沉降变形观测来验证其质量是否满足 15mm 工后沉降要求。

9.4 湿陷性黄土试验路基工程沉降观测与分析

9.4.1 路基沉降观测

1. 路基沉降观测断面及测点布设

试验路基共设 9 个沉降观测断面，其中柱锤冲扩桩段、水泥土挤密桩段、过渡段各设 2 个断面，强夯段设 3 个断面。在柱锤冲扩桩段、水泥土挤密桩段及过渡段，每个测试断面（断面 1~6）布置沉降观测仪 5 组，其部位为：一侧轨道下、路堤中心线下、另一侧路肩、边坡中部及坡脚。在强夯段，每个测试断面（断面 7~9）布置沉降观测仪 6 组，其部位为：一侧轨道下、路堤中心线下、另一侧轨道、路肩、边坡中部及坡脚。各沉降观测断面与沉降观测仪的平面布置如图 9-5 所示[93]。

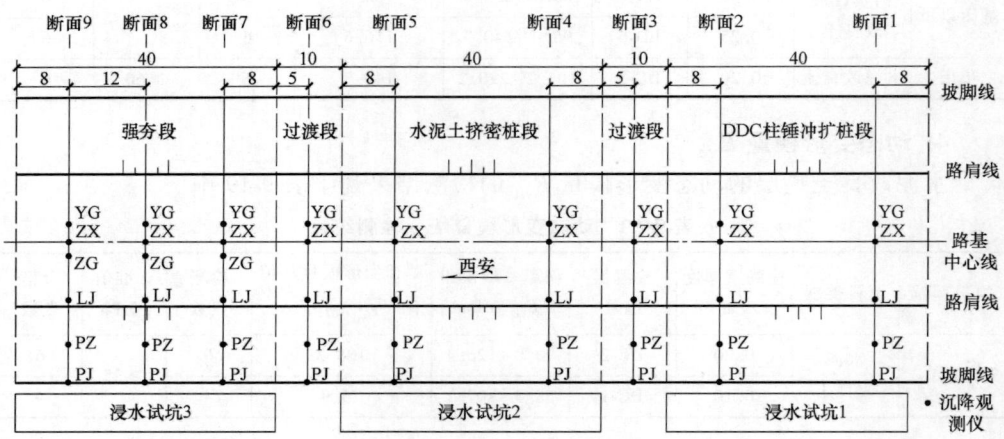

图 9-5 试验路基沉降观测断面与沉降观测仪平面图（尺寸单位：m）

柱锤冲扩桩段、水泥土挤密桩段及过渡段的沉降观测点分别布置于地基处理深度的下限、基底及路堤堤身顶面、基床底层顶面，具体如图 9-6~图 9-9 所示。强夯段的沉降观测点分别布置于地基下 $0.35\sqrt{Ph}$ 和 $0.5\sqrt{Ph}$ 处，以及基底、路堤堤身顶面、基床底层顶面，具体如图 9-10~图 9-12 所示。图中尺寸单位为 m。

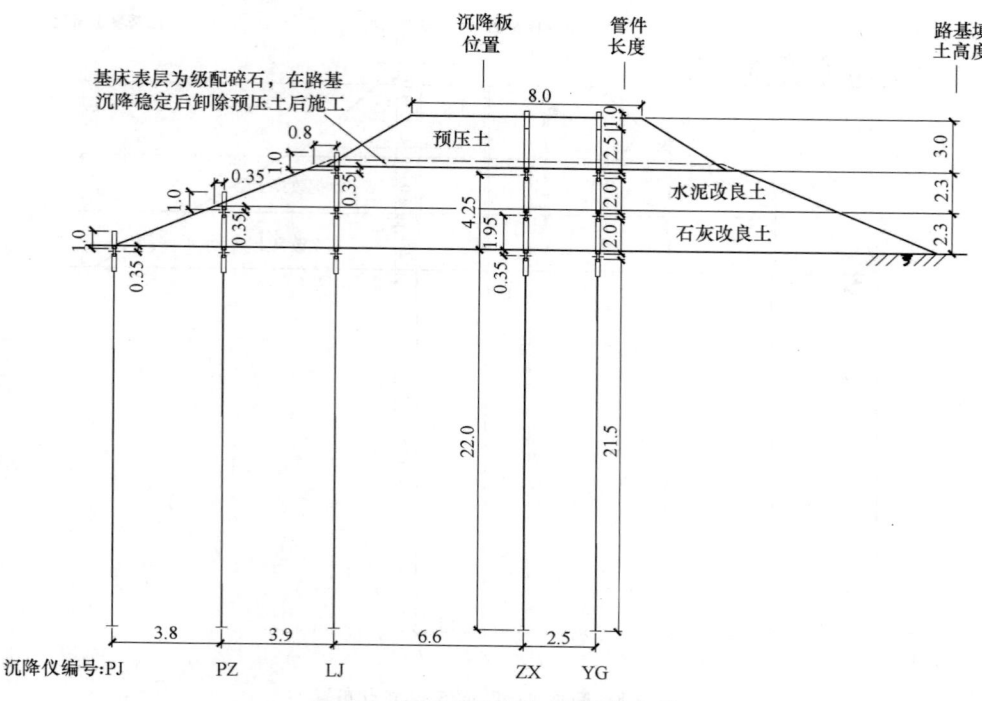

图 9-6　断面 1、断面 2 观测点布置

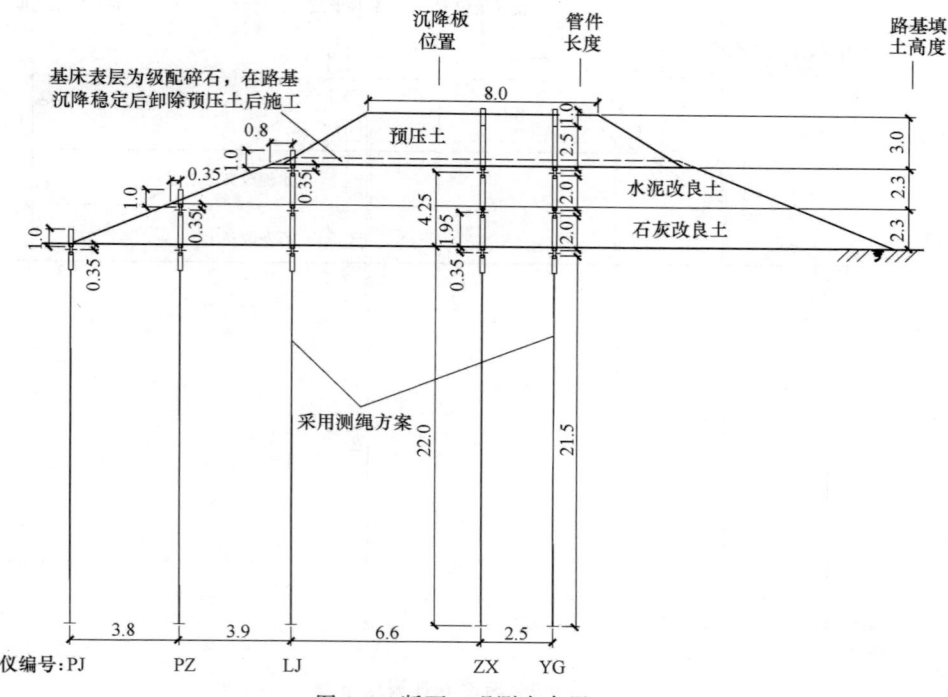

图 9-7　断面 3 观测点布置

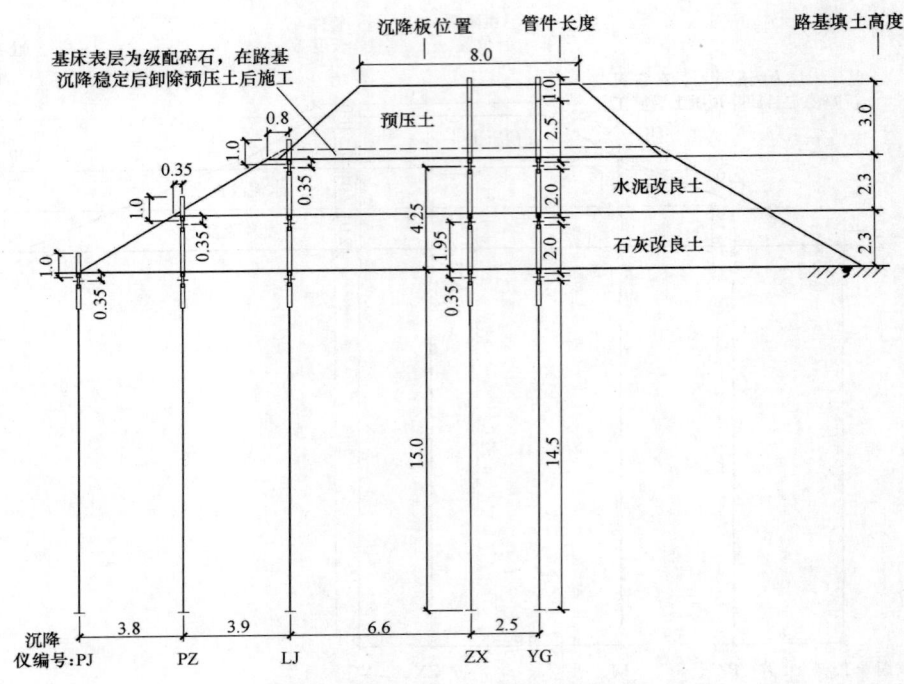

图 9-8 断面 4、断面 5 观测点布置

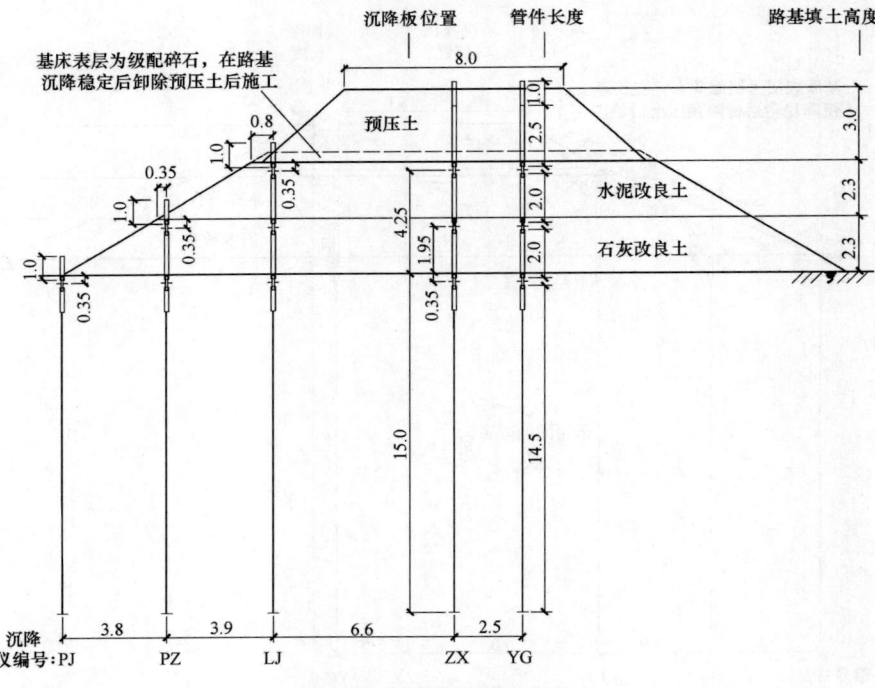

图 9-9 断面 6 观测点布置

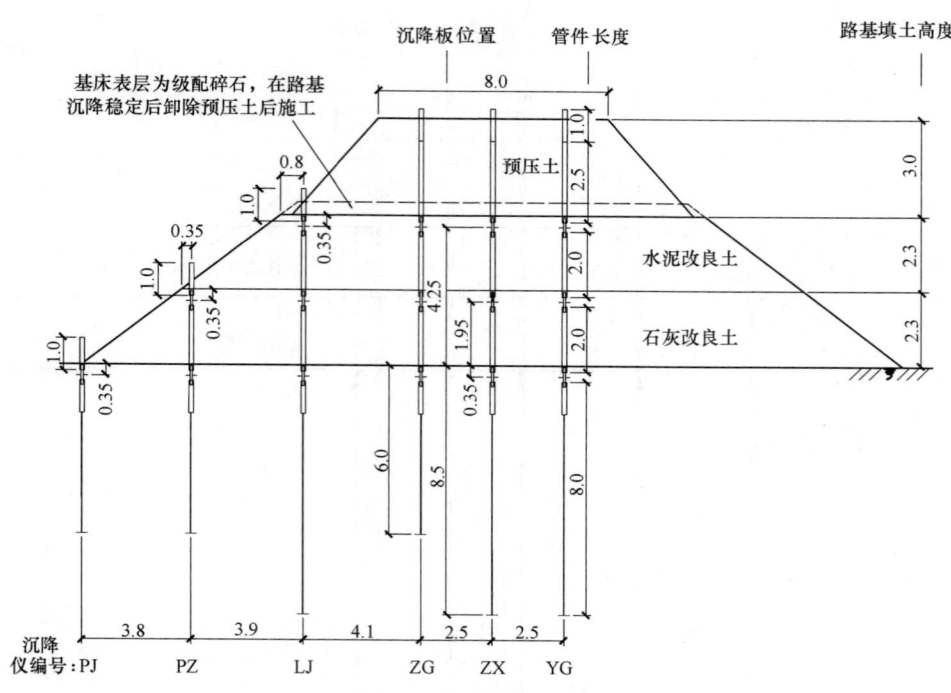

图 9-10　断面 7 观测点布置

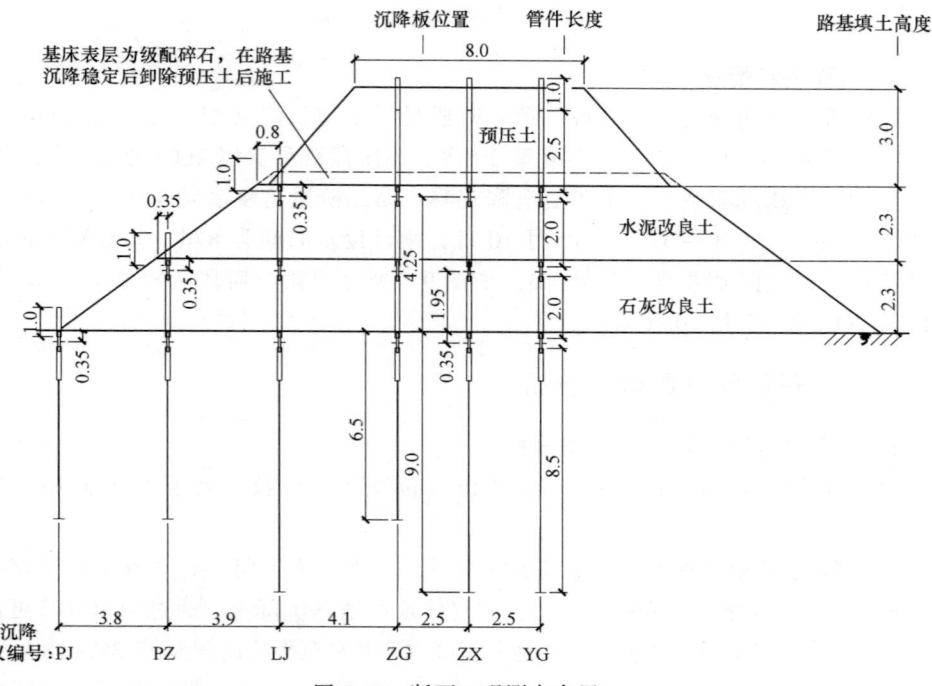

图 9-11　断面 8 观测点布置

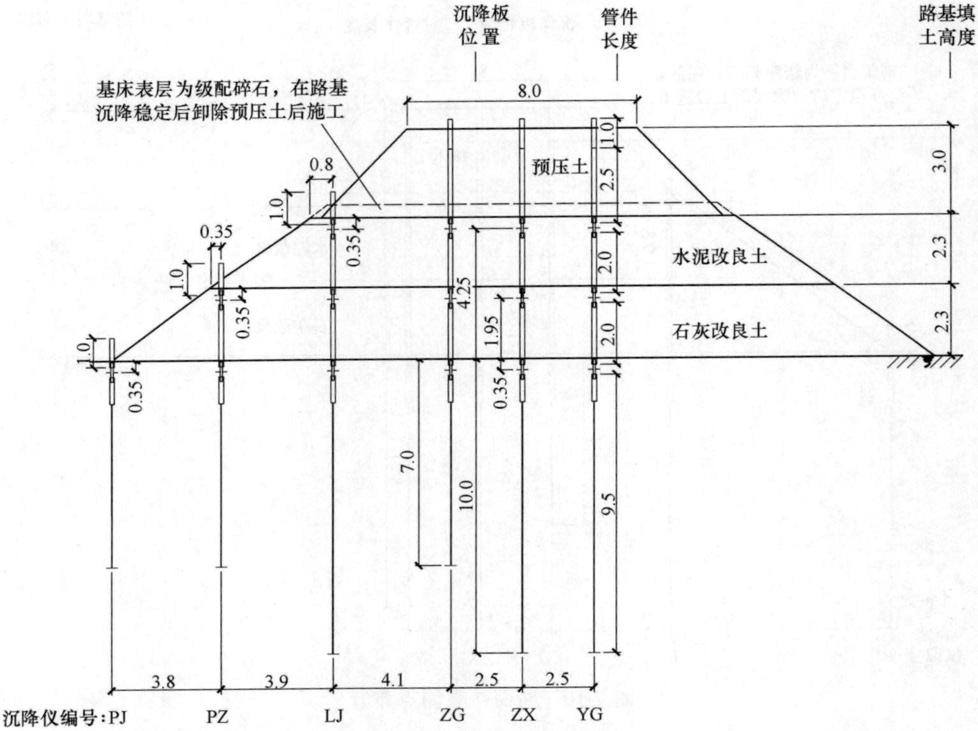

图 9-12 断面 9 观测点布置

2. 沉降观测情况

路堤沉降观测分为三个阶段，第一阶段是浸水前沉降观测，时间为 2006 年 11 月 27 日—2007 年 9 月 12 日，共观测 28 次，该阶段观测又以 2006 年 12 月 28 日为界划分为施工期沉降观测、施工后沉降观测；第二阶段是浸水期间沉降观测，时间从 2007 年 9 月 13 日—2007 年 12 月 10 日，累计浸水时间为 87d，共观测 7 次，浸水试坑位于试验路基左侧坡脚外 4m，如图 9-5 所示；第三阶段为浸水后沉降观测，时间从 2007 年 12 月 10 开始。

9.4.2 路基沉降观测数据分析

1. 浸水前路基沉降观测数据分析

浸水前不同地基处理区段路基中心沉降量观测统计数据列于表 9-20 中。从表中可见：

1）路基沉降由路基本体和地基沉降组成，对比"施工期"和"施工后"路基沉降，施工期已完成路基沉降的一部分，主要体现在地基沉降上，通过简单计算可以发现，在施工期，试验路基不同区段的地基沉降占路基总沉降的比例为 64.3%~98%。

2）路基施工完成至开始浸水，恒载预压时间已达 258d，期间路基的沉降也主要体现在地基的沉降上,试验路基不同区段的地基沉降占路基总沉降的72.9%~100%,而地基的沉降主要是地基处理深度以下土层的沉降,这部分沉降占路基总沉降的69.2%~95.4%。

表9-20　不同地基处理区段路基中心沉降量统计

地基处理措施	断面	分层沉降类型	施工期沉降量/mm	施工期地基总沉降量/mm	路基施工完成后至浸水前分层沉降量/mm	路基施工完成后至浸水前总沉降量/mm
柱锤冲扩桩	断面1	基床底层压缩沉降(厚2.3m)	4.5	13.5	0.0	10.8
		路堤堤身压缩沉降(厚2.3m)	3.0		0.0	
		地基处理深度范围压缩沉降(厚22m)	4.8		0.5	
		地基处理深度处沉降(22m处)	8.7		10.3	
	断面2	基床底层压缩沉降(厚2.3m)	2.0	16.4	1.6	13.3
		路堤堤身压缩沉降(厚2.3m)	2.0		2.0	
		地基处理深度范围压缩沉降(厚22m)	5.5		0.5	
		地基处理深度处沉降(22m处)	10.9		9.2	
水泥土挤密桩	断面4	基床底层压缩沉降(厚2.3m)	2.5	92.1	2.0	66.8
		路堤堤身压缩沉降(厚2.3m)	6.5		1.5	
		地基处理深度范围压缩沉降(厚15m)	6.6		4.5	
		地基处理深度处沉降(15m处)	85.5		58.8	
	断面5	基床底层压缩沉降(厚2.3m)	1.0	128.6	2.0	83.7
		路堤堤身压缩沉降(厚2.3m)	5.5		1.0	
		地基处理深度范围压缩沉降(厚15m)	17.9		4.0	
		地基处理深度处沉降(15m处)	110.7		76.7	
强夯	断面7 3000kN·m	基床底层压缩沉降(厚2.3m)	2.0	291.3	2.5	139.3
		路堤堤身压缩沉降(厚2.3m)	4.0		2.5	
		地基处理深度范围压缩沉降(厚8.5m)	59.3		19.0	
		地基处理深度处沉降(8.5m处)	232.0		115.3	
	断面8 3500kN·m	基床底层压缩沉降(厚2.3m)	8.5	279.9	0.0	134.4
		路堤堤身压缩沉降(厚2.3m)	3.5		2.0	
		地基处理深度范围压缩沉降(厚9.0m)	65.0		19.3	
		地基处理深度处沉降(9.0m处)	214.9		113.1	
	断面9 4000kN·m	基床底层压缩沉降(厚2.3m)	3.5	224.8	1.5	120.5
		路堤堤身压缩沉降(厚2.3m)	2.5		2.0	
		地基处理深度范围压缩沉降(厚10m)	56.3		24.5	
		地基处理深度处沉降(10m处)	168.5		92.5	

（续）

地基处理措施	断面	分层沉降类型	施工期沉降量/mm	施工期地基总沉降量/mm	路基施工完成后至浸水前分层沉降量/mm	路基施工完成后至浸水前总沉降量/mm
过渡段	断面3	基床底层压缩沉降(厚2.3m)	4.0		1.5	58
		路堤堤身压缩沉降(厚2.3m)	1.0		3.0	
		基底处沉降	87.4	87.4	53.5	
	断面6	基床底层压缩沉降(厚2.3m)	3.0		1.0	131.7
		路堤堤身压缩沉降(厚2.3m)	5.5		1.5	
		基底处沉降	266.4	266.4	129.2	

3）施工完成后的路基总沉降量，柱锤冲扩桩区段为10.8~13.3mm，平均为12.1mm；水泥土挤密桩区段为66.8~83.7mm，平均为75.3mm；强夯区段为120.5~139.3mm，平均为131.4mm；过渡段为58~131.7mm（过渡段两端地基处理措施的约束作用不同故相差较大）平均94.9mm[92]。由此可知，强夯区段路基的沉降量最大，挤密桩区段次之，DDC区段最小，过渡段路基的沉降量介于挤密桩区段和强夯区段路基的沉降量之间。

为了便于对比分析，将表9-20中的有关数据绘制成图9-13~图9-16，从中可见，无论是地基总沉降量、地基处理深度范围压缩沉降量还是地基处理深度处沉降量，也是强夯区段最大，水泥土挤密桩次之，柱锤冲扩桩最小。施工完成后路基本体的压缩沉降量虽然在不同区段存在一些差异，但总的来说，还是比较均匀的，由此说明，路基沿纵向的压实度是基本一致的。

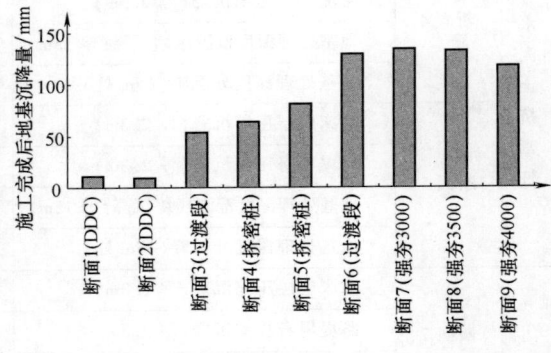

图9-13 施工完成至浸水前不同区段地基的沉降量

图9-17~图9-20分别是不同地基处理区段路基总沉降及分层压缩沉降量随时间的变化曲线。可见，路基本体（基床底层和路堤堤身）的压缩沉降量及柱锤冲扩桩和地基处理深度范围内压缩沉降量在路基施工完成后不到30d已趋于稳定，而在强夯区段，地基处理深度范围内的压缩沉降量在258d时才趋于稳定。路基总沉降量随时间的变化曲线与地基处理深度处沉降量随时间的变化曲线同步，再次说明了本节2）的分析结果。就路基总沉降量、地基处理深度处沉降量而言，柱锤冲扩桩区段在路基施工完成后60d已趋于稳定；水泥土挤密桩区段在路基施工完成后258d才基本趋于稳定；强夯区段和过渡段在路基施工完成后258d仍在不断趋缓变化中，尚未稳定。

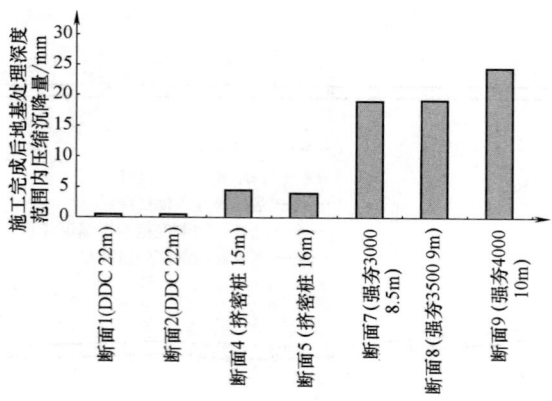

图 9-14　施工完成至浸水前地基处理深度范围内压缩沉降量

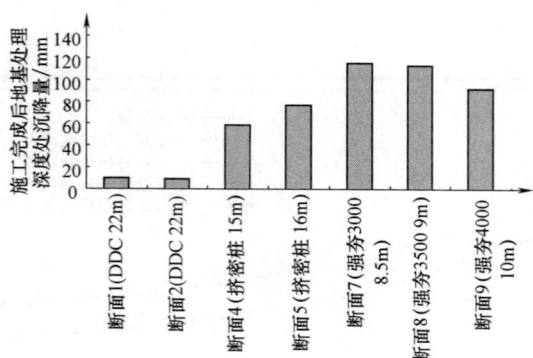

图 9-15　施工完成至浸水前地基处理深度处沉降量

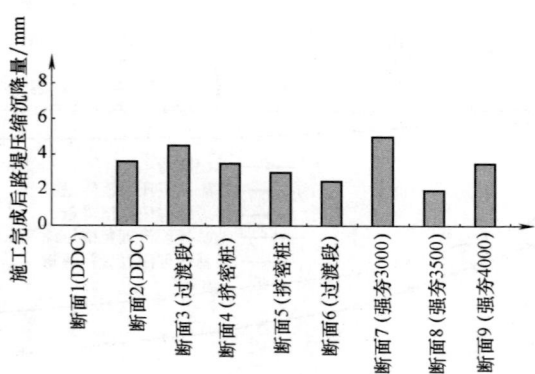

图 9-16　施工完成至浸水前路堤压缩沉降量

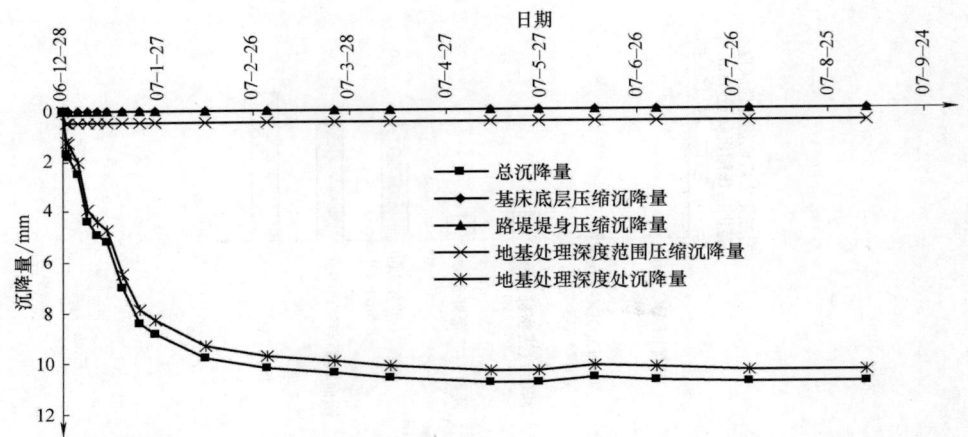

图 9-17 施工完成至浸水前断面 1 路基总沉降量及分层压缩沉降量随时间的变化曲线

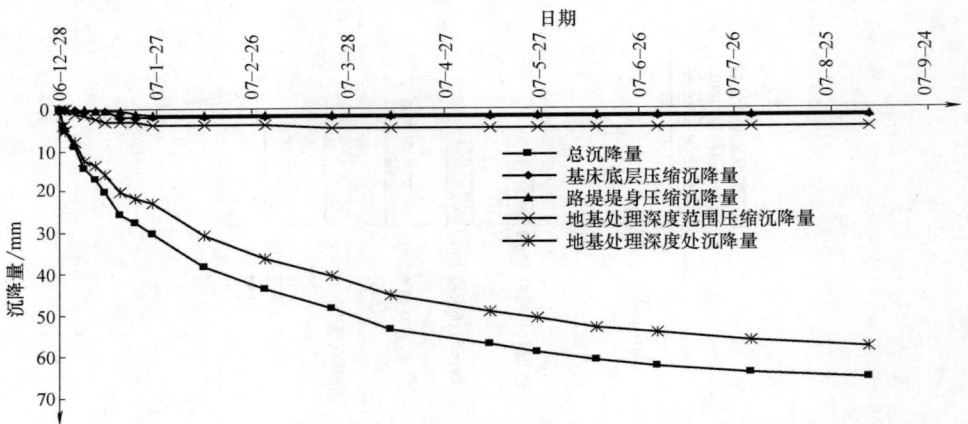

图 9-18 施工完成至浸水前断面 4 路基总沉降量及分层压缩沉降量随时间的变化曲线

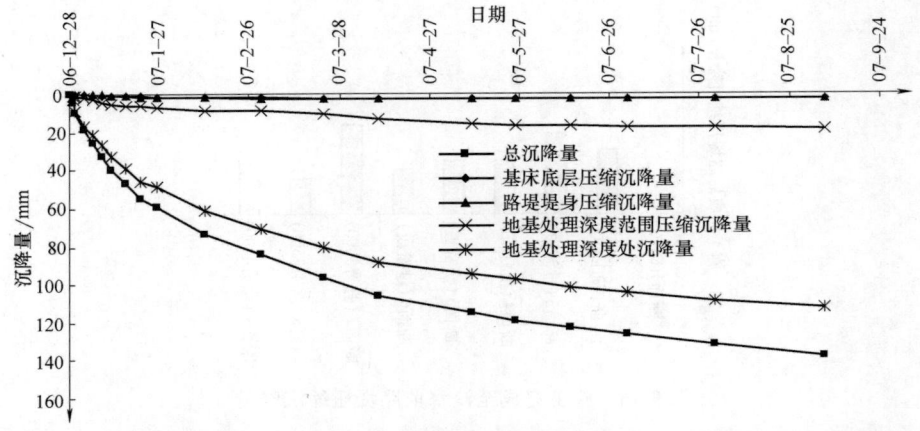

图 9-19 施工完成至浸水前断面 7 路基总沉降量及分层压缩沉降量随时间的变化曲线

第9章 湿陷性黄土地基处理与黄土改良路基试验工程

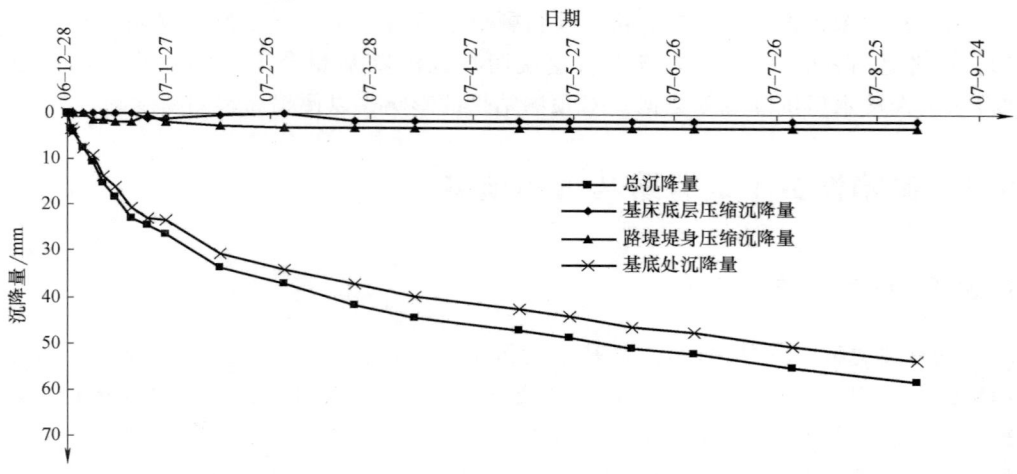

图 9-20 施工完成至浸水前断面 3 路基总沉降量及分层压缩沉降量随时间的变化曲线

2. 浸水期间路基沉降观测数据分析

表 9-21 是路基浸水期间沉降量及累计观测沉降量，从中对比分析可知：

1）从路基浸水期间沉降量而言，柱锤冲扩桩区段为 4.6~4.9mm，水泥土挤密桩区段为 27.5~30.9mm，强夯区段为 44.1~48.9mm，因此，强夯区段的沉降量最大，水泥土挤密桩次之，柱锤冲扩桩最小，与路基施工完成后至浸水前沉降量的分析结果相同。

2）通过对比路基施工完成后至浸水前沉降量和浸水期间路基沉降量发现，前者历时 258d，占路基施工完成后累计沉降量的 68%~76%，后者历时 87d，占路基施工完成后累计沉降量的 24%~32%，由此可见，试坑浸水对路基沉降有较大的影响，所以，郑西高速铁路采取合理的防排水措施防止坡脚附近长期积水浸泡是非常必要的。

表 9-21 路基浸水期间沉降量及累计沉降量统计表

地基处理措施	测试断面	沉降位置	路基施工完成后至浸水前(258d)沉降量①/mm	预测的剩余工后沉降量/mm	浸水期间(87d)路基沉降量②/mm	路基施工完成后累计沉降量③(①+②)/mm	①/③(%)	②/③(%)
柱锤冲扩桩	断面 1	路基中心	10.8	0.6	4.6	15.4	70	30
	断面 2		13.3	0.8	4.9	18.2	73	27
水泥土挤密桩	断面 4		66.8	7.3	30.9	97.7	68	32
	断面 5		83.7	11.5	27.5	111.2	75	25
强夯	断面 7		139.3	16.9	44.6	183.9	76	24
	断面 8		134.4	14.9	48.9	183.3	73	27
	断面 9		120.5	14.6	44.1	164.6	73	27

注：预测的剩余工后沉降量详见表 9-22。

3) 对比未考虑浸水影响的路基预测剩余工后沉降量和浸水期间路基沉降量可知，后者是前者的 2.4~7.7 倍[5]，这说明在预测路基剩余工后沉降量时需考虑"浸水期及浸水后沉降观测数据"对预测结果的影响，以便提高预测精度。

9.5 湿陷性黄土试验路基沉降预测

9.5.1 路基沉降预测方法

据有关文献[63][94]介绍，路基工后沉降预测方法有双曲线法、指数曲线法、抛物线法、固结度对数配合法、星野法及人工神经网络等许多种。经对比分析，发现双曲线法可靠性好、预测精度高，能满足郑西高速铁路铁路无碴轨道铺设条件评估的技术要求。双曲线方程如下：

$$s_t = s_0 + \frac{t}{a+bt} \tag{9-1}$$

$$s_f = s_0 + \frac{1}{b} \tag{9-2}$$

式中　s_t——时间 t 时的沉降量；
　　　s_f——最终沉降量（$t=\infty$）；
　　　s_0——初始沉降量（$t=0$）；
　　　a、b——将荷载不再变化以后的实测数据经过回归求得的系数。

沉降计算的具体顺序如下：

1) 确定起点时间（$t=0$），可取填方施工结束日为 $t=0$。
2) 就各实测值计算 $t/(s_t-s_0)$，如图 9-21 所示。

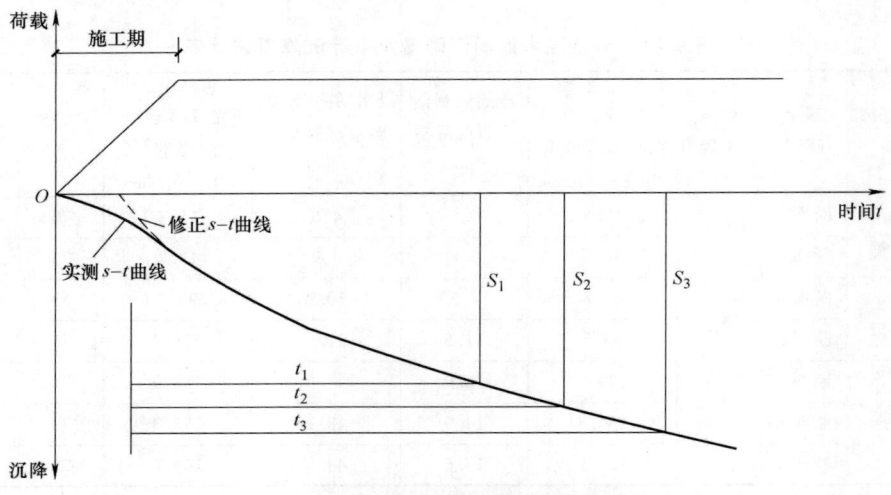

图 9-21　用实测值推算最终沉降量的方法

3）绘制 t 与 $t/(s_t-s_0)$ 的关系图，并确定系数 a 和 b。

4）计算 s_t。

5）由双曲线关系推算出沉降 s—时间 t 曲线。

双曲线法是假定下沉平均速率以双曲线形式减少的经验推导法，要求恒载开始后的沉降实测时间至少 6 个月以上。

9.5.2 路基沉降预测分析

选取路基中心的沉降观测数据进行路基沉降预测，到 2007 年 9 月 13 日开始浸水时，路基恒载预压时间已达到 258d。浸水后试验工况发生改变且沉降观测数据相对较少，因此，仅利用浸水前路基沉降量的实测资料进行沉降预测拟合，而对浸水后路基沉降的预测还需要进一步地观测，取得更多的沉降资料后才能进行。采用双曲线法分别对截至 2007 年 4 月 10 日、9 月 6 日的实测沉降量数据进行曲线回归，所以，利用间隔 3 个月以上的监测数据两次预测了路基最终沉降量并进行了对比分析，见表 9-22。从表中可见：

表 9-22 双曲线法预测不同地基处理区段路基最终沉降量

断面	沉降预测项目	预测资料截止日期	最终沉降量预测/mm s_f	两次预测差值	已完成沉降量 s/mm	s/s_f（%）	剩余沉降量/mm	相关系数 R
断面1	路基总沉降量	2007.4.10	20.9	0.7	19.4	92.7	1.5	0.9862
		2007.9.6	20.2		19.6	97.0	0.6	0.9869
断面2	路基总沉降量	2007.4.10	23.0	0.2	21.6	93.8	1.4	0.9862
		2007.9.6	22.8		22.0	96.6	0.8	0.9908
断面4	路基总沉降量	2007.4.10	124.6	8.7	112.7	90.5	11.9	0.9960
		2007.9.6	133.3		126.0	94.5	7.3	0.9973
断面5	路基总沉降量	2007.4.10	168.3	9.7	149.9	89.1	18.4	0.9974
		2007.9.6	178.0		166.5	93.5	11.5	0.9981
断面7	路基总沉降量	2007.4.10	295.9	21.1	267.1	90.3	28.8	0.9969
		2007.9.6	317.0		300.1	94.7	16.9	0.9969
断面8	路基总沉降量	2007.4.10	285.4	24.3	261.5	91.6	23.9	0.9964
		2007.9.6	309.7		294.8	95.2	14.9	0.9960
断面9	路基总沉降量	2007.4.10	248.9	18.8	223.3	89.7	25.6	0.9978
		2007.9.6	267.7		253.1	94.5	14.6	0.9968

1）s/s_f 和相关系数 R 满足《客运专线铁路无砟轨道铺设条件评估技术指南》（铁建设 [2006] 158 号）[63] 中 "s/s_f 大于 0.75，相关系数 R 大于 0.92" 的要求。

2）比较 2007 年 4 月 10 日、2007 年 9 月 6 日预测的最终沉降量来看，两次最终沉降量预测值的差值，柱锤冲扩桩区段为 0.2~0.7mm，水泥土挤密桩区段为

8.7~9.7mm，强夯区段为18.8~24.3mm，因此，柱锤冲扩桩区段路基满足《客运专线铁路无砟轨道铺设条件评估技术指南》（铁建设［2006］158号）[63]"间隔不少于3个月的两次预测最终沉降量的差值不大于8mm"的要求，而水泥土挤密桩区段路基略大于该要求，强夯区段路基不满足要求。

3) 截至2007年9月6日，路基恒载预压时间已达到8个多月，此时利用沉降量实测值预测的路基最终沉降量，柱锤冲扩桩区段为20.2~22.8mm，挤密桩区段为133.3~178.0mm，强夯区段为267.7~317.0mm，由此可知，剩余工后沉降量，柱锤冲扩桩区段为0.6~0.8mm，挤密桩区段为7.3~11.5mm，强夯区段为14.6~16.9mm[93]，所以，柱锤冲扩桩区段和挤密桩区段路基的剩余工后沉降量已经满足小于15mm的要求，如果不考虑"浸水期及浸水后沉降观测数据"对预测结果的影响，该区段的试验路基已达到卸除恒载预压可以进行无砟轨道铺设的条件，但强夯区段路基仍然不能满足要求。

第10章 结 语

1. 区域工程地质环境

郑西高速铁路区域工程地质环境的基本特征为：线路通过黄土台塬区、山前（塬前）洪积扇区、河流冲积平原区、黄土梁洼区、黄土丘陵和低山丘陵等地貌单元。地势总体西高东低，由南而北呈阶梯状递减，条带状展布，中部略有起伏。地层以第四系为主，全新统、上、中、下更新统均有出露。全新统（Q_4）主要有冲、洪积黏性土、砂类土、碎石类土，局部有滑体堆积砂质黄土、碎石类土等，主要分布于黄河支流洛河、伊河、伊洛河、涧河、渭河及其支流等河谷一级阶地与河漫滩的广大区域。上更新统马兰黄土（Q_3）主要有风积黄土、冲、洪积黏性土、碎石类土，广泛分布于郑州至西安的山前平原、二级阶地地区、黄土台塬和巩义老城以东的黄土丘陵。中更新统离石黄土（Q_2）为风积砂质、黏质黄土夹古土壤（粉质黏土）、冲积黏性土、砂类土，主要出露于新安县西南部、宜阳县北部、秦押窑村至海上桥村及张茅镇至三门峡之间。下更新统午城黄土（Q_1）为风积砂质、黏质黄土夹古土壤（粉质黏土），局部可见黏性土、砂类土、碎石类土，主要出露在渭河支流沟谷边缘和张茅镇至三门峡东的丘陵、低山地段。高速铁路经过华北板块的华北陆块和中央造山系北部两个二级大地构造单元区。郑州—渑池段的褶皱构造有五指岭—白寨背斜、渑池向斜和架子沟背斜；断裂构造有乔楼—白沙断层、南阳寨—茶庵断层、上街—邢村断层、大封—南山口断层；沿线构造大部分被第四系覆盖，断裂均为隐伏断裂，对工程的影响较小。渑池至灵宝段，除低山丘岭区外，大范围被黄土所覆盖。由东向西，线路依次通过华熊台缘坳陷的渑池—确山台陷中西部，三门峡—灵宝断陷盆地，华熊台缘坳陷的崤鲁台拱北缘等三级构造单元。灵宝至西安段断裂构造有：F_3 渭河断裂、F_{10} 中条山—潼关塬西侧断裂和 F_{13} 泾河—灞河断裂等。地下水类型分为松散堆积层孔隙潜水和孔隙承压水、冲洪积层孔隙潜水及基岩裂隙水。区域地震构造属于我国华北地震区，DK009+600～DK135+000、DK220+000～DK310+000、DK494+900～DK1104+500，地震动峰值加速度为（0.10～0.15）g；DK135+000～DK220+000 和 DK310+000～DK494+900，地震动峰值加速度分别为 0.05g 和（0.20～0.25）g。

2. 工程地质特性

1）湿陷性黄土在郑州至渑池段沿山前平原、河流阶地、黄土丘陵的地表 0～

20m 内呈带状不连续分布，长约 97km；渑池至灵宝段的湿陷性黄土在 DK237+600～DK333+000 范围内均有分布，总长约 63km；灵宝至西安段的湿陷性黄土主要沿华山北麓的黄土塬、山前洪积扇及渭河阶地分布，在全段 165.8km 中湿陷性黄土累计分布长度为 138km。

2）郑西高速铁路沿线黄土以粉土颗粒为主，占 62.5%～68.1%，且黄土的粒度自西向东由粗变细，黏粒含量增高。黄土中易溶盐含量的变化与地区降雨量有关，总体由东向西逐渐增大。黄土的结构从西向东，由粒状、点接触、架空孔隙占优势、湿陷性大的结构，向由集粒或凝块状、面接触、粒间孔隙占优势、湿陷性小或无湿陷性的结构转变。

3）DK58+320、DK92+200 两个浸水试验场地地层主要为 Q_3 黏质黄土，厚度大于 20m，含水率、饱和度、天然密度、液限、塑性指数均大于其他 6 个试验场地，为非自重湿陷性场地，其余各浸水试验场地中黏质黄土夹层的湿陷系数也基本小于 0.015。DK246+500、DK287+000、DK300+800、DK315+650、DK346+950 和 DK354+150 试验场地以砂质黄土为主，厚度为 30～80m，均为自重湿陷性场地，且自重湿陷性土层深度为 19～32m，湿陷等级为 Ⅱ～Ⅳ级，其中 Ⅱ级、Ⅲ级场地各一个，Ⅳ级场地四个。各试验场地黄土的湿陷性见表 10-1。

表 10-1 各试验场地黄土的湿陷性

试验场地	自重湿陷量/mm		β_0'	湿陷量计算值/mm	场地湿陷类型	湿陷等级
	实测值	计算值				
DK58+320	/	/	/	46	非自重湿陷	Ⅱ级
DK92+200	/	/	/	49	非自重湿陷	Ⅱ级
DK246+500	172	588	0.26	973	自重湿陷	Ⅲ级
DK287+000	97	343	0.26	580	自重湿陷	Ⅱ级
DK300+800	456	509	0.81	845	自重湿陷	Ⅳ级
DK315+650	549	380	1.30	672	自重湿陷	Ⅲ级
DK346+950	314	570	0.47	962	自重湿陷	Ⅳ级
DK354+150	1459	450	2.86	775	自重湿陷	Ⅳ级

4）8 个浸水试验场地黄土的湿陷性受区域工程地质环境的制约而差异性较大，主要表现在物质成分、颗粒成分、微结构特征、宏观土层结构和赋存环境对黄土湿陷性的影响。各试验场地均由多层性质不同的土层相间分布组成，各层的成分、微结构、颜色、物质及物理力学指标沿纵深方向跳跃式变化，因而不同层甚至同层在不同深度也具有不同的湿陷性。在平面上，不同试验场地的地层结构也存在明显的差异性。黄土的湿陷性正是具有特定成分和结构的黄土对赋存环境动态变化响应的宏观表现。

3. 沿线黄土的湿陷性评价结果

通过沿线黄土的分布特征、物质成分、结构特征、物理力学性质及黄土的自重湿陷变形特性、黄土湿陷下限深度、场地湿陷类型和等级、因地区土质而异的修正

系数 β_0、浸水湿陷影响范围、黄土的湿陷敏感性试验研究分析，给出了郑西高速铁路黄土湿陷性评价结果：

1）DK0+000～DK233 段，主要通过地貌单元有山前平原、黄河支流阶地和黄土丘陵、岩石丘陵，黄土一般不具自重湿陷性或具有轻微自重湿陷性。

2）DK233～DK250 段，主要通过地貌单元有黄土丘陵、台塬区地貌，实测自重湿陷土层下限深度为 10m，自重湿陷量均值为 17.2cm，最大自重湿陷量为 19.3cm，地基湿陷等级为Ⅲ级。

3）DK250～DK321 段，主要通过地貌单元有河流阶地地貌，实测自重湿陷土层下限深度为 10～19m，自重湿陷量均值为 9.7～54.9cm，最大自重湿陷量为 10.4～59.3cm，地基湿陷等级为Ⅱ～Ⅳ级。

4）DK321～DK350 段，为黄土台塬及黄河高阶地区，实测自重湿陷土层下限深度为 14m，自重湿陷量均为值为 31.4cm，最大自重湿陷量为 35.8cm，地基湿陷等级为Ⅳ级。

5）DK350～DK356，为渭河冲积平原区，实测自重湿陷土层下限深度为 23.5m，自重湿陷量均值为 145.9cm，最大自重湿陷量为 160.3cm，地基湿陷等级为Ⅳ级，本段黄土的湿陷性远大于人们现有的认识，需深入研究。

6）DK356 以西，主要为渭河一级、二级阶地，河漫滩，黄土以Ⅰ～Ⅱ级非自重湿陷性为主。

沿线黄土的湿陷性总体上符合中国黄土区域分布的一般规律，由东向西湿陷性逐渐增强。

4. 关于因地区土质而异的修正系数 β_0

在三门峡至华阴段内，β_0 的规范取值与实测值有较大差异（表 10-2）。三门峡地区的 DK246+500 试验场地属于黄土塬地貌，β_0 的实测值为 0.26，与关中以河流阶地为主的黄土明显不同，可以将 DK246+500 试验场地划入《中国湿陷性黄土工程地质分区略图》中的Ⅴ区（即河南地区），故其 β_0 推荐取值为 0.5。DK287+000 和 DK346+950 为黄土试坑和桩基浸水试验场地，与单独的黄土浸水试验结果有差异，β_0 实测值偏小，为安全考虑，β_0 推荐取值为 0.9。DK300+800 试验场地的 β_0 实测值比规范值稍小，而 DK315+650 试验场地的 β_0 实测值比规范值大，这两个试验场地均属于《中国湿陷性黄土工程地质分区略图》中的Ⅲ区（即关中地区），因此，β_0 推荐取值为 0.9 较为合理。DK354+500 试验场地是个特例，β_0 推荐值取实测值 2.86。

表 10-2 各自重湿陷性场地的因地区土质而异的修正系数 β_0

试验场地	DK246+500	DK287+000	DK300+800	DK315+650	DK346+950	DK354+500
β_0 实测值	0.26	0.26	0.81	1.30	0.47	2.86
β_0 规范值	0.9					
β_0 推荐值	0.5	0.9				2.86

5. 浸水影响范围

试验场地浸湿影响范围、试坑周围地表湿陷变形范围及裂缝范围结果见表 10-3。

表 10-3 浸水影响范围一览表 （单位：m）

里程	浸湿范围	湿陷变形范围	裂缝范围	自重湿陷量大于 15mm 的平面范围
DK246+500	21.0	13.0	8.0	6.0
DK287+000	>5.0	20.3	4.5	—
DK300+800	>15.0	17.4	11.0	9.5
DK315+650	>35.0	>20.0	12.9	11.0
DK346+950	>16.4	30.0	17.8	11.0
DK354+150	>15.0	>25.0	26.7	15.0

注：范围值均从试坑边缘算起。

总体而言，浸湿范围>湿陷变形范围>裂缝发生范围，即浸湿范围、湿陷变形范围和裂缝发生范围三个指标，存在前者控制后者的关系。路基地基在长期浸水条件下，当浸水边界在路基坡脚以外的距离超过"自重湿陷量大于 15mm 的平面范围"时，地基不会产生大于 15mm 的"过量"沉降变形。表中的数值可供郑西高速铁路进行防排水和地基处理范围设计时参考。

6. 湿陷敏感性

黄土的湿陷敏感性是黄土场地对浸水反应的强烈程度。湿陷等级高的自重湿陷性黄土不一定是湿陷敏感性强的，而湿陷等级低的自重湿陷性黄土其湿陷敏感性不一定就低。黄土的湿陷敏感性是由多方面因素决定的，既与黄土的成因时代及地理位置、自重湿陷性土层埋藏深度与厚度、自重湿陷量有关，又与黄土的粒度、易溶盐及黏粒含量、渗透性有关。

表 10-4 是 K_0 值判定敏感程度的结果，表 10-5、表 10-6 是我们首次提出的"视湿陷速率法"判定湿陷敏感性的标准建议值及其判定结果。对比而言，两种方法的判定结果基本相同。自东向西，场地湿陷敏感性逐渐增强。

表 10-4 K_0 值判定敏感程度结果

试验场地	Δ_{zs}/cm	Δ'_{zs}/cm	K_0 值	敏感程度
DK246+500	58.8	19.3	0.30	较弱
DK287+000	34.3	10.4	0.27	较弱
DK300+800	50.9	47.7	0.84	较弱
DK315+650	38.0	59.3	1.40	较强
DK346+950	57.0	35.8	0.57	较弱
DK354+150	46.4	160.3	3.11	很强

表 10-5 用"视湿陷速率法"判定湿陷敏感性的标准（建议值）

敏感程度	很强	较强	中等	较弱	弱
划分界限	$v' \geq 80$	$80 < v' \leq 40$	$20 \leq v' < 40$	$10 \leq v' < 20$	$v' < 10$

表 10-6 用"视湿陷速率法"判定湿陷敏感性

里程	湿陷起始时间 /d	自重湿陷量平均值 /cm	地基湿陷等级和湿陷类型	视湿陷速率 /(cm/d)	敏感性判定
DK246+500	4	17.2	Ⅲ级自重湿陷	4.3	弱
DK287+000	3	9.7	Ⅱ级自重湿陷	3.2	弱
DK300+800	3	45.6	Ⅳ级自重湿陷	15.2	较弱
DK315+650	1	54.9	Ⅲ级自重湿陷	54.9	较强
DK346+950	1	31.4	Ⅳ级自重湿陷	31.4	中等
DK354+150	1	142.4	Ⅳ级自重湿陷	142.4	很强

表 10-5、表 10-6 可作为郑西高速铁路沿线各代表性区段黄土场地判别湿陷敏感性时的重要参考。

7. 黄土湿陷性定量评价与预测

基于数据挖掘技术的杨辉三角多项式（7-1）和相关性分析式（7-2），采用分析 e、ρ_d、w、I_P 等综合指标和用湿陷性土层内不同湿陷系数的层厚百分比 P 与湿陷性土层厚度 H 的关系来确定黄土自重湿陷系数和最大自重湿陷量。

8. 湿陷性黄土地基处理的设计参数确定

湿陷性黄土地基处理的设计参数确定方法与建议值见表 10-7。对于经过处理的湿陷性黄土地基可根据表 10-7 中的防排水宽度适当折减。

表 10-7 湿陷性黄土地基处理的设计参数确定方法与建议值 （单位：m）

代表性区段	推荐系数值 η'	自重湿陷黄土下限深度 H	地基处理深度建议值	桩基负摩擦力设计深度建议值	路基防排水宽度及竖向隔水措施处理深度建议值	
					防排水措施距路肩水平距离	隔水措施处理深度
DK233~DK250	0.50	探井取样计算值	探井取样计算值×推荐系数值 η'，适用于路堑和零断面及隧道进出口；对于路堤，在此基础上适当考虑一定的安全系数	探井取样计算值×推荐系数值 η'	a	$0.34H-1.7a$
DK250~DK321	0.50~1.00				a	$1.53H-3.4a$
DK321~DK350	0.50				a	$0.75H-1.5a$
DK350~DK356	1.20					

9. 黄土湿陷性地基处理与路基试验

（1）地基处理措施建议 黄土湿陷性地基处理措施建议（表 10-8），可供郑西高速铁路沿线湿陷性黄土地基处理方案进一步优化时参考。

表 10-8 黄土湿陷性地基处理措施建议

条 件	处理方式	备 注
处理厚度小于 5m	采用强夯法,并在地基表面设置 0.5m 厚二八灰土垫层	路堑地段需在垫层顶面铺设一层二布一膜土工布
处理厚度大于 5~15m	采用灰土(或土)挤密桩,处理后在桩体上部设置 0.5m 厚的二八灰土垫层	
强夯、灰土(或土)挤密桩处理后,路基工后沉降未满足要求	采用 CFG 桩、水泥土挤密桩、钢筋混凝土桩网结构等进行加固,桩体上部设置 0.5m 厚的碎石垫层	路堑地段为二八灰土,并在垫层顶面铺设一层二布一膜土工布
湿陷性黄土厚度较大、地基处理工程量大、路基工后沉降难以满足铺设无砟轨道要求	以桥代路	湿陷性黄土场地采用桩基础,桩端必须穿透湿陷性黄土层,并考虑湿陷性对基础的影响

(2) 黄土地基处理与黄土改良路基试验工程

1) 柱锤冲扩桩(22m)、水泥土挤密桩(15m)及强夯(6m)地基处理深度范围内桩间土的湿陷性已经消除;单桩复合地基基本承载力和极限承载力推荐值,柱锤冲扩桩为 290kPa 和 724kPa,水泥土挤密桩为 226kPa 和 461kPa,大于 260kPa,强夯地基基本承载力和极限承载力分别为 239~314kPa 和 473~523kPa,大于 180kPa。处理措施地基与过渡段地基的基本承载力比值不小于 2.3,极限承载力比值不小于 3.0。地基系数 K_{30}、变形模量 E_{v2}、动态变形模量 E_{vd}、基床底层和基床以下路堤本体的压实系数 K 的检测结果均满足相应标准,垫层的压实系数 K 略小于标准值但 E_{vd} 远大于设计标准值,总体而言,基床底层和基床以下路堤本体质量合格。

2) 试验路基施工完成至开始浸水,恒载预压时间已达 258d,地基沉降占路基总沉降的 72.9%~100%,而地基沉降主要是地基处理深度以下的土层沉降,占路基总沉降的 69.2%~95.4%。期间路基总沉降量,柱锤冲扩桩区段为 10.8~13.3mm,平均 12.1mm;水泥土挤密桩区段为 66.8~83.7mm,平均 75.3mm;强夯区段为 120.5~139.3mm,平均 131.4mm;过渡段为 58~131.7mm,平均 94.9mm。浸水期间路基沉降量,柱锤冲扩桩区段为 4.6~4.9mm,水泥土挤密桩区段为 27.5~30.9mm,强夯区段为 44.1~48.9mm,由此可见,强夯区段路基的沉降量最大,挤密桩区段次之,DDC 区段最小,过渡段路基的沉降量介于挤密桩区段和强夯区段路基的沉降量之间。通过对比发现,前者历时 258d,占路基施工完成后累计沉降量的 68%~76%,后者历时 87d,占路基施工完成后累计沉降量的 24%~32%,说明郑西高速铁路采取合理的防排水措施防止坡脚附近长期积水浸泡是非常必要的。用恒载预压 258d 路基沉降实测值预测的剩余工后沉降量,柱锤冲扩桩区段为 0.6~0.8mm，挤密桩区段为 7.3~11.5mm，强夯区段为 14.6~16.9mm，柱锤冲扩桩区段和挤密桩区段路基的剩余工后沉降量已经满足小于 15mm 铺设无砟轨道的技术条件。

3）通过试验工程的沉降观测研究发现，湿陷性黄土地基处理工程质量及黄土改良路基填料压实检测指标和控制标准是合理可行的。

10. 浸水试验专利技术

结合本次现场试坑浸水试验研究而申请的"地基深部分层变形观测方法和装置"发明专利（专利号为 200810150403.9），可有效弥补湿陷性黄土地基现场浸水试验变形观测中，无法对地基深部变形进行分层观测、无法有效判定湿陷性黄土下限深度的缺点，并为克服同类观测装置价格昂贵或观测精度较低等局限性，提供了一种湿陷性黄土地基变形的观测方法和装置。

参 考 文 献

[1] 郑西铁路客运专线公司筹备组，铁道第一勘察设计院，中铁西北科学研究院. 黄土基本特性及工程实践综述［Z］. 2005.

[2] 陕西省计划委员会. 湿陷性黄土地区建筑规范：GB 50025—2004［S］. 北京：中国建筑工业出版社，2004.

[3] 韩毅，李隽蓬. 铁路工程地质［M］. 北京：中国铁道出版社，1988.

[4] 楚华栋，裴章勤，等. 黄土的工程特性、筑路技术和病害处理［C］//中国铁道工程地质世纪成就论文集. 铁道工程学报，2005（S1）：340-347.

[5] 王小军. 黄土地区高速铁路建设中的重大工程地质问题研究［D］. 兰州：兰州大学，2008.

[6] 中铁第一勘察设计院集团有限公司. 铁路工程特殊岩土勘察规程：TB 10038—2012［S］. 北京：中国铁道出版社，2012.

[7] 谢定义. 半个世纪来对黄土、黄土力学与黄土工程问题研究的基本认识［R］. 中国岩石力学与工程学会，2007.

[8] 国家建工部. 湿陷性黄土地区建筑规范：BJG 20—1966［S］. 北京：技术标准出版社，1966.

[9] 国家基本建设委员会. 湿陷性黄土地区建筑规范：TJB 25—1978［S］. 北京：中国建筑工业出版社，1978.

[10] 陕西省计划委员会. 湿陷性黄土地区建筑规范：GBJ 25—1990［S］. 北京：中国计划出版社，1990.

[11] 第一机械工业部勘察公司. 近代堆积黄土建筑性能的探讨［C］//建筑技术座谈会技术资料汇编. 北京：中国建筑工业出版社，1973.

[12] 陕西省综合勘察院. 我国黄土和黄土状土的特征及对其湿陷性质和承载力的评价方法［J］. 勘察技术资料，1973（3）：1-27.

[13] 钱鸿绪，罗宇生，等. 湿陷性黄土地基［M］. 北京：中国建筑工业出版社，1985.

[14] 王永焱，林在贯，等. 中国黄土的结构特征及物理力学性质［M］. 北京：科学出版社，1990.

[15] 雷祥义. 中国黄土的孔隙类型与湿陷性［J］. 中国科学（B辑），1987（12）：1309-1318.

[16] 高国瑞. 黄土显微结构分类与湿陷性［J］. 中国科学，1980（12）：1203-1208.

[17] 陈正汉，刘祖典. 黄土的湿陷变形机理［J］. 岩土工程学报，1986（2）：1-12.

[18] 刘祖典，等. 陕西关中黄土变形特性和变形参数的探讨［J］. 岩土工程学报，1984（3）：24-34.

[19] 郝增志. 高湿度黄土地基变形与承载力的研究［J］. 工程勘察，1990（2）：4-8.

[20] 傅世法. 论饱和黄土［J］. 工程勘察，1982（1）：13-17.

[21] 汪国烈，等. 自重湿陷性黄土挤密地基的加固规律与设计［R］. 1988.

[22] 杨鸿贵. 土（灰土）挤密地基的特性及应用［R］. 1983.

[23] 巫志辉，谢定义，等. 洛川黄土动变形强度特性研究［C］//第六届全国土力学及基础

工程学术会议论文集. 上海：同济大学出版社，1991.

[24] 巫志辉，方彦. 原状黄土在增湿时的震陷特性 [C] //岩土工程研究（文集）. 陕西机械学院岩土工程研究所，1993.

[25] 巫志辉，刘保健. 黄土地基抗震承载力调整系数的试验论证 [C] //岩土工程研究（文集）. 陕西机械学院岩土工程研究所，1993.

[26] 王兰民，等. 黄土动力学 [M]. 北京：地震出版社，2003.

[27] 杨代泉. 非饱和土二维广义固结非线性数值模型 [J]. 岩土工程学报，1992（S1）：2-12.

[28] 沈珠江，杨代泉. 非饱和土力学的研究途径和发展前景 [C] //非饱和土理论与实践学术研讨会文集. 中国土木工程学会土力学及基础工程学会，1992.

[29] 陈正汉. 非饱和土固结的混合物理论 [D]. 西安：陕西机械学院，1991.

[30] 谢定义，陈正汉. 非饱和土力学特性的理论与测试 [C] //非饱和土理论与实践学术研讨会文集. 中国土木工程学会土力学及基础工程学会，1992.

[31] 陈正汉. 非饱和土与特殊土力学的基本理论研究 [J]. 岩土工程学报，2014，36（2）：201-272.

[32] 中铁第四勘察设计院. 铁路特殊土路基设计规范：TB 10035—2006 [S]. 北京：中国铁道出版社，2006.

[33] 人民铁道出版社. 黄土文集（第三辑）[M]. 北京：人民铁道出版社，1959.

[34] 中国科学院土木建筑研究所. 黄土基本性质的研究 [M]. 北京：科学出版社，1959.

[35] 黄强. 湿陷性黄土地基评价的商榷 [J]. 土木工程学报，1963（2）：37-42.

[36] 林在贯. 关于黄土的湿陷变形性质与特征的若干问题 [Z]. 1964.

[37] 建筑工业部勘察院西北分院. 黄土自重湿陷性质研究报告 [R]. 1965.

[38] 涂光祉. 试论黄土地基的自重湿陷敏感性 [J]. 工程勘察，1980（2）：36-39.

[39] 郑建国，张苏民. 湿陷性黄土的结构强度特性 [J]. 水文地质工程地质，1989（2）：6-10.

[40] 张苏民，郑建国. 湿陷性黄土（Q_3）的增湿变形特性 [J]. 岩土工程学报，1990（4）：21-31.

[41] 张苏民，张炜. 减湿和增湿时黄土的湿陷性 [J]. 岩土工程学报，1992（1）：57-61.

[42] 张炜，张苏民. 非饱和黄土的结构强度特性 [J]. 水文地质工程地质，1990（4）：22-25.

[43] 昊侃，郑颖人. 黄土结构性研究 [C] //第六届全国土力学及基础工程学术会议论文集. 上海：同济大学出版社，1991.

[44] 长安大学. 西部交通建设科技项目——黄土的浸水特性研究报告 [R]. 2004.

[45] 李大展，等. Q_2 黄土大面积浸水试验研究 [J]. 岩土工程学报，1993（2）：1-11.

[46] 刘厚健，等. 蒲城 Q_2 老黄土的湿陷特性与评价 [C] //全国黄土学术会议论文集. 乌鲁木齐：新疆科学技术出版社，1994.

[47] 钱鸿缙，涂光祉. 关中地区黄土的湿陷变形 [J]. 土木工程学报，1997（3）：49-54.

[48] 王家鼎. 中国黄土山城"依山造居"的几个灾害问题讨论（Ⅲ）——黄土沉陷分析 [J]. 西北大学学报（自然科学版），1996，26（6）：541-545.

[49] 刘佳, 薛塞光. 预浸水法消除大厚度自重湿陷性黄土地基研究 [J]. 宁夏工程技术, 2004 (2): 115-118.

[50] 张炜, 张苏民. 我国黄土工程性质研究的进展 [J]. 岩土工程学报, 1995, 17 (6): 80-88.

[51] 中华人民共和国住房和城乡建设部. 建筑地基基础设计规范: GB 50007—2011 [S]. 北京: 中国建筑工业出版社, 2011.

[52] 中华人民共和国住房和城乡建设部. 建筑地基处理技术规范: JGJ 79—2012 [S]. 北京: 中国建筑工业出版社, 2012.

[53] 中铁十二局集团有限公司. 高速铁路路基工程施工质量验收标准: TB 10751—2010 [S]. 北京: 中国铁道出版社, 2010.

[54] 中铁西北科学研究院. 黄土地区铁路工程研究与实践 [Z]. 兰州: 中铁西北科学研究院, 2005.

[55] 铁道第一勘察设计院. 铁路工程地质勘察规范: TB 10012—2007 [S]. 北京: 中国铁道出版社, 2007.

[56] 铁道第一勘察设计院, 铁道第二勘察设计院, 铁道第四勘察设计院. 郑州至西安客运专线修改初步设计路基总说明书 [Z]. 2005.

[57] 田宝华. 客运专线湿陷性黄土地基处理与沉降控制措施探讨 [J]. 铁道建筑技术, 2005 (4): 5-12.

[58] 马学宁, 梁波, 黄志军, 等. 高速客运专线路基改良填料的试验研究 [J]. 铁道学报, 2005, 27 (5): 96-101.

[59] 杨广庆, 管振祥. 高速铁路路基改良填料的试验研究 [J]. 岩土工程学报, 2001, 23 (6): 659-662.

[60] 郑西铁路客运专线有限公司, 郑西铁路客运专线工程咨询项目部, 中铁西北科学研究院有限公司. 郑州至西安铁路客运专线路基及桥隧工程沉降观测方案 [Z]. 2006.

[61] 杨林浩. 郑西客运专线路基工程沉降观测方案 [J]. 铁道工程学报, 2006, 94 (4): 10-13.

[62] 顾湘生. 客运专线路基工程几个问题的讨论 [J]. 铁道工程学报, 2005, 85 (1): 31-38.

[63] 中华人民共和国铁道部. 客运专线铁路无碴轨道铺设条件评估技术指南 (铁建设 [2006] 158 号) [S]. 北京: 中国铁道出版社, 2006.

[64] 陕西省地质矿产局第二水文地质队. 黄河中游区域工程地质及附图 [M]. 北京: 地质出版社, 1986.

[65] 杨昌义. 郑西客运专线三门峡段黄土工程地质特征及设计参数探讨 [J]. 铁道勘察, 2005 (3): 54-56.

[66] 张志潼, 高勤运. 黄土地区的工程地质问题及对策 (新建铁路郑州至西安客运专线陕西境内段) [J]. 铁道工程学报, 2005, 85 (1): 21-30.

[67] 铁道第一勘察设计院, 铁道第二勘察设计院, 铁道第四勘察设计院. 郑州至西安客运专线修改初步设计地质总说明书 [Z]. 2005.

[68] 中华人民共和国国家质量监督检验检疫总局. 中国地震动参数区划图: GB 18306—2015

[S]. 北京：中国标准出版社，2015.

[69] 中华人民共和国住房和城乡建设部. 建筑抗震设计规范：GB 50011—2010 [S]. 北京：中国建筑工业出版社，2010.

[70] 中铁西北科学研究院有限公司. 湿陷性黄土地基工程特性及设计参数研究总报告 [R]. 2006.

[71] 西北大学，等. 湿陷性黄土地基的动力特性与设计参数试验研究报告 [R]. 2007.

[72] 樊怀仁，郭睿. 关中地区黄土湿陷性影响因素分析 [J]. 西安科技学院学报，2003（2）：160-163.

[73] JIANG M J, SHEN Z J, DACHi TA, et al. Microscopic analysis on artificially-prepared structured collapsible loess [J]. Chinese Journal of Geotechnical Engineering, 1999, 21 (4).

[74] 中华人民共和国建设部. 岩土工程勘察规范：GB 50021—2001（2009年版）[S]. 北京：中国建筑工业出版社，2001.

[75] 吕玉芳，等. 自重湿陷性黄土层预浸水处理的现场试验与设计 [J]. 防渗技术，1991（2）：17-25.

[76] 冯连昌，郑晏武. 中国湿陷性黄土 [M]. 北京：中国铁道出版社，1982.

[77] 孙建中. 黄土学 [M]. 香港：香港考古学会出版社，2005.

[78] 关文章. 湿陷性黄土工程性能新篇 [M]. 西安：西安交通大学出版社，1990.

[79] 钱鸿缙，王继唐，罗宇往，等. 湿陷性黄土地基 [M]. 北京：中国建筑工业出版社，1985.

[80] 刘东生. 黄土的物质成分的结构 [M]. 北京：科学出版社，1966.

[81] 宋焱勋，王兴刚. 陇东地区黄土湿陷性研究 [J]. 土木基础，2004（4）：37-40.

[82] 刘祖典. 黄土力学与工程 [M]. 西安：陕西科学技术出版社，1997.

[83] 中铁西北科学研究院有限公司. 郑西客运专线湿陷性黄土地基工程特性及设计参数研究报告 [R]. 兰州：中铁西北科学研究院有限公司，2009.

[84] 熊治文，楚华栋，徐兵魁，等. 郑西客运专线黄土的自重湿陷敏感性及其判定 [C] //中国土木工程学会第十届土力学及岩土工程学术会议论文集，2007：647-652.

[85] 钱征宇. 湿陷性黄土地区铁路的主要技术问题及其工程措施 [J]. 中国铁路，2006（2）：28-32.

[86] 机械工业勘察设计研究院. 新建铁路郑州至西安客运专线复合地基试验场地岩土工程勘察报告 [R]. 2006.

[87] 铁道第一勘察设计院. 郑州至西安客运专线湿陷性黄土路基关键技术研究——湿陷性黄土地基处理措施与沉降观测试验研究工程设计图 [Z]. 2006.

[88] 中铁西北科学研究院有限公司. 新建铁路郑西客运专线地基处理施工质量验收暂行标准操作细则 [Z]. 2006.

[89] 铁道科学研究院，中铁西北科学研究院有限公司，等. 郑西客运专线湿陷性黄土路基关键技术研究——湿陷性黄土地基处理措施与沉降观测试验研究中期总报告 [R]. 2006.

[90] 中铁西北科学研究院有限公司. 郑西客运专线湿陷性黄土路基关键技术研究——湿陷性黄土地基路基沉降观测试验研究平板载荷试验报告 [R]. 2007.

[91] 屈耀辉，魏永梁，武小鹏，等. 黄土区高铁柱锤冲扩桩地基沉降控制效果研究 [J]. 铁

道工程学报，2012，160（1）：21-25.

[92]　王小军，屈耀辉，魏永梁，等. 郑西客运专线湿陷性黄土区试验路堤的沉降观测与预测研究 [J]. 岩土力学，2010，31（增刊1）：220-231.

[93]　中铁西北科学研究院有限公司. 郑西客运专线湿陷性黄土路基关键技术研究——湿陷性黄土地基路基沉降观测试验研究报告 [R]. 2008.

[94]　ZHOU Q N. On prediction method and accuracy of post-construction settlement for soft soil embankment in highway [J]. Rock and Soil Mechanics，2007，28（3）：512-516.